威廉 · 夏伊勒

William L. Shirer
（1904—1993）

美国作家、记者、历史学家。曾供职于《芝加哥论坛报》、《先驱论坛报》、环球通讯社、哥伦比亚广播公司等知名媒体。他曾在欧洲工作、生活了十几年，目睹纳粹德国兴起和衰亡的全过程。战后，夏伊勒结合亲身经历与大量第三帝国原始档案，创作出《第三帝国的兴亡：纳粹德国史》《柏林日记》《第三共和国的崩溃》等十余部历史作品。

William L. Shirer

第三帝国的兴亡

纳粹德国史

The Rise and Fall of the Third Reich

第①卷

[美国] 威廉·夏伊勒——————著　董乐山 等——————译

译林出版社

一想到德国人民，我常常不免黯然神伤，他们作为个人来说，个个可贵，作为整体来说，却又那么可怜……

——歌德

希特勒是德国的劫数，这是无法逃脱的。

——瓦尔特·冯·布劳希奇陆军元帅

1938—1941年德军总司令

千年易过，而纳粹德国的罪孽难消。

——驻波兰总督汉斯·弗兰克

在纽伦堡就刑前

忘记过去的人注定要重蹈覆辙。

——桑塔亚那

总目录

第一卷

第二卷

第三卷

第四卷

第一卷目录

前　言

在第三帝国短促的生命的前半期，我曾在那里生活和工作过，亲眼看到阿道夫·希特勒怎样巩固他作为这一伟大而又茫然不知所从的民族的独裁者的权力，后来又怎样引导这一民族走向战争和进行征服，但是，如果不是在第二次世界大战结束的时候发生了一件历史上绝无仅有的事情，我的这种个人经历还不会诱使我尝试写这本书。

这件绝无仅有的事情，就是缴获了德国政府及其所有各部门的大多数机密档案，其中包括外交部、陆海军、纳粹党以及海因里希·希姆莱的秘密警察的机密档案。我相信，这样大批的珍贵材料落入当代历史学家手中的事情，过去是从来没有发生过的。在此以前，一个大国，即使战败了，它的政府被革命推翻了，像德国和俄国在1918年所遇到的情况那样，它的档案也总是由它自己保管的，只有那些对后来的统治集团有利的文件，最后才会公布。

1945年春，第三帝国迅速崩溃，因此人们不仅缴获了它的大量秘密文件，而且也缴获了其他许多非常宝贵的材料，诸如私人日记、极度秘密的发言记录、会议报告和通信，甚至还有纳粹领导人电话中谈话的记录，这是赫尔曼·戈林在航空部设立的一个特别机构所窃听收录的。

例如，弗朗茨·哈尔德将军写日记一直没有断过，他用加贝尔斯贝格速记法不仅记下了逐日的事件，而且也记下了当天每小时的发展。要了解1939年8月14日到1942年9月24日这一段时期的确切情况，这就是一个很难得的材料来源。当时他担任陆军参谋总长一职，同希特勒和纳粹德国其他领导人每天都有联系。他的日记是德国人日记中提供情况最多的一部。但是也有其他日记具有极大价值，包括宣传部长、希特勒在党内的亲密同事约瑟夫·戈培尔博士的日记和武装部队最高统帅部（OKW）作战局局长
xxv 阿尔弗雷德·约德尔将军的日记。还有最高统帅部自己的和海军总司令部的日记。比如，在科堡附近的坦巴赫城堡缴获的6万卷德国海军档案，就几乎包括了从1945年4月缴获之日起一直回溯到1868年现代化德国海军建立之时止的全部德国海军的信号、舰只的航海日志、个人日记、备忘录等。

德国外交部的485吨档案藏在哈尔茨山脉的各个古堡和矿井里，在奉柏林方面的命令正要烧毁的时候，为美国第一军团所缴获。这批档案不仅包括第三帝国时期，而且还包括魏玛共和国时期，并一直追溯到俾斯麦的第二帝国创建的时候。战后许多年来，成吨的纳粹文件被封存在弗吉尼亚州亚历山德里亚的一个美国陆军大仓库里，美国政府没有表示有什么兴趣要想打开木箱，看看里面可能有些什么有历史价值的东西。最后到1955年，在这些文件被缴获后十年，由于美国历史学会的创议和一些私人基金会的资助，藏在亚历山德里亚的文件才被启封，数目少得可怜的一批学者，在人手和工具缺少的情况下，趁政府迫不及待地要把这些文件送还给德国之前，进行了翻阅和摄影的工作。结果证明这是一次丰富的收获。

其他的一些文件也是如此，例如希特勒大本营每天研究和讨论军事形势的51次“元首会议”部分速记记录，以及这个纳粹战争元凶在战时同他党内老伙伴和秘书们饭后酒余谈话的比较完整的记录。前者是美军第一〇一空运师一名谍报军官在贝希特斯加登从一些焚毁的希特勒文件余烬中抢救出来的，后者是在马丁·鲍曼的文件中找到的。

纽伦堡举行纳粹主要战犯审讯的时候，曾经匆匆忙忙集中了数十万件缴获的纳粹文件作为证据。我在采访那次审讯的前半期时，曾经收集了成捆的油印副本和后来出版的42卷证词和文件，还有许多重要文件的10卷英译本。关于纽伦堡后来又举行的12次审讯所出版的15卷材料中，也有一些其他文件是很有价值的，虽然有许多文件和证词被节略了。

除了这些前所未有的丰富文件以外，最后还有德国军官和党政官员的详尽提审记录以及他们后来在战后各次审讯时起誓画押的证词，其中所提供的材料，我相信是以前历次战争结束后从来没有从同样的这类来源得到过的。

当然，我没有全部读遍这些数量惊人的文献——这是单独一个人力所不及的事情。不过，我努力翻阅了其中相当大的一部分，只是由于缺乏适当的索引而不免进度缓慢，在这样一片丰富的园地中工作，这样的事在所难免。

我们在纳粹时期驻在德国的人，不论是新闻记者还是外交官，对于第三帝国堂皇的外表后面发生的事情，所知道的真实情况，可谓微乎其微。 xxvi
一个极权主义的独裁政权，由于它的性质所决定，必然是在极度秘密的情况下进行活动的。它也知道如何保守这种秘密，以防外人的窥探。把第三帝国内部所发生的赤裸裸的、怵目惊心的、往往是令人作呕的事实——希特勒的上台，德国国会纵火案，对罗姆的血腥清洗，德奥合并，张伯伦在慕尼黑的投降，对捷克斯洛伐克的占领，对波兰、斯堪的纳维亚、西方、巴尔干各国和俄国[*]的进攻，纳粹占领下和集中营中的恐怖，消灭犹太人的暴行，等等——一一记录下来或做一番描述并不困难。但是秘密做出的重大决定、阴谋诡计、背信弃义、其动机成因、主要角色在幕后起的作用、他们所造成的恐怖的程度以及他们制造这种恐怖的伎俩——所有这一切，还有许多其他情况，在德国秘密文件出现之前，大部分是我们所无法获悉的。

有些人可能认为，现在要想写一部第三帝国史，为时尚嫌过早，这样一个任务应该留给后代的作家去完成，因为时间会使他们具有历史的眼光。我到法国去从事一些研究工作的时候，发现这种看法在那里特别流行。有人对我说，历史学家能写的材料最近不应超过拿破仑时代。

这种看法是颇有它的道理的。大多数历史学家往往等了五十年或者一百年，甚至一百年以上，才敢着手写作一个国家、一个帝国、一个时代的历史。但是，这主要的原因难道不是他们要经过这么长的时间才能得到有

---

* 作者常以“俄国”指代“苏联”，中译文保留原文用法。——编者

关的文件，掌握所需要的确凿材料吗？虽然时间使他们具有了历史的眼光，但是由于他们对他们所要写的时代的生活和气氛、对他们所要写的历史人物必然缺乏亲身的了解，总不免有所欠缺。

在第三帝国这个具体问题上，绝无仅有的是，几乎所有的文件材料都在它覆亡的时候公之于世，而且由于所有活了下来的领导人——不论是军人还是文官——的证词，而更加丰富充实了（有些证词还是在就刑前提供的）。有了这样迅速获得的、这样无可比拟的材料来源，加之我对于纳粹德国的生活，对于统治这个国家的人们，特别是阿道夫·希特勒的表现、行为和本性又记忆犹新、刻骨难忘，因此我决定，无论如何要做一番尝试，把第三帝国的兴亡史记载下来。

修昔底德在其《伯罗奔尼撒战争史》这部历史巨著中曾说："我经历了整个战争，当时的年龄已经能够理解事态的发展，同时为了了解其确切的真相，我也注意了当时事态的发展。"

要了解希特勒德国的确切真相，我发现是极其困难的，而且是不一定能够做得到的。固然由于有了大批文件材料而能够比二十年以前能做到的
xxvii 更接近于了解真相，但是这些材料浩如烟海，也往往会使人感到迷乱。何况在一切凡人提供的记录和证词中，必然会有令人难以弄清楚的矛盾。

毫无疑问，本书不时掺杂着我本人的偏见，这是我的个人经历和人生观所必然产生的。我在原则上憎恶极权主义的独裁政权，而对于这个独裁政权尤其感到憎恶，因为我曾经经历过、亲眼看到过它对人类精神所做的丑恶的进攻。尽管如此，我在本书中还是努力保持严格的客观态度，让事实自己说话，而仅仅注明每一事实的出处。本书所列举的任何事件、场面或引语，无一出诸作者的想象，全部根据文件、目击者的证词或者我个人的观察。有五六处地方，由于事实阙如，不免有所猜测，但是也做了坦率声明。

对于我的看法，不少人将会提出异议，我对此毫无怀疑。这是不可避免的事情，因为没有一个人的见解是绝对不会出错的。为了使本书的叙述更加清楚和有深度，我冒昧提出的一些看法，不过是我尽力根据事实和根据我的了解和经验得出的东西而已。

阿道夫·希特勒也许是属于亚历山大、恺撒、拿破仑这一传统的大

冒险家兼征服者中最后的一个，第三帝国也许是走上以前法国、罗马帝国、马其顿所走过的道路的帝国中最后的一个。至少由于氢弹的突然发明，由于弹道导弹和能够击中月球的火箭的突然发明，那一阶段的历史已经闭幕了。

在我们不断有新的可怕的杀人玩意儿补充原有的杀人玩意儿的新时代中，大规模的侵略战争如果竟然爆发的话，那么第一场这样的战争一定是一个自取灭亡的疯子按一下电钮所发动的。这样一场战争不会历时很久，也不会再有后继的战争。这种战争的结果不会有征服者也不会有被征服者，而只有烧成焦炭的尸骨堆在一个渺无人迹的星球上。 xxviii

第一编

阿道夫·希特勒的崛起

第一章

第三帝国的诞生

第三帝国诞生的前夕，一种病态的紧张气氛笼罩着柏林。几乎人人都看得很清楚，魏玛共和国即将寿终正寝。一年多以来，它一直在迅速崩溃之中。库尔特·冯·施莱谢尔将军，像他的前任弗朗茨·冯·巴本一样，一点也不喜欢共和国，更谈不上喜欢共和国的民主了，而且他也像他的前任一样，未经议会授权，是靠总统命令担任总理一职的。在执政57天之后，他就已到了山穷水尽、走投无路的地步。

1933年1月28日，星期六，年迈的共和国总统冯·兴登堡元帅突然免去了他的职务。当时，德国最大的政党纳粹党领袖阿道夫·希特勒要求担任他原来立誓要加以摧毁的民主共和国的总理一职。

在那个命运攸关的冬天的周末，关于未来局势，首都谣诼纷纭，而照后来的情况来看，这些荒诞不经的谣言中最令人吃惊的谣言不是一点没有根据的。有的谣言说，施莱谢尔同陆军总司令库尔特·冯·哈默施坦因将军相勾结，打算在波茨坦卫戍部队的支持下举行政变，逮捕总统，建立军人独裁政权。有的谣言说，纳粹党人要举行政变。在警察系统中纳粹党的同情者协助下，柏林冲锋队要占领威廉街，那是总统府和大多数政府部门的所在地。也有谣言说要举行总罢工。1月29日，星期日，有10万名工人拥进了柏林市中心的游乐公园举行示威，反对任命希特勒为总理。他们的领袖之一企图同冯·哈默施坦因将军联系，如果希特勒被任命来领导新政府，陆军和有组织的工人就采取联合行动。[1]以前有过一次，在1920年发生卡普政变时，政府逃出首都以后，曾经发生过总罢工，拯救了共和国。

3 从星期日到星期一的那个夜里，希特勒几乎通宵不寐，在距离总理府不远的总理广场上恺撒霍夫饭店的房间中来回踱步。[2]他尽管神经紧张，但是极有自信，深知他的时刻已经来到。将近一个月来，他一直在同巴本和其他保守的右派领袖进行秘密谈判。他不得不做出一些妥协。他没有办法组织一个清一色的纳粹党政府。不过，他可以担任一个联合政府的总理，虽然这个政府的11名成员中有8名不是纳粹党人，但是他们同意他废除民主的魏玛政体。现在似乎只有年迈固执的总统还在作梗。就在1月26日，即这个命运攸关的周末前两天，这位老态龙钟的元帅告诉冯·哈默施坦因将军，他“丝毫无意任命那个奥地利下士担任国防部长或国家总理”。[3]

但是，在他的儿子奥斯卡·冯·兴登堡少校、总统国务秘书奥托·冯·迈斯纳、巴本和总统府其他亲信的影响下，总统终于软化了。他已86岁高龄，精力日益衰退。1月29日星期日那天下午，希特勒正在同戈培尔和其他助手喝咖啡吃蛋糕，纳粹党内地位仅次于希特勒的德国国会议长赫尔曼·戈林突然冲进来明确地告诉他们，明天就要任命希特勒为总理了。[4]

1933年1月30日，星期一，午前不久，希特勒驱车前往总理府晋见兴登堡，这次晋见对他本人、对德国、对整个世界来说，后来都证明是一件命运攸关的事情。戈培尔、罗姆和纳粹党的其他头子在恺撒霍夫饭店的窗口，焦急地翘望着总理府的大门，他们的元首不久就要从这扇大门里出来。戈培尔记下了这么一句话：“我们从他脸上可以看出他是否已获成功。”因为即使到这个时候，他们还没有十分把握。戈培尔在他的日记中写道：“我们内心的各种情绪此起彼伏，有时感到怀疑，有时感到希望，有时欢欣，有时失望。我们过去失望的次数太多了，这使我们不敢真的相信会发生伟大的奇迹。”[5]

几分钟之后，他们亲眼看到了这个奇迹。那个留着查理·卓别林式的胡子的人，那个年轻时候在维也纳做过一事无成的流浪汉、第一次世界大战中当过无名小卒的人，那个在战后最初那些黯淡的日子里在慕尼黑无人闻问的倒霉蛋，那个啤酒馆政变中有点滑稽的领袖，那个根本不是德国人而是奥地利人的煽动家，而且他才43岁，已经宣誓就任德国总理了。

他驱车到数百码以外的恺撒霍夫饭店，马上就回到他的老伙伴戈培尔、戈林、罗姆，以及在这条取得政权的崎岖道路上帮助过他的其他褐衫队员中间。戈培尔的日记上写着："他一言不发，我们也一言不发，可是他的眼中满含着泪水。"[6]

那天晚上，从黄昏直到午夜过后很久，乐极忘形的纳粹冲锋队员在街
头举行盛大的火炬游行，庆祝胜利。他们成千上万的人，排成整齐的队形， 4
从动物园出来，经过勃兰登堡凯旋门，到威廉街，他们的乐队在震天的鼓声伴奏下吹奏着军乐，他们的嘴里高唱着新编的《霍斯特·威塞尔之歌》和其他一些同德国一样古老的歌曲，他们的长统皮靴在马路上咔嚓咔嚓踩出了有力的节奏，他们的火炬高举着，成了一片火海，照亮了夜空，使聚集在人行道上观看的人们的欢呼声变得分外热烈。兴登堡站在他的府邸的一个窗台前，看着下面游行的人群过去，他的手杖随着军事进行曲的拍子击着地板，他显然很高兴，终于选了一个能够按德国传统方式唤起人民的总理。这位老人，在年老昏聩之中，对于他在那一天放出了什么样的凶神恶煞是否有一丝一毫的感觉，这一点是颇可怀疑的。柏林不久就流传一种很可能是靠不住的传说，说在游行进行的中途，他回过头来对一位老将军说："我没有想到我们逮住了这么多的俄国俘虏。"

1933年1月30日，夜间庆祝希特勒当选总理的游行。

在威廉街另一头只有一箭之遥的地方，阿道夫·希特勒站在总理府一扇打开的窗户前，乐极忘形，手舞足蹈，不断地举起手臂致纳粹党的敬礼，他时而微笑，时而大笑，高兴得眼睛里又充满了泪水。

有一位外国观察家那天晚上怀着另一种感情观看游行。安德烈·弗朗索瓦-庞赛大使写道：“火海流过了法国大使馆，我怀着沉重的心情和不祥的预感看着它过去。”[7]

戈培尔那天回家已是凌晨3点了，虽然很疲劳，但是很快活。他就寝前在日记中写道：“这几乎如同梦境一般……如同童话故事一般……新帝国诞生了。十四年的辛勤工作终于得到了胜利的结果。德国革命已经开始了！”[8]

希特勒吹嘘说，1933年1月30日诞生的第三帝国将历经千年而不衰，[9]在纳粹党的语言中，它常常被称为“千秋帝国”。它一共存在了十二年零四个月，但是在这历史的一瞬之中，它在地球上造成了震撼一切的火山爆发，其强烈程度为前所未有；把德国人民送上权力的顶峰，那是他们一千多年以来从来没有达到过的；使他们一度成为从大西洋到伏尔加河、从北角到地中海的欧洲的主人；接着又在世界大战结束的时候，把他们投入毁灭和破坏的深渊。这场世界大战是他们的国家残酷无情地挑起来的，在这场世界大战期间，他们的国家对被征服的各国人民实行了一种恐怖统治，蓄意屠杀生命和摧残心灵，其程度超过了以前历代所有的野蛮压迫。

创建第三帝国的那个人，无情地而且有时常常是以一种异乎寻常的精明狡猾手段统治第三帝国的那个人，把它送上这样令人目眩的高度后又把它投入这样可悲的下场的那个人，肯定是个有天才的人，哪怕这种天才是邪恶的天才。不错，他在德国人民——神秘的天意和千年的经历把他们陶冶成当时那个样子——身上找到了一种自然的工具，他能够把它用来实现自己的邪恶目的。然而，如果没有阿道夫·希特勒，那就几乎可以肯定绝不会有第三帝国。因为阿道夫·希特勒有着恶魔般的性格、花岗石般的意志、不可思议的本能、无情的冷酷、杰出的智力、驰骋的奇想以及惊人的判断人和局势的本领。只有到最后由于权力和胜利冲昏了头脑，他才做出了不自量力的事情。

1933年，冯·兴登堡（左）与当选总理之后的希特勒。

正如著名德国历史学家弗里德里希·梅尼克所说："这是一个很好的例子，说明在历史生活中，个人具有突出的和不可估计的力量。"[10]

在有些德国人看来，而且无疑地，在大多数外国人看来，当时的情况似乎是，一个江湖骗子在柏林取得了政权。但是对大多数德国人来说，希特勒具有或者不久就会具有一个真正天生的领袖的气质。在以后的暴风雨般的十二年中，他们要盲目地追随他，好似他具有出自天授的英明睿断。

阿道夫·希特勒的出世

这个与众不同的奥地利农民后裔于1889年4月20日晚上6点半出生于巴伐利亚边境对面、茵河畔的布劳瑙小镇一家名叫波麦客店的小客栈里。考虑到他的出身和早年的生涯，很难想象有比他更不相称的人来承继俾斯麦、霍亨索伦家族皇帝和兴登堡总统的衣钵了。

诞生的地点是在德奥边境，这一点后来证明是有重要意义的，因为希特勒早在青年时期就怀有这样的思想：这两个德语民族之间不应当有边界隔开，它们应该属于一个国家。他的这种感觉非常强烈而且经久不衰，到他35岁蹲在德国一所监牢里口授那本日后要成为第三帝国的蓝图的著作时，他的头几句话就同他的出生地的象征性意义有关。《我的奋斗》是以这几句话开始的：

> 今天在我看来，命运竟然选择茵河畔的布劳瑙作为我的出生地，似乎是一种天意。因为这个小小的城镇坐落在两个日耳曼国家的边境上，而我们年轻一代的人至少已把竭尽全力统一两国作为我们毕生的工作……在我看来，这个边境上的小城市成了一项伟大使命的象征。[11]

阿道夫·希特勒是一个奥地利海关小职员的第三次婚姻中所生的第三个孩子。这个奥地利海关小职员是个私生子，39岁以前一直袭用他母亲的姓氏施克尔格鲁勃。希特勒这个姓在母系和父系祖先方面都出现过。希特勒的外祖母和祖父都姓希特勒，或者音同字不同，因为这个姓的拼法常常不同，有时拼成希德勒（Hiedler），有时是休特勒（Huetler，Huettler），有
6 时是希特勒（Hitler）。阿道夫的母亲是他父亲的堂甥女，近亲结婚，当时还得征求教会的许可。

这个德国未来元首的父系和母系祖先都是祖祖辈辈住在瓦尔德维尔特尔的，这是位于多瑙河和波希米亚–摩拉维亚边界之间下奥地利的一个县。在我逗留于维也纳的那些岁月里，我有时路过那里到布拉格或德国去。这是一个森林茂盛的丘陵地区，有不少农家村庄和小块的农田。虽然距离维也纳只有50英里左右，它却有着一种穷乡僻壤的景象，就像奥地利生活的主流没有经过这里一样。这里的居民性格都很执拗，颇像北边的捷克农民。近亲通婚很普遍，希特勒的父母就是，私生子也很多。

在母系祖先方面，情况比较稳定。克拉拉·波尔兹尔一家四代都在施皮塔尔村庄第37号那块农田上务农为生。[12]而希特勒父系祖先方面的情况却颇为不同了。我们已经知道，这一家姓氏的拼法经常变化，居处也不固定。希特勒这一家人有一种不能安定下来的气质，总是想从这个村庄搬到另外一个村庄，从这个行业改做另外一个行业，不愿有紧密的亲属关系，而在同女人的关系上喜欢过一种波希米亚式的生活。

阿道夫的祖父约翰·格奥尔格·希德勒是个到处打短工的磨坊工人，在下奥地利的各个村子里窜来窜去。1824年，他在第一次结婚后五个月就

有了个儿子，不过母子都在产后死了。十八年后，他在杜伦绍尔工作的时候，娶了一个47岁的农妇，名叫玛丽亚·安娜·施克尔格鲁勃，她是施特罗尼斯村子的人。在结婚前五年，1837年6月7日，玛丽亚就生了一个私生子，名叫阿洛伊斯，后来就是阿道夫·希特勒的父亲。极有可能，阿洛伊斯的父亲是约翰·希德勒，虽然我们弄不到确凿的证据。无论如何，约翰在后来娶了这个女人，但是同当时这种情况下的通常习惯相反，他没有想到在结婚后把这个儿子正式登记。这个孩子一直到长大都叫阿洛伊斯·施克尔格鲁勃。

安娜在1847年去世，此后三十年约翰·希德勒销声匿迹，不知到哪里去了。后来到84岁那一年，他才在瓦尔德维尔特尔的维特拉镇出现，这时他的姓氏已改为希特勒，他在三个旁证面前，向一位公证人宣誓，他就是阿洛伊斯·施克尔格鲁勃的父亲。从可以弄到的记录来看，这个老人为什么隔了这么多年才采取这个步骤，他为什么终于采取了这个步骤，这一点是不清楚的。根据海登的说法，阿洛伊斯后来告诉他的一个朋友说，这样做是为了帮助他能够从他的一个叔父、那个磨坊工人的弟弟那里弄到一份继承权，他就是由那个叔父抚养长大的。[13]总而言之，在1876年6月6日这么晚才承认了这个儿子以后，11月23日那天，多勒斯海姆教区牧师在接到了有公证人证明的声明后，就在洗礼登记册上画去了阿洛伊斯·施克尔格鲁勃的姓名而改为阿洛伊斯·希特勒。

从此以后，阿道夫父亲的合法姓名就叫阿洛伊斯·希特勒，这个姓氏
也就自然地传给了他的儿子，直到1930年代，才有维也纳的好奇的记者查 7
阅了教区的档案，发现了关于希特勒祖先的事实，不去理会老约翰·格奥尔格·希德勒过迟承认私生子这一点，而想要把阿道夫·施克尔格鲁勃这个姓名加在纳粹党领袖的头上。

阿道夫·希特勒奇怪的一生之中，有过许多次命运的奇怪的转折，然而却没有比他出生前十三年那一次更加奇怪的了。如果这个84岁的流浪磨坊工人在他妻子去世快三十年以后没有突然出现，承认自己是他年已39岁的儿子的父亲的话，阿道夫·希特勒的姓名就成了阿道夫·施克尔格鲁勃。当然，区区姓名是不至于有多大作用的，但是我也听到一些德国人在猜测，要是希特勒以施克尔格鲁勃闻名于世的话，他是不是还会成为德国

阿洛伊斯·希特勒（1837—1903），阿道夫·希特勒的父亲。

的统治者。这个姓氏由德国南部人读起来，声音是有点滑稽可笑的。我们能够想象狂热的德国群众对施克尔格鲁勃这个名字高呼“万岁”吗？“施克尔格鲁勃万岁！”？要知道“希特勒万岁！”不仅在纳粹党人盛大的群众大会上已成为群众齐声呼喊的瓦格纳式、偶像崇拜的口号，而且已成为第三帝国时代德国人之间相互打招呼时必须采用的形式，甚至在电话中也是这样，用来代替过去的“哈罗”。“施克尔格鲁勃万岁！”？这可真有点难以想象了。*

阿洛伊斯的父母即使在婚后显然也很少居住在一起，因此，未来的阿道夫·希特勒的父亲是由他叔父抚养成人的，他叔父虽然是约翰·格奥尔格·希德勒的兄弟，却有自己的姓氏拼法，他叫约翰·冯·内波穆克·休特勒。由于纳粹党元首从少年时代起就对捷克人形成了刻骨的仇恨（他最后还是征服了这个国家），这个教名是值得附带一提的。约翰·冯·内波穆克是捷克人民的民族圣徒，有些历史学家认为希特勒一家有这个名字，说明他们有捷克血统。

阿洛伊斯起初在施皮塔尔村学做鞋匠，但是他像他父亲一样没有定性，不久就到维也纳去谋发展了。18岁的时候，他在萨尔茨堡附近做了奥地利海关的边境警察，九年后提升为海关税吏，当时就娶了一个海关官员的过继女儿安娜·格拉斯尔-霍雷尔为妻。她给他带来了一份小嫁妆和社会地位，在前奥匈帝国小官吏中间，这种情况是很平常的。但是这次婚姻并不美满。她的年龄比他大十四岁，身体又虚弱，一直没有生育。十六年后两人就分居了，再隔三年，在1883年，她就去世了。

在分居以前，阿洛伊斯（现在已正式姓希特勒了）就与一个年轻的旅 8
馆厨娘弗兰齐斯卡·马茨尔斯贝格尔同居，她在1882年为他生了一个儿子，名叫阿洛伊斯。在他发妻去世一个月后，他就同厨娘正式结婚，三个月后，生了一个女儿，名叫安吉拉。第二次婚姻历时也不久。弗兰齐斯卡

---

* 希特勒本人似乎曾承认这一点。在他年轻的时候，他告诉他少年时代唯一的密友，没有比他父亲改姓更使他高兴的了。他对奥古斯特·库比泽克说，施克尔格鲁勃这个姓氏“在他看来非常粗鄙俗气，且不说累赘拗口了。他又觉得‘希德勒’……的声音太软了；但是‘希特勒’就很好听，而且也容易记住”（见奥古斯特·库比泽克：《我所认识的少年希特勒》[*The Young Hitler I Knew*]，第40页）。

在一年之内因肺结核去世。六个月后，阿洛伊斯·希特勒第三次，也是最后一次结婚。

不久即将成为阿道夫·希特勒的母亲的新嫁娘名叫克拉拉·波尔兹尔，年方25岁，她的丈夫48岁。他们相识已经很久了。克拉拉老家也是希特勒这一族的老家施皮塔尔。她的外祖父约翰·冯·内波穆克·休特勒就是把侄子阿洛伊斯·施克尔格鲁勃-希特勒抚养长大的人。因此，阿洛伊斯是克拉拉的堂舅，他们要结婚，必须申请教会批准。

这位海关税吏在第一个妻子在世时，因为膝下空虚，就把克拉拉领来做过继女儿，当时他就存了同她结合的念头。克拉拉在布劳瑙同施克尔格鲁勃夫妇一起生活了好几年，阿洛伊斯在他发妻病倒后似乎就打算等她一死就娶克拉拉为妻。到这个姑娘满16岁可以合法结婚的年龄时，就发生了他正式改姓和继承叔父（克拉拉的外祖父）遗产的事。但是他的妻子在分居后还拖着没有死，此外，也许因为阿洛伊斯在这时与厨娘弗兰齐斯卡·马茨尔斯贝格尔同居，年已20岁的克拉拉就离开了他家到维也纳去当女佣了。

四年以后她又回来给她堂舅当家，因为弗兰齐斯卡在她临死前最后几个月也搬出了她丈夫的家。阿洛伊斯·希特勒同克拉拉·波尔兹尔在1885年1月7日结婚，大约四个月零十天以后就生了头一个儿子古斯塔夫。古斯塔夫在襁褓中就夭折了，1886年生的第二个孩子伊达也是如此。阿道夫是第三次婚姻中的第三个孩子。后来又在1894年有了一个弟弟埃德蒙，只活了六岁。第五个也是最后一个孩子保拉生于1896年，寿命比她出名的哥哥还长。

阿道夫的同父异母哥哥阿洛伊斯和姐姐安吉拉（弗兰齐斯卡·马茨尔斯贝格尔生的两个孩子）也活着长大了。安吉拉是个漂亮的姑娘，嫁给了税吏拉包尔，在拉包尔死后在维也纳当管家，如果海登的材料是正确的话，她有一个时期在犹太人办的施粥站做厨娘。[14] 1928年希特勒把她接到贝希特斯加登给他当管家，此后一个时期，在纳粹党人圈子里就常常听到他们谈起她为希特勒做的他非常爱吃的美味维也纳点心和甜食。她于1936年离开了他，嫁给德累斯顿的一位建筑学教授，希特勒当时已是总理兼独裁者，对她的离去很不高兴，连结婚礼物也不肯送。她是他一家人中唯一在他一

克拉拉·波尔兹尔（1860—1908），阿道夫·希特勒的母亲。

生后期来往密切的人，不过还有一个例外，那就是安吉拉的女儿吉莉·拉
9 包尔，一个美丽的金发姑娘，我们不久就会看到，希特勒在他一生之中只同她发生过真正的爱情。

阿道夫·希特勒一向不喜欢有人向他提起他的同父异母哥哥。阿洛伊斯·马茨尔斯贝格尔（后来正式改名为阿洛伊斯·希特勒）当了饭馆跑堂的，他的一生之中有好多年一直在吃官司。根据海登的记载，他在18岁时因偷窃而被判五个月徒刑，20岁时又因为同一罪名被判八个月徒刑。他最后搬到德国住，结果却又继续出事。1924年，阿道夫·希特勒因为在慕尼黑举行政变而身系囹圄，阿洛伊斯·希特勒则在汉堡因为重婚而被判六个月徒刑。据海登记载，此后他就去了英国，居然很快地建立了一个家庭，但是不久又弃家出走。[15]

纳粹党当权后，阿洛伊斯·希特勒的境况好过了一些。他在柏林郊区开了一家小啤酒店，在战争爆发前不久搬到了首都繁华的西区的维滕贝格广场。一些纳粹官员是座上常客，在战争初期食物恐慌的时候，这家啤酒店的供应却非常充裕。当时我偶尔也曾进去憩足过。阿洛伊斯这时已快60岁了，身体肥胖，心地单纯，脾气随和，同他著名的同父异母兄弟在外表上很少有什么相像之处，事实上，你在德国和奥地利许多小酒店老板中间，是很难把他分辨出来的。酒店生意很好，不管他过去如何，就当时而论，他的境况显然很顺遂。他只有一件事情叫他担心，那就是他的兄弟一时生气或感到厌憎，可能吊销他的营业执照。在这家小酒店里，有时就有人在谈论，说国家元首兼总理很不高兴这个使人想起希特勒一家出身寒微的人。据我所记得的，阿洛伊斯本人是不愿参加关于他的兄弟的谈论的，他这么谨慎自然是明哲保身之道，但是对于我们这些想要尽量了解那个当时已开始要征服欧洲的人的出身背景的人来说，自然感到很失望。

除了在《我的奋斗》中以外，希特勒很少谈到——也很少允许人家在他面前谈到——他的家庭出身和早年生活。而在《我的奋斗》中出现的零星传记材料也是常常令人产生误解的，而且许多事情都被略去不谈。关于他的家庭出身，我们已经知道了一些情况。那么他的早年生活如何呢？

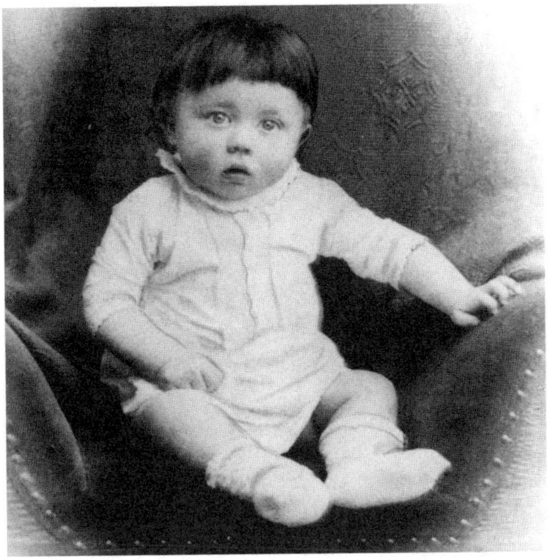

阿道夫·希特勒（1889—1945）幼年的照片，约摄于1889—1890年。

阿道夫·希特勒的早年生活

他父亲58岁那年从海关退休的时候，年满6岁的阿道夫进了林茨西南不远的菲施尔哈姆村子的公立学校。那是1895年。在此后四五年中，这个按捺不下心来的靠养老金为生的人在林茨附近的许多村子里搬来搬去。到他儿子15岁的时候，已搬了7个地方，换了5所学校。他在兰巴赫附近的本笃派修道院上了两年学，因为他父亲在那里附近买了一块田地。他参加了唱诗班，选了唱歌课，据他自己的记载，[16]他梦想将来做牧师。最后，退休的海关职员在林茨南郊的莱昂丁定居下来，一家人在那里住的是一所朴素的带花园的房子。

11岁的时候，阿道夫被送到林茨去上中学。这需要他父亲破费一点钱财，也说明他父亲有志让儿子走自己的道路——做个公务员。但这却是做儿子的最不想做的事。

希特勒后来回忆说："当时我才11岁就不得不第一次违抗（我父亲的意愿）……我不想当公务员。"[17]

1899年，希特勒（最后一排中间）与同学、教师的合照。

希特勒在《我的奋斗》一书中以显然诚恳的态度详尽而如实地记载的传记性事实并不多，他在10岁刚出头的时候顽强地同他冷酷刚愎的父亲的坚决斗争则是其中之一。这场斗争第一次表现了他的坚强不屈的意志，这种意志日后终于使他克服了看来是无法克服的重重障碍和困难而达到了他那样的成就，而且使反对他的人目瞪口呆的是，这种意志给德国和欧洲盖上了一个无法抹去的烙印。

> 我不要当公务员，不，不。我父亲为了要使我热爱这个职业，对我讲了些他自己一生经历中的故事，但是这一切努力的结果适得其反。我……一想到坐在一间办公室里，被剥夺了自由，不能再自由支配我的时间，不得不把我的一生花在填写各种各样的表格上面，心中就感到作呕……
>
> 有一天，我终于决定要做个画家，做个艺术家……我的父亲听了吃了一惊，张口结舌说不出话来。
>
> “画家？艺术家？”
>
> 他疑心我发疯了，也很可能他以为听错了或者理解错了我的话。但是一等到他弄清楚了以后，特别是他意识到我不是开玩笑以后，他极其坚决地反对这个打算……
>
> “艺术家？不行！只要我还剩一口气，我绝不答应！”……我父亲绝不改变他的“绝不！”，而我却加强了我的“决心！”。[18]

希特勒后来说，这次冲突的一个结果是，他在学校里就不再好好学习了。“我想，我父亲发现我在中学里成绩不好以后，就会让我实现我的梦想，不管他是否愿意。”[19]

三十四年以后写的这一段话，可能有一半是在为他学习成绩不好辩解。他在小学里成绩一贯良好，但在林茨中学里却坏得异乎寻常，终于在没有得到应有的证书的情况下，不得不转学到距林茨相当远的施泰尔州立中学。他在那里待了不久，没有毕业就离开了。 11

希特勒在学习上的失败，使他后来耿耿于怀，常常嘲笑读书“先生”，嘲笑他们的学位、文凭、学究气。甚至在他临死前三四年在最高统帅部里忙于军事战略、战术和指挥上的安排的时候，他也常常抽一个晚上，同他党内的老伙伴回忆他年轻时候碰到的教员怎样愚蠢。这个疯狂的天才这时已是亲自指挥部署在伏尔加河到英吉利海峡的大军的最高统帅了，他的这种聊天内容还保存了一部分下来。

> 想到担任过我的教师的那些人，我就觉得他们大多数都有点疯癫。称得上好教师的人是例外。这种人居然有权阻挡一个青年的道路，使人觉得真是可悲。——1942年3月3日。[20]

> 我回想起教过我书的教师来就很不愉快。他们的外表极其不洁；衣领不整……他们是没有个人独立思想、无知之至的无产阶级的产物，非常适合充当一种腐朽的政府制度的支柱，这种制度，谢谢上帝，现在已经成为过去了。——1942年4月12日。[21]

> 一想到我上学时的教师，我就觉得他们之中有一半人是不正常的……我们旧奥地利的学生受到要尊敬老人和妇女的教育。但是对于我们的教师，我们毫不客气；他们是我们天生的敌人。他们大多数人都有点神经错乱，不少人后来真的发了疯！……我同教师的关系特别不好。我对外文一点也没有天赋——也许可能有，要不是那个教员是个天生白痴的话。我一看见他就感到憎恶。——1942年8月29日。[22]

> 我们的教师都是专制魔王。他们一点也不同情年轻人；他们的唯一目的是要填塞我们的脑袋，把我们变成像他们那样的博学人猿，如果有学生显出一丝一毫独创性，他们就要无情地折磨他，我所认识的一些模范学生后来在社会上都失败了。——1942年9月7日。[23]

很明显，希特勒直到临死的时候还不能原谅也不能忘掉他的教师给了他坏分数。但是他却能够把实际情况歪曲到可笑的程度。他的教员在他成了世界名人以后回忆起当时对他的印象，也有简短的记载。希特勒似乎还喜欢的少数教员中，有一个是教过他科学的特奥多尔·吉辛格老师。吉辛格后来回忆说：“就我来说，希特勒在林茨中学既没有留下好印象也没有留下坏印象。他在班里肯定不是出类拔萃的，他身材细长挺直，面孔苍白瘦削，几乎像是一个生肺病的人，他的眼睛常常睁得大大的，闪闪发光。”[24] 12

爱德华·许默老师显然是希特勒上面提到的“天生白痴”，因为他教的是法文。他在1923年到慕尼黑去，为他以前的学生做证，当时希特勒正因为啤酒馆政变而以叛国罪受审。他虽然赞扬希特勒的志愿，说从心底里祝愿他完成他的理想，但是他对当时那个年轻的中学生做了如下的简短描绘：

> 希特勒肯定是有天资的，虽然只是在某些学科方面，但是他缺乏自制力，说得客气一些，他好强辩，刚愎自用，自以为是，脾气暴躁，不能遵守学校纪律。他也不用功，否则以他这样的天赋，他会有好得多的成绩。[25]

林茨中学有一个教员对少年时代的阿道夫·希特勒起了一种强有力的、后来证明是有决定性的影响。他是历史教员利奥波德·珀奇博士。他的家乡在南部同南斯拉夫人地区接壤的德语边疆地区，他在那里遇到种族纠纷的经历使他成了一个狂热的日耳曼民族主义者。他在来林茨之前，曾在马尔堡教过书。马尔堡后来在第一次世界大战后划归南斯拉夫时改名为马里波尔。

虽然珀奇博士给他的这个学生的历史分数只是“中”，他却是在《我的奋斗》中受到热烈赞扬的唯一教员。希特勒非常愿意承认受到这个人的教益。

> 我有幸得到了一位懂得很少人懂得的……去芜存菁的原则的历史教员，这对我后来的生涯也许起了决定性的作用……在林茨中学我的教师利奥波德·珀奇博士的身上，这个条件得到了真正理想的满足。他是个温和但严格的长者，不仅能够以其滔滔不绝的口才吸引我们的注意，而且也能够使我们听得出神。即使到今天，我还怀着真正的感情怀念这位头发斑白的人，他的激烈言辞有时能使我们忘记现在，好像变魔术一般把我们带到了过去的时代，穿过重重的时间之雾，使枯

> 燥的历史事实变成生动的现实生活。我们坐在那里，心里常常燃烧着热情，有时甚至感动得落泪……他利用我们萌芽状态的民族热情作为教育我们的手段，常常唤醒我们的民族荣誉感。
>
> 这位教员使历史成了我最喜爱的课目。
>
> 事实的确是这样，虽然他并无此意，我却正是在这个时候变成了一个年轻的革命者。[26]

大约三十五年以后，即1938年，希特勒总理在强迫奥地利并入第三帝国后到奥地利各地进行胜利的巡视，他特地在克拉根福停下来探视当时已
13 经退休的老教师。他很高兴地发现，这位老先生是在奥地利独立时期被取缔的地下纳粹党冲锋队的队员。他同这位老先生单独谈了一个小时的话，后来告诉党内同志说："你们想象不出我得益于这位老人有多么大。"[27]

阿洛伊斯·希特勒于1903年1月3日因肺出血逝世，享年65岁。他的病是在早晨散步时发作的，几分钟以后就在附近一家酒店里死在一个邻居的怀里。当他的13岁儿子看到他父亲的遗体时，不禁痛哭失声。[28]

他的母亲当时42岁，搬到了林茨郊外乌尔法尔一所简陋的公寓去住，靠不多的积蓄和养老金抚养两个遗孤阿道夫和保拉。正如希特勒在他的《我的奋斗》中所说，她觉得有义务按照丈夫的愿望继续让他儿子上学——"换句话说（用希特勒的话），要我学习做公务员的行业"。不过，虽然年轻的寡妇很溺爱她的儿子，而且他似乎也很爱她，他却"比以前更加坚定地下定决心不愿干这个行业"。因此，尽管母子之间感情深厚，却还是存在着矛盾，阿道夫继续荒废他的学业。

"接着一场疾病突然帮了我的忙，在几个星期之内决定了我的前途，结束了永无休止的家庭争吵。"[29]

希特勒快满16岁的时候得了肺病，不得不至少停学一年。他被送到施皮塔尔故乡，在他姨母家里休养了一段时期。他的姨母特雷莎·施密特是一个农家妇女。病好后，他暂时回到施泰尔州立中学。他的最终成绩单（1905年9月16日）上的记分是：德语、化学、物理、几何、几何画是"及格"，地理和历史是"良"，自由绘画是"优"。由于能够从此离开学校，他兴奋之余，终于喝醉了酒，这是他一生之中第一次也是最后一次喝醉酒。

据他后来回忆，一个挤奶姑娘在天明的时候看到他卧倒在施泰尔镇外乡下大路旁边，她扶他回到镇里，他发誓以后绝不再犯。[*] 至少在这件事上，他是遵守他的诺言的，他以后不仅不喝酒吸烟，而且还食素，开始是因为在维也纳和慕尼黑做流浪汉时囊无分文不得不如此，后来却完全出于自觉。

希特勒常常说此后的两三年是他一生中最快活的日子。[†] 虽然他母亲劝
他——他的亲戚催促他——去做工，学一个行业，他却陶醉在将来做艺术 14
家的美梦里，在多瑙河畔逍遥闲荡。他永远忘不了16岁到19岁这一段年月里“懒洋洋的日子”，做“妈妈的心肝宝贝”，享受“空虚的舒服生活”。[30] 虽然体弱多病的母亲靠微薄收入很难维持生计，年轻的阿道夫却拒绝出外谋生来帮助母亲。用任何正当职业来维持哪怕是他个人的生活，对他来说都是想也不愿想的，而且毕生如此。

希特勒觉得快成年的这最后几年这么快活，其原因显然是因为可以不必工作，这就使他有时间去沉思梦想，白昼在城市街头或乡间田野闲荡，向同伴畅谈社会流弊和纠正办法，夜晚埋头读书，或者在林茨或者在维也纳歌剧院的后排座位后，站立着出神地谛听理查德·瓦格纳的神秘的异教音乐。

一个少年时代的友人后来回忆说他是个面容苍白、身材瘦弱的少年，平时羞怯怕生，沉默寡言，但是对于不同意他的意见的人，有时也会突然发出神经质的怒言。有四年之久，他自以为深深地爱上了一位漂亮的金发少女，名叫斯蒂芬妮，虽然他常常在她同她母亲在林茨的兰德大街散步的时候爱慕地凝视着她，但是他从来没有做丝毫努力来同她结识，而像许多其他东西一般，宁愿把她保留在他幻想驰骋的梦幻世界里。他给她写了许多爱情诗，虽然从来没有寄出过（其中一首题为《献给心爱的人的赞歌》），

---

* 1942年1月8—9日晚上在最高统帅部里他回忆过去时讲了这个故事（见《希特勒秘密谈话录》［*Hitler's Secret Conversations*］，第160页）。

† “这些日子是我一生中最快活的日子，好像梦幻一般……”（《我的奋斗》第18页）。希特勒担任总理后六个月在1933年8月4日写给他童年时代的友人奥古斯特·库比泽克说：“我很乐意……与你重温我一生中最美好的年月中的那些旧事。”（库比泽克：《我所认识的少年希特勒》，第273页）

但是却硬要读给他耐心的少年友人奥古斯特·库比泽克*听。在这些爱情诗里，斯蒂芬妮成了《女武神》†中的少女，身穿一件随风飘扬的深蓝色天鹅绒长袍，骑着一匹白马，驰骋在百花盛开的草地上。[31]

希特勒虽然下定决心要做艺术家，最好是做画家，否则至少也要做个建筑家，但是他在16岁的时候已经热衷于政治了。当时他对哈布斯堡王朝和哈布斯堡王朝所统治的多民族奥匈帝国境内所有非日耳曼民族已经有了强烈的憎恨，对于凡是日耳曼的一切，都有着同样强烈的热爱。16岁的时候，他已经成了一个至死不改的狂热的日耳曼民族主义者。‡

尽管过了这么久的闲荡生活，他却似乎很少有一般少年所有的无忧无虑的心情。世界大事压得他透不过气来。库比泽克后来回忆说："他处处只看到障碍和敌意……他总是碰到什么东西同他作对，总是同世界闹别扭……我从来没有看到过他把什么事情看得很开的……"[32]

就在这个时候，这个厌恶学校的青年人忽然喜欢起读书来，参加了林茨成年教育图书馆和博物馆学会，大批大批地借阅图书。据他的少年友人回忆，他总是埋首在书堆里，最喜欢阅读的是关于德国历史和德国神话的著作。[33]

林茨只是一个外省城市，不久之后，金碧辉煌的巴洛克式的帝国首都维也纳就开始向这个雄心勃勃、幻想驰骋的青年招手了。在1906年过了17岁生日以后，希特勒带着他母亲和别的亲戚给他的一些钱，动身到这个大都会去住了两个月。虽然维也纳日后成了他度过他一生中最惨淡岁月的地方，惨到几乎流落街头，但是在他第一次到那里的时候，维也纳却使他目眩神迷。他成天在街头闲逛，兴奋地瞻仰环城路附近的宏伟建筑，在博物馆、歌剧院、剧场中所看到的景象使他眼花缭乱、如醉如狂。

---

* 库比泽克似乎是希特勒少年时代的唯一友人，他在《我所认识的少年希特勒》一书中，对他这个同伴在19岁去维也纳过流浪生活前四年的情况做了一番很有趣味的叙述。这番描绘不仅填补了德国元首一生传记的空隙，而且也纠正了在此以前在一般人中间流行的对他早年性格的印象。库比泽克本人的情况与希特勒截然不同。他在林茨有个幸福家庭，承继父业，做了一个家具商，工作孜孜不倦，同时又学习音乐，在维也纳音乐学院毕业，成绩优异，后来当了指挥家和作曲家，不幸他的前途光明远大的职业生涯却被第一次世界大战粉碎了。

† 瓦格纳的歌剧《尼伯龙人的指环》中的一折。——译者

‡ 英语称德意志为日耳曼，同时代表民族、国家、地理概念，本书约定俗成，凡遇民族概念译为日耳曼，国家、地理概念译为德意志，以示区别。——译者

他也去打听了维也纳美术学院的入学手续，一年以后，1907年10月，他又回到首都来参加入学考试，这是他要实现做画家的梦想的第一个实际步骤。他当时年方18岁，充满希望，但是这种希望马上化为了泡影。看了维也纳美术学院的甄别名单上的记载就可知道。

下列诸生考试成绩不良，不予录取……阿道夫·希特勒。籍贯：茵河畔的布劳瑙。生日：1889年4月20日。民族：日耳曼。宗教：天主教。父亲职业：公务员。学历：中学四年。考题：人头像。评语：试画成绩不够满意。[34]

次年希特勒又试了一次，这次他的绘画太差，根本没有让他参加正式考试。对于这个雄心勃勃的青年来说，正如他后来所说，这仿佛是晴天霹雳。因为他原来有绝对自信，以为一定会成功的。据他自己在《我的奋斗》中的记述，他要求院长说明原因。

希特勒的画作。

> 那位先生告诉我，我交的几张画肯定地说明我不适合学绘画，我的才能显然在建筑方面；他说，对我来说，维也纳美术学院的绘画系是肯定不合适的，合适的地方是建筑系。[35]

年轻的阿道夫愿意同意这一点，但是他又立刻发觉，遗憾的是，他中学没有毕业，这很可能妨碍他进建筑系。

这时，他的母亲又患了致命的乳癌，于是他就回到林茨。自从阿道夫
16 离开学校以来，克拉拉·希特勒和她的亲戚凑钱供养他有三年之久，结果
却一点成绩也没有。1908年12月21日，林茨开始披上圣诞节的盛装时，阿道夫·希特勒的母亲溘然长逝了，两天后她安葬在莱昂丁丈夫的墓边。对于这个19岁的青年来说，

> 这是一个可怕的打击……我敬畏父亲，却爱母亲……［她的］去世使我的宏愿突然不能实现……贫困和残酷的现实迫使我做出一个迅速的决定……我面临着想办法谋生的问题。[36]

想办法！他并无一技之长，又一向轻视体力劳动，从来没有想靠自己的力量赚一分钱。但是他并不气馁。他向亲戚告别，宣布他若不得志，绝不回乡。

> 我手中提着一只装换洗衣衫的衣箱，心中怀着坚定的意志，动身到维也纳去。我也希望从命运手中夺取我父亲在五十年以前取得的东西；我也希望“有所成就”——但是绝不做公务员。[37]

“我一生最悲哀的时期”

此后四年（从1909年到1913年）对这个林茨来的闯世界的青年来说，是一段极其悲惨和贫困的时期。在哈布斯堡王朝还没有覆亡，维也纳还是拥有5 200万人民的帝国在欧洲心脏的首都的最后短短几年里，维也纳有着一种世界各国首都所没有的独特的快活气氛和迷人魅力。不仅在建筑、雕

塑、音乐方面，而且在人民的无忧无虑、喜欢享乐、爱慕文化、追求风雅的精神生活方面，维也纳都可以呼吸到西方任何其他城市所没有的那种纷华靡丽的巴洛克和洛可可式空气。

维也纳位于维纳瓦尔德树木葱郁的山脚下，蓝色的多瑙河畔，山坡上到处点缀着黄绿色的葡萄园，这是一个富有天然美景的地方，外来的游客固然为之心迷神醉，维也纳本地人也自以为得天独厚。空气中充满了音乐，那是当地的天才子弟、欧洲最伟大的音乐家海顿、莫扎特、贝多芬、舒伯特的高尚优美的音乐，而且在最后那几年回光返照的升平岁月里，还有维也纳自己钟爱的约翰·施特劳斯的欢乐迷人的华尔兹圆舞曲。对于这样幸运和过惯了巴洛克式生活的人们来说，生活就像是一场美梦，因此快活的维也纳人都过着纸醉金迷的生活，跳华尔兹，喝葡萄酒，在咖啡馆里谈心，在歌场舞榭听曲看戏，打情骂俏，寻欢作乐，把一生之中大部分时间消磨在享受和梦想之中。

当然，也需要治理一个帝国，维持一支陆军和海军，管理交通，进行贸易，从事劳动。但是在维也纳，很少有人需要在这些事情上加班工作，甚至用不着全天工作。

当然，也有阴暗的一面。这个城市像所有其他城市一样，也有穷人， 17
他们营养不良，衣衫褴褛，住在贫民窟里。但是作为帝国的首都，而且作为中欧最大的工业中心，维也纳是繁荣的，这种繁荣比较普遍，人人都有一份。下层中产阶级人数众多，在政治上控制了这个城市；工人们不仅在组织工会，而且也在组织自己的强大政党——社会民主党。全市人口这时已增加到200万，生活之中有着一种沸腾的景象。民主的势力正在排挤哈布斯堡王朝悠久的专制的势力，教育和文化已向群众开放，因此到1909年希特勒到维也纳来的时候，一个囊无分文的青年也有机会受高等教育，或者谋得一份相当体面的差使，同其他为数约100万的职工一样，生活在笼罩着首都居民的文明气氛中。他的唯一友人，同他一样微贱和默默无闻的库比泽克不是已经在音乐学院中初露头角了吗?

不过年轻的阿道夫并没有去实现进建筑系的抱负。尽管他没有中学毕业文凭，他仍有可能进建筑系——凡是有“特别才能”的青年，即使没有这种证件也能入学——但是从目前所知道的情况来看，他没有申请入学。

他也不想学什么手艺行业，或者从事任何正常的职业。相反，他宁愿干些杂七杂八的零活——扫雪，拍打地毯，在铁路西站外面扛行李，有时候干几天工地小工的零活。1909年11月，他到维也纳“掌握命运”后不到一年，他不得不放弃在西蒙·丹克胡同租赁的房间，在以后的四年中一直住在只有铺位的鸡毛店里，或者在多瑙河畔维也纳第二十区默尔德曼街几乎同样简陋的单身宿舍里栖身，靠光顾施粥站打发饥饿的日子。

难怪在将近二十年后他这么写道：

> 对许多人来说，维也纳是个尽情享受的天堂、寻欢作乐的场所，但是对我来说——恕我直言——它却是我一生最悲哀的时期的活生生的记忆。
>
> 即使到今天，这个城市在我的心中也只能引起不愉快的想法。对我来说，这个逍遥自在的城市的名字所代表的就是五年艰苦贫困的生活。在这五年中我被迫求职糊口，开始当小工，后来当小画家。收入之微薄，不足以填充我每日辘辘的饥肠。[38]

他说到那些日子时，总不免要提起饥饿。

> 当时饥饿是我忠实的伴侣，它同我形影不离，有福同享……我的生活就是同这个无情的友人进行的一场长期搏斗。[39]

但是，饥饿却从来没有逼得他设法寻找一个固定的职业。他在《我的
18 奋斗》中说得很清楚，他有着一种小资产阶级的入骨的恐惧，生怕又掉到无产者的队伍中去，掉到体力劳动者的队伍中去——他后来就利用这种恐惧心理在缺乏领导、薪金低微、无人重视的白领阶层的广大基础上建立了纳粹党。这个阶层的千百万人都有这样一种错觉，以为自己在社会地位上比起“工人”来至少略胜一筹。

希特勒固然说过，他至少有一阵子靠当个“小画家”糊口，但是他在自传中没有详细说明这个工作的情况，只不过说了这么一句，在1909年和1910年，他的情况略有改善，可以不必再当普通小工了。

他说："这时，我已开始独立工作，做个小素描画家和水彩画家。"[40]

这句话是有些容易令人误解的，《我的奋斗》中许多其他具有传记性质的段落也是如此。虽然当时认识他的人所提供的材料也并不比他自己更加可靠，但是拼凑起来的情况可以说肯定是比较完整的，也可能比较确实。*

有一点是相当肯定的，阿道夫·希特勒从来没有像他的政敌所嘲笑的那样当过房屋油漆匠。至少没有材料证明他干过这个行当。他当时干过的事是绘制一些拙劣的维也纳画片，内容常常是一些著名的景物，例如圣斯蒂芬大教堂、歌剧院、城堡剧院、美泉宫或者美泉公园中罗马时代的遗迹。据他相识的人说，他是从别人作品上临摹下来的；显然他没有写生的能力。这些画片是矫揉造作、没有生气的，很像一个初学建筑的人所画的粗糙草率的速写，他有时添上一些人物，也画得非常拙劣，好像连环画一样。我有一次看到希特勒的原作速写后曾经记下过这么一些话："几个人面画像。拙劣。有一个几乎像食尸鬼。"在海登看来，"它们像巍峨庄严的宫殿外的小沙包"。[41]

这种可怜的玩意儿，希特勒也许画了几百张，卖给小贩装饰墙头，卖给商人嵌在陈列出售的画框里，卖给家具商把这种画片钉在廉价的沙发和椅子靠背上，当时在维也纳，这是一种流行风气。希特勒也能够画一些比较商业性的东西。他常常为小铺子老板画招贴，给泰迪狐臭粉这种商品做广告。有一张画后来也许在圣诞节的时候赚过一些钱，画的是圣诞老人在叫卖色彩鲜艳的蜡烛，还有一张画的是圣斯蒂芬大教堂的哥特式尖顶，高
耸在一堆肥皂上。圣斯蒂芬大教堂的尖顶是希特勒百画不厌的东西。 19

希特勒的"艺术"成就仅止于此，但是他至死都认为自己是个"艺术家"。

在维也纳这些流浪的年代中，他的外表肯定是波希米亚式的流浪汉。当时认识他的人后来追忆，他穿一件破旧的黑大衣，长至足踝，很像一件土耳其长袍，这是一个匈牙利籍犹太旧衣商送给他的，这个旧衣商也住在

---

* 见约瑟夫·格雷纳：《希特勒神话的结束》(*Das Ende des Hitler-Mythos*)。格雷纳在希特勒在维也纳的时代同他相识。又见鲁道夫·奥尔登：《小卒希特勒》(*Hitler the Pawn*)。奥尔登所著书中载有赖因霍尔德·哈尼施的谈话，后者是苏台德的一个流浪汉，一度曾与希特勒在小客店里同室居住，贩卖他的一些画片。康拉德·海登在《元首》(*Der Führer*)一书中也引用了哈尼施的材料，包括希特勒控告这个流浪汉的案件的法院记录。希特勒控告哈尼施卖了他的一张画后没有把收入分给他。

那所简陋的单身宿舍里，同他颇为友好。这些人还记得他头戴一顶油腻发光的黑呢帽，四季不换。他一头乱发，前额斜梳，像他日后那样，颈后的头发乱糟糟地盖住了肮脏的衣领，因为他很少理发修面，两颊和下巴颏往往胡髭丛生。如果日后成了艺术家的哈尼施的话可信的话，希特勒像“一个基督徒中间很少出现的鬼怪”。[42]

不像同住在一起的一些潦倒的青年人，他毫无青年的恶习。他既不抽烟，也不喝酒。他同女人没有来往——根据已知情况，不是因为任何不正常的心理或生理，而完全是因为他特别怕羞。

希特勒后来在《我的奋斗》中难得幽默地说：“我相信，当时我认识的人都把我当作一个怪物。”[43]

像他的教师一样，这些人也记得他的炯炯有神的目光，这是他脸部的突出特点，反映出性格中同这个一身肮脏的流浪汉的贫困生活很不协调的某种东西。他们还记得，这个青年人尽管在体力劳动上极其懒惰，读起书来却废寝忘食，夜以继日。

> 当时我用心读了大量的书。工作之余全部时间都花在读书上。这样在几年之内我就打下了知识的基础，到今天我还从这里吸收营养。[44]

在《我的奋斗》中，希特勒详尽地谈到了读书的艺术。

> 所谓“读书”，当然，我的意思也许同所谓“知识界”的一般人有所不同。
>
> 我也认识一些大量“读书”的人……但是我并不认为他们是“博学”的人。不错，他们有大量“知识”，但是他们的头脑不能组织和整理他们所吸收的知识……另外一方面，一个掌握正确读书艺术的人……从本能上立刻就能辨别出什么东西是他认为值得永远记住的，或者因为这些东西符合他的需要，或者因为一般值得知道……读书的艺术，求知的艺术是：……**去芜存菁***……只有这样的读书才有意义，

* 着重体是希特勒原来用的。

> 才有目的性……由此看来，我在维也纳的日子特别有意义，特别有价值。[45] 20

有什么价值？希特勒的答复是：从他读的书中，从他在维也纳穷人中间的生活中，他学到了日后需要知道的一切。

> 维也纳过去是，而且现在仍旧是我一生中条件最艰苦的学校，虽然也是最彻底的学校。我刚踏进这座城市时还是一个孩子，离开时却已成人，性格也变得沉静严肃了。
>
> 在这段时期中，我形成了一种世界观，一种人生哲学，日后成了我一切行动的巩固基础。除了我当时打下的基础之外，我后来很少需要学习什么东西，也不需要改变什么东西。[46]

那么，他在维也纳这所慷慨给予他狠狠的打击的学校里究竟学到了一些什么？他在那里的经历和阅读中究竟学到了一些什么思想？照他的说法，这些思想一直保持到最后，基本上没有什么改变。这些思想大部分是空虚陈腐的思想，有时往往荒唐可笑，而且受到粗暴的偏见的影响。在对这些思想稍加考察之后，这一点就是很明显的事了。但同样明显的是，这些思想对这部历史很重要，正如这些思想对世界曾经是很重要的一样，因为这些思想将成为这个有书呆子气的流浪汉不久要建立的第三帝国的基础的一部分。

阿道夫·希特勒的萌芽思想

除了一个例外，这些思想都不是什么独创之见，而是从20世纪初叶奥地利政治和生活的奔腾的大旋涡中原封不动地拣来的东西。这个多瑙河畔的帝国当时由于消化不良正处在奄奄一息的状态中。好几个世纪以来，在人口中占少数地位的日耳曼奥地利人统治着一个拥有十多个民族的多语言帝国，把自己的语言和文化强加在它之上。但是从1848年以来，他们的控制地位就在削弱之中。他们不能同化少数民族。奥地利不是一个熔炉。1860

年代，意大利人分裂了出去，1867年，匈牙利人在所谓双重王室的制度下赢得了与日耳曼人平等的地位。现在，在20世纪开始的时候，各个斯拉夫民族——捷克人、斯洛伐克人、塞尔维亚人、克罗地亚人等——都要求有平等待遇并且至少要求民族自治。各民族间的激烈争吵成了奥地利政治斗争的中心问题。

不仅如此，还有社会动荡，而这往往掩盖了民族冲突。没有选举权的下层阶级要求享有选举权，工人们坚决要求有权组织工会和举行罢工——不仅是为了要求增加工资和改善工作条件，也是为了要实现他们的民主的政治目标。后来事实也确是如此，在举行一次总罢工后，成人都普遍享有了选举权，而奥地利籍的日耳曼人在政治上的统治地位也因此告终，因为他们在奥匈帝国奥地利这一半中只占三分之一的人口。

对于这些情况，希特勒这个从林茨来的年轻而狂热的日耳曼-奥地利
21 民族主义者是坚决反对的。在他看来，帝国正在陷入“危险的泥淖”中去。只有日耳曼人这个主宰种族恢复原来的绝对权威才能拯救。非日耳曼人，特别是斯拉夫人，而其中尤其是捷克人，都是劣等民族。必须要由日耳曼人用铁腕来统治他们。议会必须废除，所有民主的“胡闹”必须结束。

虽然希特勒没有参与政治，但他非常关心地注意着奥地利三大政党的活动：社会民主党、基督教社会党、泛日耳曼民族党。一种政治上的狡猾见识现在已开始在这个不修边幅的施粥站常客的心中萌芽，使他能够极其清晰地看到当代各个政党的力量与弱点，而在成熟以后，使他成了德国的第一号奸雄。

他同社会民主党一接触后，就对该党有了一种强烈的憎恨。“最使我憎恶的是，”他说，“它对维护日耳曼主义的斗争持敌对态度，它对斯拉夫‘同志’不要脸地讨好卖乖……在几个月之内，我就得到了在其他情况下可能需要几十年才能得到的东西：看透了一个假装成社会美德和兄弟友爱的化身的有毒的妓女*。”[47]

但是他这时已经相当聪明，知道为了要仔细研究社会民主党在群众中间得到成功的原因，必须抑制自己对这个工人阶级政党的反感。他最后认

---

*《我的奋斗》第二版以及以后各版删去了“有毒的妓女”，改用“毒病”这个名词。

为他们成功的原因有好几个，他牢记了这些原因，后来还利用它们来建立德国的纳粹党。

有一天——他在《我的奋斗》中写道——他看到维也纳工人举行群众示威。“我屏息凝神地看着人群组成的巨龙慢慢地游过去，几乎有两个小时之久。我最后离开那个地方漫步回家时，心中极感焦虑。”[48]

回家后他开始阅读社会民主党的报刊，分析该党领导人的演讲，研究它的组织，思考它的心理和政治手段，估计它的成绩。他最后得出社会民主党获得成功的三个原因：他们知道如何建立一个群众运动，任何政党如果没有群众运动就一无用处；他们掌握了在群众中进行宣传的艺术；最后一点是，他们知道利用他所说的“精神恐怖和肉体恐怖”的价值。

这第三个教训引起了年轻的希特勒的好奇心，虽然这肯定是以错误的观察为基础的，其中掺杂他个人的大量偏见。十年以后他将充分利用它来实现自己的目标。

> 我了解这个运动——特别对资产阶级——所造成的恶劣的精神恐怖，从思想上和心理上来说，资产阶级都不是这种进攻的对手；信号一发，只要看来是最危险的敌人，它就对之发动谎言和诽谤的真正大攻击，一直到被攻击者的精神不能支持时为止……这种策略所根据的是对一切人性弱点的精确估计，它的结果能导致必然的胜利，其必然 22
> 程度几乎同数学一样精确……
>
> 我同样也了解肉体恐怖对个人和群众的重要性……因为在支持者中间，所取得的胜利似乎是他们本身事业的正义性的胜利，而被击败的对手在大多数情况下都对继续进行抵抗不存任何胜利的希望。[49]

关于希特勒日后要加以发展的纳粹策略，再也没有比这段话分析得更加精确的了。

在维也纳，有两个政党强烈地吸引着成长中的希特勒的注意，他对它们都应用了他正在提高的狡猾冷静的分析能力。他说，他最初拥护由格奥尔格·冯·舍内雷尔骑士建立的泛日耳曼民族党，冯·舍内雷尔也是希特勒老家下奥地利施皮塔尔附近一州的人。泛日耳曼党当时正在为日耳曼民族在这个多民族帝国中的统治地位进行最后的奋斗。虽然希特勒认为舍内雷尔是个“深刻的思想家”，而且热情地拥护他的强烈民族主义、反犹主义、反社会主义、主张同德国合并、反对哈布斯堡王朝和教廷的基本纲领，但他很快就发现了该党失败的原因：

“这个运动未能充分了解社会问题的重要性，使它失去了真正有战斗性的人民群众；它参加了议会，这就使它丧失了重要的推动力量，而沾上了议会所特有的一切弱点；反对天主教会……又使它丧失了我国民族足以自豪的无数最优秀的分子。”[50]

希特勒在维也纳时代得到了一个教训，虽然他日后在德国取得政权时还是把它忘记了，可是他在《我的奋斗》中竭力强调过，那就是，一个政党要想反对教会是没有用的。他在解释舍内雷尔的“脱离罗马”运动为什么是个策略错误时说：“不管一个宗教派别有多大值得批评的地方，一个政党在任何时候都不应忽视这样一个事实：在以往的全部历史经验中，一个纯粹政治性的党派要进行宗教改革是从来没有成功过的。”[51]

不过在希特勒看来，泛日耳曼党最严重的错误还是在于它未能唤起群众，甚至未能了解普通人民的心理。从他重复说明他年纪刚过21岁就开始在心中出现的思想的话中，我们可以看到，在他看来，这是一个最严重的错误。他在建立自己的政治运动时不能犯这个错误。

泛日耳曼党还有一个希特勒不想犯的错误。那就是它未能争取到国内有势力的、地位确立不移的机构当中至少某些机构的支持——如果不是教
23 会的话，至少也是陆军，或者内阁，或者国家元首。这个青年明白，除非得到这种支持，否则，任何政治运动都很难——如果不是不可能的话——取得政权。希特勒在1933年决定大局的1月里狡猾地骗取到的，正是这种支持，而且也完全靠这种支持，他和他的纳粹党才有可能接掌一个伟大国家的统治权。

在希特勒的维也纳时代，只有一个政治领袖，除了了解在群众基础上建党的必要性之外，也了解这一点。那个人就是维也纳市长、基督教社会党的领袖卡尔·卢格博士，他成了希特勒的最有影响的政治导师，虽然两人从来没有碰过面。希特勒一直把他看成是“历代最伟大的日耳曼市长……比所有当代的所谓‘外交家’都更伟大的政治家……如果卡尔·卢

格博士当初活在德国，他就会置身于我国人民伟大的思想家之列”。[52]

当然，日后的希特勒同维也纳下层中产阶级的这个身材魁梧、性格率直、态度温和的偶像很少相似之处。不错，卢格作为一个在心怀不满的小资产阶级中间进行活动，并且像希特勒后来那样利用高涨的反犹情绪作为政治资本的政党的领袖，当时成了奥地利最有势力的政客。但是出身低微、靠了半工半读才读到大学毕业的卢格，却是一个在学识上有相当造诣的人。他的敌人，包括犹太人在内，都愿意承认，他秉性高尚侠义、慷慨大度。当时在维也纳成长的奥地利犹太作家斯蒂芬·茨威格也证明，卢格从来没有由于他在公开场合的反犹态度而不肯帮助犹太人或者对他们态度不友好。茨威格追述说：“他的市政管理非常公正，甚至是民主的典型……在这个反犹政党取得胜利的时候曾经心惊胆战的犹太人继续过着像过去一样享有权利和受到尊重的日子。”[53]

这却不是年轻的希特勒所喜欢的。他认为卢格太大度了，不够重视犹太人这个种族问题，他对于市长未能拥护泛日耳曼主义感到不满，对于他的罗马天主教教权主义和他忠于哈布斯堡王朝的态度是否得当感到怀疑。老皇帝弗朗茨-约瑟夫不是两次拒绝批准卢格当选为市长吗？

但是最后希特勒还是不得不承认这个人的天才，这个人知道怎样赢得群众的支持，了解现代社会问题和宣传与口才在左右群众时的重要性。对于卢格对付有势力的教会的手腕，希特勒只有佩服的份儿——“他的政策定得极其精明狡猾”。最后还有一点，卢格“善于利用一切现有手段来争取地位已确立不移的机构的支持，以便能够为他的运动从这些既有的权力来源方面取得最最有利的条件”。[54]

这一段话简单扼要地总结了希特勒日后用来组织自己的政党和引导它
在德国取得政权的思想和手段。他的独到之处在于他是右派政客中唯一把 24
这种思想和手段应用于第一次世界大战后的德国政局的人。就是在那个时候，纳粹运动（在所有民族主义和保守的政党中就只有它）取得了广泛的群众的拥护，在这以后，又取得了陆军、共和国总统和大企业联合会这三个有很大权力的“地位已确立不移的机构”的支持，终于取得了德国总理的职位。在维也纳汲取的教训，结果证明的确是很有用处的。

卡尔·卢格博士是位杰出的演说家，泛日耳曼党却没有善于辞令的演说家。希特勒注意到了这一点，在《我的奋斗》中大大强调了演讲术在政治中的重要作用。

> 在历史上推动最伟大的宗教运动和政治运动的力量，从远古时候起，一直是说话的神奇力量，而且也仅仅是说话的神奇力量。
>
> 只有靠说话的力量才能打动广大的人民群众。所有伟大的运动都是人民运动，都是人类热情和感情的火山迸发，它们不是由残酷的穷困女神就是由投在群众中的语言的火把所触发的；它们不是辞章学家和客厅英雄的柠檬水似的清谈。[55]

年轻的希特勒虽然没有实际参与奥地利的政治，但是已经开始在维也纳的穷客栈、施粥站、街头巷尾的听众面前练习他的演讲术了。这种技巧后来发展成为（作者可以做证，他后来听了希特勒好几十次最重要的演讲）一种在两次大战之间德国无人能望其项背的才能，而且对他的惊人成功起了很大的作用。

希特勒在维也纳的经历中，最后一个方面是犹太人。他说，在林茨，犹太人很少。“在家乡，我不记得在我父亲活着的时候提起过这个字眼。”在中学里，有一个犹太儿童——“但是我们很少去想这件事……我甚至把他们［犹太人］当作是日耳曼人”。[56]

但是根据希特勒童年时代友人的材料，这不是实际情况。奥古斯特·库比泽克回忆两人一起在林茨的日子的时候说：“当我初次认识阿道夫·希特勒的时候，他的反犹情绪就已经表露出来了……希特勒去维也纳的时候已经是一个坚定的反犹主义者。他在维也纳的经历可能加深了这种情绪。但是可以肯定不是产生这种情绪的原因。”[57]

“于是，”希特勒说，“我来到了维也纳。”

> 我初到一地，种种新奇景象使我目不暇接……心中又想着自己命
> 途多舛，因此未能深入了解这个庞大城市的人民中间的内部阶层。尽
> 25 管在当时维也纳200万居民中间几乎有20万犹太人，我却看不出犹太
> 人来……在我看来，犹太人的特点仍旧是他们的宗教，因此，基于人

类的相互容忍精神，在这个问题上同其他问题上一样，我仍旧反对宗教攻击。因此，维也纳反犹主义的报纸的语调使我觉得有负一个伟大民族的文化传统。[58]

有一次——希特勒记述道——他在内城漫步。“我突然遇到一个身穿黑色长袍、两鬓留着黑色鬈发的怪物。我的第一个念头就是：这是一个犹太人吗？因为，在林茨，犹太人不是这等模样的。我偷偷地谨慎地看着那个人，但是我看着这张奇怪的脸庞越久，越是逐一研究它的每一特点，我的头一个问题就越是具有一个新的形式：这是一个日耳曼人吗？”[59]

希特勒的答案是很容易猜到的。虽然他说，在做出回答以前他决定“用书本来解决我的疑窦”。他埋首阅读反犹书籍，当时这种书籍在维也纳很有销路。然后他到街头去更加仔细地观察“现象”。“我所到之处，”他说，“我都开始看出有犹太人，我看到的越多，他们在我的眼中也就越明显地同其他人有区别……后来我常常一闻到这种穿长袍的人的气味，就感到心中作呕。”[60]

他说，接着，他发现了“这一‘上帝的选民’的道德污点……任何放荡淫秽的事情，特别是在文化生活方面，有连一个犹太人也不牵涉到的吗？如果你再小心地解剖这种脓疮，你就会发现——像在腐烂的尸体中突然见到亮光而受惊的蛆虫一样——其中有一个犹太鬼！”他说他发现，卖淫和贩卖妇女大部分是犹太人干的。“当第一次，”他记述道，“我认识到犹太人是这个大城市中的渣滓堆里进行这种令人恶心的罪恶交易的心肠冷酷、恬不知耻、孜孜为利的主使者的时候，我不免感到一阵寒噤。”[61]

希特勒关于犹太人的一些狂言乱语中，有很大的病态的性心理成分。这也是当时维也纳反犹主义报纸的特点，后来也成了纽伦堡黄色的《冲锋队员》周刊的特点，这家周刊是由希特勒最得宠的助手之一尤利乌斯·施特莱彻出版的，他是弗朗科尼亚纳粹党头子，一个著名的性欲变态者，也是第三帝国名声最臭的人之一。《我的奋斗》中不乏明白的暗示，提到粗野的犹太人诱奸天真纯洁的基督教女郎，从而玷污了她们的血统的话。希特勒居然写出“可厌的长着罗圈腿的犹太狗杂种诱奸数十万女郎的可怕景象”。正如鲁道夫·奥尔登所指出的，希特勒反犹主义的根源之一可能是他在性方面的压抑妒忌心理。虽然他已经20岁出头，但根据已知的材料，他在维也纳的时期从来没有同女人发生过任何关系。

“慢慢地，”希特勒写道，“我开始憎恨他们……对我来说，这是我曾经不得不经历的精神上最大震荡的时刻。我不再是个优柔寡断的世界主义者，而成了一个反犹主义者。”[62]

26 他至死都要成为一个盲目狂热的反犹主义者，他在临死前几个小时写的最后遗嘱中还对犹太人做了一次最后攻击，说他所发动的战争是他们引起的，现在断送了他和第三帝国。这种强烈的仇恨在那个帝国里后来竟会影响到这么多的德国人，最后导致了一场景象这么可怕、规模这么庞大的屠杀，以致在文明史上留下了一个极其丑恶的创痕，只要地球上还存在着人类，这一创痕就肯定会永远存在。

1913年春天，希特勒离开了维也纳，到德国去住，据他说，他的心过去一直向往着德国。他当时24岁，除了他自己以外，在任何人看来，他从各方面来说都失败了。他没有成为画家，也没有当上建筑师。人人都可以看出，他一事无成，只不过是个流浪汉——而且是个古怪的、有书呆子气的流浪汉。他没有朋友，没有家庭，没有工作，没有居处。不过，他有一样东西：对自己的不可抑止的信心和深刻的炽热的使命感。

他离开奥地利也许是为了逃避军役。* 不是因为他是个胆小鬼，而是因为他不愿同犹太人、斯拉夫人以及帝国的其他少数民族一起在军中服役。在《我的奋斗》中，希特勒写道，他在1912年春天到了慕尼黑。不过，这

---

* 1910年他年满21岁后，就该服军役。据海登的说法，奥地利当局在他住在维也纳的时候没有能找到他。他们最后在慕尼黑找到了他，命他回林茨报到，进行体格检查。约瑟夫·格雷纳在他的《希特勒神话的结束》中刊载了希特勒和奥地利军事当局的一些来往信件，希特勒在信件中否认他去德国是为了逃避奥地利军役。他以缺少旅费为由，要求让他在距离慕尼黑较近的萨尔茨堡进行体格检查。他于1914年2月5日在那里进行了体格检查，结果断定由于健康不好而不适合服役。甚至连辅助役也不适合——显然他当时还患着肺病。他一直到当局最后在他年已24岁的时候找到他后才去报到这件事，在他后来在德国开始走运的时候，一定使他感到很不安。格雷纳证实了我在柏林的时候反纳粹人士中间流传极广的一个传说，即当德军在1938年占领奥地利时，希特勒命令秘密警察寻找有关他的军役的官方文件。在林茨的记录没有找到——这使希特勒非常恼火。这些文件被当地政府的一个人员转移了，他后来在战后给格雷纳看了这些文件。

一点他弄错了，警察局登记册中载明，他在维也纳一直待到1913年5月。

他自己说的离开奥地利的原因是相当夸张的。

> 我对哈布斯堡国家的内心憎恶越来越强烈了……我在首都看到的民族杂居现象，捷克人、波兰人、匈牙利人、卢西尼亚人、塞尔维亚人、克罗地亚人的大混杂，还有到处像蘑菇一样生长的犹太人——犹太人，没完没了的犹太人，都使我感到憎厌。这个大城市使我觉得是人种退化的象征……我在这个城市待得越久，我越是憎厌异族混杂，因为这种混杂已经开始腐蚀这一日耳曼文化的古址……为了上述种种原因，我越来越渴望到我童年时代就暗暗想望和热爱的地方去。[63] 27

他后来在那个他这样热爱的国家里的命运是他当时无论如何也想象不到的。他当时从法律上来说还是侨居德国境内的一个外国人，一个奥地利人，这种情况一直保持到他担任总理前不久。要了解希特勒，就必须把他当作一个奥地利人，这个奥地利人在哈布斯堡帝国崩溃之前的最后十年中才成年，他没有在这个帝国的文明首都扎下根，他怀有当时讲德语的极端分子中间极为流行的一切荒谬偏见和憎恨，他不能了解他的极大多数同胞的正直、诚实、可敬的品格，不论他们是捷克人，还是犹太人，还是日耳曼人，不论他们是穷人，还是富人，不论他们是艺术家，还是手艺工人。很可怀疑，是否会有一个来自北方，或者来自西方的莱茵兰，或者东方的东普鲁士，或者甚至南方的巴伐利亚的德国人，由于本人任何可能的经历，也会在自己的血液中和思想中具有那些把阿道夫·希特勒推上他最后达到的高峰的同样的种种混合成分，当然，除此之外，希特勒还有不少的不可预测的天才成分。

但是在1913年春季的时候，他的天才还没有显露出来。在慕尼黑，同在维也纳一样，他仍旧囊空如洗，举目无亲，也没有正式职业。接着1914年夏天爆发了战争，把他像千百万其他人一样卷了进去。8月3日，他上书巴伐利亚国王路德维希三世，申请志愿参加巴伐利亚步兵团，结果获准。

这是个天赐良机。现在这个年轻的流浪汉不仅能够满足在一场他认为是生死存亡的斗争中为他所热爱的第二祖国服务的愿望，而且也能够逃避他个人生活中的一切失意和烦恼了。

“对我来说，”他在《我的奋斗》中写道，“这仿佛是把我从年轻时代压在我身上的穷困下拯救出来。我很坦率地承认，在热情冲动之下，我跪了下来，衷心感谢上天赐给我这个能够活在这样一个时代的幸福机会……对我来说，对所有德国人来说都是一样，现在我的生命中最值得纪念的时期开始了。同这场巨大的斗争相形之下，过去的一切都成了过眼烟云了。”[64]

对希特勒来说，过去的一切——贫困、寂寞和失意——都要退居次要地位，虽然这些以后还是永远影响着他的思想和性格。现在，将要为
28 千百万人带来死亡的战争，却为这个25岁的青年带来了生命中新的一页。

注　释

1. 哈默施坦因备忘录，惠勒-本内特在其所著《权力的报应》第285页上曾加以引用。这个备忘录是哈默施坦因将军的儿子孔拉特·冯·哈默施坦因博士根据他父亲的笔记和日记专门为惠勒-本内特写的。题目是《施莱谢尔、哈默施坦因和攫取权力》。

2. 约瑟夫·戈培尔：《从恺撒霍夫饭店到总理府》（以下简称《恺撒霍夫》——译者），第251页。

3. 哈默施坦因备忘录，惠勒-本内特引用。《权力的报应》，第280页。

4. 戈培尔：《恺撒霍夫》，第250页。

5. 同上，第252页。

6. 同上。

7. 安德烈·弗朗索瓦-庞赛：《决定命运的年代》，第48页。他在1930—1938年任法国驻柏林大使。

8. 戈培尔：《恺撒霍夫》，第251—254页。

9. 1934年9月5日在纽伦堡说的话。

10. 弗里德里希·梅尼克：《德国的浩劫》，第96页。

11. 阿道夫·希特勒：《我的奋斗》，美国版（1943年波士顿），第3页。我在引用此书时曾将英译文略加修改，俾能比较贴近德文原文。

12. 康拉德·海登：《元首》，第36页。凡是从事有关第三帝国的写作的人，在希特勒早年生活方面的材料，无不得益于海登。

13. 同上，第41页。

14. 同上，第43页。

15. 同上。

16.《我的奋斗》，第6页。

17. 同上，第8页。

18. 同上，第8—10页。

19. 同上，第10页。

20.《希特勒秘密谈话录，1941—1944年》，第287页。

21. 同上，第346页。

22. 同上，第547页。
23. 同上，第566—567页。
24. 奥古斯特·库比泽克：《我所认识的少年希特勒》，第50页。
25. 同上，第49页。
26.《我的奋斗》，第14—15页。
27. 库比泽克：《我所认识的少年希特勒》，第52页。另见《希特勒秘密谈话录》，第567页。
28. 库比泽克：《我所认识的少年希特勒》，第44页。
29.《我的奋斗》，第18页。
30. 同上，第21页。
31. 库比泽克：《我所认识的少年希特勒》，第59页。
32. 同上，第76页。
33. 同上，第54—55页。
34. 海登：《元首》，第52页。
35.《我的奋斗》，第20页。
36. 同上，第18页。
37. 同上。
38. 同上，第21页。
39. 同上，第21—22页。
40. 同上，第34页。
41. 海登：《元首》，第54页。
42. 同上，第68页。
43.《我的奋斗》，第34页。
44. 同上，第22页。
45. 同上，第35—37页。
46. 同上，第22，125页。
47. 同上，第38—39页。
48. 同上，第41页。
49. 同上，第43—44页。
50. 同上，第116—117页。
51. 同上，第118页。
52. 同上，第55，69，122页。
53. 斯蒂芬·茨威格：《昨日的世界》，第63页。
54.《我的奋斗》，第100页。
55. 同上，第107页。
56. 同上，第52页。
57. 库比泽克：《我所认识的少年希特勒》，第79页。
58.《我的奋斗》，第52页。
59. 同上，第56页。
60. 同上，第56—57页。
61. 同上，第59页。
62. 同上，第63—64页。
63. 同上，第123—124页。
64. 同上，第161，163页。

第二章

纳粹党的诞生

1918年11月10日，一个阴暗的秋天的星期日，阿道夫·希特勒尝到了他出于深刻的仇恨和失望而称之为本世纪最最卑劣的事情*的滋味。一个牧师到柏林东北波美拉尼亚小镇帕瑟瓦尔克军事医院来对伤兵宣布一个简直令人不能相信的消息。希特勒当时正在那个医院休养，他一个月以前在伊普尔中了英国毒气，双目暂时失明。

那个牧师告诉他们，那个星期日上午德皇已经退位，逃到荷兰去了。在那天的前一天，柏林已经宣布成立共和国。次日，11月11日，将在法国的贡比涅签订停战协定。战争已经打败了。德国要听任胜利的协约国摆布。那个牧师说着说着就哽咽起来。

"我忍不下去了，"希特勒追述当时的情景说，"我的眼前突然又是一片昏黑；我跌跌撞撞地摸索着回到病房，投身到床上，把发烧的脑袋埋在毯子和枕头下……这样，一切都白费了。一切牺牲和困苦都白费了……我们尽管心中怀着死亡的恐惧，还是尽了我们的天职，但是这样的时刻都白费了；200万阵亡烈士的牺牲也白费了……但是他们是为了这样的结局才牺牲的吗？……我们经受这种种遭遇，难道只是为了让一帮卑鄙的罪犯能够欺

---

*《我的奋斗》德文第一版用的是这个字眼，但以后各版改为"革命"。

1918年11月11日，停战协定在法国贡比涅签订，前排右二为法军统帅福熙将军。

凌我们的祖国吗?”[1]

自从他站在他母亲墓边以来，他第一次——据他自己说——痛哭失声。“我禁不住哭了。”像当时和以后的千百万同胞一样，他不能接受这个铁一般无情的事实：德国在战场上已经战败，打输了这场战争。

29 也像其他千百万德国人一样，希特勒是个勇敢无畏的士兵。后来有些政治敌人攻击他在战斗中表现胆怯，但是应该说句公道话，在他的记录中没有一丝一毫证据，可以证明这种攻击是有根据的。他经过了不到三个月的训练后，于1914年10月底到达前线，担任巴伐利亚后备步兵第十六团第一营的传令兵。第一次伊普尔战役，英军阻住了德军向英吉利海峡方面的挺进。就在这次战役的四天激战中，希特勒所属的部队伤亡惨重。根据希特勒写给他在慕尼黑的房东、一个名叫波普的裁缝的信，他的团一共3 500人在四天激战后只剩下600人了，军官只剩下30名，四个连的番号不得不撤销。

在战争中他一共受伤两次，一次是1916年10月7日在索姆河战役中腿部受伤。在德国医治复原后，他于1917年3月回到以该团原来团长的名字命名的利斯特团，这时他已被提升为下士，同年夏天参加了阿拉斯战役和

第一次世界大战中的希特勒（前排左一）与战友。

第三次伊普尔战役。在1918年春、夏德军最后一次全面攻势中，他那一团处在战斗最激烈的地方。最后一次伊普尔战役中，在10月13日的晚上，英军向瓦尔维克以南的一个小山头大放毒气，他当时中了毒气。“我跌跌撞撞地回来，眼睛感到火辣辣的一阵痛，”他叙述道，“身边带着我所传递的最后一份战况报告。几个小时后，我的眼睛烧得像通红的煤块一样；周围一片漆黑。”[2]

他因为作战英勇曾两次受奖。1914年12月他得了一枚二级铁十字奖章，1918年8月又得了一枚一级铁十字奖章，在前帝国军队中，后一种奖章是很少授予普通士兵的。同他在一个团里的一个战友说，他得到这个令人羡慕的奖章是因为他只身俘获了15名英军；还有一个战友说是法军。利斯特团正式团史中并没有提到任何这样的功勋，它对于许多获得奖章的成员的个人功绩都没有提到。不论原因是什么，有一点是毫无疑问的，那就是希特勒下士获得了一枚一级铁十字奖章。他一直自豪地佩着这枚奖章，直到临死。

然而，作为士兵来看，他仍是个奇怪的家伙，他的不止一个战友都这么说。不像别的士兵，他从来没有后方寄来的信件和礼物。他从来不要求休假，甚至连一般战士对女人的兴趣也没有。对于前线的肮脏、虱子、泥泞、恶臭，他从来不抱怨诉苦，而最勇敢的军人对这些也难免有怨言。他是个热情的战士，对于战争的目的和德国的明显的使命始终极其认真。

“我们都咒骂他，觉得不能容忍他，”他所属那个连中一个士兵后来追忆说，“当我们都诅咒战争的时候，我们中间就有这个白乌鸦不同意我们咒骂。”[3]另外一个人说他“坐在我们食堂的角落里，双手抱头，默默沉思。他会突然跳起来，兴奋地走来走去，说我们尽管有大炮，还是得不到胜利，因为德国人民的无形敌人比敌人的最大大炮还要危险”。[4]接着他就会对这些“无形敌人”，犹太人和马克思主义者，进行一场狠毒的攻击，他不是在维 30
也纳知道了他们是万恶之源吗？

的确，当他在战争中途养腿伤的时候，不是亲眼在德国本土看到过这一点吗？他在柏林附近的贝利茨伤愈出院后，曾到首都去观光，然后又去慕尼黑，他到处都看到“恶棍无赖”诅咒战争，希望战争早些结束。怠工的人遍地皆是，除了犹太人之外还有谁？他发现："办公室里犹太人充斥。几乎每一个办事员都是犹太人，每一个犹太人都成了办事员……在1916—1917年间，几乎全部生产工作都是在犹太人的财政控制之下……犹太人掠夺了整个国家，把它置于自己的统治之下……我怀着恐惧的心情眼看着灾祸临头……"[5]他看到的情况，使他不能忍受，据他说，他对又回到前线感到很高兴。

1918年11月他心爱的祖国所遭到的灾难，使他更加不能忍受。在他看来，正如在几乎所有德国人看来一样，这场灾难是"极其荒谬的"和平白无故的。德军并没有在战场上被打败。它是中了国内卖国贼的背后一刀。

这样，希特勒和许多德国人一样，对于"刀刺在背"的传说，慢慢形成了一种执迷不悟的信仰。这一传说日后在破坏魏玛共和国和为希特勒的最后胜利铺平道路方面比任何其他事情都起了更大的作用。这一传说纯属子虚乌有。总司令部实际首脑鲁登道夫将军在1918年9月28日坚决主张"立即"停火，他的名义上的上级冯·兴登堡陆军元帅支持他的主张。10月2日在柏林由德皇威廉二世主持的御前会议上，兴登堡重申总司令部关于立即停火的要求。他说："军队不能再等待48小时。"兴登堡在同日写的一封信中断然声称，**军事**形势要求"立即停止战斗"。根本没有提到"刀刺在背"。这位德国伟大的战争英雄表示相信这个荒诞说法是后来的事。在战争结束一年后，1919年11月18日在国民议会调查委员会的一次调查会上，兴登堡宣称："一位英国将军说得很不错，德军是'中了背后
31 一刀'。"*

---

* 把这一说法归诸一位英国将军之口是一点也不符合事实的。惠勒-本内特在《木制巨人：兴登堡》（*Wooden Titan: Hindenburg*）一书中解释说，巧的是，有两位英国将军的确无意中做了使得这个没有根据的传说继续流传的事情。"一位将军是少将弗雷德里克·莫里斯爵士，他在1919年出版的《最后四个月》（*The Last Four Months*）一书在德国报纸上被书评家大大地讹传了，竟被用来证明德军是在国内被社会民主党出卖的，而不是在战场上战败的。"这位将军否认德国报纸的这种理解，但是没有什么效果。鲁登道夫利用了这些书评去说服兴登堡。据惠勒-本内特说："还有一位军官是英国驻柏林军事使团团长马尔科姆少将。鲁登道夫有一天晚上同这位将军一起吃饭，像往常一样，他又用夸张的口气谈到总司令部总是得不到政府的支持，谈到革命出卖了军队。为了用一句话来弄明白鲁登道夫啰啰唆唆的话的意义，马尔科姆问道：'将军，你是不是说你们在背后中了一刀？'鲁登道夫眼睛一亮，像一只饿狗扑向一块骨头一样抓住了这句话。'背后中了一刀？'他重复说。'不错，正是这样。我们是背后中了一刀。'"

事实上，由巴登的马克斯亲王领导的政府不顾鲁登道夫的停战要求，坚持了好几个星期之久，因为在9月底以前，总司令部一直没有把恶化中的军事形势告诉政府。

只有在两次大战之间在德国待过的人才知道德国人民相信这个令人不能置信的传说的普遍程度。能够揭露这一传说不确的事实遍地皆是。但是右派的德国人不愿正视这些事实。他们从来没有停止叫喊过，有罪过的是“十一月罪人”——这是希特勒深深地打入人民心坎中的一个称呼。在他们看来，德国军方狡猾地、卑怯地诱使共和国政府签订军事领袖坚决主张签订的停战协定，后来又劝告政府接受《凡尔赛和约》，这些事实都是无关紧要的。而社会民主党在1918年接掌政权是十分勉强的，而且完全是为了要保全国家，使它不致陷入势将导致布尔什维主义的极度混乱状态，这一点似乎也是不重要的。德国的崩溃不是社会民主党的过错。责任完全在于掌握政权的旧秩序。[*] 但是千百万德国人都不愿承认这一点。他们要为战败、为他们的耻辱和悲惨处境寻找替罪羊。他们很容易使自己相信，替罪羊就是签订了投降协定和建立民主政府并废除原来专制政体的“十一月罪人”。德国人容易受骗是希特勒在《我的奋斗》中常常讲到的一个题目。他不久后就要充分利用这一点。

1918年11月10日那天晚上，那位牧师离开帕瑟瓦尔克以后，阿道夫·希特勒“接着过着可怕的日子，甚至更加可怕的夜晚”。“我知道，”他说，“一切都完了。只有傻子、骗子、罪人才希望敌人能发慈悲。在这些夜晚，我的心中滋长了仇恨，对那些干出这件事来的人的仇恨……卑鄙的堕落的罪人！我越是想在这个时刻弄清楚这件荒谬的事情，我越是感到愤慨和羞辱。同这种悲惨境遇比较起来，我的眼痛算得了什么呢？”

于是：“我终于看清了我自己的前途。我决定投身政治。”[6]

结果证明，不仅对希特勒，而且对整个世界，这都是一个命运攸关的决定。 32

---

* 只有少数将军有足够的勇气这么说。1924年8月23日《法兰克福日报》刊载了男爵冯·舍纳赫将军的一篇文章，分析了德国战败的原因。他做出了“不可避免的结论：我国毁灭的原因是由于我国军事当局的地位超越民事当局的地位……事实上，这是德国军国主义方面自寻死路”（特尔福德·泰勒曾在《剑与卐字》[*Sword and Swastika*] 一书第16页引用过这段话）。

纳粹党的发端

这个30岁的奥地利人，无亲无故，无产无业，既无一技之长，也从无正常职业，在政治方面更无任何经验，他要在德国谋政治方面的发展，前途是一点也不光明的。在开始的时候，有一个短短的时期，希特勒也明白这一点。“好多天以来，”他说，“我一直在考虑应该怎么办，每次考虑的结果总是让我清醒地认识到，像我这样一个无名之辈，要采取任何有益的行动，连最起码的基础也不具备。”[7]

他在1918年11月底回到慕尼黑，发现这个寄寓的城市几乎面目全非了。这里也发生了革命，维特尔斯巴赫王朝的国王也已经退位。巴伐利亚现在落在社会民主党的手中，他们成立了一个巴伐利亚“人民国”，以库尔特·艾斯纳为首，他是生于柏林的一位颇受欢迎的犹太作家。艾斯纳在慕尼黑是个家喻户晓的人物，长着一脸灰白色的大胡子，戴着夹鼻眼镜，头上是一顶黑色的大帽子，个子却特别矮小。他在11月7日那天带领了几百个人，大摇大摆地经过街头，不发一枪就占领了议会和政府的所在地，宣布成立共和国。三个月后他被一个年轻的右派军官安东·阿尔科–凡雷伯爵暗杀。工人们于是成立了一个苏维埃共和国，但是寿命不长。1919年5月1日，柏林派来的正规军和巴伐利亚“自由军团”义勇军开进了慕尼黑，推翻了共产党政权。为了报复苏维埃枪杀十几名人质，他们屠杀了好几百人，其中也有许多非共产党人。虽然在名义上暂时恢复了一个以约翰内斯·霍夫曼为首的温和的社会民主党政府，巴伐利亚政治中的真正权力却已转入右派之手。

在这个混乱的时候，巴伐利亚右派是哪些人？他们是正规国防军；他们是希望维特尔斯巴赫王室复辟的保皇派；他们是一批看不起柏林民主共和国的保守派。而随着时间的推移，他们的成分也逐渐起了变化，主要成分已是为数众多的一批复员军人，他们的世界在1918年发生了天翻地覆的变化；也是那些无处扎根的人，他们找不到工作，也找不到回到他们在1914年离开的那种和平社会中去的道路；也是那些在战争中变得心肠狠辣、性格粗暴的人，他们摆脱不了这种根深蒂固的恶习，像希特勒（他有一段很短的时期曾经是他们之中的一个）后来说的那样，他们“变成了为革命而革命的革命派，希望革命成为一种永久存在的状态”。

武装的自由军团在德国各地纷纷建立，由国防军秘密提供装备。起初他们只是被用来在发生纠纷的东部边境同波兰人和波罗的海一带的人殴斗，但是不久就开始支持推翻共和政体的阴谋了。1920年3月，自由军团中的一个声名狼藉的埃尔哈特旅在一个叫作埃尔哈特上尉的冒险家率领下占领了柏林，让一个极右派的庸碌无能的政客沃尔夫冈·卡普博士[*]担任总理。正规军在冯·塞克特将军率领下按兵不动，共和国总统和政府则仓皇逃向 33
德国西部。只是靠各工会举行了一次总罢工，才恢复了共和政府。

与此同时，在慕尼黑举行的另外一种军事政变却比较成功。1920年3月14日，国防军推翻了霍夫曼的社会民主党政府，成立了一个以古斯塔夫·冯·卡尔为首的右翼政权。现在这个巴伐利亚首府已经成了德国国内各种决心要推翻共和国、建立一个极权主义的政体、否认《凡尔赛和约》的束缚的一切势力的磁力中心；在这里，自由军团的雇佣兵，包括埃尔哈特旅的成员，得到了庇护，受到了欢迎。在这里，鲁登道夫将军同一批心怀不满的退伍军官定居下来。[†] 在这里，策动了多次政治暗杀，其中包括对马蒂亚斯·埃茨贝格尔和瓦尔特·拉特瑙的暗杀。埃茨贝格尔是个温和派的天主教政治家，他有勇气在将军们打退堂鼓的时候出来签订停战协定；拉特瑙是当时才华出众、颇有学识的外交部长，极端派痛恨他，因为他是个犹太人，同时因为他执行了全国政府的政策，设法至少履行《凡尔赛和约》中的一部分条款。

正是在慕尼黑的肥沃的土壤上，阿道夫·希特勒开始了他的活动。

当他在1918年11月底回到慕尼黑时，他发现他所属的那一个营处在“士兵委员会”的掌握中。这种情况使他十分反感——他说——于是他决定

---

* 卡普1868年7月24日生于纽约。

† 战争结束时，鲁登道夫装了假胡子，戴了黑眼镜，逃到瑞典。他于1919年2月回到德国，写信给他的妻子说：“革命派让我们都活了下来，这真是愚蠢至极。因为，我一旦再掌权的话，就会毫不宽恕。那时我要把埃伯特、谢德曼等一伙绞死，看他们的尸体挂在空中摇晃，心中毫无内疚。”（玛格丽特·鲁登道夫：《当我是鲁登道夫的夫人时》[*Als ich Ludendorffs Frau war*]，第229页）埃伯特是魏玛共和国的第一任总统，谢德曼是第一任总理。鲁登道夫虽然位居兴登堡之下，在最后两年战争中却是德国的实际独裁者。

“立刻尽快离开”。这年冬天他在奥地利边境附近的特劳恩施泰因的一个战俘营担任警卫，次年春天又回到慕尼黑。他在《我的奋斗》中谈到，他招惹了左翼政府的“不满”，完全靠用马枪对准三个来捉他的“恶棍”才免于被捕。在共产党政权被推翻后不久，希特勒立刻开始他所谓的“第一次多少有点政治性质的活动”。这就是向第二步兵团调查委员会提供情报，这个调查委员会是为了调查慕尼黑出现为时短暂的苏维埃政权的责任属谁而成立的。

显然，希特勒在这件事上出的力是被认为有价值的，因此陆军继续雇
34 用他，派他在当地军区司令部政治部新闻局工作。德国陆军一反过去传统，现在热衷于政治，特别是在巴伐利亚，它在那里终于建立了一个合乎自己口味的政府。为了扩大它的保守的影响，它给士兵开了“政治训练”班，阿道夫·希特勒也参加了其中的一个班，而且是一个注意听讲的学员。据他自己的叙述，有一天，在听讲时，有人为犹太人说了一句好话，他就忍不住插嘴进去。他的反犹宏论显然使他的上级军官听了很高兴，不久就被派到慕尼黑一个团里担任教官。其主要任务就是同危险的思想——和平主义、社会主义、民主主义——做斗争；在陆军心目中，这就是它在这个曾经对之宣誓要效忠的民主共和国中的作用。

对希特勒来说，这是一个重要的转机，在他想进入的政治领域中，这是他第一次得到承认。特别是，这给了他一个机会来试验和锻炼他的演讲本领——正如他一向所认为的那样，这是要做一个成功的政治家必须具备的第一个先决条件。他说：“一下子，我得到了在大庭广众说话的机会，过去我完全无意识地靠直觉而认为具有的东西，现在得到了证实，那就是：我是能够‘演讲’的。”这个发现使他非常高兴，虽然这件事并不特别奇怪。他过去一直担心他的嗓子可能由于在前线中了毒气而永远给毁了，现在他发现已经复原，足以使“至少在一个班的小房间里每个角落”都能够听到。[8] 这一才能日后使他很轻易地成为德国最富于口才的演说家。他在电台上演讲时，几乎有一种神奇的力量能够用他的声音来左右千百万听众。

1919年9月的某一天，希特勒接到陆军政治部的一项命令，要他调查一下慕尼黑一个自称“德国工人党”的小小政治团体。军方对工人的政党一直都很疑忌，因为这些政党都是由社会民主党和共产党控制的，但是这

个政党却被认为可能有所不同。希特勒说，他“完全不知道”这个政党。但是在他要调查的该党会议上预定要发言的一个人，却是他所认识的。

原来在几个星期以前，他在陆军训练班上听到戈特弗里德·费德尔的一次讲课。费德尔是个土木工程师，经济学方面的怪人，他坚决相信，除了“创造性”和“生产性”的资本之外，还有一种“投机性”的资本，这种“投机性”资本就是德国大多数经济问题的原因。他主张禁止这种资本。1917年，他组织了一个团体来实现这个目标，这个团体的名称叫作“德国打破利息奴役制度战斗联盟”。对经济学一窍不通的希特勒听了费德尔的演讲后很受影响。他认为费德尔的“打破利息奴役制度”的要求是“建立一个新政党的基础的基本先决条件”之一。他说，在费德尔的演讲中，“我感到有一个可以用于这场未来斗争的有力口号”。[9]

但是在开始的时候，他并没有感觉到德国工人党有什么重要意义。他去参加该党集会是奉命而去的。这次集会参加的一共只有25人，地点是在 35
施特恩内克勃劳啤酒馆的一间阴暗的房间里。希特勒从开始一直坐到散场，觉得会议开得很沉闷，一点也没有什么好印象。他说，这是“一个与其他许多新组织没有什么不同的新组织，当时的时代是这样一个时代：任何人都对现状不满，都觉得有必要组织一个新党。这种新组织遍地皆是，过不了很久又无声无息地消失了。我觉得德国工人党没有什么不同”。[10]在费德尔发言结束后，希特勒正要离开时，一个“教授”站了起来，反驳费德尔的论点，并且建议巴伐利亚同普鲁士脱离关系，另外同奥地利组织一个南德意志国家。这在当时的维也纳是个很流行的主张，但是它却引起了希特勒的狂怒，据后来他自己说，此事使他站起身来对“这位有学问的先生”加以一番痛斥。话显然说得十分尖锐，据希特勒说，那位“教授”“像只落水狗般”夹着尾巴溜走了，而其余的听众则“目瞪口呆地”看着这个无名小子。有一个人——据希特勒说当时没有听清他的姓名——在后面追上来，把一本小册子塞在他手里。

这个人是安东·德莱克斯勒，锁匠出身，他可以说是民族社会主义的真正奠基人。德莱克斯勒是个面有病容、目戴眼镜的人，没有受过正式教育，能够独立思考，但是头脑褊狭，思想混乱，文章固然写得不好，演讲更是糟糕，他当时在慕尼黑铁路工厂工作。1918年3月7日他组织了一个

“独立工人委员会”同自由的工会中的马克思主义做斗争，鼓吹为德国争取“公正的”和平。实际上，这是在北德建立的“根据工人阶级路线促进和平协会”这个运动的一个分支机构（德国当时和后来一直到1933年都有不少这种名字起得十分堂皇的压力集团）。

德莱克斯勒所拉到的会员从来没有超出40个。1919年1月，他的委员会同一个叫作“政治工人集团”的差不多的团体合并，后者原来是由一个名叫卡尔·哈勒的报社记者领导的。新组织的成员不到100个，名叫德国工人党，由哈勒担任第一任主席。希特勒在《我的奋斗》中很少提到他的一些后来无声无息的早期同志，但是却恭维哈勒是个“正直的”和“确实很有教养的”人，不过对于他缺乏“演讲天才”表示惋惜。也许哈勒之所以有此一笔带过的光荣，主要是因为他顽固地认为希特勒演讲拙劣，这种看法使这个纳粹党的领袖一直很恼火，他在自传中一点也没有隐讳这一点。无论如何，德莱克斯勒似乎是这个规模很小、默默无闻的德国工人党的主要推动力。

第二天早上，希特勒仔细阅读了德莱克斯勒塞在他手中的小册子。他把当时的情况详细地写入了《我的奋斗》。当时是清晨5点，希特勒醒了，按照他所说的习惯，躺在第二步兵团营房里的床铺上，看着耗子啃啮他总
36 是在前一天晚上撒在地上的面包屑。“我一生尝够了贫困的滋味，”他沉思道，“因此我很能够想象小生物的饥饿和快乐。”他记起了那本小册子，就取出来阅读。小册子的书名叫《我的政治觉悟》。令希特勒惊异的是，它反映了他本人在过去几年中确立起来的很多思想。德莱克斯勒的主要目标是建立一个以工人阶级群众为基础，然而不像社会民主党，却要保持强烈民族主义的政党。德莱克斯勒曾经参加过爱国主义的祖国阵线，但是不久就对它那似乎与群众毫无联系的中产阶级倾向感到幻灭。我们前面已经说过，在维也纳的时候，希特勒也为了同样的原因瞧不起资产阶级——他们完全不关心工人阶级家庭和他们的社会问题。因此，德莱克斯勒的主张肯定引起了他的兴趣。

那一天，希特勒后来又惊异地接到一张明信片，通知他，他已被接受参加了德国工人党。“我真觉得又好气又好笑，”他后来回忆说，“我丝毫无意参加一个现成的政党，我要自己组织一个。他们对我的要求未免太自作

主张了，根本不能考虑。”[11] 他正要这么写信作复，但是“好奇心又占了上风”，他决定去参加他们邀请他出席的委员会会议，亲自说明他不参加“这个荒唐可笑的小团体”的原因。

> 举行会议的酒馆是一家开设在赫伦街、名叫老罗森巴德的下等酒店……我穿过灯光昏暗、阒无一人的餐厅，打开门到后面的一间屋子里，同委员会打了一个照面。在一盏昏暗的煤气灯下，围着桌子坐着四个青年，其中就有小册子的作者，他一见我进去就马上非常高兴地招呼我，欢迎我这个德国工人党新党员。
>
> 说真的，我非常吃惊。他们先读了上次会议的记录，对秘书投了信任票。接着司库做了账目报告——这个组织一共只有7马克50芬尼的经费——也对司库投了信任票。这也记入了会议记录。接着第一主席读了给基尔、杜塞尔多夫和柏林的来信的答复，人人都表示同意，接着是就收到的来信做了一个报告……
>
> 讨厌啊，讨厌！这是最糟糕不过的俱乐部生活！难道我要参加这个组织吗？[12]

但是坐在这间灯光昏暗的后室里的这些小人物身上却有什么东西吸引住他，那就是“渴望组织一个不仅仅是通常意义的政党的新的运动”。那天晚上，他回到营房，“考虑我一生中最难回答的问题：我是否应该参加？”他承认，理智告诉他要推辞。但是正因为这个组织无足轻重，一个有精力和思想的青年人就有机会“进行真正个人的活动”。希特勒再三思考他能够“为这个任务”干些什么。 37

> 我不名一文，没有收入，这一点在我看来倒是最可以忍受的，而比较困难的则是，我是个无名之辈，侥幸活着或者死去，连最近的邻人也不会加以注意。此外，还有由于我缺乏教育而必然引起的困难。
>
> 经过了两天伤尽脑筋的思考以后，我终于决定我必须采取这一步骤。
>
> 这是我一生中最有关键意义的一个决定。跨出了这一步以后，就

> 再也没有退路，也不可能有退路了。[13]

阿道夫·希特勒就这样成了德国工人党委员会的第七名委员。

这个微不足道的政党有两个成员值得在这里一提。他们日后证明对希特勒的崛起是很重要的。在慕尼黑陆军第七军区参谋部工作的恩斯特·罗姆上尉在希特勒之前加入了这个党。他是一个体格魁梧的职业军人，脖子粗壮像头公牛，眼睛细小像只肥猪，脸上疤痕斑斑，上半截鼻子在1914年给子弹打掉了。他生性爱好政治，有天赋组织能力，像希特勒一样，他对民主共和国和他认为应该对之负责的“十一月罪人”怀有强烈的憎恨。他的目标是重建一个强大的民族主义的德国，他同希特勒一样认为只有靠一个以下层阶级为基础的政党才能做到这一点，不像大多数正规军官，他本人就是来自这个阶级。他是一个狠毒、无情、猛干的人，不过也像许多早期纳粹党人一样，是个同性恋者。他参与建立了第一批纳粹党打手，后来扩建成为冲锋队，一直由他领导，直到1934年他被希特勒处决为止。罗姆不仅给这个新党带来了大批退伍军人和自由军团义勇军，成了该党初期的骨干，而且由于他是控制着巴伐利亚的陆军的一名军官，也为希特勒和他的运动取得了当局的保护，有时甚至是支持。没有这种帮助，希特勒要想煽动人民推翻共和国的运动，也许是永远不能够得到真正开展的。可以肯定，没有巴伐利亚政府和警察的容忍，他是不可能安然无事地采取他的恐怖和恫吓手段的。

迪特里希·埃卡特比希特勒大21岁，常常被称为是民族社会主义的精神上的奠基人。他是一个机智的新闻记者，同时又是一个平庸的诗人和剧作家。他翻译过易卜生的《培尔·金特》，写过一些从未上演过的剧本。在柏林，他曾经像希特勒在维也纳一样，过了一阵子波希米亚式的流浪生活，成了一个酒鬼，吸过吗啡，据海登的材料，还进过精神病院，在那里，他才总算能把自己的剧本上演，让病人来当演员。他在战争结束时回到故乡
38 巴伐利亚，在慕尼黑的艺术家汇集的施瓦宾区的布伦纳赛尔酒馆里，在一群钦慕者面前，宣传雅利安人的优越性，主张消灭犹太人，推翻柏林的“猪猡”。

“我们需要一个头子，”当时在慕尼黑工作的新闻记者海登引述埃卡特1919年对布伦纳赛尔酒馆的常客做的演讲说：“他要能够吃得消机枪的声音。群众是需要吓一吓的。我们不能用军官，因为大家现在不再尊重他们了。最好是一个能说会道的工人……他不需要什么脑筋……他必须是个单身汉，这样我们就能吸引妇女。”[14]

这个酗酒的诗人*发现阿道夫·希特勒就是他一直在寻找的人。难道还有比这更自然的事情吗？他在德国工人党内成了这个新起的年轻人的亲密顾问，借书给他阅读，帮助他提高他的德文水平——文字的和口头的——把他介绍给自己的广大朋友，其中不仅有愿意出钱捐助该党经费和维持希特勒生活的阔佬，而且有像鲁道夫·赫斯和阿尔弗雷德·罗森贝格这样的未来助手。希特勒对埃卡特的仰慕之情一直没有减退过，《我的奋斗》中最后一句话就是在表示对这位古怪的导师的感激：他是——希特勒在该书的结尾中说——“最优秀的人，在他的著作中，在他的思想中，最后在他的行动中，一生致力于唤起我国人民”。[15]

创建纳粹党的人就是这么一批无奇不有的失常的怪物，他们自己也不知道他们是在开始形成一个在十三年内将席卷欧洲最强大的国家而且为德国建立第三帝国的运动。思想混乱的锁匠德莱克斯勒提供了一个核心，酗酒的诗人埃卡特提供了一部分“精神上的”基础，经济学怪人费德尔提供了可以算是意识形态的东西，同性恋者罗姆提供了陆军和退伍军人的支持，至于将一个原来不过是酒馆小房间里的辩论会的组织建设成为一个势力强大的政党，这项工作的领导责任现在就落在这个年纪不满31岁、以前完全默默无闻的流浪汉阿道夫·希特勒的身上了。

自从在维也纳挨饿的日子以来在他心中沸腾的各种各样思想现在都找到了一个发泄的出路，迄今为止他的性格上的一直看不出来的内在精力现在开始迸发出来了。他促使他们原先缩手缩脚的委员会开始组织规模较大的集会。他亲手在打字机上打请帖，发请帖。后来他说起，有一次，他发出了80份请帖以后，“我们坐着等待客人们来临。一个小时后，‘主席’不

---

* 埃卡特于1923年12月由于饮酒过度而死。

得不宣布‘开会’。一共仍旧只有7个人，我们自己的7个人”。[16] 但是他并不气馁。他用油印的办法增加了请帖的数目。他筹到了一些钱在本地报纸上刊登了一则开会的通知。他说：“这次成功简直是惊人的。出席的有111
39 个人。”原来预定希特勒在一位“慕尼黑教授”发表了主要讲话后做第一次“公开”演说，但是该党名义上的首脑哈勒表示反对。“这位先生为人肯定是正直的，”希特勒后来说，“但是他却认为，搞别的名堂，我也许还行，演讲却绝对不行。我一共讲了30分钟，在此以前，我只是自己直觉地感到而一点也没有把握的事情，现在却为具体事实所证实了：我是能够演讲的！”[17] 据希特勒自称，他的滔滔雄辩使听众像“过电”一样激动，其反应之热烈，从会后大家捐献了300马克这件事可以得到证明，这暂时减轻了他们党在经济上的困难。

1920年初，希特勒把党的宣传工作接了过来，自从他在维也纳社会党和基督教社会党的活动中看到宣传工作的重要性以来，他一直对之非常下功夫。他立刻开始组织这个小得可怜的党做梦也想不到的最大规模的集会。时间定在1920年2月24日，会场设在著名的霍夫勃劳豪斯啤酒馆的宴会厅，其大可容近2 000人。希特勒在委员会中的同伴们都认为他这样做是发疯了。哈勒辞职表示抗议，由德莱克斯勒继任，后者也仍然表示怀疑。* 希特勒强调说，准备工作是他个人负责进行的。他对这次集会非常重视，因此在《我的奋斗》第一卷结束时还把这次集会做了一番介绍。他解释说，这是因为，从这次集会开始，“党摆脱了小俱乐部的狭隘束缚，第一次对我们时代的最有力因素——舆论——发生了决定性的影响”。

希特勒甚至没有预定要当主要演讲人。这个角色保留给一个名叫约翰内斯·丁费尔德博士的推行顺势疗法的医生，他是一个用“日耳曼纳斯·阿格里科拉”的假名向报上投寄经济学文章的怪物，没有多久就变得默默无闻了。他的演讲结束后，台下毫无反应，接着希特勒开始演讲。据他的描写，当时情况如下：

---

* 哈勒也反对希特勒的激烈反犹态度，他认为希特勒这样做会疏远工人阶级群众。这是他辞职的真正原因。

大厅里有喊叫声、猛烈的撞击声，一些最忠实的战友和其他拥护者同捣乱分子打了起来……后者是共产党人和社会民主党人……秩序过了好一会儿才慢慢恢复。我又能继续讲下去了。半个小时以后，鼓掌声慢慢地开始压倒了叫喊声……将近四个小时以后，大会已散，大厅渐空的时候，我知道，现在我们的运动的原则已经跟着德国人民一起走了出去，这些原则不可能再被遗忘了。[18]

在演讲的时候，希特勒第一次阐明了德国工人党的二十五点纲领。这个纲领是德莱克斯勒、费德尔和希特勒三人匆匆忙忙地拟出来的。会上的
嘘叫声大部分是针对他宣读的纲领内容而发的，但他还是认为纲领已全部 40
得到通过，在1920年4月1日改名为民族社会主义德国工人党的时候，这个纲领成了该党的正式纲领。后来，为了策略上的原因，希特勒在1926年还宣布这个纲领是“不能改动的”。

这个纲领当然是骗骗工人、下层中产阶级和农民的大杂烩，到纳粹党执政的时候，大部分都被抛到九霄云外去了。许多对德国问题写文章的人都嘲笑过它，而且这个纳粹党领袖后来听到有人提到其中的某些内容时也颇为难堪，下不来台。但是，正如《我的奋斗》中所提出的重要原则一样，这个纲领中最重要的部分，第三帝国是执行了的，对德国国内外千百万人民造成了灾难深重的后果。

纲领第一点要求所有日耳曼人在一个大德意志国家内统一起来。希特勒担任总理后并吞奥地利及其600万日耳曼人的时候，侵占苏台德区及其300万日耳曼人的时候，他所坚决要求的和得到的不正是这一点吗？他要求归还但泽和波兰境内一些主要由日耳曼人居住的地区，以致造成德国对波兰的进攻和引起第二次世界大战，不正是为了这一点吗？在两次世界大战之间，有这么许多人对于希特勒不厌其烦地用书面写下来的纳粹目标，不是漫不在意，就是一笑置之，难道不可以说是世界上最不幸的事吗？1920年2月24日晚上在慕尼黑的啤酒馆里宣布的纲领中的一些反犹项目，肯定是个不祥的预告。其中规定：在德国，犹太人不能担任公职，甚至不能享有公民权利，不能参加新闻工作；1914年8月2日以后到德国的犹太人一律都要驱逐出境。

党纲中不少段落显然仅仅是投合下层阶级的情绪的骗人玩意儿。当时下层阶级处境极为困难，激进的甚至社会主义的口号是很容易打动他们的。例如：第十一点要求取消不是靠工作而得到的收入；第十二点要求将托拉斯收归国有；第十三点要求国家分享大工业的利润；第十四点要求取消地租和禁止土地投机；第十八点要求对卖国贼、高利贷者、投机分子判处死刑；第十六点要求保持“一个健全的中产阶级”，坚决主张将垄断性的大百货商店收归公有，廉价租给小商人。这些要求都是在德莱克斯勒和费德尔的坚持下列入的，他们两人显然真的相信民族社会主义的“社会主义”。后来当大工业家和大地主开始大批捐款给纳粹党的时候，这些要求颇使希特勒感到难堪，当然，根本谈不上执行了。

最后，纲领中有两点是希特勒一当总理后就马上加以执行的。第二点要求废除《凡尔赛和约》和《圣日耳曼条约》。最后一点，也就是第二十五点，坚决主张“建立一个强大的中央集权的国家”。这一点，同要求所有日耳曼人统一在德国之内的第一点和废除和约的第二点一样，是在希特勒坚
41 持下列入纲领的。这一点说明，即使在他的党除了在慕尼黑以外很少为人所知的时候，他也已经不惜冒失去本地群众支持的危险而开始把眼光放到更远的地方去了。

因为当时在巴伐利亚，分离主义的倾向很强烈。巴伐利亚人经常同柏林的中央政府发生冲突，他们要求减少——而不是增加——中央集权，以便巴伐利亚能够实行自治。事实上，当时的实际情况确实也是如此，柏林的命令在各邦没有什么权威性。而希特勒想要得到的则不仅是在巴伐利亚的权力，而且是最后在全国取得权力，为了要掌握和行使这一权力，就需要一个像他已经设想到的那种独裁政权来作为高度集中的权力机构，取消各邦的半自治地位；而在魏玛共和国政体下，就像在霍亨索伦帝国政体下一样，各邦都有自己的议会和政府。他在1933年1月30日一上台以后首先采取的行动之一就是迅速实行该党党纲中很少人注意到，或者说很少人认真对待的这最后一点。我们不能怪他言之不预，因为他是一开始就用书面方式提出了充分的警告的。

煽动人心的演讲能力和态度激进、面面俱到的纲领，对于一个努力想要吸引人们注意和取得群众支持的新成立的政党来说，固然是很重要的，

但是，仅仅这些条件还是不够的。希特勒现在就在开始注意提供更多的条件——多得多的条件，他的奇特的天才开始露出了苗头，发生了作用。他觉得，群众所需要的不仅仅是一些主张——那是使他能够不断地打入他们心坎的一些简单的主张——而且也需要标志和象征，那样才能够取得他们的信任；需要有声有色的大场面，那样才能够唤起他们的热情；需要暴力和恐怖的行动，这种行动如果成功的话，就能够吸引追随者并且使他们感到有压倒弱者的力量。（大多数德国人不都是崇拜强者的吗？）

我们上面已经说过，在维也纳的时候，他认为社会民主党对他们的政治敌人实行了“可耻的精神上和肉体上的恐怖手段”。[*] 他对于他所说的这种“恐怖手段”很感兴趣。现在他就在自己的反社会主义的党内充分利用了这种恐怖手段。在开始的时候，退伍军人在集会上的任务是压制捣乱分子，必要的话，把他们轰出去。1920年夏天，在该党的“德国工人党”的名字前添上了“民族社会主义”而成了民族社会主义德国工人党（缩写为N.S.D.A.P.，简称纳粹[†]党，这是大家现在所熟知的名称）。以后不久，希特勒就把一批拳大臂粗的退伍军人组成“纠察队”（Ordnertruppe），由曾经坐过牢的钟表匠埃米尔·莫里斯指挥。为了逃避柏林政府的镇压，他们有一个时期曾伪装为该党的“体育运动部”，但是隔不了多久，在1921年10月5日，他们正式定名为冲锋队（Sturmabteilung，缩写为S. A.）。冲锋队员穿褐色制服，他们大部分是自由军团中的冒险家，负责指挥的是约翰·乌尔里希·克林茨希，他是声名狼藉的埃尔哈特上尉的一名下手，后者曾因谋 42
杀埃茨贝格尔案被判徒刑，最近才被释放出狱。

这些穿制服的无赖后来已不能满足于在纳粹党的集会上维持秩序了，不久就开始去其他党的集会捣乱。1921年曾有一次希特勒亲自率领冲锋队去袭击一个名叫巴勒施泰特的巴伐利亚联邦主义者预定要发表演讲的集会，使巴勒施泰特挨了一顿揍。希特勒因此被判处三个月徒刑，结果只关了一个月。这是他第一次尝到铁窗滋味。出狱以后，他仿佛成了一个志士，反而比以前更加受人拥护了。“那没有关系，”希特勒对警察当局吹嘘说，“我

---

* 见本书原文（即本书边码，下同。——编者）第22—23页。

† 纳粹（Nazi）是德文 national（民族的）和sozialistisch（社会主义的）两字缩写的音译。——译者

们的目的已经达到了。巴勒施泰特没有能讲成话。”正如希特勒几个月以前对一批听众所说的一样，“民族社会主义运动在将来要毫不客气地防止——如果必要的话，用武力来防止——一切可能涣散我国同胞思想的集会和讲演”。[19]

希特勒要做艺术家没有成功，做宣传家却成了一个大师，他在1920年夏天触动了一个灵机，不能不叫人认为是天才的表现。他看到，纳粹党所缺少的是一个能够表达这个新组织的主张、打动群众的心灵的徽号，一面旗帜，一种象征，希特勒认为，群众必须要有一面明显的旗帜来随之前进，为之斗争。他在多方考虑和试了不少图样以后，想出了这样一面旗帜：红底白圆心，中间嵌个黑卐字。带钩十字的卐字虽然是袭用古代的，日后却成了纳粹党有力的和吓人的标记，最后也成了纳粹德国有力的和吓人的标记。希特勒从哪里得到这个念头，用卐字来做党旗和党徽，他在《我的奋斗》中并没有提到，虽然他曾就这件事写了很长的一段话。

卐字的历史同人类一样悠久。在特洛伊的废墟中，在埃及和中国的废墟中，都有人发现过卐字。我自己也曾在印度古代印度教和佛教的遗物中看到过它。在近代，爱沙尼亚和芬兰这样一些波罗的海国家的国徽中也出现过它，德国自由军团人员在1918年至1919年的战斗中曾在那里看到过。埃尔哈特旅在1920年卡普政变期间开进柏林时曾经把它漆在钢盔上。希特勒在奥地利的时候无疑在某个反犹政党的党徽中看到过它，也可能是埃尔哈特旅来慕尼黑的时候加深了他的印象。他说，许多党员向他提出的图样不约而同地都有一个卐字，而且有一个“来自施滕贝格的牙医师”确实提出了一个“一点也不坏而且同我的图样很相像的”旗帜的图样。

至于颜色，希特勒当然不要他痛恨的魏玛共和国的黑红黄三色。他不想采用前帝国的红白黑三色旗，但是他喜欢这三种颜色，不仅因为——据他说——这三种颜色是“现有色彩最协调的颜色”，而且因为这三种颜色是他曾经为之战斗的德国军旗的颜色。不过它们得换个形式，于是便加了一
43 个卐字。

希特勒对他的独特创造感到非常喜欢。“**这是一个真正的象征！**”他在《我的奋斗》中惊叹说，“**红色**象征我们这个运动的社会意义，**白色**象征民族主义思想，**卐字**象征争取雅利安人胜利的斗争的使命。”[20]

不久又给冲锋队员和党员的制服设计了卐字臂章。两年后，希特勒设计了纳粹的锦旗，供在群众游行时使用和在群众集会的主席台上装饰。这种锦旗模仿古代罗马的图样，上面是个黑色的金属卐字，有一只鹰踩在一个银色的花环上，下面是个长方形金属框，刻有纳粹党的缩写字母，挂着有流苏的绳子，整个锦旗就是一面方形的卐字旗，上面写着：“觉醒吧，德意志！”

这也许谈不上是“艺术”，然而却是最高超的宣传。纳粹党现在有了一个任何其他政党所不能比拟的标记，带钩的十字仿佛具有一种神秘的力量，吸引着在战后初期混乱的年代中一直彷徨无依、生活没有保障的下层中产阶级，鼓舞他们朝着一个新的方向采取行动。他们开始在它的旗帜底下聚集起来了。

“元首”的出现

1921年夏天，这个冉冉升起的煽动家，在表现出不仅作为一个演讲家，而且作为一个组织家和宣传家方面的惊人才能之后，无可争辩地掌握了党的领导权。他立刻让他的同志第一次尝到了他的冷酷无情、机智狡猾的手段的滋味，而依靠这种无情和狡猾的手段，他以后将在许多更加重要的危机中取得许多成功。

在夏初的时候，希特勒到了柏林，同北德民族主义分子联系，并且到他们精神上的大本营国民俱乐部去演讲。他此去是想要掂量一下把他自己的运动扩大到巴伐利亚一邦的境外、扩大到整个德国的可能性。也许他能够为了这个目的结下一些有用的联盟。就在他外出的时候，纳粹党委员会的其他委员认为，推翻他的领导的时机已经来到。因为他对他们太独断独行了。他们打算同南德有同样思想的团体结成联盟，特别是同德国社会党结成联盟，这个党是希特勒的死敌和竞争者、一个著名的反犹主义者尤利乌斯·施特莱彻在纽伦堡组织的。委员会的成员们都认为，如果这些团体和它们的野心勃勃的领袖能够同纳粹党合并，希特勒的地位就会降低了。

希特勒发现自己的地位受到威胁后，就立刻赶回慕尼黑，来收拾这些“愚蠢的疯子”——他在《我的奋斗》中是这么称呼他们的——的阴谋。他

表示愿意退出党。这是党所吃不消的，因为委员会其他成员马上认识到，
44 希特勒不仅是他们最能演讲的人，而且也是他们最优秀的组织家和宣传家。此外，他们的大部分经费现在也靠他募集，来源除了他发表演讲的群众性集会上的捐款以外，还有其他方面，其中包括军队方面。如果他走了，襁褓中的纳粹党肯定要夭折。委员会不让他辞职。希特勒在地位巩固了以后，就迫使其他领袖全面投降。他要求让他当党的唯一领袖，拥有独裁权力，取消委员会，停止同其他团体，诸如同施特莱彻的团体的勾勾搭搭。

这些要求在其他委员看来是太过分了。他们在党的创建人安东·德莱克斯勒领导之下，起草了一份攻击这个未来的独裁者的罪状，印成小册子散发。这是希特勒受到的他自己党内最激烈的一次攻击，攻击他的这些人对于他的性格和他的作风都有亲身的体会。

> 权力欲和个人野心使阿道夫·希特勒先生在柏林逗留六周后回到他的岗位上来了，而他的柏林之行的目的至今没有透露。他以为时机已经成熟，可以借他背后暧昧不明的人之手，在我们队伍中间制造分裂和不和，从而促进犹太人和他们朋友的利益。越来越清楚的是，他的目的完全是利用民族社会主义政党作为跳板，来实现他自己的不道德目的，篡夺领导权，以便在这个重要关头，迫使党走上另外一条轨道。他在数天前发给党的领导人的一份最后通牒，非常清楚地说明了这一点，在这份最后通牒里，他提出了种种要求，其中最主要的是他要对党拥有唯一的和绝对的独裁权力，而委员会，包括党的创建人和领袖、锁匠安东·德莱克斯勒，应该退隐……
>
> 他是怎样进行他的活动的呢？完全像个犹太人。他歪曲每一桩事实……民族社会主义者们！对于这种角色，快打定主意吧！千万不要做出错误的决定来。希特勒是个奸雄……他认为他能够用……各种各样假话来欺骗你们。[21]

这些指责基本上都是正确的，虽然由于还有一点可笑的反犹成分（希特勒的行为像个犹太人！）而减弱了力量。但是把这些指责公开，并没有给反叛者带来他们可能预期的结果。希特勒马上控告小册子起草人对他诽

谤中伤，而德莱克斯勒本人在一次公开集会上不得不否认这本小册子与他有关。在党内两次特别会议上，希特勒强使对方接受他的和解条件，修改了党章，撤销委员会，由他担任主席，拥有独裁权力。失败受辱的德莱克斯勒当名誉主席，这是明升暗降，不久就销声匿迹了。* 正如海登所说，这是保王党对圆头党的胜利。† 但是它的意义还不仅如此。就在当时当地，在 45
1921年7月，确立了“领袖原则”，这个原则始而作为纳粹党的党纪，继而成了第三帝国的国法。“元首”在德国舞台上出现了。‡

“元首”现在开始改组纳粹党。施特恩内克勃劳啤酒馆后面阴暗的酒室，在希特勒看来简直是“一个停尸间，而不是一个办公室”，现在已弃置不用了，另外在科尼利斯街的一家酒店里设立了新的办公室。这里地方比较宽敞，光线比较明亮。办公室先赊购了一架艾德勒牌的旧打字机，后来又逐步添置了保险箱、文件柜、家具，安装了电话，聘请了专职秘书。

金钱也开始源源不断地来了。将近一年以前，在1920年12月，纳粹党买下了一家负债累累的亏本报纸，名叫《人民观察家报》。这是一张每周出版两次的反犹小报。收买这家报纸的6万马克究竟是从哪里弄来的，希特勒严守秘密，但是据说，这是靠埃卡特和罗姆劝诱冯·埃普少将筹集来的。埃普少将在国防军中是罗姆的指挥官，本人也是纳粹党员。这笔钱很可能来自军方的秘密经费。在1923年初，《人民观察家报》改为日报。这样，希特勒就有了所有德国政党所必备的条件——一家报纸——来宣传党的主张。办一家政治性日报，需要更多的钱，现在这些钱的来源，在党内某些比较无产阶级化的粗人看来，一定是有些奇怪的。富有的钢琴制造商的妻子海伦·贝希施坦因太太是来源之一。她第一次同这个年轻的煽动家碰面后，就对他产生了好感，当他在柏林的时候，邀他到贝希施坦因家中下榻，为他举行招待会，让他会见有钱的人，还对他的运动捐助了数量可观的款

* 他在1923年脱党，在1924年到1928年间担任巴伐利亚议会副主席。1930年他与希特勒重释前嫌，但是没有恢复实际政治活动。正如海登所说，德莱克斯勒遭到了一切发现人才的人都免不了的命运。

† 保王党是英国查理一世时代拥护查理的一派。圆头党是当时在议会中反对保王党的一派，因党员头发剪短故名。——译者

‡“元首”与“领袖原则”中的“领袖”是一个词，德文为Führer，等于英文的leader，中文应译“领袖”，但旧译“元首”，故此处移用。——译者

项。资助这家新办日报经费的，还有一部分来自一位格特鲁德·冯·塞德立茨太太，她是个波罗的海沿岸的人，在芬兰几家赚钱的造纸厂里拥有股份。

1923年3月，一个名叫恩斯特（普茨）·汉夫施丹格尔的哈佛大学毕业
46 生以《人民观察家报》为抵押品，借给纳粹党1 000美元，恩斯特·汉夫施丹格尔的母亲是个美国人，他的讲究风雅的家里很有钱，在慕尼黑开设一家艺术出版公司。[*] 在通货膨胀的日子里，这笔钱折成马克是一笔惊人巨款，它给纳粹党和它的报纸帮了很大的忙。汉夫施丹格尔一家的友谊还不止限于金钱上的帮助。他们是慕尼黑第一个向这个喧闹滋事的年轻政客打开大门的富有望族。普茨成了希特勒的好友，希特勒后来任命他担任该党

---

* 汉夫施丹格尔在他的回忆录《未出庭的证人》（*Unheard Witness*）中说，他当初是由于一个美国人的指引才认识希特勒的。这个美国人是柏林美国大使馆副武官杜鲁门·史密斯上尉。1922年11月史密斯奉大使馆之命去慕尼黑调查一个名叫阿道夫·希特勒的无名政治煽动家和他所新建的民族社会主义德国工人党。作为美国陆军一名年轻的职业军官，史密斯上尉在政治分析方面有特殊的才能。他在慕尼黑从11月15日到22日一共才逗留了一个星期，却会见了鲁登道夫、鲁普雷希特太子和巴伐利亚十多名政界领袖。他们之中大多数人告诉他说，希特勒是个初升的明星，他的运动是个迅速发展的政治力量。史密斯毫不错过时机，参加了纳粹党的一次户外集会，希特勒在会上讲了话。史密斯后来马上在日记中写道："我一生中从来没有看到过这种景象！""见到了希特勒，"他写道，"他答应星期一接见我，向我阐明他的宗旨。"星期一那大，史密斯到了希特勒的居处——据他描写，那是"在一所破房子的二层楼上一间小小的简单卧室"——同这位在慕尼黑之外很少为人所知的未来独裁者做了长时间的谈话。"一个杰出的煽动家！"这位美国副武官那天晚上在日记中一开始就写道，"很少听到过这样言之成理而又狂热入迷的人讲话。"那天日期是1922年11月22日。

那天晚上动身返回柏林之前，史密斯碰到了汉夫施丹格尔，把他与希特勒会见的事告诉了他，并且劝他去看一看希特勒。这个纳粹党领袖那天晚上要在一次群众集会上讲话，史密斯把自己的记者入场券给了汉夫施丹格尔。后者像许多其他人一样，对希特勒的滔滔雄辩极为倾倒，会后马上去找他，立刻就开始信仰起纳粹主义来了。

史密斯上尉回到当时没有把希特勒放在眼里的柏林以后，写了一份长篇报告，由大使馆于1922年11月25日发给华盛顿。如果考虑到写它的时间的话，这确是一份杰出的报告。

> 目前巴伐利亚最活跃的政治力量［史密斯写道］是民族社会主义德国工人党。它与其说是个政党，不如说是个群众性运动，我们必须把它视为意大利的法西斯运动在巴伐利亚的再版……它最近取得的政治影响同它实际的党员人数是完全不成比例的……
>
> 阿道夫·希特勒从一开始就是这个运动的支配力量，这个人的性格对于这个运动的成功一定是最重要的因素……他左右一个群众集会的能力是不可思议的。在私下谈话中，他显出是个言辞锋利、逻辑分明的人，再加上他那种狂热的认真态度，能够使一个抱中立态度的听众获有非常深刻的印象。

在纳粹执政的初期在柏林担任美国武官的史密斯（这时已是上校了）把他的日记和那次慕尼黑之行的笔记慷慨借给作者使用。这些材料对撰写这一章是很有价值的。

外国报纸部负责人。汉夫施丹格尔是个古怪的、瘦长得出奇的人，他那刺人的机智稍许补救了他那浅薄的头脑。他是个钢琴家，晚上与我们在一起的时候，曾有多次，甚至在他的朋友在柏林执政了以后，常常中途告退，奉召去见元首。据说，他的钢琴弹奏——他猛击琴键——和他的俏皮话对于希特勒在忙碌了一天之后颇起安定精神甚至振作精神的作用。后来这个脾气古怪然而性情和蔼的哈佛大学毕业生，像希特勒其他一些早期伙伴一样，也不得不离开德国逃命。*

希特勒日后最亲信的下属在这个时候大多数已经入党，或者不久就要入党。鲁道夫·赫斯是在1920年加入的。他是一个居住在埃及的德国批发商人的儿子，14岁以前是在埃及度过的，14岁后回莱茵兰上学。战争期间他一度同希特勒一起在利斯特团服役，虽然当时并不相识。两次受伤 47
后，他做了飞行员。战后他在慕尼黑大学学习经济学，但是大部分时间似乎在散发反犹小册子和同巴伐利亚当时极为猖獗的各色各样武装团体殴斗。1919年5月1日慕尼黑苏维埃政权被推翻的时候，他正处在枪火密集的地方，腿部受了伤。一年后有一个傍晚，他去听希特勒演讲，对他的口才佩服得五体投地，就入了党，成了这位领袖的亲密朋友、忠实信徒、私人秘书。也就是他，向希特勒介绍了当时慕尼黑大学地缘政治学教授卡尔·豪斯霍费尔将军的地缘政治思想。

赫斯写了一篇得奖学术论文，很受希特勒赏识，题目是《领导德国恢复旧日光荣地位的人应当是怎样一个人?》。

> 在一切权威荡然无存的时候，只有一个来自人民的人才能确立权威……独裁者在广大群众中间扎根越深，他就越能了解在心理上应该怎样对待他们，工人们也就越不会不信任他，他在最活跃的人民阶层中也就会得到越多的支持。他本人同群众并无共同之处；像一切伟人一样，他有伟大的人格……必要时他不会怕流血而退缩。重大问题总是由血和铁来决定的……为了达到他的目标，他不惜践踏他最亲密的

---

* 汉夫施丹格尔在第二次世界大战中有一段时期住在华盛顿，表面上是被拘敌侨，实际上担任美国政府的纳粹德国问题“顾问”。他一生最后所担任的这个职务，在了解他也了解纳粹德国的人看来，是颇为荒唐可笑的，然而他本人一定觉得很好玩。

友人……立法者必须严酷无情……必要时，他可以用他的军靴踩着他们［人民］前进……[22]

难怪希特勒喜欢这个青年人。赫斯所描绘的领袖，也许不是希特勒在当时的肖像，却是希特勒所想要实现的——而且后来确实实现了的——肖像。赫斯虽然为人严肃，刻苦好学，但他仍是个才力有限的人，对于想入非非的意见很容易听得进去，而且会极其狂热地去执行。几乎一直到最后，他都是希特勒的最忠诚和最受信任的追随者之一，是少数几个没有个人野心的人之一。

阿尔弗雷德·罗森贝格虽然常常被称为纳粹党的“思想领袖”，而且也的确是纳粹党的“哲学家”，但他也是个才力平庸的人。有人把罗森贝格当作俄罗斯人，也许是有些根据的。像许多俄罗斯“知识分子”一样，他是波罗的海沿岸日耳曼人的后裔。他是一个鞋匠的儿子，1893年1月12日生于爱沙尼亚的列巴尔（现在叫塔林），1721年以来爱沙尼亚一直是沙皇帝国的一部分。他选了到俄国而不是到德国去上学，1917年在莫斯科大学得了一张建筑学的毕业证书。在布尔什维克革命的时候，他一直待在莫斯科，很可能，像他在纳粹党内有些仇人后来所说的那样，他当时曾有过做个年

1920年代的希特勒（左一）、鲁道夫·赫斯（右二）及其他纳粹领导人。

轻的布尔什维克革命者的念头。1918年2月，他回到列巴尔，自愿参加当时开到那个城市的德国军队，但因为是个“俄罗斯人”而被拒绝了。他于 48
1918年年底终于到了慕尼黑，最初是在流亡当地的白俄罗斯人当中活跃起来的。

罗森贝格在这个时候认识了迪特里希·埃卡特，通过埃卡特又认识了希特勒。罗森贝格在1919年年底参加了纳粹党。一个拥有一张建筑学毕业证书的人，对于连建筑系也考不进的人来说，不可避免地产生了深刻的印象。罗森贝格的“学识”也使希特勒深为心折。他也赏识这个年轻的波罗的海人对犹太人和布尔什维克的憎恨。就在1923年年底埃卡特死前不久，希特勒派罗森贝格担任《人民观察家报》的主编，在以后许多年内，他继续吹捧这个头脑完全糊涂的人，这个思想混乱浅薄的“哲学家”，把他当作纳粹运动的思想导师、外交政策的权威人士之一。

像鲁道夫·赫斯一样，赫尔曼·戈林也是在战争结束以后一些时候到慕尼黑大学来，名义上是来学经济学的。他也拜倒于阿道夫·希特勒个人的魅力之下。戈林是德国著名的战时英雄之一，著名的里希特霍芬战斗机中队最后一任队长，德国战时最高奖章功勋奖章的获得者，他要回到和平时期单调的平民生活中间来，比大多数退伍军人更觉困难。他开始在丹麦，后来在瑞典做了一段时期的运输机驾驶员。有一天，他驾驶飞机送埃里克·冯·罗森伯爵到斯德哥尔摩附近后者的宅邸里去，在那里做客的时候，同罗森伯爵夫人的妹妹卡琳·冯·坎措夫人（娘家的姓是福克女男爵）坠入了情网，她是瑞典有名的美人。困难是，卡琳·冯·坎措夫人患有癫痫病，结过婚，有个8岁的儿子。但她还是设法解除了婚姻关系，同这个英俊的年轻飞行员结了婚。她的财产不少，同新丈夫一起到了慕尼黑，过着豪华的生活，一面让他在大学里鬼混。

这种日子过得并不长久。他在1921年就认识了希特勒，入了党，对党（和希特勒个人）慷慨捐献，并且用他过人的精力帮助罗姆组织了冲锋队。一年后，1922年，他担任了冲锋队队长。

在纳粹党独裁者周围的圈子里还有一大批不那么有名气，但大多数是名气比较臭的人。希特勒在利斯特团中的上士马克斯·阿曼是个粗鲁暴戾的角色，但是做组织工作很能干，他被派担任党的总务主任和《人民观察家报》的经理后，两方面的财务情况就很快得到了整顿。希特勒选了一个名叫乌尔里希·格拉夫的做他的私人卫士。格拉夫是业余摔跤家、屠夫的下手、有名的爱吵架滋事的人。“宫廷摄影师”是瘸腿的海因里希·霍夫曼，他是许多年来唯一可以为希特勒拍照的特许的摄影师。他对主人像狗一样忠诚，最后这终于使他发了财，成了百万富翁。另一个亲信是克里斯蒂安·韦伯，他是个马贩子，原来在慕尼黑一家酒馆当保镖，爱喝啤酒，嗜之若命。在这些日子里接近希特勒的还有赫尔曼·埃塞尔，他的演讲能力不输于领袖，他在《人民观察家报》上的反犹文章是党报的一个主要特
49 色。他毫不隐讳，有一段时期，他靠几个情妇的倒贴过着舒服的生活。他是个出名的敲诈能手，甚至他自己党内的同志如果触犯了他，他也会“揭露”他们，因此使党内一些年纪较大、为人比较正派的人非常反感，都要求把他开除出党。“我知道埃塞尔是个无赖，”希特勒有一次在公开场合回答说，“但是只要他对我有一天的用处，我就留他一天。”[23]他对待他的亲信几乎都是用这个态度，不论这些人的来历——甚至现在的情况——是多么暧昧。杀人凶手、拉皮条的、性欲倒错的、吸毒犯或者寻常的无赖，在他看来都没有什么关系，只要对他有用。

例如，他对尤利乌斯·施特莱彻几乎是自始至终容忍的。这个道德败坏的虐待狂原来是个小学教员，从1922年起是希特勒周围声名最为不堪的人之一，到1939年他的红运才终于结束。他自己吹嘘是个出名的私通能手，甚至能敲诈他情妇的丈夫。他的盲目狂热的反犹活动不仅使他臭名远扬，而且还搜刮到大批钱财。他办的一份著名黄色周刊《冲锋队员》专门靠刊载关于犹太人的性罪行和犹太人的“祭祀杀人”的恐怖故事卖钱，其内容之淫秽猥亵，甚至使许多纳粹党人也感到恶心。施特莱彻也是个著名的色情文学提倡者。他的外号叫“弗朗科尼亚的无冕国王”，他的老巢设在纽伦堡，在这里，他说的话就是法律，任何人得罪了他，就免不了下监牢或者受酷刑。直到我最后在纽伦堡看到他精神委顿地坐在被告席上受审判之前，我每次看到他时，他总是有一根皮鞭执在手中或者插在腰带上，他常常大笑着自夸抽过别人无数鞭子。

这些人就是希特勒开始想要当曾经为世界贡献过路德、康德、歌德、席勒、巴赫、贝多芬、勃拉姆斯的民族的独裁者的时候纠集在他周围的

角色。

1920年4月1日，在德国工人党改名为民族社会主义德国工人党——“纳粹”简称由此而来——的那一天，希特勒正式脱离了军队。从此以后，他要把他的全部时间用在纳粹党上。不论当时或者以后，他都不从党里支取任何薪水。

因此，可能有人会问，他靠什么生活呢？党内同他一起工作的人有时也不免纳闷。1921年7月党委员会一些反叛的委员起草的罪状中直率地提出了这个问题：“如果有任何党员问他靠什么为生，原来的职业是什么，他就不免狂怒起来。迄今为止，他没有做出过答复。因此，他的良心不能是无愧的，特别是鉴于他同女人们来往频繁，花费不赀。他在女人们面前还自称为‘慕尼黑之王’。”

希特勒后来控告这本小册子的作者犯了诽谤罪，在审讯时答复了这个问题。法院问他靠什么为生，他回答说：“我为民族社会主义党讲演时，不取分文。但是我也为其他团体讲演……在这种情况下，我当然收取一定的
费用。我的午饭是轮流同党内同志一起吃的。此外，还有一些党内同志给 50
了我一些为数不大的资助。”[24]

这大概是比较符合实际情况的。像迪特里希·埃卡特、戈林、汉夫施丹格尔这样境况较好的朋友无疑会“借”钱给他付房租、买衣服、备膳食的。他的需要也很简单。在1929年以前，他一直住在伊萨河附近提尔契街下层中产阶级区一套共有两个房间的公寓里。冬天他穿一件旧军大衣——后来由于许多照片，德国国内几乎人人都很熟悉这件大衣。夏天他常常穿“莱德霍森”，这是大多数巴伐利亚人在宜人的气候中喜欢穿的皮短裤。1923年埃卡特和埃塞尔为希特勒及其友人在贝希特斯加登附近弄到了一所名叫普拉特霍夫的旅馆作为夏季避暑的地方。希特勒很喜欢这个美丽的山间乡下风光，后来就在这个地方盖了宽敞的别墅伯格霍夫*，在战争爆发之前，这就成了他的家，他的很大一部分时间就是在这里度过的。

不过在1921—1923年的动荡年代中，很少有时间供他休息玩乐。他有

---

* 意为“山间别墅”。——译者

一个党要建设，要在一批同他一样不讲信义、不择手段的人的激烈竞争下保持控制。而且，巴伐利亚邦中争取公众注意和支持的右翼运动不止一个，纳粹党不过是其中之一；再扩大些说，在整个德国，这种右翼运动还有好些。

一个从事政治的人，需要观察、分析和加以利用的事件和不断变化的局面，真是接二连三，令人目眩头晕。1921年4月，协约国向德国提出了赔偿要求——为数达1 320亿金马克，折合330亿美元。德国人马上嚷嚷他们无法偿付。马克原来对美元的比价是4∶1，现在开始下跌，到1921年夏天，已跌到75∶1，一年后跌到400∶1。埃茨贝格尔在1921年8月被暗杀。1922年6月发生谋刺当初宣布成立共和国的社会民主党人菲利普·谢德曼事件。同月24日，外交部长拉特瑙在街头被刺殒命。在这三起案件中，凶手都是极右翼的人。摇摇欲坠的柏林全国政府为了对付这一挑战，终于宣布了一项特别规定的《共和国保护法》，其中对政治恐怖行动规定了严厉的惩治办法。柏林方面要求解散许多武装团体和结束政治上的无赖行为。但是，巴伐利亚政府即使在温和派的莱兴费尔德伯爵（他于1921年接替极端派的卡尔）领导下，也发现要遵守柏林全国政府的决定是很困难的。当它企图实行取缔恐怖活动的法律时，巴伐利亚右派（现在希特勒已是他们公认的年轻领袖之一）组织了一个推翻莱兴费尔德和进军柏林、颠覆共和国的阴谋。

襁褓中的民主的魏玛共和国陷于重重困难之中，它的生存不仅经常受
51 到来自极右方面的威胁，而且也经常受到来自极左方面的威胁。

注　释

1.《我的奋斗》，第204—205页。
2. 同上，第202页。
3. 海登：《元首》，第84页。
4. 鲁道夫·奥尔登：《小卒希特勒》，第70页。
5.《我的奋斗》，第193页。
6. 同上，第205—206页。
7. 同上，第207页。

8. 同上，第215—216页。
9. 同上，第210，213页。
10. 同上，第218—219页。
11. 同上，第220页。
12. 同上，第221—222页。
13. 同上，第224页。
14. 同上，第687页注释。
15. 同上，第687页。
16. 同上，第354页。
17. 同上，第355页。
18. 同上，第369—370页。
19. 康拉德・海登:《民族社会主义史》，第36页。
20.《我的奋斗》，第496—497页。着重体是希特勒原来用的。
21. 海登:《民族社会主义史》，第51—52页。
22. 海登:《元首》，第98—99页。
23. 海登:《民族社会主义史》，第52页。
24. 海登:《希特勒》，第90—91页。

第三章

凡尔赛、魏玛和啤酒馆政变

在胜利的西方协约国中的大多数人看来，1918年11月9日柏林宣告成立共和国，似乎标志着德国人民和他们国家的新时代的来临。伍德罗·威尔逊在停战以前交换的照会中，坚决主张废除霍亨索伦王朝军国主义的专制政体，看来德国人似乎是遵从他的要求的，虽然有些勉强。德皇已经被迫宣布退位，逃亡国外，君主政体已经废除，德国各地所有小王朝也都立刻解体，共和政府已经宣告成立了。

但是宣告共和完全是个偶然的事件！11月9日那天下午，在帝国总理、巴登的马克斯亲王辞职以后，所谓多数派的社会民主党人在弗里德里希·埃伯特和菲利普·谢德曼领导下，在柏林的国会大厦开会，他们对于下一步应该怎么办，完全茫然不知所措。马克斯亲王刚刚宣布了德皇的退位。马鞍工人出身的埃伯特认为德皇威廉的儿子之一——随便哪个都行，只要不是那个放荡成性的太子——可以继承皇位，因为他主张按照英国方式成立君主立宪政体。埃伯特虽然是社会民主党人的领袖，却惧怕社会革命。他有一次曾经说过，对社会革命，"我恨之入骨"。

但是革命却在柏林酝酿中。总罢工使首都陷于瘫痪状态。在宽阔的菩提树下大街，距离国会几个街区的地方，左翼社会民主党人罗莎·卢森堡和卡尔·李卜克内西领导下的斯巴达克团准备在他们设在德皇皇宫的总部

1918年11月9日，菲利普·谢德曼站在总理府的窗边宣布共和国成立。

中宣布成立苏维埃共和国。这个消息传到国会里的社会民主党人耳中时，他们大吃一惊。得马上采取行动来制止斯巴达克团。谢德曼灵机一动想出了一个主意。他也没有同他的同志们商量，就冲到俯瞰国王广场的窗台上，当时下面正聚集着大批人群，他伸出脑袋，自作主张，好像这个念头刚刚在他心中出现一样，向群众宣布共和国成立了！马鞍工人埃伯特气得要跳
52 起来。他原来还是想要挽救霍亨索伦君主政体的。

德意志共和国就是这样侥幸诞生的。社会民主党人既然不是坚决的共和派，那就更难希望保守分子是坚决的共和派了。但是后者已经推卸了他们的责任。他们同陆军领袖鲁登道夫和兴登堡一起把政治权力塞到勉强从命的社会民主党人的手中。这样，他们就把签订投降协定和后来签订和约的明显责任推到工人阶级的这些民主领袖身上，德国的战败和德国人民如果由于战败及片面决定的和约而遭受悲惨的命运，罪名就落到他们身上了。这是一个很拙劣的诡计，就是小孩子也能看穿，但是在德国，它居然奏效了。这个诡计从一开始起就注定了共和国的厄运。

也许，这种厄运本来是可以避免的。拥有绝对权力的社会民主党人在1918年11月本来可以迅速奠定持久的民主共和国的基础。但是要达到这个目的，他们必须先要一劳永逸地镇压——或者说至少要一劳永逸地钳制——那些过去一直支持霍亨索伦帝国、将来也不会老老实实地接受民主制度的势力：封建容克地主和其他上层阶级，控制着大工业卡特尔的巨头，到处流窜的自由军团雇佣兵，帝国文官系统中的高级官员，最后，尤其是，军官阶层和参谋总部的人员。他们必须拆分许多在经营上是浪费的和不经济的大庄园，拆分工业方面的垄断企业和卡特尔，在官僚系统中、司法系统中、警察系统中、大学里、军队里肃清那些不会忠诚老实地为新的民主政体服务的一切分子。

但这却是社会民主党人所不敢做的事情。他们大多数人是用心良好的工会活动家，有着德国其他阶级的人都固有的那种向既有的、地位已确立不移的权威鞠躬低头的劣根性。他们不但没有这么做，反而把权力让给了在现代德国一直占支配地位的势力——陆军。因为，陆军在战场上虽然战败了，但是在国内维持原有地位和挫败革命却仍旧是有把握的。为了实现这个目的，它迅速采取了大胆的行动。

1918年11月9日晚上，在“宣告”成立共和国以后没有几个小时，柏

林总理府内埃伯特的书房里的电话铃响了。这是一架特别的电话机，由一条秘密的线路通到设在斯帕的最高统帅部。埃伯特当时是单独一个人在书房里。他拿起电话耳机。“我是格勒纳。”那边说。这个前马鞍工人由于白天的事件突然把正在垮台中的德国的残余政治权力塞入他毫无准备的手中还有点感到晕头转向，听到这声音不禁肃然起敬。威廉·格勒纳将军是继鲁登道夫担任军需总监的人。就在当天早些时候，在施巴，当冯·兴登堡元帅临阵犹豫的时候，就由他直率地面告德皇，军队已经不再效忠于他，他必须下台——这个大胆的行动，是军官阶层永远不会原谅他的。埃伯特和格勒纳自从1916年以来就有了一种相互尊重的关系，当时这位将军负责 53
军工生产，曾与这位社会民主党领袖一起紧密合作过。11月初——仅仅几天以前——他们就在柏林商谈过如何挽救君主政体和祖国。

现在，正当祖国命运危在旦夕的时候，一条秘密电话线路又把他们联系在一起了。就在当时当地，这位社会民主党领袖和德国陆军的第二号人物订了一个秘密协议，这个协议虽然过了很多年才为世人所知，当时却要决定这个国家的命运。埃伯特答应要结束无政府状态，镇压布尔什维主义，按原有传统维持陆军。格勒纳则保证陆军支持新政府巩固自己的地位和实现它的目标。

“陆军元帅（兴登堡）仍旧愿意担任总司令吗？”埃伯特问。

格勒纳将军回答说他仍旧愿意。

“请你向元帅转达政府的谢意。”埃伯特说。[1]

德国军队得救了，但是共和国却在诞生的头一天就没有救了。将军们，除了格勒纳自己是光荣的例外和其他少数人以外，是绝不会向共和国效忠的。最后，他们在兴登堡率领下，把共和国出卖给了纳粹党人。

但是，在当时，可以肯定，不久之前俄国发生的情况，使埃伯特和他的社会民主党的同志惶惶不安。他们不想变成德国的克伦斯基。他们不想被布尔什维分子代替。在德国各地，正如在俄国一样，士兵和工人委员会纷纷成立，掌握了权力。正是这些委员会在11月10日选举出来一个人民代表委员会，由埃伯特为首，负责暂时管理德国。12月，德国第一届苏维埃代表大会在柏林召开。代表大会的成员是全国各地士兵和工人委员会派出的代表，它要求把兴登堡撤职，废除正规军，代之以一支民防队，其军官由士兵选出，归人民代表委员会管辖。

对兴登堡和格勒纳来说，这太过分了。他们拒绝承认苏维埃代表大会的权力。埃伯特本人并没有采取任何行动来贯彻代表大会的要求。但是陆军为了保持自己的生命，要求它原来同意支持的政府采取比较积极的行动，在圣诞节前两天，在共产党的斯巴达克团控制下的人民海军陆战队师占领了威廉街，冲入总理府，割断了电话线。但是通向陆军司令部的秘密线路仍旧畅通，埃伯特通过这条线路求援。陆军答应派波茨坦卫戍部队前来援救，但是在它到达以前，哗变的水兵们已经退到他们设在当时仍由斯巴达克团据守的皇宫马厩的营房中去了。

斯巴达克团，在德国两个最有本领的鼓动者卡尔·李卜克内西和罗
54 莎·卢森堡的领导下，继续争取成立苏维埃共和国。他们在柏林的武装力量日益壮大。在圣诞节前夕，海军陆战队师轻而易举地击退了从波茨坦开来的企图把他们驱出皇宫马厩的正规军。兴登堡和格勒纳催促埃伯特履行诺言，镇压布尔什维分子。对这件事，这个社会民主党领袖太乐意做了。圣诞节后两天，他任命古斯塔夫·诺斯克为国防部长，从这项任命开始，事态就按照凡是知道这位新任部长的人都能预料得到的逻辑发展了。

诺斯克是屠夫出身，在工会运动和社会民主党内一步步向上爬，1906年成了国会议员，被认为是党内军事专家。他也被认为是激烈的民族主义者和铁腕人物。巴登的马克斯亲王派他去平定11月初在基尔发生的海军哗变，他完成了这项使命。诺斯克身躯魁伟，面目凶狠，体力过人，然而智力低下，正如他的敌人所说，这是他的行业的特点。他在被任命为国防部长那一天就宣布“总得有人当警犬”。

早在1919年1月，他就开始下手，在1月10日到17日之间——后来在柏林有一个时期称这七天为“血腥的一周”——正规军和自由军团在诺斯克指示下和冯·吕特维茨将军*的指挥下击溃了斯巴达克团。罗莎·卢森堡和卡尔·李卜克内西被近卫骑兵师的军官俘获杀害。

---

* 一年以后，旧派反动军官男爵瓦尔特·冯·吕特维茨将军率领自由军团军队占领了柏林，支持卡普政变，这件事说明了他对共和国，特别是对诺斯克到底有多少忠诚。埃伯特、诺斯克和政府其他官员被迫在1920年3月13日清晨5点仓皇逃出柏林。名义上隶属于国防部长诺斯克的陆军参谋长冯·塞克特将军拒绝让陆军保卫共和国抵抗吕特维茨和卡普。“这一夜的经过说明了我全部政策的破产，”诺斯克叫道，“我对军官团的信任粉碎了。你们都背叛了我。”（引语见惠勒-本内特：《权力的报应》[*The Nemesis of Power*]，第77页）

柏林战事结束后，德国全国马上举行国民议会选举，这届国民议会的任务是起草新宪法。这次选举是在1919年1月19日举行的，选举结果表明，中产阶级和上层阶级在发生“革命”后两个多月的时间内已经恢复了一些勇气。过去由于没有任何其他集团愿意分担责任而单独执政的社会民主党（多数派和独立社会党）在3 000万张选票中获得了1 380万张选票，在国民议会421个议席中赢得了185个议席，但是距多数席位相差还很远。显然，新的德国是不能单靠工人阶级来建立的。两个中产阶级政党——代表罗马天主教的政治运动的中央党和12月间由原来的进步党同国家自由党 55
左翼合并的民主党一共得了1 150万张选票，在议会中占166个议席。两党都声称拥护一个温和的、民主的共和国，虽然当时相当一部分舆论是主张君主政体最后复辟的。

至于保守派，他们当中有些领袖在11月藏匿了起来，另外一些领袖如冯·韦斯塔普伯爵则乞求埃伯特的保护。他们的选票虽然有所减少，但是却表明他们绝没有被消灭。他们改名为德国国家人民党，获得了300万张选票，44个议席；他们的右翼盟友国家自由党（也已改名为德国人民党）得到近150万张选票，19个议席。这两个保守党派虽然肯定处于少数党地位，但在国民议会中赢得了足够的议席来发表政见。事实也确实是如此，国民议会刚刚于1919年2月6日在魏玛开会，这两个政党的领袖就起来为德皇威廉二世以及他和他的将领们领导战争的情况辩护。人民党领袖古斯塔夫·施特雷泽曼当时还没有像后来许多人所认为的那样变心转意。在1919年，他仍旧被认为曾经是最高统帅部在国会中的喉舌——像大家所称的那样，是“鲁登道夫的青年人”——是激烈地拥护采取并吞政策的人，是狂热地主张进行无限制的潜艇作战的人。

国民议会经过六个月的辩论后于1919年7月31日通过宪法，总统于8月31日批准了这一宪法。从纸面上来说，这是20世纪所曾经见过的这种文件中最自由和最民主的一个，结构之严密几乎到了完善的程度，其中不乏设想巧妙、令人钦佩的条文，看来似乎足以保证一种几乎完善无疵的民主制度的实行。内阁制政府是取法英国和法国的，拥有实权的民选总统仿效美国，人民复决制则借镜瑞士。实行构思严密、办法复杂的比例代表制和选票名单制，是为了防止选票的浪费，并且使得人数不多的少数派也有权

56 利在议会中享有席位。*

魏玛宪法的措辞，在任何有民主思想的人听来都是动人而有力的。宪法宣布人民是一国之主:“政治权力来自人民。”凡年满20岁，不分男女，均享有选举权。“所有德国人在法律面前一律平等……个人自由不可侵犯……所有德国人都有权……自由表达意见……所有德国人都有结社或集会的权利……全国居民都享有信仰和良心自由……”世界上没有任何人可能比德国人更加自由，没有任何国家政府比德国人的政府更加民主和自由。至少在纸面上是如此。

凡尔赛的阴影

在魏玛宪法的起草工作结束之前，发生了一件不可避免的事，使得魏玛宪法和它所要建立的共和国蒙上了一层阴影。那就是《凡尔赛和约》的起草。在战后初期动乱不已的和平日子里，甚至在国民议会在魏玛开会以后，德国人民对于他们战败的后果似乎都还很少考虑。即使考虑了的话，他们看来也颇有自信，在按照协约国的要求驱逐了霍亨索伦王室、平定了布尔什维分子、着手建立了一个民主的共和国政府之后，他们有权得到一个公正的和约，不是以他们战败为基础，而是以威尔逊总统的著名十四点为基础的和约。

德国人似乎很健忘，连一年前的事也记不起来了；在1918年3月3日，当时尚处在胜利中的德国最高统帅部曾经在布列斯特–立托夫斯克强迫战败的俄国接受一个“在现代历史上没有先例和无可比拟的羞辱的”[2]和

* 瑕疵肯定是有的，而且在最后，有些瑕疵被证明极为有害。比例代表制和选票名单制固然可能防止选票的浪费，但是也造成了为数众多的分裂小党派，最后使得国会中不可能出现一个稳定的多数派，以致政府不断更迭。在1930年选举中，列入竞选名单的有28个政党。

如果宪法的主要起草人胡戈·普罗伊斯教授的有些主张当初没有被否决的话，共和国本来也许可以有比较大的稳定性。他在魏玛建议，将德国建成一个中央集权的国家，解散普鲁士和其他单独的邦，把它们改为行省。但是国民议会否决了他的建议。

最后，宪法第四十八条授予总统在紧急状态下有独裁权。布吕宁、冯·巴本、冯·施莱谢尔几位总理在兴登堡总统同意下应用这一条款，使得他们能够未经国会授权就执行政权，这样，甚至在希特勒上台以前就结束了德国的民主议会政府制度。

约，这还是一个英国历史学家在战争所引起的情绪冷却了二十年以后发表的看法。这个和约剥夺的俄国领土几乎有奥匈帝国和土耳其加起来一般大，居民5 600万，亦即其全部人口的32%；三分之一的铁路线，73%的铁矿，89%的煤产量，5 000多个工厂。此外，俄国还得付给德国60亿马克的赔款。

1919年晚春的时候，德国人受报应的日子终于来到了。协约国未经与德国协商片面规定的《凡尔赛和约》条件于5月7日在柏林发表。对于一个到最后一刻还耽溺在幻想中的国家的人民来说，这是个惊人的打击。全国纷纷举行愤怒的群众集会，对和约表示抗议，要求德国拒绝签字。在魏玛议会期间担任总理的谢德曼叫嚷道："谁在这个和约上签字，就让谁的手烂掉吧！"5月8日，临时总统埃伯特和政府公开声称，和约条款是"不能实现和不能负担的"。第二天，在凡尔赛的德国代表团照会固执的克列孟梭 57
说，这种和约是"任何国家所不能容忍的"。

它有什么地方是这么不能容忍的呢？它把阿尔萨斯-洛林归还给法国，一小块领土归还给比利时，石勒苏益格邦一小块领土在经过公民投票后归还给丹麦，而这是俾斯麦在上世纪同丹麦作战胜利后从丹麦那里割取的。它也把德国人在瓜分波兰时夺去的领土归还给波兰，其中一部分还要经过公民投票。这是使德国人最为恼怒的规定之一。他们不满，不仅是因为给了波兰一条通向海路的走廊使得东普鲁士同祖国隔绝，还因为他们瞧不起波兰人，认为波兰人是劣等民族。同样使德国人恼怒的是，和约强迫他们接受发动战争的责任，要求他们把德皇威廉二世和800名左右其他"战争罪犯"交给协约国。

赔款数目以后再规定，但是1919年到1921年之间要先付一笔价值折合50亿美元的金马克，如无现款，可以付某些实物，如煤、船只、木材、牛羊等。

不过最伤害德国人自尊心的是，《凡尔赛和约》实际上解除了德国的武装*，从而，至少暂时，排除了德国在欧洲称霸的可能性。尽管如此，受

---

* 它限制陆军不得有超过10万名长期志愿入伍者，不许拥有飞机和坦克。参谋总部亦被禁止设立。海军减少到仅有象征意义的程度，不许建造潜艇和1万吨以上的舰只。

签订《凡尔赛和约》的（由左至右）英国首相劳合·乔治、意大利首相维托里奥·埃马努埃莱·奥兰多、法国总理克列孟梭和美国总统托马斯·伍德罗·威尔逊。

到痛恨的《凡尔赛和约》，不像德国强使俄国接受的和约，在地理方面和经济方面基本上并没有触动德国，保持了它作为一个大国的政治统一和潜在力量。

魏玛临时政府，除了埃茨贝格尔一人例外（他主张接受和约，理由是它的条件是能够轻易规避的），都坚决反对接受凡尔赛命令——现在大家这样来称呼和约了。站在政府背后作为后盾的是全国绝大多数人民，从左派到右派。

陆军怎么样呢？如果拒绝接受和约，陆军能够抵抗协约国不可避免要从西方发动的进攻吗？埃伯特向最高统帅部提出了这个问题。最高统帅部这时已迁到波美拉尼亚的科尔贝格。6月17日，陆军元帅冯·兴登堡在认为德国军事抵抗不会有什么结果的格勒纳将军推动下答复称：

一旦战端重启，我们能够重克波兹南省［在波兰］，守住东部边

> 境，但是在西部，很难指望我们能够抵抗敌军的重大攻势，因为协约国在人力上占优势，而且他们有能力在两翼包抄我们。
>
> 因此，总的来说，军事行动是否能成功，是颇可怀疑的，但是作为一个军人，我不能不感到，与其接受耻辱的和平，不如光荣地战死沙场。58

这位受人尊敬的总司令的最后一句话是完全符合最优秀的德国军事传统的，但是其诚意却大可怀疑，因为我们现在知道了德国人民当时并不知道的一个事实：兴登堡同意格勒纳的看法，这个时候抵抗协约国不仅是没有希望的，而且有造成陆军珍贵的军官团的消灭，甚至造成德国本身灭亡的可能。

但是协约国现在要求德国给出明确的答复。在6月16日，即兴登堡书面回答埃伯特的前一天，协约国向德国提出了一项最后通牒：必须在6月24日以前接受和约，否则停战协定即告失效，协约国将“采取它们认为为实现它们的条件所必需的步骤”。

埃伯特再一次求救于格勒纳。如果最高统帅部认为军事上抵抗协约国有些微的成功可能，埃伯特将答应设法使议会拒绝接受和约。但是他必须立刻得到一个答复。最后通牒规定的限期6月24日来到了。下午4点30分的时候，内阁还在开会以求做出最后的决定。兴登堡和格勒纳再一次商量。“你同我一样明白，武装抵抗是不可能的事。”年迈力衰的陆军元帅说。但是，正如1918年11月9日在斯帕一样，他当时没有勇气把无情的真相面告德皇，而把这件不愉快的任务交给了格勒纳，这一次他也不愿亲自把真相告诉共和国临时总统。他对格勒纳说：“你可以把答复告诉总统，同我去告诉没有什么两样。”[3] 再一次，这位将军义不容辞地担当了原来属于元帅的最后责任。虽然他也一定知道，他这样做最后将加倍地肯定在军官团面前成为替罪羊，他还是把最高统帅部的意见在电话中告诉了总统。

既然军队的领导人承担了责任——但是这一点在德国马上被忘怀了——国民议会就松了一口气，终于以绝大多数通过签订和约，这个决定通知克列孟梭时，距离协约国最后通牒的限期只差19分钟。四天以后，1919年6月28日，和约在凡尔赛宫的镜厅签了字。

一个不和睦的家庭

从那一天起，德国成了一个不和睦的家庭。

保守派既不接受和约，也不接受批准和约的共和国。从长远来说，陆军也不会接受——格勒纳将军是例外——虽然它曾宣誓要支持新的民主政体，而且签订《凡尔赛和约》的最后决定也是它自己做出的。尽管发生了11月“革命”，保守派仍旧掌握着经济实权。他们拥有工业、大庄园和全国
59 大部分资本，他们的财富可以用来，而且实际上也的确是用来资助各个政党和从今起努力败坏共和国声誉的政治报纸。

和约的墨迹未干，陆军就已经开始规避和约的军事限制。由于社会民主党领袖的胆怯和短视，军官团不仅能够按照普鲁士原来的传统保持陆军——这一点已见上述——而且还能够成为新德国的真正政治力量中心。直到寿命不长的共和国的最后几天为止，陆军一直没有把它的命运押在任何一个政治运动上面。但是在10万新国防军的杰出创建者汉斯·冯·塞克特将军的领导下，陆军为数虽少，却成了一个国中之国，对德国的内外政策有越来越大的影响，最后终于达到了共和国的继续存在要取决于军官团的意志的地步。

作为国中之国，它对全国政府保持独立地位。按照魏玛宪法，像其他西方民主国家的军队那样，陆军应该从属于内阁和议会。但是它却没有如此。军官团也没有清洗掉它的保皇反共和的思想情绪。少数社会民主党领袖如谢德曼和格尔兹辛斯基主张将陆军“民主化”。他们看到了将陆军交还给有着极权主义、帝国主义老传统的军官的危险。但是他们不仅受到了将军们的有效反对，而且也受到了他们自己的、以国防部长诺斯克为首的社会民主党同志的有效反对。这位无产阶级出身的共和国部长公然大言不惭地说，他要恢复“军人对世界大战的骄傲记忆”。合法选出的政府没有能够建立一支忠于它自己的民主精神、服从内阁和国会的新陆军，这是共和国的一个致命错误。时间后来证明了这一点。

没有清洗司法系统是另一个致命错误。司法当局成了反革命的中心之一，滥用法律来为反动的政治目的服务。“不可能逃避这样的结论，”历

史学家弗朗茨·L. 诺伊曼说，“政治审判是德意志共和国生命史上最黑暗的一页。”[4] 1920年发生卡普政变后，政府对705人提出叛国罪起诉，只有一个人即柏林警察局长受到了判决——五年“光荣监禁”。普鲁士邦不发给他年金时，最高法院还下令照旧发给。德国某地的一个法院在1926年12月裁决，要发给卡普政变军事首脑冯·吕特维茨将军积欠的年金，包括他在反叛政府的时期和他逃匿在匈牙利躲避法律制裁的五年期间的年金。

而另外一方面，成百上千的德国自由主义者却以叛国罪被判长期徒刑，只是因为他们在报上或演讲中揭露了或谴责了陆军不断违反《凡尔赛和约》的行为。对于共和国支持者，无情地应用了叛国罪法律，但是对于那些企图推翻共和国的右派，却不是无罪释放，就是只判以最轻的刑罚，这一点，阿道夫·希特勒很快地就看到了。甚至暗杀的凶犯，只要他属于右派，而 60
被杀者属于民主分子，也得到法院的宽大对待，或者得到陆军军官和右翼极端分子的帮助，逃出法院的拘押，这种情况是屡见不鲜的。

因此，只剩下温和的社会民主党人，在民主分子和天主教中央党人的协助下，独力支撑这个诞生以后就摇摇欲坠的共和国。他们受到了反对者的痛恨、咒骂，有时是子弹的袭击，这些反对者为数日众，决心日坚。“在人民的心中，”以《西方的没落》一书声名鼓噪一时的奥斯瓦尔德·斯宾格

1919年6月，在柏林举行的抗议《凡尔赛和约》的游行。

勒叫嚷道，“魏玛宪法已注定要死亡了。”在南部的巴伐利亚，年轻的煽动家阿道夫·希特勒认识到民族主义的、反民主的、反共和的新浪潮的力量。他开始驾驭这一力量。

时局给他帮了很大的忙，特别是这两件事：马克贬值和法国占领鲁尔。我们前面已经谈到，马克在1921年开始贬值，和美元的比价跌到75 ： 1，次年跌到400 ： 1，1923年初跌到7 000 ： 1。在1922年秋天，德国政府已经向协约国请求暂缓偿还赔款。法国的普恩加莱政府断然拒绝。当德国不能交付木材时，在战时曾任法国总统的这位头脑死硬的总理命令法国军队占领鲁尔。在上西里西亚割让给了波兰以后，德国的这一煤钢产量占全国五分之四的工业心脏，如今就同德国其他部分隔绝了。

这个使德国经济瘫痪的打击使德国人民暂时团结起来，而自从1914年以来，他们还从来没有这样团结过。鲁尔的工人宣布举行总罢工，并且得到柏林政府的经济支援，后者号召进行消极抵抗。在陆军的帮助下，他们组织了破坏活动和游击战争。法国以逮捕、驱逐出境甚至死刑来对付。但是在鲁尔，没有一架机器的轮子转动。

对德国经济的扼杀，加速了马克的最后崩溃。1923年1月占领鲁尔的那一天，马克对美元比价跌到了18 000 ： 1，到7月1日，跌到了160 000 ： 1，到8月1日跌到了1000 000 ： 1，到11月，希特勒认为他的时刻来到时，马克跌到了40亿比1美元，此后，数字就以兆计了。德国货币成了毫无价值的废纸。工资薪水的购买力等于零。中产阶级和工人阶级的一生积蓄都荡然无存。但是遭到毁灭的还有更加重要的东西，那就是德国人民对德国社会的经济结构的信任。德国社会历来竭力鼓励储蓄和投资，并且庄严地保证这种储蓄和投资能够得到万无一失的报偿，结果却自食其言，这样一个社会的标准和行为还值得相信吗？这不是对人民布下的大骗局吗？

这场灾祸不是应该怪那个向敌人投降和接受赔款重担的民主共和国
61 吗？对其本身的生存颇为不幸的是，共和国的确要负一份责任。通货膨胀本来是可以靠平衡预算来制止的，尽管平衡预算不是一件容易的事，但也不是办不到的。适当增税本来可以实现预算平衡，但是新政府却不敢适当地增税。说到底，1 640亿马克的战争费用也一点不是靠直接征税来筹措的，其中930亿马克靠发行战时公债，290亿马克靠金库券，其余靠增发纸币。共和国政府不但没有对有力量的人大大增加税额，反而在1921年削减了他们的税额。

从此以后，在大工业家和大地主的教唆下，政府有意让马克崩溃，为了使国家能够逃避公债，免付赔款，在鲁尔跟法国捣蛋。这样做，对大工业家和大地主肯定是有好处的，而人民群众却在经济上遭到了毁灭。此外，货币贬值也使德国重工业能够用毫无价值的马克偿清债务。参谋总部为了逃避和约中取缔其存在的条款，这时已伪装为军队办公室（Truppenamt），它也注意到，马克的贬值扫清了战争债务，这样就可以使德国在财政上毫无牵累，可以从事一场新的战争。

但是人民群众并不知道工业巨头、陆军和国家从货币的贬值中得到多少好处。他们所知道的只是，大笔银行存款还买不到一把胡萝卜、几个马铃薯、几盎司糖、一磅面粉。他们知道，作为个人，他们是破产了。他们也知道饥肠辘辘的滋味，因为这是每天尝到的。他们在痛苦和绝望之余，把共和国当作这一切罪过的替罪羊。

德国马克贬值，购买日常用品也需要上万马克。

这样的时候正是阿道夫·希特勒的天赐良机。

巴伐利亚发生的反叛

“政府镇定沉着地继续印发这些废纸，因为，如果停止印发的话，政府就完蛋了，”他叫嚷道，“因为一旦印刷机停止转动——而这是稳定马克的先决条件——骗局马上就会暴露在光天化日之下……请相信我，我们的痛苦只会增加，而坏蛋们却安然无事。原因是：国家本身已经成了最大的骗子和恶棍。这是个强盗的国家！……如果受惊的人民注意到，他们即使有几十亿马克，也只有挨饿的份儿，那他们一定会得出这个结论：我们不能再听命于一个建筑在骗人的多数决定的玩意儿上面的国家了。我们需要独裁……”[5]

毫无疑问，通货漫天膨胀所带来的困难和动荡不定迫使千百万德国人民得出了这个结论，而希特勒是非常乐意把他们引导上这条道路的。事实上，他早已开始相信，1923年的混乱局面已经造成了一个时不再来的推翻共和国的机会。但是，如果他本人要来领导这场反革命活动的话，他的道
62 路上还有一定的困难。而如果不是由他来领导，他就没有多大兴趣了。

这些困难首先是，纳粹党虽然党员人数日增，却还远不是巴伐利亚最重要的一个政治运动，而在巴伐利亚境外，它更是默默无闻。这样一个小党怎么能够推翻共和国呢？希特勒不是个能轻易被困难吓倒的人，他认为他想出了一个办法。他可以把巴伐利亚所有反共和的民族主义势力团结在他的领导之下。然后，在巴伐利亚政府、武装团体和驻扎在巴伐利亚的国防军支援之下，他可以领导一次向柏林的进军——像一年前墨索里尼向罗马进军一样——推翻魏玛共和国，显然，墨索里尼轻易取得的胜利触发了他的灵机。

法国占领鲁尔虽然重新燃起了德国对传统敌人的仇恨，从而使民族主义精神复活，却使希特勒的计划变得困难了。法国这样做，使得德国人民团结在抵抗法国的柏林共和政府的背后。这是希特勒所最不愿意看到的事情。他的目标是摧毁共和国。至于法国，德国可以在实现了自己的民族主义革命和建立了独裁政权以后，再来收拾它。希特勒在有力的舆论潮流面

前居然敢冒大不韪，采取一个不得人心的方针："不——不要打倒法国，而是要打倒祖国的叛徒！打倒十一月罪人！这才是我们的口号。"[6]

在1923年的头几个月里，希特勒就致力于实现这个口号。2月间，主要是由于罗姆在组织工作上的本领，巴伐利亚有四个武装的"爱国团体"同纳粹党联合组成所谓"祖国战斗团体工作联盟"，而以希特勒为政治领导。9月间组织了一个名叫"德意志战斗联盟"的更强有力的团体，希特勒担任三个领导人之一。这一组织是9月2日在纽伦堡举行群众大会庆祝德国1870年在色当战败法国的五十三周年纪念时产生的。南德大部分具有法西斯思想的团体都有代表参加，希特勒在会上发表了一篇激烈的反对中央政府的演说后，受到了全场起立的欢呼。新成立的战斗联盟公开声称它的目标是：推翻共和国，撕毁《凡尔赛和约》。

在纽伦堡开会期间，检阅示威群众游行的时候，希特勒在检阅台上站在鲁登道夫将军的旁边。这并不是件偶然的事。若干时候以来，这个年轻的纳粹党头子就一直在拉拢这位战时英雄。鲁登道夫曾经让柏林卡普政变的策动者利用他的声名，现在既然他继续鼓励右翼的反革命，也就有可能诱使他来支持希特勒心中开始萌芽的那种行动。这位老将军是一点也没有政治头脑的；他现在定居在慕尼黑郊外，毫不掩饰他对巴伐利亚人、对巴伐利亚王位可能的继承人鲁普雷希特太子、对德国天主教会势力最大的一 63
邦中的天主教会的蔑视。这一切，希特勒都知道，但是，这正合他的心意。他并不想要鲁登道夫来担任民族主义反革命运动的政治领袖——虽然人人皆知，这位战时英雄颇有雄心担当这个角色。希特勒要把这个角色留给自己。但是鲁登道夫的名字，他在军官团和整个德国保守派中间的声望，对这个在巴伐利亚境外还是默默无闻的地方政客来说，却是个本钱。于是，希特勒开始把鲁登道夫包括到他的计划里面。

1923年秋，德意志共和国和巴伐利亚邦之间的危机达到了顶点。9月26日那天，古斯塔夫·施特雷泽曼总理宣布结束在鲁尔的消极抵抗，德国恢复支付赔款。这个前兴登堡和鲁登道夫的喉舌是个坚决的保守派，而且从骨子里来说，还是个保皇派，他已认定，如果德国要得救，要统一，要恢复强大，那就必须——至少在目前——同意共和国的存在，同协约国妥协，取得喘息的时间来恢复经济力量。如果再放任自流的话，只会造成内战，也许最后会导致国家的毁灭。

在鲁尔放弃对法国的抵抗和恢复赔款负担这两件事，使德国民族主义者和共产党人群情激愤。德国共产党的势力这时也有了增长，他们同民族主义者一起，猛烈谴责共和国。施特雷泽曼面临着来自极右和极左两方面的严重反叛。关于这一点，他是预见到的，他在宣布改变鲁尔和赔款问题政策的那一天就请总统埃伯特宣布了紧急状态。从1923年9月26日一直到1924年2月，根据紧急状态法，德国的行政权给了国防部长奥托·格斯勒和陆军司令冯·塞克特将军。实际上，这就使得冯·塞克特将军和他的陆军成了全国的实际独裁者。

巴伐利亚根本无意接受这样一个解决办法。欧根·冯·克尼林领导的巴伐利亚内阁9月26日在本邦宣布了紧急状态，任命右翼保皇派、前邦总理古斯塔夫·冯·卡尔为拥有独裁权力的邦长官。在柏林方面，有人担心巴伐利亚可能退出德国，拥护维特尔斯巴赫王室复辟，也许还会同奥地利组织一个南德意志联邦。于是埃伯特总统就匆匆忙忙地召开了一次内阁会议，并且邀请冯·塞克特将军参加。埃伯特想要知道陆军站在哪一方面。塞克特直率地告诉他："总统先生，陆军站在我的背后。"[7]

这位夹着单片眼镜、面无表情的普鲁士籍总司令的冷冰冰的话，不出所料，并没有使德国总统或者总理感到惊异。他们早已认识到陆军那种不服从任何方面的国中之国的地位。我们前面已经谈到，三年以前，当柏林
64 被卡普的部队占领的时候，曾向塞克特提出过类似的呼吁，当时陆军就站在这位将军的背后，而没有站在共和国的背后。现在1923年的唯一问题是，塞克特站在哪里。

共和国真是幸运，他这次是站在共和国的背后。这不是因为他相信共和民主的原则，而是因为他看到，就目前来说，要保全本身受到巴伐利亚和北方的反叛威胁的陆军，要防止德国陷于灾难深重的内战，支持现政权是必要的。塞克特知道，驻扎在慕尼黑的那个师里的有些领导军官站在巴伐利亚分离主义者一边。他也知道有个"黑色国防军"的阴谋，其首领是前参谋总部军官布赫鲁克少校，其目的是要占领柏林和推翻共和政府。他现在就按经过深思熟虑的计划和坚强的决心着手行动，来整顿陆军和结束

内战威胁。

1923年9月30日晚上，“黑色国防军”部队在布赫鲁克少校指挥下占领了柏林东面的三个炮台。塞克特命令正规军去包围他们，两天后，布赫鲁克投降了。他以叛国罪被起诉，后来真的判了十年的炮台禁闭。原来是由塞克特本人用“劳动突击队”名义建立起来为10万名国防军提供秘密后备人员的“黑色国防军”就此解散了。[*]

塞克特接着把他的注意力转移到萨克森、图林根、汉堡和鲁尔方面共产党暴动的威胁上去。在镇压左派方面，陆军的忠诚是毫无问题的。在萨克森，当地国防军司令逮捕了社会民主党-共产党联合政府人员，并且任命了一名国家长官执掌政权。在汉堡和其他地方，德国共产党很快受到严厉的镇压。柏林现在认为，比较轻易地镇压了布尔什维分子以后，已经剥夺了巴伐利亚阴谋分子声称他们的真正目的是要从共产主义手中拯救共和国的借口，并且认为他们现在总该会承认全国政府的权威了。但是事情的结果却不是如此。

巴伐利亚仍旧违抗柏林。它现在处在三巨头的独裁控制之下，三巨头是邦长官卡尔、驻在巴伐利亚的国防军司令奥托·冯·洛索将军和邦警察局长汉斯·冯·赛瑟尔上校。卡尔拒绝承认埃伯特总统宣布德国处于紧急 65
状态的命令适用于巴伐利亚。他拒绝执行柏林方面的任何命令。全国政府要求取缔希特勒的报纸《人民观察家报》，因为它恶毒攻击共和国，尤其针对塞克特、施特雷泽曼和格斯勒，但是卡尔却轻蔑地加以拒绝了。

柏林方面的第二道命令是：逮捕巴伐利亚一些武装团体的三个臭名远扬的首脑：海斯上尉、卡普政变中的“英雄”埃尔哈特上尉和罗姆的男宠罗斯巴赫中尉。卡尔也置之不理。塞克特不能再忍耐了，他命令冯·洛索将军取缔纳粹党党报和逮捕这三个自由军团人员。但是这位将军却迟迟没有遵命，因为他自己也是巴伐利亚人，而且思想混乱，性格软弱，希特勒

---

*“黑色国防军”为数大约2万人，在1920—1923年动荡的年代中，原驻在东部边境，以协助防备波兰人。这个秘密组织之所以出名是由于它恢复了中世纪秘密法庭的恐怖行为。这种秘密法庭对于那些把“黑色国防军”活动报告给协约国管制委员会的德国人任意判处死刑。这类残忍杀人事件有好几起告到了法院。在一次审讯时，继诺斯克担任国防部长的奥托·格斯勒表示，他不知道这个组织的存在并坚决声称它并不存在。当一个审问者表示不相信的时候，格斯勒就叫嚷道：“谁谈到‘黑色国防军’，谁就犯了叛国罪！”

的雄辩和卡尔的劝说已使他上了钩。10月24日，塞克特撤换了他，另派克莱斯·冯·克莱森施坦因将军接替。但是，卡尔不肯接受柏林方面的片面决定。他宣称，洛索将继续担任驻在巴伐利亚的国防军司令，并且强迫陆军军官和士兵举行特别宣誓，效忠巴伐利亚政府。这不仅是违抗塞克特，而且是藐视宪法。

在柏林方面看来，这不仅是政治反叛，还是军事反叛。冯·塞克特将军现在决心要平定这次双重反叛。[8]

他向巴伐利亚三巨头，向希特勒和武装团体发出了一个明白的警告：他们方面的任何反叛都将受到武力的对付。但是对这名纳粹党领袖来说，这时要再后退已经太晚了。他的激烈的党羽都要求行动起来。他的冲锋队队长之一威廉·布吕克纳中尉则要求他马上采取行动。“时候到了，”他提醒说，“我已约束不住弟兄们了。如果现在再不采取行动，他们就要离开我们了。”

希特勒也认识到，如果施特雷泽曼赢得更多的时间，并且成功恢复国内平静的话，他自己的机会就会丧失。因此他要求卡尔和洛索趁现在柏林方面还没有向慕尼黑进军就向柏林进军。他开始怀疑，三巨头不是胆怯了，就是打算在没有他参加的情况下搞政变，闹分离，要巴伐利亚脱离德国。希特勒狂热地主张建立一个强大的民族主义的统一的德国，对于这种政变他是绝对反对的。

在塞克特提出警告后，卡尔、洛索、赛瑟尔的确开始丧胆了。他们没有兴趣做无益的姿态而自毁前途。11月6日，他们告诉战斗联盟：不能催促他们采取轻率行动；究竟在什么时候、用什么方式采取行动，只有他们才有权决定。希特勒是战斗联盟的主要政治人物，因此这等于告诉希特勒，他必须自己掌握主动。他如果要单独举行政变，还没有足够的后盾。他必须得到巴伐利亚邦、军队和警察的支持，这是他在维也纳流浪的日子里学到的教训。他总得想个办法使卡尔、洛索、赛瑟尔处在不得不与他一起行
66 动而且没有退步余地的地位。这需要大胆，甚至冒险，现在希特勒用事实证明他是有这种魄力的。他决定劫持三巨头，强迫他们按照他的要求行使他们的权力。

这个主意最初是罗森贝格和施勃纳-里希特这两个从俄国逃出来的人

向希特勒建议的。后者借他妻子的姓充起贵族来，自称为马克斯·埃尔温·冯·施勃纳-里希特。他是个来历可疑的角色，像罗森贝格一样，一生大部分时间是在波罗的海沿岸的俄国省份里度过的，战后同其他难民一起从苏联逃到慕尼黑，在这里加入了纳粹党，成了希特勒的亲信之一。

11月4日是德国阵亡将士纪念日（Totengedenktag），慕尼黑市中心要举行阅兵，报上已经宣布，在一条通向英烈祠的狭窄街道上设立的检阅台上，接受军队敬礼的，除了众望所归的鲁普雷希特太子之外，还有卡尔、洛索和赛瑟尔。施勃纳-里希特和罗森贝格向希特勒建议，用卡车装运几百名冲锋队员，在受检阅的军队来到之前包围这条小街道，用机枪加以封锁。然后希特勒登上检阅台，宣布革命，在手枪威胁下劝说这些权贵参加革命，帮助他领导革命。这个计划很中希特勒的意，他表示热烈赞成。但是在约定的那天，当罗森贝格提前赶到这个地方做侦察时，他颇为沮丧地发现，这条狭窄的街道被一大批全副武装的警察完全警戒起来了。这个计划，也就是“革命”，不得不因此放弃。

事实上，这只不过是推迟了而已。他们又想出了第二个计划，这一次，即使有警察把守要冲，也不能阻挠其实现。在11月10日到11日的夜间，冲锋队和战斗联盟的其他武装团体将集中在慕尼黑正北方向的弗罗特曼宁格荒地，在11日可恨又可耻的停战纪念日上午就开入市内，占据战略要地，宣布全国革命，使踌躇不前的卡尔、洛索、赛瑟尔面临既成事实。

就在这个时候，一个并不是十分重要的公告使希特勒放弃了这个计划而另想办法。原来报上有一条简短的通告说，应慕尼黑某些企业团体之请，卡尔将在慕尼黑东南郊一家名叫“贝格勃劳凯勒”的大啤酒馆举行的一次集会上讲话。日期是11月8日晚上。通告说，这位长官的演讲内容是关于巴伐利亚政府的施政纲领的。冯·洛索将军和冯·赛瑟尔上校以及其他显贵也将列席。

有两点考虑使希特勒做出了迅速的决定。第一点考虑是，他怀疑卡尔可能利用这次集会来宣布巴伐利亚独立和维特尔斯巴赫王朝在巴伐利亚复辟。11月8日一整天，希特勒一直在设法会见卡尔，然而没有如愿，卡尔要到9日才肯见他。这只是增加了这位纳粹党领袖的怀疑。他必须先发制人。而且——这是第二点考虑——贝格勃劳凯勒酒馆的集会提供了11月4 67

日所错过的机会：把三巨头一网打尽，在手枪威胁下强迫他们同纳粹党一起进行革命。希特勒决定立即采取行动。11月10日的动员计划取消了，冲锋队临时改派到这家大啤酒馆执行任务。

啤酒馆政变

1923年11月8日晚上9点差一刻的时候，卡尔对3 000名左右坐在粗木桌子边、以巴伐利亚方式用石缸子咕噜咕噜大口喝着啤酒的市民已经讲了半个小时的话，这时候冲锋队包围了贝格勃劳凯勒啤酒馆，希特勒排开人群走进了大厅。正好在他手下的人在门口架起了一挺机枪的时候，希特勒跳上一张桌子，为了吸引注意，拿出手枪对着天花板开了一枪。卡尔马上停止了讲话。听众转过身来看这是怎么回事。希特勒在赫斯和乌尔里希·格拉夫——前屠夫、业余摔跤家、打手，现在是领袖的卫士——的簇拥下走向讲台。一名警察少校想要阻拦他，可是希特勒用手枪对着他，继续前进。据目击者说，卡尔这时吓得“面如土色，手足无措”，从讲台上退了下来。希特勒占据了他的位置。

“全国革命已经开始了！”希特勒叫喊道，“这个地方已经由六百名武装人员占领。任何人都不许离开大厅。大家必须肃静，否则我就在楼厅上架起机枪。巴伐利亚政府和全国政府已经被推翻，临时全国政府已经成立。国防军营房和警察营房已被占领。军队和警察已在卐字旗下向市内挺进。”

最后一点是假的，纯属虚声恫吓。但是在混乱中谁也没有把握。而希特勒的手枪却是实实在在的东西。它已经开过一枪。冲锋队和他们的步枪及机枪也是实实在在的东西。希特勒现在命令卡尔、洛索、赛瑟尔跟他到台后一间私室里去。在冲锋队员的推搡下，巴伐利亚的这三个最高级官员乖乖地听从希特勒的吩咐，而群众则目瞪口呆地看着。

但是他们也怀着越来越不满的情绪。许多企业家仍旧认为希特勒是个刚刚蹿上来的暴发户。他们之中有一个人向警察叫道：“别像1918年那样胆小，快开枪！”但是警察看到自己的局长都那么驯服，而且冲锋队已经占领了整个大厅，一动都不敢动。希特勒早已在警察局安插了一个纳粹党的坐探威廉·弗里克，要他打电话给啤酒馆值勤的警察不要插手干预，只需报告情况就行。人群开始越来越愤懑，以至于戈林认为有必要走上讲台，叫他们安静点。“没有什么可以害怕的，”他大声叫道，“我们没有恶意。因此，你们没有不满的理由，喝你们的啤酒吧！”他还告诉他们，在隔壁房间里正在组织新政府。 68

的确是在组织新政府，不过，这是在希特勒的手枪胁迫之下进行的。他一等到把三个人赶进隔壁房间之后，就告诉他们：“没有我的许可，谁都别想活着走出这个房间。”他接着又告诉他们，他们三个人都可以在巴伐利亚政府中或者在他与鲁登道夫一起组织的全国政府中保有重要的职位。同鲁登道夫一起？那天傍晚，希特勒已派了施勃纳-里希特到路德维希斯霍伊去接这位对纳粹党政变毫不知情的著名将军前来啤酒馆。

这三个人起先连话也不愿同希特勒说，但是他却继续向他们发表宏论。他们三个人都必须同他一起宣布实行革命，参加新政府；他们都必须接受他——希特勒——派给他们的职位，谁要不干“谁就别想活”。卡尔将担任巴伐利亚摄政者；洛索将担任国防军部长；赛瑟尔将担任国家警察局长。可是这三个人一个也没有被这种高官显爵所打动。他们根本没有搭理。

他们继续保持沉默，这使希特勒焦躁起来。最后他向他们挥动着手枪说：“我的手枪里有四颗子弹！如果你们不肯跟我合作，三颗留给你们。最后一颗就留给我自己！”他举着手枪对准自己的前额嚷道：“如果明天下午我还没有成功，我就不要这条命了！”

卡尔虽然不是个很聪明的人，胆子却很壮。“希特勒先生，”他答复道，“你尽管吩咐他们把我枪毙，或者你亲自动手也行。我死不死没有什么了不起。”

赛瑟尔也说了话。他谴责希特勒没有遵守他保证不对警察举行政变的诺言。

“不错，我自食其言，”希特勒答复说，“请原谅我，但是为了祖国的缘故，我不得不如此。”

冯·洛索将军轻蔑地保持沉默。但是当卡尔在他耳旁开始低语时，希特勒马上说：“住嘴！没有我的许可不许交谈！”

可是他自己的讲话没有收到什么效果。这三个掌握巴伐利亚政权的人，即使是枪口对着胸膛，也没有一个同意跟他走。政变没有能按预期计划实现。这时希特勒忽然心血来潮，他一言未发就冲到外面大厅里去，走上讲台，对着愤愤不满的人群宣布，隔壁房间里的三巨头已经同他一起组成了一个新的全国政府。

“巴伐利亚政府，”他叫道，“已经撤换……十一月罪人的政府和总统也已经被宣布撤换。新政府将于今天在慕尼黑这个地方宣布成立。德国国防军将立刻组成……我建议，在同十一月罪人算清总账以前，由我接管全国政府的政策指导工作。鲁登道夫将担任德国国防军的领导工作……德国全
69 国临时政府的任务是组织对罪恶的渊薮柏林的进军和拯救德国人民……要是明天还不能成立一个德国全国政府，我们就都杀身成仁！”

希特勒说了巧妙的谎话，这既不是第一次，也肯定不是最后一次。他的谎话居然奏效了。当人群听到卡尔、冯·洛索将军和警察局长冯·赛瑟尔已经同希特勒合作的时候，他们的情绪马上转变了。有人高声欢呼，这些欢呼声打动了仍旧被关在隔壁的三个人。

这时好像变戏法一般，施勃纳-里希特接来了鲁登道夫将军。这位战时英雄对于希特勒在这件事上完全把他蒙在鼓里随便摆弄很是生气，一等到进了后室，知道要担任德国独裁者的竟是这个前陆军下士，而不是他自己时，他就更加不满了。他对这个鲁莽无礼的小子一句话也不愿说。但是希特勒并不在乎，他只要鲁登道夫肯把他的大名借给他干这件冒险勾当，使这三个迄今为止没有被他的劝说和威胁所打动的巴伐利亚领袖回心转意就行了。这个要求，鲁登道夫是答应的，他说，现在这已成了一个重大的民族的事业，他奉劝这三位先生予以合作。看到这位老将军也这么热心，这三个人就有些退让了，虽然后来洛索否认他曾同意听命于鲁登道夫。卡尔在他念念不忘的维特尔斯巴赫王室复辟问题上嘀咕了一阵，最后还是说，他愿意作为“国王的代表”一起合作。

鲁登道夫的及时到来救了希特勒。这样一个幸运的转机使希特勒喜不自胜，他马上率领众人回到讲台上，每个人都讲了几句简短的话，并且宣誓互相效忠和忠于新政权。大厅里的人群兴奋得都跳上了椅子和桌子。希特勒高兴得合不拢嘴。“他有着一种我永远不会忘掉的孩子气的坦率的快活表情。”当时在场的一个著名的历史学家后来这样说。[9]

希特勒再次登上讲台，向在场的人们说了他最后的几句话：

> 我现在要履行我五年前在军事医院里一时成了瞎子时所立下的誓言：要不倦不休地努力奋斗，直到十一月罪人被推翻，直到在今天德国的悲惨废墟上建立起一个强大、自由、光荣的德国。

会议至此宣告散会。在出口处，赫斯在冲锋队员的协助下，扣留了一些企图混在人群里溜出去的巴伐利亚内阁成员和其他要人。希特勒自己则监视着卡尔、洛索和赛瑟尔。这时消息传来，一个名叫高地联盟的武装团体的打手们在陆军工兵队营房同正规军发生了冲突。希特勒决定驱车前往出事地点，亲自解决争端，把啤酒馆里的事交给鲁登道夫处理。

这个决定后来证明是个致命的错误。洛索是第一个想溜走的人。他告 70
诉鲁登道夫，他必须到陆军司令部去，发出必要的命令。当施勃纳–里希特表示反对时，鲁登道夫绷着脸说：“我不许你怀疑一个德国军官的话。”接着，卡尔和赛瑟尔也一个个溜了。

希特勒兴高采烈地回到贝格勃劳酒馆时发现，鸟儿已飞出了笼子。这是这个晚上的第一个打击，他不禁目瞪口呆。他满以为他的“部长们”正在忙于他们的新任务，鲁登道夫和洛索也已经拟出了进军柏林的计划了。但是结果是几乎什么事情也没有做，甚至连慕尼黑也没有被革命军占领。只有罗姆带领了另一个武装团体“德国战旗”的冲锋队占领了舍恩菲尔德街陆军部的办公处，除此之外，任何战略要地都没有占领，甚至连电报局也没有占领，政变的消息就从这里传到了柏林，冯·塞克特将军要巴伐利亚军队镇压政变的命令也经过这里发了回来。

虽然下级军官和一些士兵中间，有些人同情希特勒和罗姆，但是高级军官在慕尼黑卫戍司令冯·丹纳将军的领导下，不仅准备执行塞克特的命令，而且对于冯·洛索将军所受到的待遇极为不满。按照陆军的惯例，一个平民竟敢以手枪对着一位将军，就应该当场格杀勿论。洛索到了第十九步兵师的营房以后，就同丹纳会商，立即发出命令，要郊外的驻军赶到城里来增援。到清晨时分，正规军已在陆军部四周布置了封锁线，包围了罗姆的部下。

在此以前，希特勒和鲁登道夫到了陆军部来见罗姆，估计一下整个局势。罗姆出乎意料地发现，除了他以外，没有任何人采取军事行动，占领关键性的地点。希特勒竭力想同洛索、卡尔和赛瑟尔恢复联系，但是以鲁登道夫名义派到第十九步兵师营房去的信使却没有一个回来。前慕尼黑警察局长珀纳现在是希特勒的拥护者，他被派同许恩莱因少校和一队冲锋队员去占领警察局，但是他们一到那里就被逮捕了。

这时巴伐利亚政府首脑古斯塔夫·冯·卡尔在干什么呢？原来他离开了贝格勃劳凯勒以后，立刻恢复了理智和勇气。他不想再冒当希特勒和他的打手的俘虏的危险，因此把政府迁到了雷根斯堡。但是在此以前，他已在慕尼黑到处贴了如下的告示：

> 一些野心勃勃的同志的背信弃义和欺骗行为，已经把一次符合民
> 族觉醒利益的表示变成了一场个人作呕的暴行。我、冯·洛索将军和
> 71 赛瑟尔上校在枪口威胁之下被迫发表的声明一概无效。民族社会主义
> 德国工人党以及高地联盟和德国战旗这两个武装团体即刻解散。
>
> 邦长官　冯·卡尔

这天晚上在希特勒看来是唾手可得的胜利，入夜以后都迅速化成泡影了。他一直坚持的政治革命要成功所必须具备的基础——诸如陆军、警察执政的政治集团这种地位确立的机构的支持——现在已经垮了。事情很清楚，甚至鲁登道夫的大名也不能把巴伐利亚邦的军队争取过来。希特勒建议他同老将军一起退到罗森海姆附近乡间，动员农民支持武装团体袭击慕尼黑，局势也许还可以挽救。但是鲁登道夫立即拒绝了这个建议。

也许还有办法，至少可以避免发生不利的结局。鲁登道夫的私人死敌鲁普雷希特太子在听到了政变消息之后，马上发表了一个简短的声明，要求立即加以镇压。现在希特勒决定要求鲁普雷希特出来向洛索和卡尔斡旋，谋求一个体面的、和平的解决。希特勒和鲁普雷希特的共同友人，一个名叫诺恩策特的中尉担起这个困难使命，在黎明时分被派到贝希特斯加登附近的维特尔斯巴赫城堡。他由于找不到汽车，只好等火车，因此到中午的时候才到达目的地，这时，局势已经急转直下，这是希特勒所始料不及的，也是鲁登道夫做梦也没有想到的。

希特勒打算做的事是一场政变，不是一场内战，尽管他情绪极为激动，但他还是完全控制住了自己，认识到他没有力量对付警察和陆军。他原来的打算是同陆军一起进行革命，而不是对陆军进行革命。尽管他在最近的演说中和用枪口对着巴伐利亚三巨头的时候显得杀气腾腾，但是他并不想让共同憎恨共和国的人自相残杀。

鲁登道夫也是如此。正如他对他妻子所说的一样，他很希望把埃伯特总统和他那一帮人捆起来，高兴地看着他们吊死在绞刑架上。但是他并不想杀害警察和士兵，他们——至少慕尼黑的警察和士兵——是同他一样都主张全国反革命行动的。

鲁登道夫现在向彷徨的年轻纳粹党领袖提出了他自己想出来的一个计划，这个计划也许还能够为他们带来胜利而不致流血。他相信，德国士兵，甚至德国警察——他们大多数是退伍军人——是不敢对他这个曾经在东线和西线领导他们取得了伟大胜利的传奇人物一样的司令官开火的。因此他建议由他和希特勒带领他们的支持者游行到市中心去，随后加以占领。他完全有把握的是：警察和军队不但不敢阻挠他，甚至还会跟着他走，听他的命令作战。希特勒开始时将信将疑，但是最后还是同意了。当时看来也 72
没有别的出路。他也注意到，太子并没有答复他的调停请求。

11月9日德意志共和国成立纪念日上午快到11点钟的时候，希特勒和鲁登道夫率领大约3 000人的一队冲锋队员，从贝格勃劳凯勒酒馆的花园里出发，向慕尼黑市中心前进。同他们并肩走在行列前面的，有冲锋队长戈林、施勃纳-里希特、罗森贝格、希特勒的卫士乌尔里希·格拉夫以及六七个纳粹党的其他头目和战斗联盟的领袖。一幅卐字旗和高地联盟的旗帜在队伍前面迎风招展。在头几排行列后面跟着一辆卡车，架着机枪，载着机枪手。冲锋队员们肩上挂着马枪，有的还上了刺刀。希特勒手中握着手枪。这并不是一支什么了不起的军队，但是曾经统率德国百万雄师的鲁登道夫显然认为，要实现他的目的，这已经够用了。

这些反叛分子离开啤酒馆往北，刚走了几百码，就遇到了第一重障碍。在横跨伊萨河通往市中心的路德维希桥上，有一队武装警察把守着，不让他们通过。戈林一跃向前，对警察队长说，如果警察向他们开枪，他就要把据他说押在队伍后面的人质枪毙。在前一天夜里，赫斯等人已经搜捕了一些人质，其中包括两个内阁部长，目的就是为了应付这种万一情况。不管戈林是不是虚声恫吓，反正那个警察队长显然相信了他的话，不再阻挠就让队伍过了桥。

在海军广场，纳粹党队伍遇到了正在听纽伦堡来的反犹主义者尤利乌斯·施特莱彻讲话的一大群人。施特莱彻是一听到政变消息后就马上赶到慕尼黑来的。他不想被抛在革命之外，就中断了演讲，加入了反叛分子的行列，紧紧地跟在希特勒的后面。

中午过后不久，游行队伍走近了他们的目的地：罗姆和他的冲锋队员们被国防军包围的陆军部。到这个时候为止，被围者和包围者都还没有发过一枪。罗姆和他的手下人员都是行伍出身，在铁丝网的另一边有不少战时伙伴。双方都无心杀人。

为了到陆军部去救罗姆出险，希特勒和鲁登道夫现在领导他们的队伍穿过狭窄的府邸街，这条街在英烈祠旁边，通向开阔的音乐厅广场。就在这条狭窄的街道尽头，有大约100名荷枪实弹的警察把守着，不准队伍通过。他们位居战略要冲，这一次，他们不再退让了。

但是纳粹党人又想用计骗过去。他们中间那个忠实的卫士乌尔里希·格拉夫一步跳上前，大声向带队的警官叫道：“别开枪！带队的是鲁登
73 道夫阁下！”即使在这个千钧一发的时刻，一个德国革命者，甚至一个业余摔跤家和职业打手，也还没有忘记应该怎样称呼一个贵人。希特勒也叫了起来：“投降吧！投降吧！”但是那个不知名的警官并不投降。显然，鲁登道夫的名字对他并不能起魔术般的作用。他们是警察，不是军队。

究竟哪一方面先开的枪，这一点后来一直没有查明。双方都把责任往对方身上推。有一个旁观者后来做证说，是希特勒先用他的手枪开头一枪的。另一个人认为是施特莱彻。不止一个纳粹党人后来告诉本书作者说，就是因为施特莱彻的这一个行动，而并不是因为任何其他行动，才使得他长期受到希特勒的眷顾。*

* 几年以后，希特勒不顾党内许多同志的反对，任命施特莱彻为弗朗科尼亚纳粹党领袖，他说：“也许有一两个人不喜欢施特莱彻同志的鼻子的形状，但是当他那一天在英烈祠附近同我一起卧倒时，我就暗自对天发誓，只要他不背弃我，我也绝不背弃他。”（海登：《希特勒传》［*Hitler: A Biography*］，第157页）

不管怎么样，反正有人开了一枪，接着就是一阵双方互击，顿时使希特勒的希望化为泡影。施勃纳-里希特倒了下来，受了致命的重伤。戈林大腿上中了一枪，伤势甚重，也倒了下来。在60秒钟之内，枪声就停止了，但是已经有不少人躺在街上——总共16名纳粹党人和3名警察，有的已经毙命，有的奄奄一息，另外还有不少人受伤。其余的人，包括希特勒在内，都卧倒在地躲避子弹。

但是有一个人例外，而如果大家效法他的榜样的话，这一天的结局可能就不同了。鲁登道夫并没有卧倒。他以最优秀的军人传统，傲然挺立，在副官施特雷克少校的跟随下，面对着警察的枪口，泰然自若地继续前进，一直到达音乐厅广场。当时看来，他一定是个孤单的、奇怪的人。没有一个纳粹党人跟着他，甚至连他们的最高领袖阿道夫·希特勒也没有跟着他。

未来的第三帝国总理是第一个飞奔逃命的人。当游行队伍走近警察的封锁线的时候，他原来是用左臂挽着施勃纳-里希特的右臂的（这是一种奇怪的但也许是意味深长的姿势），后者倒地的时候把希特勒也拉了下去。可能希特勒以为自己受了伤，他感到一阵剧痛，后来才发现是肩膀脱了臼。但是事实仍旧是，据当时也参加游行的他自己党内的追随者瓦尔特·舒尔茨医生的证词（并且得到其他证人的证明），希特勒“是第一个跳起来向后跑的人”，把他那些躺在街上的死伤同志抛下不顾。他登上一辆候在附近的汽车，马上开向汉夫施丹格尔在乌芬的乡间别墅，在那里，他得到普茨的妻子和妹妹的护理，也是在那里，两天以后，他被捕了。

鲁登道夫是当场被捕的。对于没有勇气同他并肩前进的反叛者，他只有蔑视的份儿，对于陆军没有投向他的一边，他感到非常怨恨，因此他宣布，他从今以后不再同任何德国军官打招呼，他自己也不再穿军官制服。 74
受伤的戈林被抬到附近的一家银行里，由那家银行的犹太老板给他进行了急救，然后由他妻子陪着，偷偷越过边境到了奥地利，进了因斯布鲁克的一家医院。赫斯也逃到了奥地利。罗姆在英烈祠前面的队伍溃败以后两个小时在陆军部投降了。过了没几天，除了戈林和赫斯以外，所有反叛的领袖都被捕入狱。纳粹党政变以失败收场。其党被勒令解散。从表面上来看，民族社会主义运动已经完蛋了。它的独裁领袖听到枪声一响就飞奔逃命，名誉似乎已经完全扫地，他的彗星似的政治生涯已经告终。

叛国罪审判

但是根据后来的实际情况来看，他的政治生涯只不过暂时中断了一些时候，而且时间也不太长。希特勒是个很精明的人，他看到受审判不仅不会断送他的前程，反而能为他提供一个新的讲坛，他不仅能够在这个讲坛上败坏本身也不清白却把他逮捕起来的当局的名誉，而且，更重要的是，也能够第一次使自己名震巴伐利亚一邦之外而传到整个德国。他完全知道，除了德国各大报以外，世界各国的报纸都派了记者前来慕尼黑采访这次审判。这次审判将在1924年2月26日开始，由一个特别法庭，假布鲁滕堡大街步兵学校旧址举行。到24天后审判结束时，希特勒已经转败为胜，毁了卡尔、洛索和赛瑟尔的前程，使他们在公众的心目中同他一样有罪，以他的滔滔雄辩和民族主义热情打动了德国人民，使得世界各国报纸都在第一版上登载了他的大名。

叛国罪审判之前，希特勒（右四）站在鲁登道夫将军（右五）和恩斯特·罗姆（右二）之间。

虽然鲁登道夫是被告席上十个囚徒中最有名的人，但是希特勒马上使得公众的注意力转移到他自己身上。他自始至终都主导着法庭。巴伐利亚司法部长弗朗茨·居特纳是这个纳粹党领袖的老友和保护者，他尽量做到让法官保持满不在乎和宽大为怀的情绪。希特勒可以任意打断证人的话，对他们反诘盘问，可以随时为自己辩护，时间不受限制——他的第一次发言花了四个小时，而这不过是他许多次长篇发言的第一次。

他并不打算重蹈卡普政变参加者的覆辙，据他后来说，这些人曾经声辩，“他们并不知情，没有打算，也没有野心。这就是资产阶级世界的致命伤——他们没有勇气承认自己的行为走到法官面前说，‘是的，这就是我们**想要**做的事；我们想要摧毁国家’”。

现在面对着法官和世界报界的代表，希特勒在慕尼黑傲然声称：“我一个人负全部责任。但是我并不因此而成了罪犯。如果我今天以一个革命者 75
的身份站在这里，我是一个反对革命的革命者。反对1918年的卖国贼，是根本谈不上叛国罪的。”

如果是叛国罪的话，那么领导巴伐利亚的政府、军队和警察的三个人，同他一起共谋反对全国政府的三个人，也一样有罪，也应该同他一起站在被告席上，而不应该作为主要控告者站在证人席上。他非常狡猾地把形势倒转了过来，使做贼心虚、坐立不安的三巨头处在不利地位：

> 有一件事情是肯定的，洛索、卡尔和赛瑟尔的目标与我们相同——推翻全国政府……如果我们的事业确实是叛国的话，那么在整个时期，洛索、卡尔和赛瑟尔也必然一直同我们在一起叛国，因为在这些星期里，我们所谈论的除了我们目前因之受审的目标以外，别无其他。

这三个人很难否认这一点，因为这是实际情况。若论话里带刺的本领，卡尔和赛瑟尔不是希特勒的对手。只有冯·洛索将军昂然为自己辩护。“我不是个亡命之徒，”他对法庭说，“我在邦政府里占有很高的地位。”这位将军接着把一个老军官对这个以前的下士，这个在狂妄的野心驱使下竟想牵着陆军和邦的鼻子走的失意政客的全部轻蔑都发泄了出来。他说，这个寡廉鲜耻的煽动家的野心发展得多么快，没有多少日子以前还表示愿意在爱国运动中仅仅充当一名“鼓手”呢！

仅仅充当一名鼓手？希特勒知道如何回答：

> 小人的眼界是多么狭窄！请相信我，我认为谋得一个部长官职并不是什么值得努力争取的目标。我认为以部长身份载入历史，并不是值得一个伟大人物努力争取的事。假使真是如此，你很有同其他部长葬在一起的危险。我的目标从一开始起就比做部长高出一千倍。我要做马克思主义的摧毁者。我要完成这个任务。一旦我完成了这个任务，部长头衔对我来说就只是一个荒唐的称号罢了。

他援引了瓦格纳的例子。

> 当我第一次站在理查德·瓦格纳的墓前时，我对他不禁肃然起敬，因为他不许墓碑上刻写“枢密顾问、音乐指挥理查德·冯·瓦格纳男爵阁下之墓”。我尊敬他，因为他和德国历史上许多别的人都对历史贡献了他们的名字而不愿有任何头衔。我在那些日子里愿意充当一名鼓手并不是出于谦虚。这是最高的愿望——其余都是不足道的。

别人攻击他想要从一名鼓手一跃而成为一个独裁者。他并不想否认。命运已经这样决定了。

> 天生要做独裁者的人不是被迫的。他的愿望就是如此。他不是被别人驱使向前的，而是自己驱使自己向前的。这并没有什么骄傲自大
> 76 的地方。难道一个努力从事繁重劳动的工人是骄傲的吗？难道一个有着思想家的大脑，夜夜思考，为世界发明创造的人是自大的吗？凡是觉得自己有天赋义务治理一国人民的人没有权利这么说，“如蒙召唤，我愿从命”。不！他应该责无旁贷地站出来。

虽然他站在被告席上，很有可能由于叛国大罪而被判处长期徒刑，但

是他对自己的信心，他对“治理一国人民”的天赋义务的信心，并没有丝毫减弱。在监牢里静候审判的时候，他已经分析了政变失败的原因，并且立誓要在将来不再犯同样的错误。在他实现了他的目标以后回想到这些思想时，他对聚集在贝格勃劳凯勒酒馆纪念政变十三周年的老部下说：“我可以平心静气地说，这是我一生中最轻率鲁莽的决定。今天回想起来，不禁还捏一把汗……要是今天你看到我们1923年时的那一小队人走过，你会问：‘他们是从哪个劳动感化院里逃出来的？’……但是命运没有为难我们。它并没有让那个行动成功，因为那个行动如果成功的话，也必然会由于当时运动内部的不够成熟和组织及思想基础上的缺陷而以惨败收场……我们认识到，推翻旧国家是不够的，必须在事前先建立起新国家，并且随时准备好……在1933年，问题已不再是用暴力行动来推翻国家的问题；在这期间，新国家已经建立起来，留下来要做的不过是摧毁旧国家的最后残余了——这只要几个小时就行了。”

当他在审判期间同法官和检察官唇枪舌剑的时候，他已在考虑如何建立一个新的纳粹国家了。举一端来说，下一次，他就要争取德国陆军**赞成**他，而不是反对他。他在最后发言时，就表现了同陆军修好的想法。他没有片言只字谴责陆军。

> 我相信，时候总会到来，今天在街上站在卐字旗下的群众到那时就会同向他们开过枪的人团结在一起……我听说开枪的是绿衣警察，不禁感到高兴，因为玷污清白历史的不是国防军；国防军仍一如既往，白璧无瑕。总有一天，国防军不分官兵，都将站在我们一边。

这是个准确的预言，但是说到这里，主持审讯的法官打断了他。“希特勒先生，你刚才说绿衣警察玷污了清白历史。我不许你这么说。”

这个被告一点也不去理会庭上的训斥。在使旁听者都听得入迷的最后一段话中，希特勒说：

> 我们的队伍日益壮大……我感到十分自豪，相信总有一天，这些

77 坚强的队伍会从连扩大到营，营扩大到团，团扩大到师，原来的帽章会从污泥中捡起，原来的旗帜会在空中招展，我们准备面对上苍最后伟大的判决，到那个时候，我们又将和好如初。

他那闪闪发亮的目光咄咄逼人地盯着法官们。

> 因为可以审判我们的不是你们诸君。审判我们的应该是永恒的历史法庭。你们会做出什么判决，我是完全知道的。但是那个法庭不会问我们："你们到底犯了叛国罪，还是没有犯叛国罪？"那个法庭会判定我们，前陆军军需总监［鲁登道夫］，他的官兵，都是一心为了他们的同胞和祖国，愿意奋斗牺牲的德国人。你们可以不止千次地宣布我们有罪，但是永恒的历史法庭的女神会一笑置之，把邦检察官的诉状和这个法庭的判决书撕得粉碎。因为她会宣判我们无罪。[10]

实际进行判决的法官所决定的刑罚——如果不是所定的罪——正如康拉德·海登所说，同历史的判决相距也不太远。鲁登道夫无罪释放。希特勒和其他被告被判定有罪。但是，尽管法律——德国刑法第八十一条——规定"凡企图以武力改变德国宪法或任何一邦宪法者应一概处以无期徒刑"，希特勒却仅仅被判在兰茨贝格旧堡垒监狱服五年徒刑。即使在当时，陪审法官也表示判得过严，但是主审法官向他们保证，该犯在服刑六个月后就有资格申请假释。警察局方面想把希特勒作为外国人——他仍拥有奥地利国籍——驱逐出境的尝试毫无结果。判决是在1924年4月1日做出的。不到九个月以后，在12月20日那天，希特勒就获释出狱，继续从事推翻民主国家的活动。法律归法律，如果你是极右派的人的话，叛国罪的后果是并不过分严重的，许多反共和分子都看到了这一点。

政变虽然是场大失败，可是却使希特勒成了全国著名的人物，而且在许多人的心目中，成了一个爱国志士和英雄。纳粹党的宣传立刻把这次政变说成是他们运动中的伟大传奇之一。每年，甚至在他当政以后，甚至在

1924年12月20日，希特勒从兰茨贝格监狱出狱。

第二次世界大战爆发以后，希特勒都要在11月8日晚上回到慕尼黑的啤酒馆里来，同那些跟着元首参加了当时看来是一场滑稽戏的失败政变的老战友叙旧。1935年，希特勒已经当了总理，他命令把在那次短时间交火中毙命的16名纳粹党徒的尸体挖掘出来，改葬在英烈祠的墓室中，这地方就成了一个国家圣地。关于这些人，希特勒在纪念碑落成典礼上说："他们现在已是德国永垂不朽的人。他们站在这里捍卫德国，监护我国人民。他们躺
在这里，是我们运动的真正证人。"他没有补充一句，而且似乎也没有德 78
国人记得，他们也是希特勒从地上爬起来逃命时丢下不顾、听其死去的那些人。

1924年那个夏天，在俯瞰莱希河的兰茨贝格旧堡垒监狱中，阿道夫·希特勒得到贵宾待遇，独处一室，窗外景色动人。他婉辞了源源不断来向他问候致敬、馈送礼物的访客，召来了最后终于回到慕尼黑而被判处
徒刑的忠实的鲁道夫·赫斯，一章接着一章开始口授一本书。* 79

---

* 在赫斯还没有来之前，由以前坐过牢的钟表匠、纳粹党"铁臂"队第一任队长埃米尔·莫里斯担任了一些初步的笔录工作。

注　释

1. 惠勒-本内特：《木制巨人：兴登堡》，第207—208页。
2. 同上，第131页。
3. 惠勒-本内特：《权力的报应》，第58页。
4. 弗朗茨·L. 诺伊曼：《巨兽》，第23页。
5. 海登：《元首》，第131—133页。
6. 同上，第164页。
7. 弗里德里希·冯·拉贝瑙中将：《塞克特的一生事迹》，第2卷，第342页。
8. 同上，第371页。
9. 系卡尔·亚历山大·冯·米勒说的话，海登在《元首》中加以引用，第190页。
10. 法院审讯记录收在《希特勒案件》中。

第四章

希特勒的思想和第三帝国的根源

希特勒想把他的书题名为《四年半来对谎言、愚蠢和胆怯的斗争》，但是负责出版这本书的纳粹党出版社有实际头脑的经理马克斯·阿曼不喜欢这个累赘而没有生意眼的书名，把它改成简短的《我的奋斗》。阿曼对这本书的内容大感失望。他原来以为这是一本有趣的个人故事，希特勒会详细记述他怎么样从一个维也纳的默默无闻的“工人”一跃而成为世界闻名的人物。而我们已经知道，这本书里自传的成分很少。那个纳粹党出版社经理原来也指望这是一本描写啤酒馆政变的内幕书，他相信，其中的精彩场面和钩心斗角的情况，读起来一定使人很感兴趣。但是当时正是党最不走运的时候，希特勒这个精明狡猾的人深知不能再去翻老账。*《我的奋斗》中几乎一句话也没有提到失败的政变。

第1卷是在1925年秋天出版的。全书约400页，售价12马克（折合3美元），大约比当时德国出版的大多数书籍定价贵一倍。它在当时并没有立

---

*“重挖刚刚收口的疮疤，”他在第2卷的结尾处写道，“是没有好处的；……重提那些在心底里也许都同样热爱国家而仅仅不了解共同道路的人的过错，是没有好处的。”希特勒是个极其记仇的人，他居然这样宽容那些粉碎他的叛乱和监禁他的人，是完全出人意料的。从后来卡尔和其他妨碍他的人的下场来看，这也许仅仅是表现一种坚强的意志力——为了策略缘故而暂时抑制自己。不管怎么样，他没有在书中攻击他们。

即成为一本畅销书。阿曼吹嘘说，第一年售出了23 000本，以后销售量继续上升，这种说法，在反纳粹人士中间没有人轻易置信。

由于盟国在1945年缴获了纳粹党的埃耶出版社的版税清单，《我的奋
80 斗》实际销量现在已经弄清楚了。1925年销了9 473本，此后三年中，销量逐年下降。上下卷算在一起，1926年跌到6 913本，1927年跌到5 607本，1928年只有3 015本。1929年稍许增加一点，为7 664本。1930年纳粹党走运后，销量也随之增加，当时出版了一卷装的廉价本，只售8马克，销量达54 086本，次年稍有下降，为50 808本，1932年增至90 351本。

头七年平均来算，希特勒的版税已是相当可观了，从1925年起，这就成了他主要的收入来源。但是比起他在1933年担任总理那一年收入的版税来，上述几年就简直算不得什么了。希特勒担任总理的头一年，《我的奋斗》销了100万本，他的版税收入（1933年1月1日起他的版税率从10%增至15%）达100多万马克（折合约30万美元），使他成了德国最流行的作家，也第一次成了百万富翁。[*] 除了《圣经》以外，在纳粹政权下，没有别的书有这么好的销路，当时家家户户的桌子上都有这本书，否则就会感到不太安全。在一对青年男女结婚的时候，向新郎新娘送一本《我的奋斗》，几乎是一种义务——当然也是很得体的。而且学童们不论从什么学校毕业，也几乎人人会得到一本。到1940年，即第二次世界大战爆发后一年，这本纳粹党圣经在德国已经销售了600万本。[1]

并不是每一个买了一本《我的奋斗》的德国人都一定读过这本书。我听到过不少纳粹党的忠实信徒表示，这本书读起来太枯燥乏味了，也有不少人私下承认，他们从来没有读完这本臃肿冗长、共有782页的厚书。但是可以这样说，要是在1933年之前德国有更多的非纳粹党人读了这本书，要是外国政治家在还不太晚的时候仔细读了这本书，德国和全世界本来是可以免于一场灾祸的。因为，不论你对阿道夫·希特勒可能提出什么其他的谴责，你绝不能谴责他没有精确地写下，如果他掌权的话他要把德国变成怎样的一个国家，他要用德国的武力征服把世界变成怎样的一个世界。

---

* 像大多数的作家一样，希特勒同他的所得税征收员也有纠葛，至少——我们不久就会谈到——在他成为德国的独裁者之前是如此。

Mein Kampf

Eine Abrechnung

von

Adolf Hitler

1. Band

1 9 2 5

Verlag Franz Eher Nachfolger G.m.b.H.

München NO 2

1925年第一版《我的奋斗》扉页。

在这本富有启示性的书里，他极其详尽地描绘了第三帝国的蓝图，特别是描绘了他在1939年到1945年的胜利年代里强加给被征服的欧洲的野蛮新秩序的蓝图，其露骨率直，令人毛骨悚然。

我们前面已经谈到，希特勒的基本思想是他在20岁刚出头的时候在维也纳形成的，这有他自己的话为证，他说，在这以后，他没有学到什么新的东西，他的思想一点也没有什么改变。[*] 当他在1913年24岁时离开奥地利去德国的时候，他心中充满了德国民族主义的激烈热情，充满了对民主主义、马克思主义和犹太人的刻骨仇恨，并且确信上帝选择了雅利安人，
81 特别是日耳曼人，做主宰种族。

在《我的奋斗》中，他发展了他的看法，并把这些看法具体应用到这样一个问题上去：不仅要使战败的混乱不堪的德国在太阳底下占有比以前伟大的地位，而且要建立一个新式的国家，这个国家要以人种为基础，要包括所有当时住在德国境外的日耳曼人，在这个国家里要确立元首——他本人——的绝对独裁权力，在元首身边的是一批承上启下的较为次要的领袖。因此，这本书的内容首先是未来的德意志国家和它有朝一日能成为——作者在最后一页所说的——“地球主人”所依靠的手段的轮廓概述，其次是一种看法，一种人生观，或者用希特勒最喜欢说的德文词儿，一种世界观（Weltanschauung）。在20世纪一个正常人看来，这种人生观一望而知是一个一知半解、没有教养的精神病人所想出来的荒诞可笑的大杂烩。但是重要的是，竟然有成百万的德国人狂热地信奉它，而且如果说它给他们——事实证明的确如此——带来了最终毁灭的话，它也给住在德国境内，特别是住在德国境外的成百万无辜的、善良的人带来了毁灭。

那么，新帝国如何恢复它的世界大国地位，如何接着走向世界霸权呢？希特勒在第1卷中考虑到了这个问题，该卷大部分是1924年他在监牢里写的。在1926年完成的第2卷中，他又更加详尽地谈到了这个问题。

首先，必须同“德国人民的不共戴天的死敌”法国算账。希特勒说，法国的目的总是要造成一个“肢解的破碎的德国……一些拼凑起来的小国

---

* 见本书原文第21页。

家”。这一点是十分明显的，希特勒补充说“……如果我是一个法国人……我的行动同克列孟梭不能也不会有什么两样”。因此，必须“对法国来一次最后的算总账……一场最后的决战……只有到那个时候，我们才能结束我们自己同法国的永无休止的、基本上没有任何结果的斗争；当然首先要假定，德国实际上不过是把灭亡法国当作一种手段而已，其目的是在将来能够为我国人民在其他地方进行扩张”。[2]

在其他地方进行扩张，什么地方？希特勒由此就谈到了他对于他担任德国的统治者以后要忠实执行的德国外交政策的一些想法的核心。**他直率地说，德国必须在东方进行扩张——主要牺牲俄国**。

在《我的奋斗》第1卷中，希特勒详尽地谈到了这个生存空间（Lebensraum）的问题，这是一个至死还萦绕在他脑子里的问题。他宣称，霍亨索伦帝国在非洲猎取殖民地是个错误。“领土（扩张）政策是不能在喀麦隆实现的，今天几乎完全只能在欧洲实现。”但是欧洲的土地都已被占有了。不错，希特勒承认这一点，“但是大自然并没有为任何民族或种族保留这片土地的未来占有权；相反，这片土地是为有力量占有它的人民而存在
的”。要是目前的占有者反对，怎么办呢？“那么，自保的法则就要起作 82
用。不能用和平的方法取得的东西，就用拳头来取。”[3]

希特勒继续分析德国战前外交政策的盲目性。他说，要取得新土地“只有在东方才有可能……如果要在欧洲取得领土，只有在主要是牺牲俄国的情况下才有可能，这就是说，新帝国必须再一次沿着古代条顿武士的道路向前进军，用德国的剑为德国的犁取得土地，为德国人民取得每天的面包”。[4]

希特勒就像在第1卷中还没有把自己的意思完全说明白一样，在第2卷中又谈到了这个问题。

> 只有在这个地球上有足够大的空间，才能保证一个民族的生存自由……［民族社会主义运动］不考虑“传统”和偏见，必须敢于团结我国人民及其力量走上这条能够引导我国人民从目前有限的生存空间走向新土地的道路……民族社会主义运动必须努力消灭我国人口与我国面积之间的不平衡状态，把后者不仅视为强权政治的基础，并且也视为粮食的来源……我们必须毫不退缩地坚持自己的目标……为德国

人民取得他们有权享有的土地……[5]

德国人民有权享有多少土地？希特勒轻蔑地说，“对于将来一点也没有创造性政治思想”的资产阶级，一直在要求恢复1914年德国的疆界。

> 要求恢复1914年的疆界，在政治上是一件荒谬可笑的事，其荒谬的程度和后果的严重性，使这种要求几乎成为一种罪行。且不谈1914年的德国疆界是一点也不合理的。因为在实际上，当时的疆界并没有把所有日耳曼人民都包括在内，从这一点来说，它是不完全的，同时在军事地理的考虑方面它也是不合理的。当时的疆界不是经过深思熟虑后采取的政治行动的结果，而是在一场政治斗争中的暂时疆界，这场政治斗争目前还谈不上结束……我们完全有理由，而且在某些情况下更有理由，可以在德国历史上挑选某个其他年代作为标准，宣布以恢复当时的情况作为外交政策的目标。[6]

希特勒的“标准年代”要回到六个世纪以前日耳曼人正在把斯拉夫人赶回东方去的年代，必须恢复东进。“今天我们在欧洲有8 000万日耳曼人！只有在过了一百年以后，这个大陆上有2.5亿日耳曼人的时候，这一外交政策才会被承认是正确的。”[7] 而且这2.5亿日耳曼人都是在扩张了的新帝
83 国的版图之内。

显然，还有一些其他民族也得为这么多日耳曼人腾出地方来。他们是哪些民族呢？

> 因此，我们民族社会主义者……要继承我们在六百年以前中断了的事业。我们要中止日耳曼人不断向南和向西的移动，而把我们的目光转向东方的土地。
>
> **今天我们来谈欧洲的土地，我们指的首先只能是俄国和它的藩国。**[*8]

---

* 着重体是本书作者用的。

希特勒说，在这方面，命运待德国不薄，它把俄国交给了布尔什维主义，而在他看来，这实际上意味着把俄国交给了犹太人。他高兴地说道：“这个东方大帝国崩溃在即。犹太人在俄国的统治的结束，也是俄国作为一个国家的末日。”因此希特勒言下之意是，东方的大草原可以在俄国崩溃的时候轻而易举地取过来，而不需要德国人流很多的血。

有人能说这里画出的蓝图是不清楚、不明确的吗？法国将要灭亡，但是同德国向东挺进比起来，这是次要的。首先要把日耳曼人占居民中大多数的东方邻近疆土取过来，这些疆土是哪些地方，显然是奥地利、捷克斯洛伐克境内的苏台德区、波兰的西部，包括但泽市。然后是俄国。既然如此，那么过不了几年，当了总理的希特勒着手开始实现这些目标的时候，全世界为什么那么惊异呢？

关于未来纳粹国家的性质，希特勒的思想在《我的奋斗》中没有那么明确。不过他很清楚地表明，不会允许有“民主政治那种无聊玩意儿”，第三帝国将用领袖原则（Führerprinzip）来统治，也就是说，将实行独裁统治。书中几乎没有谈到经济问题。希特勒对这个问题不感兴趣，除了那个反对“利息奴役”的怪物戈特弗里德·费德尔的一些怪念头以外，他从来不想了解什么关于经济学的问题。

希特勒感兴趣的是政治权力，经济学可以由它去。

> 国家同任何固定的经济概念或经济发展都没有一点关系……国家是个种族有机体，而不是个经济组织……一个国家的内在力量只有在极偶然的情况下才同所谓经济繁荣同时出现；后者，在大多数情况下，似乎只表明一个国家的接近衰亡……普鲁士的经验极其鲜明地表明，只有靠思想力量，而不是靠物质因素，才有可能组成一个国家。只有在思想力量的保护下，经济生活才能繁荣。在德国，往往是在政治力
> 量高涨的时候，经济情况才开始改善；反过来，往往在经济成了我国 84
> 人民生活中的唯一内容，窒息了思想力量的时候，国家就趋于崩溃，而且在很短时间内，把经济生活也拖着一起崩溃……从来没有一个国家是靠和平的经济手段建立的……[9]

因此，正如希特勒1923年在慕尼黑发表的演讲中所说的一样，“没有剑，就不可能有经济政策，没有权力，就不可能有工业化”。除了这种含含糊糊、幼稚浅薄的看法和在《我的奋斗》中偶然提到各地成立“经济协会”和“庄园协会”，全国成立一个“中央经济议会”来“管理国民经济”之外，希特勒没有对第三帝国的经济基础表示过什么意见。

纳粹党的名字固然以“社会主义”相标榜，但是他为新德国设计的究竟是何等样的“社会主义”，希特勒在这个问题上就更加含糊不清了。鉴于他在1922年7月28日发表的演讲中对“社会主义者”所下的定义，这倒一点也都不使人觉得奇怪。他说：

> 任何人只要准备以民族事业为己任，再没有高出于民族福利之上的理想；只要了解我国伟大的国歌《德意志高于一切》的意思是，在自己心目中世界上再没有任何东西高出于德国、德国人民和德国土地之上——这样的人就是社会主义者。[10]

虽然至少有三个帮手从编辑的角度提供了相当多的意见，甚至进行删改，但是这并不能防止希特勒在《我的奋斗》中信笔所至，从一个问题忽而转到另一个问题。大部分笔录工作是鲁道夫·赫斯先在兰茨贝格监狱，后来在贝希特斯加登附近的瓦亨菲尔德别墅担任的，他整理原稿尽了最大努力，但是他没有胆量敢同领袖争论。在这方面比较成功的是伯恩哈德·施丹佛勒神父，他原来是耶柔米派天主教*神父，后来成了巴伐利亚出名的反犹新闻记者。关于这个奇特的教士，本书以后还要谈到。他纠正了希特勒的一些语法错误，润色了他的文章，并且删去了一些他使作者相信在政治上是不合宜的章节。第三个顾问是约瑟夫·捷尔内，他有捷克血统，在纳粹党报《人民观察家报》工作，他的反犹诗很得希特勒的赏识。在《我的奋斗》第1卷再版时，捷尔内帮了很大的忙，删去了或修改了一些不是很得体的字句，他还仔细校阅了第2卷的清样。

---

* 以耶柔米（Hieronymos）教父命名的天主教一派别，耶柔米生卒年约在公元347—420年之间，是拉丁教会《圣经》学者，曾译有《圣经武加大译本》。——译者

尽管如此，大多数海阔天空的胡扯仍旧原封未动。希特勒坚持要对几乎凡是能够想到的一切问题随心所欲地发表他的高见，这些问题包括文化、教育、戏剧、电影、漫画、艺术、文学、历史、性、婚姻、卖淫制度、梅毒等。说真的，在梅毒问题上，希特勒居然用了足足10页的篇幅，宣称消 85
灭梅毒是“国家的**重要**任务，而不仅仅是**又一个**任务”。[*] 为了消灭这种可怕的疾病，希特勒要求动员全国一切宣传力量。他说：“一切取决于这个问题的解决。”他说，还必须提倡早婚来解决梅毒和卖淫问题，他坚持“结婚本身不应该是目的，它必须为一个更高的目标服务：保种保族并且使之增殖扩大。这才是结婚的意义，才是结婚的任务”。[11] 这里已经显露了第三帝国的优生学的苗头。

从《我的奋斗》中提到保种保族的这句话，我们再来谈谈第二个主要的考虑：希特勒的Weltanschauung，他的人生观。有的历史学家，特别是英国的历史学家，认为他的人生观是一种不成熟的达尔文主义，但是实际上，我们可以看到，他的人生观在德国人历史和思想中是有其深刻的根源的。像达尔文一样，同时也像一大批德国哲学家、历史学家、帝王、将军、政治家一样，希特勒认为一切生命都是一场永恒的斗争，世界不过是个适者生存、强者统治的丛林，一个“弱肉强食、优胜劣汰的世界”。

《我的奋斗》中处处不乏这样的话：“最终只有自保的要求才能得胜……人类在永恒的斗争中壮大，而在永恒的和平中它只会灭亡……大自然……在地球上产生了生物，听任各种力量自由活动，然后她把主宰的权利授予她的宠儿——最勇敢和最勤劳的强者……强者必须统治弱者，不能与弱者混杂，从而影响了自己的伟大。只有天生的弱种才会认为这是残酷的……”希特勒认为保存文化“同严格的必然法则和世界上最优、最强者得胜的权利有紧密联系。凡是想生存的，必须奋斗，不想奋斗的，就不配生存在这个永恒斗争的世界里。即使残酷，却是客观现实！”[12]

那么谁是上苍赋予“主宰的权利”的“大自然的宠儿，最勇敢和最勤劳的强者”呢？是雅利安人。在《我的奋斗》的这一部分中我们接触到了纳粹党的种族优越论的真髓，第三帝国和希特勒在欧洲的新秩序就是以此

---

* 着重体是希特勒原来用的。

为基础的。

> 我们今天所看到的一切人类文化，一切艺术、科学和技术的果实，几乎完全是雅利安人的创造性产物。这一事实本身证明这样的推论不是没有根据的：只有雅利安人才是一切高级人类的创始者，因此是我们所谓的“人”这个名称的典型代表。他是人类的普罗米修斯，从他
> 86 的光芒四射的额头，永远飞迸出神圣的天才的火星，永远燃点着知识的火焰，照亮了默默的神秘的黑夜，推动人类走上征服地球上其他生物的道路……就是他，为人类文化中每一伟大建筑物奠下基础，竖起墙垣。[13]

雅利安人怎么会有这么大的成就，怎么会变得这么优越的呢？希特勒的答复是：靠践踏别人。正像许多19世纪德国的思想家一样，希特勒有着一种虐待狂（反过来也有一种被虐待狂），这是研究日耳曼精神的外国人一直感到很难理解的。

> 因此，对于创造高级文化来说，低级人类的存在是最基本的先决条件之一……人类初创的文化肯定是建立在对低级人类的利用上而不是建立在驯服的动物上，只有在奴役了被征服种族以后，同样的命运才降到兽类身上。首先让被征服的战士拉犁——只有在这以后，才用马拉犁。因此，最初的文化产生于雅利安人在遇到低级民族后征服低级民族并且迫使他们服从自己的意志的地方，就不是什么偶然的事情了……只要他继续无情地维持他的主人态度，他就不但可以继续当主人，而且也可以继续做文化的保存者和发展者。[14]

接着发生了一件事情，希特勒认为这是对日耳曼人的警告。

> 一旦被征服民族开始提高自己，因而接近征服者的水平——其中一个方面可能是使用征服者的语言——以后，主奴之间的壁垒就倒塌了。

但是还有别的事情甚至比使用主人的语言还要糟糕。

> 雅利安人放弃了血统的纯洁性，因此丧失了他在天堂为自己创造的地位。他因为人种的混杂而沉沦，逐渐丧失了文化上的创造性。

在这个年轻的纳粹党领袖看来，这是个莫大的错误。

> 血统的混杂和由此而来的人种水平的下降，是旧文化衰亡的唯一原因；因为人类并不会由于战争失败而灭亡，却会由于抵抗力的丧失而灭亡，而这种抵抗力只有在纯粹血统中才能继续保持。世界上凡是不属于优良种族的人都是些糟粕。[15]

糟粕就是犹太人和斯拉夫人，而到一定时候，当希特勒成为独裁者和征服者时，他就会禁止日耳曼人同这些种族的任何人通婚，虽然小学四年级的女教师都能够告诉他，日耳曼人中有不少斯拉夫血统，特别是在那些 87
住在东部省份的日耳曼人中。我们也必须再一次承认，希特勒在实现他的种族思想方面也是言出必行的。在战时，他开始在东方对斯拉夫人实行的新秩序中，捷克人、波兰人、俄罗斯人曾经是为日耳曼主人伐木、提水的奴仆，而且如果这种荒诞的新秩序继续下去的话，他们还会继续处于这种地位。

一个像希特勒那样在历史和人类学方面全然无知的人，把日耳曼人作为现代的雅利安人，从而作为主宰种族，是很容易做出来的事。在希特勒看来，日耳曼人是“地球上最高级的人种”，而且将继续是如此，如果他们“不仅注意狗、马、猫的培育，而且也关心他们自己的血统的纯洁的话”。[16]

希特勒念念不忘种族问题的结果是提倡所谓“民族的”国家。这究竟是怎么一种国家，或者打算成为怎么一种国家，我从来没有弄清楚过，虽然我读了好几遍《我的奋斗》，也听了元首本人关于这个问题的几十次演讲，而且我不止一次地听到这个独裁者宣称，这是他全部思想的中心之点。德文“Volk”一词很难确切地译成英文。一般把它译为“民族”或“人民”，但是这个词在德文中有一种更加深刻的和有些不同的意义，它有一种以血统和乡土为基础的原始部族社团的意思。在《我的奋斗》中希特勒也没有很好地解释清楚“民族的国家”的定义，例如他在第379页上宣布，他要澄清“‘民族的’这一概念”，但是结果却一点也没有澄清，反而花了好几页篇幅，信笔写到一些其他问题。最后他这么试了一下：

> ［同资产阶级和马克思主义–犹太人的世界］相反，民族的哲学认为人类的重要性在于它的基本人种因素，它认为国家只不过是达到目的的手段，而目的则是保种保族。因此，它绝不相信种族的平等，而是根据种族的不同，承认各种不同种族的价值有高有低，认为有义务促进优者和强者的胜利，要求劣者和弱者按照支配宇宙上一切事物的永恒意志服从优者和强者。因此，在原则上，它服务于大自然的根本的等级思想，相信这个法则对每一个人都适用。它不仅看到各个种族的不同价值，也看到个人的不同价值。它从群众中间归结出个别人物的重要性，因此……它有一种组织的作用。它相信人类理想化的必要性，它认为只有这样才是人类存在的前提。但是，哪怕仅仅是一种伦理观念，如果它危及更高级伦理的持有者的种族生活，也不能允许其存在；因为在一个杂种化和黑鬼化的世界里，所有关于人性美和崇高的思想，以及所有关于人类理想化前途的思想，都将永远丧失……
>
> 因此，民族的人生观同大自然的内在意志是一致的，因为它恢复了各种力量的自由活动，这必然导致品种继续不断地进行相
> 88 互提高，一直到最后，最优秀的人类在占有了这个地球以后，得到一条自由的途径，可以在地球上面和地球以外的领域中进行活动。
>
> 我们大家都觉得，在遥远的将来，人类将面临的问题，只有最高级的种族在成为主宰民族以后，以整个地球的力量和资源为后盾，才有条件加以克服。[17]

“因此，”希特勒在后面宣称，“一个民族的国家的最高目标是，努力保持那些产生文化和创造高级人类的美与尊严的原来种族成分。”[18] 这又引起

他大谈优生学：

民族的国家……必须把种族放在一切生活的中心。它必须注意保持其纯洁……它必须努力做到，只有健康的人才能生儿育女；只有一种可耻的事情：自己有病有缺陷还要生育；只有一种最高的荣誉：避免这样做。反过来，不给国家生养健康子女，必须认为是不可宽恕的。在这一点上，［民族的］国家必须充当千秋事业的监护人，在这种事业面前，个人不能有自己的愿望和自私心，而只有绝对服从……因此，一个民族的国家必须一开始就把婚配的水平提高，使它脱离原来那种不断损害种族纯洁性的水平，而使它具有一种制度的神圣性，必须复制上帝的形象而不是复制人和猿之间的怪物。[19]

希特勒从他的关于民族的国家的异想天开的观念出发，又啰啰唆唆地谈到了其他许多考虑，据他说，如果注意这些考虑，就可以使日耳曼人成为地球的主宰——日耳曼人独霸世界已成为他念念不忘的事情。他在一个地方谈到，由于没有能够维持日耳曼种族的纯洁性，“我们被剥夺了称霸世界的机会。如果日耳曼民族也有其他民族兽群般的统一，德国今天无疑已成了地球的主人”。[20] 由于民族的国家必须以种族为基础，“德国必须包括所有的日耳曼人”——这是他的论点中的关键一点，也是他当政以后所没有忘记而努力做到的一点。

既然民族的国家要以“大自然的等级思想”为基础，结论必然是，民主是根本谈不上的，必须由领袖原则来代替。第三帝国要采用普鲁士军队的极权主义：“每个领袖对下必须有权威，对上必须负责任。”

绝不能实行多数决定的制度，只能由负责的人做决定……当然每个人身边都要有顾问，但**必须要由一个人单独来做出决定***……只有他才有权威，才有指挥权力……要取消议会是不大可能的。但是议会中的议员届时实际上将只提供建议……不论上院下院，都不进行表决。

---

* 着重体是希特勒原来用的。

> 89 它们是工作机构而不是表决机器。这一原则是绝对责任与绝对权威的无条件结合，它将会逐渐培养出一批在今天这种不负责任的议会制度时代中根本不能想象的领袖人才。[21]

这就是阿道夫·希特勒坐在兰茨贝格监狱里凝视着窗外莱希河那边鲜花盛开的果园*，或者后来在1925—1926年躺在贝希特斯加登一所舒服的别墅的阳台上眺望着高耸的阿尔卑斯山那边他的家乡奥地利，一边向忠实的鲁道夫·赫斯滔滔不绝地进行口授，一边梦想着他要在上述荒唐的基础上建立而且要以铁腕来统治的第三帝国的时候，令人毛骨悚然地赤裸裸记录下来的思想。总有一天，他将建立和统治这一第三帝国，关于这一点，他是没有任何怀疑的，因为他有着一种强烈的使命感，这是有史以来许许多多表面看来似乎出身低贱的天才人物所特有的。他要把过去在政治上从来没有统一过的一个精选民族统一起来。他要纯洁他们的种族。他要使他们强大。他要使他们成为地球的主人。

这是一种不成熟的达尔文主义吗？一种虐待狂的幻想吗？一种不负责任的自我中心思想吗？一种狂妄自大的心理吗？这些成分都有。但还不仅仅是这些。因为希特勒的思想和情绪，支配他狂热的脑子的一切错乱神经，在德国历史和思想中是有其深刻的根源的。纳粹主义和第三帝国，事实上，不过是德国历史的合乎逻辑的延续。

第三帝国的历史根源

纳粹党每年9月初在纽伦堡举行大会，在那些情绪兴奋、如醉如狂的日子里，我常常遇到一大群小贩在叫卖一种明信片，上面印着腓特烈大王、俾斯麦、兴登堡和希特勒的肖像。文字说明是："国王所征服的，由亲王建

---

* 希特勒很久以后说："我如果不坐监牢，《我的奋斗》就不会写出来。坐监牢的这段时间使我原来只有一种本能感觉的许多思想有机会得到深刻的发展……我认为，我们不能单靠武力取得政权的信念也是从那个时候开始形成的——这是我的许多拥护者从来不能理解的一件事情。国家早已有时间来巩固自己，而且它也有武器。"（《希特勒秘密谈话录》，第235页）这话是1942年2月3—4日夜里他在俄国前线司令部对一些老部下说的。

成，元帅保卫，士兵拯救和统一。”* 因此希特勒这个士兵不仅被描绘为德国的拯救者和统一者，而且是过去这些把德国造成一个伟大国家的杰出人物的继承者。希特勒的统治是德国历史的延续的结果，这一点暗示对群众不是没有作用的。“第三帝国”这个名称也有助于加强这种概念。第一帝国是中世纪的神圣罗马帝国，第二帝国是普鲁士击败法国后，俾斯麦在1871 90
年建立的帝国。这两个帝国都为德国带来了荣誉，而魏玛共和国——据纳粹的宣传——却玷污了德国的令名。第三帝国如希特勒当初所保证的一样，恢复了这种名誉。因此，希特勒的德国被说成是过去一切——至少是过去的荣誉——的合乎逻辑的发展。

但是这个前维也纳的流浪汉，不论他的思想多么混乱，也有一些起码的历史知识，知道德国过去也有失败的时候，与这些失败相对的则是法国和英国的胜利。他从来没有忘记过，到中世纪末叶，英国和法国都成了统一的民族国家，而德国仍处于300个左右小国割据的四分五裂状态。就是这种缺乏民族发展的结果，在很大程度上决定了中世纪末期到19世纪中叶德国历史的发展，使得德国历史同西欧其他大国的历史有很大的不同。

除了缺乏政治的和君权上的统一之外，在16世纪和17世纪里，还有宗教改革以后发生的宗教分歧这个祸害。本书没有篇幅来充分叙述马丁·路德这个做了奥古斯丁教团僧侣、发动德国宗教改革的萨克森农民对德国人和他们以后的历史的巨大影响。但是可以顺便提一下，这个伟大而古怪的天才人物，这个野蛮的反犹主义者和痛恨罗马的人，这个暴烈的性格中既有日耳曼人的许多最优秀品质又有日耳曼人的许多最恶劣品质的人（他既粗野、嚣张、狂热、褊狭、强暴，又诚实、单纯、律己严格，对于求知、对于音乐、对于诗歌、对于良心的正直都有强烈的要求），对德国人的生活的影响，不论从好的方面或坏的方面来说，其深刻的程度和决定性的作用，都是前无古人，后无来者的。马丁·路德通过他的讲道和出色的《圣经》翻译，创造了现代德语，在人民中间，不仅造成了对基督教教义的新教理解，而且也形成了一种热烈的日耳曼民族主义，最后还教导他们——至少在宗教方面——个人良心的至高无上地位。但是不幸的是，在主要是由于

---

* 国王指腓特烈，亲王指俾斯麦，元帅指兴登堡，士兵指希特勒。——译者

纳粹宣传明信片，文字意为“国王所征服的，由亲王建成，元帅保卫，士兵拯救和统一”。

他的宣教而引起的农民暴动中，路德站在王公贵族一边，而且他热烈拥护政治上的专制政体，这造成了政治上愚昧的、乡土的极权主义，使得绝大多数德国人民陷于贫困的境地，知觉惊人地迟钝，性格特别地驯顺。更糟糕的也许是，这种情况使得不仅阶级之间，而且日耳曼民族的各个王室和政治集团之间的无法消弭的分裂永久存在，甚至尖锐化。这种情况使得德国在好几个世纪内不能实现统一。

三十年战争和该战争于1648年结束时的《威斯特伐利亚和约》给德国带来了最后一场奇灾大祸，这次打击之甚，使得德国以后一直没有能完全恢复过来。这次战争是欧洲最后一场宗教大战，它开始的时候是一场新教
91 和天主教两派之间的冲突，到快结束时已变成一边是天主教的奥地利哈布斯堡王室，另一边是天主教的法国波旁王室和新教的瑞典王室之间的一场混乱的王室冲突。德国全境受到了野蛮的战争的洗劫，市廛萧条，田野荒芜，生灵涂炭，十室九空。据估计，在这场野蛮的战争中，德国人死了三分之一。

而《威斯特伐利亚和约》对德国未来的为害之甚几乎不亚于战争本身。站在法国和瑞典一边的德国王公诸侯成了他们小小领域内的绝对统治者，

他们为数约有350个，而对这些王公诸侯而言，皇帝不过是个名义上的傀儡而已。15世纪末和16世纪初席卷德国全国的要求改革和启蒙的浪潮这时受到了压制。而在那个时期里，大一些的自由城市都享有实际上的独立地位；封建主义在那里已经消亡，艺术和商业非常发达。即使在农村里，德国农民也取得了比英法农民更多的自由。的确，在16世纪初，德国可以说是欧洲文明的源泉之一。

可是现在，在签订了《威斯特伐利亚和约》以后，德国又陷于莫斯科公国式的野蛮落后状态。农奴制度又恢复了，甚至扩大到了以前从来没有实行过这个制度的地方。城市丧失了自治的权利。农民们，工人们，甚至中产阶级的城市居民都遭到了王公诸侯的穷凶极恶的剥削，处于令人屈辱的奴役地位。对学问和艺术的探索完全陷于停顿。贪婪的统治者对日耳曼民族主义和爱国主义是毫无感情的，他们彻底扑灭了臣民中间这种情绪的任何表现。文明在德国停止了发展。正如一个历史学家所说，德国“被人为地固定在一个中世纪式的混乱和软弱的水平上”。[22]

经过这次挫折，德国一直没有彻底恢复元气。接受专制统治，盲目顺从像小暴君那样统治的王公诸侯，这种心理已深入德国人的思想中。而在17世纪和18世纪在英国取得迅速进展、在1789年在法国爆发为大革命的民主思想、议会统治思想，在德国却根本没有萌芽。德国人在政治上的这种落后状态，使德国隔绝于西方其他国家，也落后于西方其他国家。之所以如此，是因为他们被分裂为这么多小国家，同欧洲的思想和发展的潮流完全隔绝，因此就不可能自然地形成一个民族国家。我们要了解德国人民以后走上的自取灭亡的道路和决定这条道路的不正常的思想状态，必须记住这一点。最后，德意志民族国家是靠赤裸裸的武力来形成的，是靠赤裸裸的侵略来维持的。

普鲁士位于易北河之东。随着19世纪的消逝——在这个世纪里，法兰克福一些思想混乱、性格怯懦的自由主义者曾经企图在1848—1849年建立一个有点民主的、统一的德国，可惜失败了——普鲁士开始掌握德国的命
运。好几个世纪以来，这个日耳曼人的国家一直置身于德国历史发展和文 92
化的主流之外。它几乎好像是个历史的畸形儿。普鲁士原来是易北河以东

多沙的荒地上一个边疆国家勃兰登堡。这些荒地都是11世纪以后逐步从斯拉夫人手里夺取过来的。统治勃兰登堡的是霍亨索伦家族，他们不过是些军事冒险家。在他们的统治下，斯拉夫人（其中主要是波兰人）沿着波罗的海逐步往回退，敢于起来反抗的，不是被消灭了，就是成了无地的农奴。德意志帝国法律原来禁止诸侯称王，但是在1701年，皇帝默许了选侯腓特烈三世在柯尼斯堡加冕为普鲁士境内的国王。

这时，普鲁士已经靠自己的武功成了欧洲主要的军事强国之一。它没有其他国家那样的财源。它的土地贫瘠，缺乏矿藏。它的人口稀少。它没有大城市，也没有工业，文化很落后，甚至贵族也很穷。无地农民的生活同牲口差不多。然而靠着坚毅的意志和组织的天才，霍亨索伦王室终于建立了一个斯巴达式的军事国家，它的军队训练有素，每战必胜。它总是同当时最强的国家结成暂时的同盟，运用这种权术外交不断扩大自己的领土。

这样就完全人为地出现了一个国家，它不是人民力量的产物，也不是一种思想（除非是征服思想）的产物，它之所以能够维持，是靠统治者的绝对权力，是靠一批忠实执行命令的思想褊狭的官僚，是靠一支纪律严明的军队。国家岁收有三分之二——有时多达六分之五——花在军队上，军队在国王统率下成了国家本身。米拉波曾说："普鲁士不是一个有军队的国家，而是一支有国家的军队。"用管理一个工厂那样的效率和残酷无情的方式统治的国家成了至高无上的一切，人民不过是一部大机器中的小齿轮。不仅国王和领操的班长这样教导个人，哲学家也这样教导个人：他们在生活中要起的作用是顺从、工作、牺牲、义务。甚至康德也宣传，义务要求压制人情，而普鲁士诗人维利巴尔德·亚历克西斯就歌颂人民在霍亨索伦王室统治下受奴役。在不喜欢这种情况的莱辛看来，"普鲁士是欧洲最奴化的国家"。

在现代德国要起很重要的作用的容克地主也是普鲁士的特有产物。正如他们所说，他们是一种主宰种族。他们占据了从斯拉夫人手里征服的土地，建立了大庄园，经营农业，在庄园里干活的就是这些斯拉夫人，后者成了同西方农奴完全不同的一种无地农奴。普鲁士的土地制度同西德及西欧的土地制度有着本质上的不同。在西德或西欧，占有大多数土地的贵族从农民那里收取地租或者封建的贡品，农民虽然常常处于农奴的地位，但是仍旧享有一定的权利，可以——而且事实上也如此——逐步赎回土地和人身自由。在西方，农民是社会中一个很可靠的部分；而地主，虽然 93 有他们的种种缺点，在养尊处优的条件下，也慢慢有了一种教养，从而形成了一种文明的生活方式，这可以从他们优雅的举止、思想和艺术中看到。

而普鲁士的容克却不是养尊处优的人。他们经营规模很大的庄园，工作极其辛勤，很像今天的工厂主。他们对待无地农民完全像奴隶一般。在他们的大庄园里，他们是绝对的主人。当时普鲁士也没有西方的那种大城市或人数相当多的中产阶级，因此容克受不到他们的文明影响。同西方有教养的贵族相反，普鲁士容克变成了一种粗野、专横、傲慢的人，没有教养，没有文化，侵略成性，目空一切，残酷无情，心胸狭隘，斤斤计较，喜欢占小便宜，这最后一点，有些德国历史学家在最成功的容克地主奥托·冯·俾斯麦的私生活中都看到了。

就是这个政治天才，这个宣传“铁和血”的人，在1866年与1871年之间结束了为时几达千年之久的德国分裂状态，而用武力建立了大普鲁士国家，或者可以称为普鲁士德国。我们时代的德国，就是俾斯麦一手创造的，它是近百年来欧洲和世界的一个“问题儿童”，是一个人民天赋优异、精力充沛的国家。就是在这个国家里，先是俾斯麦这个杰出人物，以后是德皇威廉二世，最后是希特勒，在军官阶层和许多古怪的知识分子的帮助下，培养出了一种对权力和统治的野心，对横行无忌的军国主义的热情，对民主和个人自由的轻视，对权威和极权主义的欲望。在这种情绪的蛊惑之下，这个民族突然兴起，达到登峰造极的高度，然后又跌落下来，如此起起伏伏，几经盛衰，一直到1945年春季希特勒的覆亡，才看来似乎已经完蛋。但是，要有把握地这么说，现在恐怕为时尚嫌过早。

“当前的重大问题，”俾斯麦在1862年担任普鲁士首相时宣称，“是不能用决议和多数表决来解决的——1848和1849年的人们的错误就在这里——而是要用铁和血来解决。”他着手解决这些问题时所采取的就是这种方法。不过话得说回来，除了铁和血以外，他还辅之以一种巧妙的外交手腕，往往极尽诡诈之能事。俾斯麦的目的是要扼杀自由主义，扶植保守主义的力量，也就是容克、军队、王室的力量，使得德国能与奥地利相抗衡，不仅成为日耳曼人中间的支配力量，如果可能的话，也要成为欧洲的支配力量。“德国所仰望于普鲁士的，不是它的自由主义，”他在普鲁士议会对议员们说，“而是它的武力。”

俾斯麦的第一项工作便是加强普鲁士军队；在议会拒绝增加军队拨款以后，他就自己设法筹钱，最后解散了议会。军队加强了以后，他就进行了连续三次的战争。第一次战争是1864年进攻丹麦，结果使石勒苏益格和荷尔斯泰因两个公国归德国统治。第二次战争是1866年同奥地利的战争，它的后果非常深远。奥地利几百年来一直是日耳曼人国家中领袖群伦的国家，经此一战，就再也不能过问日耳曼人的事情了。俾斯麦不许它参加他
94 现在着手建立的北德意志邦联。

“在1866年，”著名的德国政治学者威廉·勒普克曾经写道，“德意志不再存在了。”普鲁士干脆兼并了美因河以北曾经同它作战过的所有日耳曼人国家，唯一例外是萨克森。这些国家包括汉诺威、黑森、拿骚、法兰克福以及易北河沿岸的一些公国。至于美因河以北的所有其他国家，则都被迫参加了北德意志邦联。现在版图已从莱茵河一直到柯尼斯堡的普鲁士，完全占统治地位，而且在五年之后，由于拿破仑三世法国的战败，以较大的巴伐利亚王国为首的南德意志各国也将被并入普鲁士德意志。[23]

俾斯麦的最高成就是1871年1月18日建立第二帝国，当时普鲁士国王威廉一世在凡尔赛宫的镜厅登基为德国皇帝。德国被普鲁士的武装力量统一后，成为大陆上最强大的国家；它在欧洲的唯一对手只剩下英国了。

但是有一桩缺陷却是个致命伤。正如特赖奇克所说，德意志帝国在实际上不过是普鲁士的扩大。他强调说：“普鲁士是支配因素。帝国的意志不过是普鲁士国的意志。”这说的是实情，而且它对德国人自己后来产生了不堪设想的后果。因此，从1871年到1933年，而且可以说到1945年希特勒的覆亡为止，德国历史的进程，除了魏玛共和国一段时期而外，是完全按照一条直线，按照必然的逻辑发展的。

尽管装起了民主的外表，成立了帝国议会，议员由成年公民普选产生，但是德意志帝国在实际上是身兼皇帝的普鲁士国王统治下的一个军事专制

国家。帝国议会权力很少，它不过是个人民代表在这里发泄牢骚不满和为他们所代表的阶级争取一些细微利益的辩论场所。权力掌握在君主手里，这是神授给他的。近至1910年，威廉二世居然还能够宣称，皇冠“完全是上帝所赐，而不是由议会、人民议会或人民的决定所授予的……鉴于我是上帝的工具”，他补充说，“我将独行其是。”

他不受议会的牵制。他所任命的首相只对他负责，而不对议会负责。议会既不能罢免也不能挽留。这完全是君主的特权。因此，与西方其他国家的情况完全不同，民主的思想，人民主权的思想，议会权力至高无上的思想，从来没有在德国站稳过脚跟，甚至在20世纪开始以后也是如此。不错，社会民主党历经俾斯麦和皇帝的多年迫害，在1912年终于成为帝国议会中第一大党。他们大声疾呼要求实行议会民主，但他们是不起什么作用的。他们尽管是第一大党，但仍是一个少数派。工业革命来得虽然晚了一
些，但是发展却很惊人，中产阶级因此兴旺起来，他们给俾斯麦的武力和 95
战争政策的胜利弄得眼花缭乱，终于为了物质上的利益而出卖了他们可能有的任何政治自由的想望。[*] 他们接受了霍亨索伦王室的专制统治。他们心甘情愿地服从容克官僚，他们热烈地拥护普鲁士军国主义。德国走运的时刻已经来了，为了使它继续走运，他们——而且几乎包括全体人民——都很愿意按照主人的吩咐行事。

在这些人中间，在最末的一代中，就有希特勒这个奥地利人。在他看来，俾斯麦的第二帝国虽然有错误和“可怕的腐朽势力”，却是一种显赫的丰功伟业，德国人终于有了自己应有的地位。

德国不是所有国家中唯一建立在纯粹力量的政策基础上的帝国的

---

* 在某种意义上，德国工人阶级也做了同样的交易。俾斯麦为了扑灭社会主义的潮流，在1883年到1889年之间，实行了一项规模远远超过任何其他国家的社会保险计划，其内容包括对工人进行强制性的老年、疾病、事故和残废的保险。这项计划由国家主持，经费却由雇主和职工共同负担。我们虽不能说它制止住了社会民主党或工会的兴起，但是它对工人阶级的确有深刻的影响，因为它逐渐地使他们把经济保障看得重于政治自由，使他们把国家看成一个恩赐者和保护人，不论这个国家多么保守。我们不久就会看到，希特勒充分利用了这种心理状态。在这一点上，像在其他问题上一样，他从俾斯麦那里学到了不少东西。“我研究了俾斯麦的社会主义立法，”希特勒在《我的奋斗》中（第155页）说，“研究了这种立法的用意、斗争和成就。”

> 杰出榜样吗？帝国的胚种细胞普鲁士是由于赫赫的武功，而不是由于金融的操纵和商业的买卖而建立起来的，而帝国本身又完全是积极进取的政治领导和视死如归的军人气概的光荣结果……
>
> ［第二］帝国的创建本身好像被一件振奋全国人心的事件的魔力增添了光辉。经过了一系列无可比拟的胜利以后，诞生了一个留传给后代子孙的帝国——这是对不朽的英雄主义的酬报……这一帝国的存在不是由于议会各派别的钩心斗角，它的建国的崇高方式，使它超绝于其他国家之上；因为宣布我们的意志，宣布德国人，不论贵族平民，都决心要在将来建立一个帝国，再次把帝国的地位升高到无上的高度，这个庄严的行动，不是在议会的舌战的唠叨声中，而是在巴黎郊外前线的隆隆炮声之中完成的……俾斯麦国家的创建者不是逃避兵役的胆小鬼，而是置身前线的将士。
>
> 这种独特的诞生方式和炮火的洗礼为帝国增添了只有最古老的国家——但是为数稀少——才能自夸的历史性的光辉。
>
> 现在开始了步步上升的历程！
>
> 外部的行动自由为内部提供了每日的面包。国家在人口和物产方
> 96 面都富饶起来。国家的荣誉和全国人民的荣誉受到了一支可以极其明显地表现出与以前德意志联邦不同的军队的保护。[24]

这就是希特勒决心要恢复的德国。在《我的奋斗》中，他详尽地讨论了他心目中的德国覆亡的原因：对犹太人和马克思主义者的容忍，中产阶级贪图物质享受和自私自利的思想，霍亨索伦王室周围“阿谀奉承之徒”的恶劣影响，同腐化堕落的哈布斯堡王室和不可信任的意大利人结盟而不同英国结盟的“为害极大的德国结盟政策”，根本的“社会的”和种族的政策的缺失。他保证，这些错误是民族社会主义一定要纠正的。

第三帝国的思想根源

但是除了历史以外，希特勒还从哪里得到了思想上的启发呢？他在

德国国内外的反对者不是太忙，就是太笨，没有在尚不太晚的时候注意到这一点，但是他却像许多德国人一样，兼收并蓄地汲取了19世纪德国思想家各种各样不负责任和狂妄自大的思想。这些乱七八糟的思想，希特勒都是从阿尔弗雷德·罗森贝格这样糊涂的冒牌哲学家或者他那醉醺醺的诗人朋友迪特里希·埃卡特那里拾来的牙慧，却以一个初入门者的满腔热情来奉为至宝。更糟糕的是，他决心只要一有机会就把这些思想付诸实行。

我们前面已经谈到，萦绕在希特勒脑际的这些思想是些什么思想：对战争和征服的歌颂，极权主义国家的绝对权力；认为雅利安人即日耳曼人是主宰种族的信念，对犹太人和斯拉夫人的仇视；对民主主义和人道主义的蔑视。这些思想都不是希特勒独创之见——虽然实行这种思想的方式后来证明是他的独创。这些思想来自在希特勒出生前一个世纪内支配德国思想界的一批无奇不有的学问渊博然而头脑有失平衡的哲学家、历史学家和教育家。后来事实证明，这些思想不仅对德国人，而且对很大一部分人类也带来了极其严重的后果。

毫无问题，在德国人中间，曾经出过西方世界在思想和精神方面最崇高的一些人物——诸如莱布尼兹、康德、赫尔德、洪堡、莱辛、歌德、席勒、巴赫和贝多芬等——而且他们对西方文明都做出了独特的贡献。但是，正好与从俾斯麦一直传到希特勒手中的普鲁士德国的兴起同时，在19世纪开始占优势的德国文化的主要支柱首先是费希特和黑格尔，后来是特赖奇克、尼采、理查德·瓦格纳，以及一批较为次要的人物，奇怪的是，在后者这些人物中占重要地位的还有一个古怪的法国人和古怪的英国人。这些人终于造成了德国在精神上与西方的分裂，这种分裂状态至今还没有弥补
过来。 97

1807年，普鲁士在耶拿屈辱地被拿破仑击败以后，约翰·戈特利布·费希特开始在他担任哲学教授职位的柏林大学的讲坛上发表他著名的《告日耳曼民族书》。这些演讲深深地激动了和鼓舞了一个陷于四分五裂的战败国家的人民，它们的响亮回声即使到了第三帝国时代仍旧隐约可闻。对于战败国的意气沮丧的人民来说，费希特的教导是一种醉人的烈酒。在他看来，拉丁民族——特别是法国人——和犹太人都是腐朽种族。只有日

耳曼人才有中兴的可能。他们的语言是最纯洁、最与众不同的。只有在他们的影响下，历史才能展开一个新的纪元。这个新纪元将反映宇宙的法则。它将由一批为数不多的社会精华来领导，他们没有任何“个人”性质的道德观念的约束。这些思想就是我们上面已经看到的希特勒写在他的《我的奋斗》中的一部分思想。

费希特1814年逝世后，他在柏林大学的讲座由格奥尔格·威廉·弗里德里希·黑格尔继任。黑格尔是一个思想敏锐、观察深刻的人，他的辩证法启发了马克思和列宁，因此对共产主义思想的确立做出了很大的贡献，他把国家颂扬为人类生活中至高无上的主宰的思想，为俾斯麦的第二帝国和希特勒的第三帝国铺平了道路。在黑格尔看来，国家就是一切，或者几乎就是一切。他认为国家是“世界精神”的最高表现；它是“道德的宇宙”；它是“伦理概念……伦理思想……认识和思维本身的体现”；国家“对个人有至高无上的权力，个人的至高无上的责任是做国家的一分子……因为世界精神的权利是超越一切个人特殊权利的……”。

那么个人在世界上的幸福在哪里呢？黑格尔答复说：“世界历史不是幸福的帝国。”他宣称：“幸福的时期是历史上空白的篇页，因为这些时期是和谐一致、没有冲突的时期。”战争是最伟大的纯洁剂。在黑格尔看来，它有益于“为长期和平所腐化的各国人民的伦理健康，正如刮风使海洋去除长期平静所造成的污秽一样”。

任何传统的道德和伦理观念都不得影响至高无上的国家或领导国家的“英雄”。“世界历史占有一个更高的地位……不相干的道德要求绝不能与世界性–历史性的功业及其实现发生冲突。绝不能以喃喃连祷的那些个人品德——谦虚、仁爱、宽容——来反对它们……这样强大的一种形式［国家］必须践踏许多无辜的花草——压碎它的前进道路上的许多东西。”

黑格尔预料德国在恢复了它的天赋才能以后就会建立这样一个国家。他预言，“德国的时刻”将会来到，它的使命将是振兴世界。谁如果读过黑格尔的著作，就不难了解希特勒像马克思一样从他那里得到了多少灵感的启发，哪怕这是经别人之手而得来的。尤其是，黑格尔在他关于“英雄”——那些由于神秘的天意而命中注定要执行“世界精神的意志”的伟大人物——的理论中似乎就以他自己的强烈的使命感启发了希特勒，这一

点我们在本章结尾时就会谈到。 98

海因里希·冯·特赖奇克是稍后来到柏林大学的。从1874年起一直到他在1896年去世时为止，他一直在那里担任历史学教授，很受学生欢迎，讲课时座无虚席，热情的听众中不仅有学生，也有参谋总部的军官和容克官僚。他在19世纪末期对德国思想界的影响很大，这种影响一直存在到威廉二世的时代，甚至一直到希特勒的时代。他虽然是萨克森人，却是个竭力主张普鲁士化的人。他比普鲁士人更加普鲁士化。像黑格尔一样，他也颂扬国家，视之为至高无上，但是他的态度更加粗暴：人民，臣民，在一个国家里不过是奴隶而已。“只要你服从，”他宣称，“不用管你怎么想。”

在宣称战争是人类的最高自我表现方面，比起黑格尔来，特赖奇克有过之无不及。在他看来：“军事荣誉是一切政治价值的基础；而在德国的丰富的荣誉宝库中，普鲁士的军事荣誉是一颗明珠，其价值之高，不亚于我们的诗人和思想家的杰作。”他认为：“盲目追求和平……已经成了我们时代的思想和道德的耻辱。”

> 战争不仅仅是一种实际上的必要，它也是一种理论上的必要，一种逻辑的要求。国家这一概念意味着战争的概念，因为国家的本质是权力……要在这个世界上永远消灭战争不仅是一种荒谬可笑的希望，而且也是极其不道德的希望。这将造成人类灵魂的许多基本的和崇高的力量的萎缩……一个国家的人民，如果执迷于永久和平的幻想，就必然要因为在超然孤立中衰败而不可救药地灭亡。

尼采像歌德一样对德国人民评价不高*，而且在其他方面，这个狂妄自大的天才的一些言论也与19世纪德国沙文主义思想家有所不同。的确，他认为，包括费希特和黑格尔在内的大多数德国哲学家都是“不自觉的骗

*“一想到德国人民，”歌德曾经说过，“我常常不免黯然神伤，他们作为个人来说，个个可贵，作为整体来说，却又那么可怜。把德国人民同其他国家人民做一比较，就会产生一种痛苦的感情，我是尽一切可能办法来克服这种感情的。”（1813年12月13日与H. 鲁登的谈话，刊《歌德谈话录》[*Goethes Gespräche*]，奥斯瓦尔·皮德曼书店出版；威廉·勒普克曾在《德国问题的解决办法》[*The Solution of the German Problem*]第131页加以引用）

子”。他嘲笑“康德老头儿的塔杜夫[*]作风”。他在《瞧，这个人》中写道，德国人“一点也不知道他们多么卑鄙”。他的结论是，“凡是德国力量所到的地方，它都要破坏文化”。他认为，世界上所以存在“奴隶道德”，基督徒同犹太教徒同样要负责；他从来不是一个反犹主义者。他有时担心普鲁
99 士的前途，在他晚年发疯之前，甚至怀有欧洲联邦和世界政府的思想。

但是我认为，在第三帝国生活过的人，没有一个不对尼采的影响有深刻的印象。正如桑塔亚那所说，他的著作中可能充满了“愉快的蠢话”和“孩子气的咒骂”。但是纳粹文人还是乐此不疲地颂扬他。希特勒常常到魏玛去参观尼采博物馆，大事宣传他对这个哲学家的尊敬，让记者拍他出神地瞻仰这个伟人半身像的照片。

把尼采当作纳粹世界观的创始者之一是不无理由的。这个哲学家不是曾经用尽其精辟的警句格言，来大力反对民主和议会制度，宣传权力意志，赞美战争，宣布主宰种族和超人的来临吗？几乎在任何想象得到的问题上，一个纳粹党人都可以得意地引用他的话，而且事实也确实如此。关于基督教教义：“是最大的不幸，是最重大的根本错误……我称它为人类无法洗雪的污点……这种基督教教义不过是社会主义者的典型说教。”关于国家、权力和人类的丛林世界：“社会一向认为美德不过是取得力量、权力和秩序的手段。国家［是］有组织的不道德……［是］打仗、征服、报复的意志……社会无权仅仅为其本身的缘故而存在，它只能充当下层建筑和脚手架，为让精选的种族得以借之上升，担负更高的责任……所谓生活权利、工作权利、幸福权利这种东西是根本没有的：在这一方面，人类同最低贱的蛆虫没有区别。”[†] 他颂扬超人是肉食猛兽，“杰出的金发碧眼野兽，虎视眈眈地等待扑向猎获物和胜利”。

那么战争呢？在这个问题上，尼采采取了19世纪大多数其他德国思想

---

* 莫里哀名剧《伪君子》中的主人公。——译者

† 尼采从来没有接触过女人，他把女人列于显然次等的地位，正如纳粹党人一样，他们规定女人应该回到厨房去，她们在生活中的主要作用是为德国战士生男育女。尼采是这样提出这个思想的：“男子应受战争的训练，女子应受再创造战士的训练。其他一切都是愚蠢的行为。”他甚至更进一步。在《查拉图斯特拉如是说》（*Thus Spake Zarathustra*）中，他说：“你到女人那里去吗？别忘了带你的鞭子！”——这使伯特兰·罗素禁不住说俏皮话道：“十个女人有九个会使他把他的鞭子丢掉，他知道这一点，因此他避开女人……”

家的观点。这位哲学家用《旧约》那种洪亮的语言来写作《查拉图斯特拉如是说》。他在书里面喊道："你们爱和平应以它作为新战争的手段，爱短期和平应胜过长期和平。我劝告你们不要工作，要去作战。我劝告你们不要和平，而要胜利……你们说，和平是甚至使战争也变成神圣的事业？我对你们说：只有战争才使一切事业变成神圣。战争与勇气所做出的丰功伟绩，大大超过慈悲。"

最后，尼采还预言未来的社会精华人物将统治世界，超人将由此产生。在《权力意志》一书中，他宣称："一个大胆的统治者种族正在加强自己……
目的应该是为在智力和意志方面天赋最厚的一种特别强壮的人准备根据新的 100
原则估计价值标准。这种人和他周围的精华人物应该成为地球的主人。"

德国最有独创之见的一位思想家的这种狂言大语，在希特勒的混乱的头脑中一定引起了强烈的共鸣。总而言之，他把这些狂言大语——不仅是这种思想，而且连这位哲学家的过分夸张的癖好，甚至他的措辞——都据为己有。"地球的主人"是《我的奋斗》中常见的话。希特勒最后认为自己就是尼采所预言的超人，这一点是无可怀疑的。

"凡是要想了解民族社会主义的德国的人必须了解瓦格纳。"希特勒常常这么说。* 这可能是基于对这位伟大的作曲家的某种误解，因为，虽然理查德·瓦格纳像希特勒一样对犹太人怀有一种疯狂的仇恨，深信他们要用金钱来统治全世界，虽然他蔑视议会制度、民主主义、资产阶级的追求物质利益和庸俗习气，他也热烈地希望德国人能够"以他们特殊的天赋""成为世界的改造者，而不是统治者"。

不过，促成产生现代德国的神话，使得现代德国有了一种日耳曼式世界观，以致希特勒和纳粹党不无理由把它接过来据为己有的，不是瓦格纳的政治著作，而是他的伟大的歌剧。这些歌剧生动地再现了日耳曼人的远古世界，它那英雄式的神话，它那战争的神和勇士，它那恶魔和巨龙，它那流血格斗和原始的部族礼法，它那宿命观念，它那以爱情与生命为光荣、

---

* 我自己的记忆，得到了奥托·托利舒斯所著的《他们要战争》（*They Wanted War*）一书第11页的证实。

以死亡为高贵的观念。

希特勒从早年时代起就崇拜瓦格纳，甚至在他濒死的时候，在俄国前线附近大本营的阴暗潮湿的地下室里，在他的天下开始崩溃和他的雄图化为泡影的时候，他还喜欢回忆他听到瓦格纳的伟大作品时的一切情景，回忆这些作品对他的影响，回忆他从拜罗伊特音乐节、从无数次访问这位作曲家的故居幻想和平之屋时所得到的灵感。在这所故居中，作曲家的儿子齐格菲·瓦格纳和他的英国出生的妻子温尼弗雷德仍住在那里，她有一个时期曾是希特勒所敬重的朋友。

“瓦格纳的每一部作品都给我带来莫大的愉快！”1942年1月24—25日夜里，在德军第一次在俄国遭到惨重失败后不久，希特勒在东普鲁士拉斯滕堡的“狼穴”地下防空洞中同他手下的将领和党内助手（其中有希姆莱）谈话的时候曾经感叹地说过这么一句话。在防空洞外面，遍地白雪皑皑，寒冷彻骨，这是他最痛恨和害怕的两个因素，也是造成这次战争中德国第一次军事失利的两个因素。但是在暖和的地下防空洞中，至少在这个晚上，他脑子里想到的是他的生命的伟大灵感泉源之一。“我还记得，”他说，“我第一次踏进幻想和平之屋时的感情。说我受到了感动，还不足以表
101 达我的感情于万一！在我最困难的时候，他们从来总是支持我的，甚至齐格菲·瓦格纳。我同他们都很熟，相互直呼名字。我爱他们一家人，我也爱幻想和平之屋这所房子……拜罗伊特音乐节的那十天永远是我生命中最幸福的日子。一想到我将来总有一次重访这个圣地，我就非常高兴……在拜罗伊特音乐节结束后那一天……我感到非常悲哀，就像你把圣诞树上的装饰卸下来的时候一样。”[25]

虽然希特勒在那个冬夜的独白中一再说，在他看来，《特里斯坦和伊索尔德》是“瓦格纳的杰作”，但是为德国，特别是为第三帝国提供这么多的原始日耳曼神话的，还是那部了不起的《尼伯龙人的指环》，这是连续性的四部歌剧，取材于日耳曼民族伟大的史诗《尼伯龙人之歌》，作曲家为了这部作品花了二十五年的心血。一个民族的神话往往是那个民族精神和文化的最高级和最真实的表现，这种情况在德国是再确实不过了。谢林甚至认为：“一个民族是有了神话以后才开始存在的……它的思想的一致性——亦即集体的哲学，表现在它的神话里面；因此，它的神话包含

了民族的命运。”曾经用现代语言写过《尼伯龙人之歌》的当代诗人马克斯·梅尔宣称：“人本主义希望希腊诸神对我们的文化发生深刻影响，现在这种影响已经很少了……但是齐格菲和克里姆希尔德却永远活在人们的心灵中！”

齐格菲和克里姆希尔德、布伦希尔德和哈根都是许多现代德国人喜欢引以自喻的古代神话中的男女英雄人物。就是同他们一起，同这个野蛮的、多神的尼伯龙人的世界一起，一个尔虞我诈、暴力横行、血流成河，最后以诸神的黄昏（Götterdämmerung）告终的非理性的、英雄式的、神秘主义的世界，在沃坦历经盛衰之后纵火焚烧瓦尔哈拉时，在一场自我毁灭的狂乱中化为烈焰，同归于尽。这种毁灭，一直使德国人的心灵着迷，一直使他们在精神上满足了某种渴望。这些英雄人物，这个原始的巨人的世界，用梅尔的话来说，一直活在“人民的心灵中”。在这种德国人的心灵中，我们可以感觉到文明的精神与尼伯龙人的精神的斗争，而在本书所涉的时期里，后者的精神似乎占了上风。1945年，希特勒企图与沃坦媲美，一手造成了德国的毁灭，想使德国同他一起在一场大火中化为烈焰，这是一点也不奇怪的。

瓦格纳是个有惊人天才的人，是个气魄雄伟的艺术家，他的成就远远超出了上述几点。《指环》歌剧中的冲突，常常围绕着贪图黄金这个主题，作曲家把这一点同“现代资本主义悲剧”相比，并且怀着恐惧的心情，眼看着它消灭了自古以来传下来的一些美德。尽管他的主人翁都是异教徒，但是他并没有像尼采那样，对基督教教义感到绝望。他对犯了错误的自相残杀的人类还有着悲天悯人的胸怀。但是希特勒说，要了解纳粹主义，必须先了解瓦格纳。这话并不完全是错的。 102

瓦格纳曾先后与叔本华和尼采相识，并受到他们的影响，虽然尼采后来与瓦格纳发生了争吵，因为尼采认为瓦格纳的歌剧，特别是在《帕西法尔》中，表现了太多的基督徒的克制。瓦格纳在他长寿多事的一生中，结识了另外两个人，一个是法国人，一个是英国人，这两个人对本书所叙述的历史之所以有重要意义，与其说是由于他们对他个人的影响（固然其中一个人的影响是很大的），不如说是由于他们对德国人思想的影响，因为正是他们的影响，使德国人的思想导向第三帝国的出现。

这两个人，一个名叫约瑟夫·阿蒂尔·德·戈比诺伯爵，是个法国文人兼外交官，一个名叫休斯顿·斯图尔特·张伯伦，是有史以来英国最大的怪人之一。

不过话得说在头里，他们两个人都不是江湖骗子。他们两个人都是博学多闻、游踪极广之士。但是他们两人都创造了极为荒唐的种族理论。这种理论，除了德国人是唯一例外，没有人（甚至他们本国的人）加以认真对待过。但是在纳粹党人看来，他们的颇成问题的理论却成了福音书。说张伯伦是第三帝国的精神上的创建人，也许并不过分夸张，因为我曾听到不止一个希特勒的追随者这么说。这个古怪的英国人把日耳曼人看成是主宰种族，是未来的希望。他崇拜理查德·瓦格纳，最后娶了瓦格纳的一个女儿为妻。他起初拥戴威廉二世，继而拥戴希特勒，他是他们两个人精神上的导师。在他的怪诞的生命快结束的时候，他竟认为，这个奥地利下士是上帝派来领导德国人民走出荒野的人。这件事发生在希特勒上台之前，或者说有任何上台希望之前很久的时候。因此希特勒把张伯伦看成一个先知并非偶然，后来事实证明张伯伦的确是个先知。

在这两个人的著作中，究竟有些什么东西在种族问题和德国的命运问题上把一种疯狂思想灌输到德国人心中呢？

戈比诺的主要贡献是1853年到1855年在巴黎出版的四卷集《人种不平等论》。说也奇怪，这个法国贵族在皇家禁卫军当过军官以后，却以亚历克西·德·托克维尔内阁的秘书长身份开始了他的政治生涯。托克维尔是《论美国的民主》一书的著名作者，曾在1848年担任过很短一个时期的总理职务。戈比诺后来到汉诺威和法兰克福去当外交官，他的种族不平等理论是从他同德国人的接触中，而不是从他同托克维尔的接触中形成的，不过他曾经承认，他写这部著作，部分原因是为了要证明他自己的贵族祖先的优越性。

根据戈比诺在这部作品中给汉诺威国王所写的献词，在他看来，历史和文明的关键是种族。“历史上一切其他问题都受种族问题的支配……各种族的不平等足以说明各国人民的命运的整个情况。”主要人种有三个，白种、黄种、黑种，其中以白种为最优越。他认为：“历史证明，所有文明都起源于白种人，没有白种人的合作，任何文明都不能存在。”而雅利安人是白种人中间的明珠，“这一光芒四射的种族，是白种人中间最高贵的种族”。103
他们的起源，他一直追溯到中亚细亚。不幸的是，据戈比诺说，当代的雅利安人同一些劣等种族混血通婚，这在当时的南欧就可以看到。但是，在西北方面，大致上沿着塞纳河向东到瑞士的一条线以北，雅利安人虽然远远谈不上非常纯粹，但仍旧是一个优秀的种族。他们包括一部分法国人，全部英国人和爱尔兰人，低地国家的人民，莱茵河流域和汉诺威的人民，以及斯堪的纳维亚半岛的人民。戈比诺似乎把住在这条线以东和东南的大部分日耳曼人排除在外了，这一点，在纳粹党人提倡他的学说的时候，马马虎虎地掩饰过去了。

即使如此，在戈比诺的心目中，日耳曼人，至少是西部日耳曼人，也许仍然是雅利安人中最优秀的，这一点纳粹党人并没有加以掩饰。他发现，凡是日耳曼人足迹所到之处，都带来了进步。甚至在罗马帝国中也是如此。征服了罗马人和击溃了他们帝国的所谓野蛮的日耳曼部落，对文明做出了一个杰出的贡献，因为到4世纪的时候，罗马人比退化的杂种好不了多少，而日耳曼人相对来说，却是血统纯粹的雅利安人。他宣称：“雅利安种日耳曼人是强大的种族……因此，他们的思想、言论和行为有着很大的重要性。”

戈比诺的思想，在德国很快被接受过去。1876年，瓦格纳在这个法国人已届晚年（他于1882年去世）的时候认识了他，热情地提倡他的学说，不久之后，德国各地纷纷成立了戈比诺协会。*

休·斯·张伯伦的奇异的一生和著作

德国戈比诺协会的热心会员中有一个休斯顿·斯图尔特·张伯伦，他的一生和著作，是导致第三帝国的兴起和覆亡的无情的历史进程中最令人莫测的奇怪事件之一。

张伯伦于1855年生于朴次茅斯，他的父亲是一名英国海军上将，他的

---

* 虽然在法国并没有成立这种团体。

叔伯之中，有一个是英国陆军元帅内维尔·张伯伦爵士*，有两个是英国陆军将军。他最后成了理查德·瓦格纳的女婿。本来他是要被送去参加英国海军或陆军的，但是因为体弱多病而放弃了这个打算，家里送他到法国和日内瓦受教育，法语就成了他的第一语言。在15岁到19岁之间，命运使他结识了两个德国人，从此之后，他就对德国一往情深，最后成了德国公民和德国最杰出的思想家之一。他写了许多著作，全部都是用德语写作的，其中有好几部著作对威廉二世、阿道夫·希特勒以及其他无数较次要的德
104 国人发生了一种几乎是头晕眼花的影响。

1870年，张伯伦15岁的时候落在一个名叫奥托·孔策的杰出家庭教师的手里，孔策是个最最普鲁士化的普鲁士人，在他担任家庭教师的四年中，他把英勇尚武、战无不胜的普鲁士式的武功和——显然没有想到两方面的尖锐对照——贝多芬、歌德、席勒、瓦格纳那样的艺术家和诗人的杰作深深地打入了张伯伦敏悟的心灵。张伯伦19岁的时候疯狂地爱上了安娜·霍尔斯特，她也是个普鲁士人，年纪比他大10岁，同他一样，也极其神经质。1882年他27岁的时候，离开了在那里曾经埋头三年，研读过哲学、自然史、物理、化学、医学的日内瓦，到了拜罗伊特。在那里，他遇见了瓦格纳，据他说，后者成了他生命中的太阳。他还遇见了作曲家的妻子柯西玛，他在此后一生之中，一直对她保持了热情的、奴隶般的忠诚。1885年，他同当时已成了他的妻子的安娜·霍尔斯特一起，到德累斯顿去住了四年，从这一年起，他在思想上和语言上成了一个德国人。1889年他到维也纳，在那里住了十年，最后在1909年又回到拜罗伊特，一直住到1927年去世。他在1905年同他原来崇拜备至的普鲁士妻子离了婚：当时她已60岁了，在精神上和体质上都比他病得更严重（据他说，他因为不得不分居而极感痛苦，几乎发疯）。三年后，他娶了埃娃·瓦格纳为妻，在幻想和平之屋附近定居下来，因为在那里他可以就近照顾他的岳母，受尊敬的和意志坚强的柯西玛。

张伯伦是个非常敏感的神经质的人，神经官能症常常发作，据说他能看到恶魔，这些恶魔往往无情地驱使他从事新的方面的研究和继续不断的

* 与慕尼黑时代的英国首相内维尔·张伯伦是两个人。——译者

写作。一个接一个的幻象驱使他从研究生物学改为研究植物学，又改为研究艺术、音乐、哲学、传记、历史。有一次，在1896年，他从意大利回来，在一个恶魔的驱使之下，他中途在加尔多内下了火车，租了一间旅馆房间，关起门来有八天之久，放弃了他原来想写的关于音乐的文章，而紧张地写了一篇生物学论文，终于得到了从此以后贯穿在他的全部著作中的中心思想的萌芽：种族和历史。

不论他有什么样的缺点，他的思想的天地确实极为广阔：文学、音乐、生物学、植物学、宗教、历史、政治，无所不通。正如让·雷亚尔[26]所指出的，在他的全部著作中，有一种深刻的灵感的一致，这些著作的前后一贯性极为突出。由于他自己觉得受恶魔的驱使，他的有关论述瓦格纳、歌德、康德、基督教义和种族的著作，都是在一种可怕的热病袭击下，一种真正的神志昏迷的状态中，一种自我陶醉的境界中写成的，因此，据他自己在自传《生活的道路》中所说，他常常认不出这些东西是他自己的作品，因为它们超过了他所预期的程度。神经比他正常的人后来推翻了他的种族理论和他的许多历史见解，而且在埃德蒙·韦尔梅伊这样一位法国日耳曼学家看来，张伯伦的思想基本上是“粗制滥造”，但是在希特勒的传记作者、反纳粹的德国作家康拉德·海登看来，虽然张伯伦的种族学说所造成的影响使他深感遗憾，张伯伦仍然“是德国思想史上具有最惊人的才华的 105
人之一，是知识和深刻思想的一个宝库”。

影响德国思想最深刻的作品，使得威廉二世大喜若狂和为纳粹党人提供了种族谬论的作品，是张伯伦1897年4月1日到1898年10月31日之间的19个月时间中在维也纳，在他的一个“恶魔”驱使下写的一部长达1 200页的巨著《19世纪的基础》。这部著作是在1899年出版的。

同张伯伦所钦佩的戈比诺一样，张伯伦发现，历史的关键，的确也可以说文明的基础，在于种族。要了解19世纪，也就是说当代世界的现象，人们必须首先要考虑一下古代的遗产。张伯伦认为，古代的遗产有三：希腊的哲学和艺术、罗马的法律、基督的人格。遗产的承受人也有三个：“两个血统纯粹的种族”犹太人和日耳曼人，以及地中海一带的杂种拉丁人——张伯伦称他们为“各种民族的大混杂”。只有日耳曼人才配继承这份光辉的遗产。不错，他们在历史上出现得很迟，到13世纪时才出现。但是就在这以前，他们已灭亡了罗马帝国，这就证明了他们的价值。他说：“有人说，野蛮的条顿人造成了所谓‘中世纪的黑夜’，这种说法是不确实的。相反，这个黑夜是垂死的罗马帝国所造成的人类不讲种族的大混杂在思想上和精神上破产以后降临的。要不是条顿人，全世界就会笼罩着永恒的黑夜。”在他写作的时候，他把条顿人看成是世界的唯一希望。

张伯伦把凯尔特人和斯拉夫人都包括在“条顿人”中间，不过条顿人是最重要的成分。但是，他的定义是相当含糊的，有一次他说：“凡是行为像条顿人者，即条顿人，不论其原来种族是什么。”也许他说这句话是因为他想到自己的非日耳曼血统。无论如何，根据张伯伦的说法，条顿人是“我们文化的灵魂。每个民族今天作为一种活着的力量，其重要性取决于它的人口中纯正条顿血液的比例……只有在条顿人用他的灵巧的手掌握了古代遗产的时候，真正的历史才开始”。

那么犹太人呢?《19世纪的基础》中最长的一章论述了犹太人。我们已经看到，张伯伦声称，犹太人和条顿人是西方仅有的血统纯粹的两个种族。在这一章中，他谴责“愚蠢的令人反感的反犹主义”。他说，犹太人并不“次”于条顿人，仅仅是“不同”而已。他们有他们自己的伟大之处。他们认识到，人类的“神圣职责”是保持种族的纯洁。但是在他进而分析犹太人的时候，张伯伦也陷入了他谴责别人持有的非常庸俗的反犹主义中，这种庸俗的反犹主义最后发展到希特勒时代尤利乌斯·施特莱彻在《冲锋队员》中丑化犹太人时所用的淫猥粗鄙的谩骂。的确可以说，纳粹党的反犹
106 主义的“哲学”基础有很大一部分是从这一章来的。

张伯伦的见解一望而知是荒谬绝伦的。他宣称，基督的人格是古代传给现代文明的三大遗产之一。他接着着手证明耶稣不是犹太人。张伯伦认为，耶稣出生于加利利，他不能正确地发出阿拉姆语中的喉音字母，这些“明显的迹象”，都说明了耶稣有“很大比例的非闪族血统”。他接着说了一句典型直截了当的话：“凡是说耶稣是犹太人的人，不是傻子，就是说谎……耶稣不是犹太人。”

那么他是什么种族的人呢？张伯伦答复道：很可能是个雅利安人！如果不是由于血统的话，那么也毫无疑问地由于他的道德上和宗教上的说教，因为这种说教同犹太教的“唯物主义和抽象形式主义”截然相反。因此，

很自然地——至少在张伯伦看来——基督应该成为“生命力旺盛的年轻的印欧民族的神”，特别是条顿人的神，因为“任何其他民族都没有具备像条顿人那么好的条件能够听到这神明的召唤”。

接着他写了他所谓的犹太种族的详细历史，从闪族或者说沙漠中的贝都因人与圆头的长着“犹太鼻子”的赫梯人混血开始，最后到与属于雅利安人的亚摩利人混血为止。不幸的是，雅利安混血种——亚摩利人，据他说是金发碧眼、体格魁梧、仪表堂堂的——来得太晚了，不能对改进“腐化的”希伯来血统起什么真正的作用。从此以后，这个英国人——与他的犹太种族血统纯粹的理论自相矛盾——发现犹太人成了一种“消极的”种族，是“杂种”，因此，雅利安人“否认”以色列是有理由的。他甚至责怪雅利安人，不该把“实际不存在的荣誉”给予犹太人，他接着发现犹太人“没有真正的宗教信仰到了可悲的程度”。

最后，在张伯伦看来，救星在于条顿人和他们的文化，而在条顿人中间，日耳曼人是最有天赋的，因为他们继承了希腊人和印度-雅利安人的最优秀的品质。因此他们有权做世界的主人。“上帝今天完全指望日耳曼人，”他在另外一个地方写道，“这是我的心中蕴藏了多年的认识，肯定的真理。”

《19世纪的基础》一书出版后轰动一时，使这个古怪的英国人在德国一举成名。尽管因为张伯伦是个刻意求功的艺术家，这本书有它的独特风格，而且不乏滔滔的雄辩，但是读起来却很费劲。但是它不久之后就在上层阶级人士中间很为流行，因为他们似乎在这本书里发现了他们愿意相信的东西。十年之内，它再版了8次，销了6万册，到1914年第一次世界大战爆发时，销量已达10万册。在纳粹党统治时期，它又行销一时，我还记得，在1938年时曾经宣布它印行第24版，当时已销了25万册以上了。

这本书最初和最热情的读者之一是德皇威廉二世。他请张伯伦到波茨
坦宫中见面，一见之下就互相倾倒，两人的友谊一直维持到张伯伦在1927 107
年死去。他们两人在第一次会晤后就一直通信。张伯伦给德皇一共写了43封信，德皇回了其中23封，其中有一部分信简直就是长篇文章，德皇在他的一些激烈演讲和声明中曾经加以采用。“上帝把你的书送给了德国人民，把你送给了我。”德皇在头几封信中曾经这么说。张伯伦在这些信中竭尽其阿谀谄媚之能事，到了令人作呕的程度。“陛下和陛下的臣民，”他写道，

"是生在神圣殿堂的。"他还告诉威廉，他在书房里把威廉的肖像放在达芬奇画的基督肖像对面，他工作的时候，就可以常常在他的救主和他的君王之间来回踱步。

但是张伯伦的奴才气并不妨碍他向这个性格暴烈、刚愎自用的皇帝不断进言。1908年，威廉颇不得民心，以至于帝国议会竟敢责难他过问外交造成不利后果。但是张伯伦劝告德皇说，舆论是白痴和奸贼制造出来的，可以不必去理会它，威廉则答复说，他们两个人将站在一起——"你用你的笔；我用我的口舌和利剑"。

这个英国人一直提醒威廉不要忘记德国的使命和命运。"德国一旦有了力量，"他在第一次世界大战爆发后说，"——我们可以满怀信心地预期它能够得到力量——它就必须立刻执行一种科学的天才的政策。奥古斯都曾经有计划地改造世界，德国也必须如此……有了进攻性和防御性武器的装备，有了像军队一样严密的组织，在艺术、科学、技术、工业、商业、财政，总而言之，在一切方面都优于任何国家，也就是说，自己成了世界的教导者、舵手、先驱，它的每一个人都坚守岗位，每一个人都为神圣的事业贡献出最大的力量——在这种条件下，德国……必将由于内在的优越性而征服全世界。"

张伯伦在战争中途的1916年归化为德国公民。由于宣传他所归化的国家这样一个光荣的使命，张伯伦从德皇那里得到了一枚铁十字奖章。

但是受到这个英国人影响最大的还是第三帝国。虽然第三帝国到他死后六年才出现，但是他早已预见它的到来。纳粹党人把他奉为他们的一个先知，继承了他的种族理论，继承了他的炽烈的德国人的和德国的使命感。在希特勒统治期间，出版了大批书籍、小册子、文章，颂扬这个民族社会主义德国的"精神创建人"。希特勒的军师之一罗森贝格就经常把他自己钦佩这位英国哲学家的热情灌输给元首。很可能，希特勒在离开维也纳之前就已经知道了张伯伦的著作，因为他的著作在泛日耳曼团体和反犹团体中
108 是很流行的，而这些团体的印刷品又是他在那些日子里废寝忘食地阅读的东西。他也很可能读过张伯伦在战时写的一些沙文主义文章。在《我的奋斗》中，他对于第二帝国没有更多地采纳张伯伦的意见表示遗憾。

张伯伦是首先看到希特勒有伟大前途，因而也看到德国人（如果他们追随希特勒的话）有新的机会的德国知识分子之一。希特勒1923年在拜罗伊特见过他，当时张伯伦虽然身患重病，半身不遂，而且德国的战败和霍亨索伦帝国的覆亡——这是他一切希望和预言的崩溃！——使他感到心灰意冷，但是这个夸夸其谈的年轻奥地利人使他钦佩得五体投地。"你有伟大的事业要完成，"他在第二天写信给希特勒说，"我对日耳曼主义的信念从未有片刻的动摇，虽然我承认，我的希望曾处于低潮。你在顷刻之间却改变了我的精神状态。在德国最迫切需要的时刻，它诞生了一个希特勒，这就证明了它的生命力；他所产生的感召力量也是如此；因为这两件东西——人格力量和感召力量——是密不可分的……愿上帝保佑你！"

当时阿道夫·希特勒留着卓别林式的小胡子，加上他的无赖作风，他的强暴粗野的极端行为，大多数德国人都把他当作笑话看待。他当时没有几个拥护他的人。但是他的性格中的催眠般的吸引力在这个年老多病的哲学家身上却起了奇迹般的作用，恢复了他对他志愿归化的民族的信心。张伯伦加入了襁褓时期的纳粹党，只要健康许可，还为它的没有什么销路的出版物写文章。1924年发表的一篇文章把当时还关在监狱里的希特勒捧为是上帝派来领导德国人民的。命运召唤过威廉二世，但是他失败了；现在命运又在召唤希特勒了。1925年9月5日的纳粹党《人民观察家报》以五栏篇幅刊登贺词，庆祝这个杰出的英国人的70岁生日，把他的《19世纪的基础》奉为"纳粹运动的福音书"。他在一年零四个月后即1927年1月11日进棺材的时候，心中充满了希望，认为他所宣传和预言的东西在这个德国的新救世主的非凡领导下还是能够实现的。

在张伯伦的葬仪上，除了不能回德国的威廉二世派了一位亲王为代表以外，希特勒是唯一的社会名流。《人民观察家报》在报道这个英国人的死讯时说，德国人民失掉了"一位伟大的武器制造者，他所制造的武器在我们时代里还没有充分应用"。在1927年黯淡的1月里，当纳粹党处在最倒霉的时候，这个半身不遂的垂死老人无法料到——甚至希特勒本人或者德国的任何别人都无法料到，不久之后，这个归化的英国人所制造的武器很快就得到了充分的应用，而且带来了可怕的后果。[27]

但是，阿道夫·希特勒在这些日子里，甚至在此以前，对于他个人在地球上的使命就有着一种神秘的预感。“在千百万个人中间……必须要有一
109 **个**人站出来，”他在《我的奋斗》中（着重体是他自己用的）写道，“他有着毋庸置疑的力量，能够在摇摆不定的广大群众的思想世界中，形成花岗石般的原则，并且为了这些原则的唯一正确性而进行斗争，直到在自由的思想世界的起伏的波浪中，出现一块信念和意志完全一致的坚固岩石。”[28]

他使读者一点也不怀疑，他已经以那一**个**人自居。《我的奋斗》中不乏一些短小的片段，论述天才人物的作用，这种人物是上帝挑选出来领导伟大的国家的人民摆脱他们的困难、取得进一步伟大成就的，虽然他们可能在开始的时候并不了解他或者知道他的价值。读者知道希特勒这段话指的是他自己和他当时的处境。他是怎样一个人物，他是满有把握的，但是这还没有得到世人的公认，天才人物的命运往往如此——特别在开始的时候。“几乎总是需要一些刺激的因素才能使天才人物登场，”他说，“那时世界上还不肯承认他，不愿意相信这个表面上与世人并无二致的人物竟然是一个完全不同的人物；在人类的每一个杰出儿子身上，这种事情总是一再重演的……天才的火星，”他宣称，“在真正有创造性的人诞生之时起就存在于他的脑袋中。真正的天才总是先天的，从来不需要培养，更谈不上学习了。”[29]

特别是——他认为——创造历史的伟大人物是实际政治家和思想家的结合。“在人类历史上，每隔一段很长时间，偶尔有这样的情况：政治家与理论家结合起来。这种结合越紧密，政治家工作所遇到的障碍也就越大。他不再为普通店主所了解的生活必需品而努力，而是为只有极少数人所了解的目标而努力。因此，他的一生就充满了爱与恨的矛盾。不了解他的现代人反对他，后代子孙——他也为他们工作——则承认他，二者发生了矛盾。因为一个人的工作对将来越有伟大意义，现在的人就越不能了解；他的斗争也就越艰苦……”[30]

这些话是在1924年写的，当时很少有人了解这个因为滑稽戏似的政变失败而名誉扫地、身系囹圄的人心中有什么打算。但是希特勒自己是一点也没有疑问的。他究竟有没有直接读过黑格尔的著作，是一件令人怀疑的事。但是从他的著作和演讲中可以很清楚地看出，他对这个哲学家的思想

是有点熟悉的，哪怕只是通过同他早年的军师罗森贝格、埃卡特和赫斯的交谈后才有这点知识。反正通过某种方式，黑格尔在柏林大学的著名讲学内容一定引起了他的注意，正如尼采的许多格言一样。我们已经简单地谈到*，黑格尔发展了一种“英雄人物”的理论，很投合德国人的思想。他在柏林某次讲学时曾经谈道“世界精神的意志”是由“世界性–历史性人物”来贯彻的。

> 他们可以称为英雄人物，因为他们的目标和使命不是从现存秩序下平静无事的正常情况中产生的，而是来自一个隐藏的泉源，来自仍掩盖在表面之下但是像冲击外壳似的冲击表面世界并将它迸裂成为碎 110
> 片的那种内在精神。亚历山大、恺撒、拿破仑就是这样的人。他们是实际的政治人物，但是同时他们又是思想人物，对于时代的要求——什么东西已经成熟到可以发展——有深刻的了解。这就是他们的时代、他们的世界的真理……有责任了解这个初生期的原则，他们的世界要采取的这一必要的直接连续的前进步骤；他们有责任把这当作他们的目标，不遗余力地来实现这一目标。因此必须承认，世界性–历史性人物——一个时代的英雄人物——是时代的眼光远大的人；**他们**的言论，**他们**的行为，是他们的时代最优秀的言行。[31]

请看这段话与前述《我的奋斗》中所引的一段话何等相似。政治家与思想家的结合，就是这种结合，产生了英雄，产生了“世界性–历史性人物”，产生了亚历山大、恺撒和拿破仑，如果希特勒身上也有这种结合——他现在已开始相信这一点——那么他不是也可以跻身于这些英雄人物之列吗？

贯穿在希特勒许多言论里的一个中心思想是，最高领袖是超乎普通人的道德标准的。黑格尔和尼采也这样想。我们已经知道，黑格尔认为，“个人美德”和“不相干的道德要求”绝不许妨碍伟大的统治者，如果英雄人物在完成他们的使命时践踏了或“压碎了”许多无辜的花朵，人们也不必

---

* 见本书原文第98页。

大惊小怪。尼采用他古怪的夸张笔法更进一步说：

> 强者，主人，恢复了纯粹食肉动物的意识；他们是兴高采烈的鬼怪，他们在经历了杀人、放火、强奸、苦刑这一连串可怕的暴行以后，心中能够照样感到高兴，精神上能够照样感到满足，就好像参加了学生的恶作剧回来一样……如果一个人能指挥别人，如果他的本性就是一个“主人”，如果他举止和动作暴烈，条约对他来说又有什么重要性呢？……要正确地评判道德，道德就必须用从动物学方面借用来的两个概念来代替：对一头野兽的**驯服**和对一种特殊品种的**培育**。[32]

被尼采发挥到极端程度而且受到一大批名气较小的德国人拥护的这种学说，似乎对希特勒具有一种强烈的吸引力。* 负有使命的天才人物是超乎法律的，不能用“资产阶级”的道德来约束他。因此，在行动时刻来临的时候，希特勒就能够于心无愧地干出最残酷无情的勾当来，镇压个人自由，野蛮地实行奴隶劳动，建立万恶的集中营，在1934年6月屠杀他自己的手下，杀害战俘和大规模杀戮犹太人。

希特勒于1924年圣诞节前五天从兰茨贝格监狱中出来，要是换了任何别人的话，当时的情势，几乎都会使这个人退出政治生活。纳粹党和它的报
111 纸已被取缔；原来的一些头目不是发生了内讧，就是倒戈了。他本人则被禁止在公开场合演讲。更糟糕的是，他面临着被驱逐出境、押解回故乡奥地利的威胁。巴伐利亚邦警察当局在其致内政部的报告中竭力主张这么办。甚至他的不少老同志也同意一般人的看法，认为希特勒已经完蛋了，他以后将销声匿迹，默默无闻，正如许多其他的地方政客在共和国似乎摇摇欲坠的充满明争暗斗的年代中曾经名噪一时而后又很快就归于无声无息一样。†

---

*《我的奋斗》的引语见本书原文第86—87页。

† 到1929年，达伯农勋爵的日记的编纂者M. A. 格罗提渥教授在这位大使关于啤酒馆政变的记述后还写了一段脚注，其中在提到希特勒被判徒刑后说：“六个月后他终于获释，在宣誓具结后免除了未满的刑期，从此之后就销声匿迹了。”达伯农勋爵于1920年至1936年任英国驻柏林大使，曾费了不少心机来巩固魏玛共和国。

但是共和国还是熬过了风浪。它开始繁荣起来。在希特勒还关在监狱里的时候，一个名叫亚尔马·霍拉斯·格里利·沙赫特博士的金融奇才被请来稳定货币，结果获得了成功。为害极烈的通货膨胀结束了。赔款负担也由于道威斯计划而减轻了。资本开始从美国流进来。经济迅速恢复。施特雷泽曼的同协约国和解的政策获得了成功。法国人开始撤出鲁尔。当时正在讨论一项安全条约（《洛迦诺公约》），以便为欧洲问题的总解决铺平道路，让德国参加国际联盟。经过了六年之久的紧张、混乱和萧条，德国人民在战后第一次开始过正常的生活。在希特勒从兰茨贝格监狱出来以前两个星期，社会民主党——就是他所称呼的“十一月罪人”——在一次普选中，为维护共和国而进行了斗争，结果所得选票增加了30%，几乎达800万张选票。纳粹党同北方一些种族主义团体联合，用了民族社会主义德国自由运动的名义，参加了12月间的竞选，但是所得选票从1924年5月间原来的将近200万张减到了不到100万张。纳粹主义看来已是一桩垂死的事业了。它在国家倒霉的时候曾经兴盛过一时，现在国家的前途突然光明，它也就很快要消亡了。至少大多数德国人和外国观察家是这样看的。

可是阿道夫·希特勒却并不这样看。他不是个轻易气馁的人。而且他也知道如何等待时机。1925年冬季几个月里，他在慕尼黑提尔契街41号顶层一套两小间的公寓里重理旧业。夏天来了以后，他到贝希特斯加登山上的上萨尔茨山的旅舍中去消夏，他抚今追昔，不久以前的牢狱之灾和目前的时运晦暗只是加强了他的决心。在铁窗后面，他有时间不仅彻头彻尾地回顾了他本人的过去，他的成功和错误，也彻头彻尾地回顾了德国人民的动乱的过去，**他们的**成功和错误。现在，他对这两个方面都看得更加清楚了。他的心中又产生了一种不容存在任何怀疑的炽烈的使命感——不仅是 112
为他自己，也是为了德国。在这种高昂的情绪下，他结束了《我的奋斗》第1卷的口授工作，接着立刻进入第2卷的口授工作。上帝召唤他在这个动乱不已的世界上要做的事情的蓝图和作为这种事业的支持的哲学——世界观（Weltanschauung），都用白纸黑字写了下来，供世人思考。这种哲学，不论如何荒诞不经，在德国人的生活中都是有其深刻根源的，这一点我们已经知道。这个蓝图对于大多20世纪的人来说，甚至对于在德国的人来说，可能看起来是荒唐可笑的。但是它也有一定的逻辑。它展开了一个远景。它为德国历史指出了一个继续的方向，虽然当时很少有人看到这一点。
113 它指出了完成德国光荣使命的道路。

注 释

1. 数字取自奥朗·詹姆斯·哈尔教授发表在《美国历史评论》1955年7月号上一篇关于埃耶出版社版税申报单的分析文章，题为《纳税人阿道夫·希特勒》。

2. 引文取自《我的奋斗》，第619，672，674页。

3. 同上，第138—139页。

4. 同上，第140页。

5. 同上，第643，646，652页。

6. 同上，第649页。

7. 同上，第675页。

8. 同上，第654页。

9. 同上，第150—153页。

10.《希特勒演讲集》，第32页，引自布洛克，《希特勒——暴政的研究》第68页。

11.《我的奋斗》，第247—253页。

12. 同上，第134—135，285，289页。

13. 同上，第290页。

14. 同上，第295—296页。

15. 本段引文及以前两段引文出处同上，第296页。

16. 同上，第646页。

17. 同上，第383—384页。

18. 同上，第394页。

19. 同上，第402—404页。

20. 同上，第396页。

21. 同上，第449—500页。

22. A. J. P. 泰勒，《德国史教程》，第24页。

23. 威廉·勒普克：《德国问题的解决办法》，第153页。

24.《我的奋斗》，第154，225—226页。

25.《希特勒秘密谈话录》，第198页。

26. 见他在《第三帝国》一书中对张伯伦的研究，包蒙、弗里德、韦尔梅伊编。

27. 上述自张伯伦一直推溯到费希特和黑格尔一节，根据各作家的作品和下列各著作中的引文和解释：约翰·杜威：《德国哲学和政治》；弗里德里希·梅尼克：《德国的浩劫》；威廉·勒普克：《德国问题的解决办法》；伯特兰·罗素：《西方哲学史》；W. W. 柯尔和 M. F. 波特尔合编：《德意志如是说》；包蒙、弗里德、韦尔梅伊合编：《第三帝国》；路易·L. 斯奈德：《德国民族主义：一个民族的悲剧》；汉斯·康恩编：《德国史：德国新观点介绍》；T. L. 雅尔曼：《纳粹德国兴亡史》；康拉德·海登：《元首》；A. J. P. 泰勒：《德国史教程》；埃德蒙·韦尔梅伊：《当代德意志》；赫尔曼·平瑙：《德国史》。

E. 艾克著《俾斯麦和德意志帝国》是一部极有价值的作品。

由于本书篇幅所限，对于其他一些德国知识分子对第三帝国的影响只得略而不谈，虽然他们的著作在德国也甚为风行和重要，这些德国知识分子有：施莱格尔、J. 格雷斯、诺瓦利斯、阿恩特、雅恩、拉加德、利斯特、德罗伊森、兰克、蒙森、康斯坦丁·弗朗茨、施托克尔、伯恩哈迪、克劳斯·瓦格纳、朗本、朗格、斯宾格勒。

28.《我的奋斗》，第381页。

29. 同上，第293页。

30. 同上，第212—213页。

31. 黑格尔：《历史哲学》，第31—32页。引自布洛克，《希特勒——暴政的研究》第351页。

32. 引自包蒙等人编《第三帝国》，第204—205页，取材自尼采两部著作《论道德的谱系》和《权力意志》。

第二编

胜利和巩固

第五章

取得政权的道路：1925—1931年

从1925年一直到1929年发生经济恐慌，这几年是阿道夫·希特勒和纳粹运动时运不佳的几年。但是，他仍不屈不挠，从来没有丧失过希望和信心，由此也可以看出他是怎么样的一个人。尽管他的性格容易激动，常常因此发出歇斯底里的狂言乱语，但是他却有耐心等待，而且他也很精明，认识到这些年代中笼罩着德国的物质繁荣的气候和安定宽舒的感觉是不适宜于实现他的目标的。

但是，他相信好景不长。他说过，就德国而论，这种好日子所依靠的不是德国本身的力量，而是别人的力量——尤其是美国的力量，德国的繁荣正是从美国的充裕的金库中借来了大量贷款后造成和维持的。在1924年到1930年之间，德国借了大约70亿美元外债，其中大多数借自美国的投资人，后者很少考虑到德国最后靠什么还债。关于这一点，德国人考虑得更少。

共和国借了外债，用来偿付战争赔款和扩大它的庞大的社会服务，这种社会服务成了全世界的典范。各邦、各大小城市也借了外债，不仅从事必要的建设，也造了飞机场、戏院、运动场和豪华游泳池。在通货膨胀期间轻易偿清了债务的工业部门，也借了数以十亿计的外债来更新装备和把生产过程合理化。工业产量于1923年跌到1913年的55%，到1927年增加到122%。1928年的失业人数在战后第一次跌到了百万以下——65万人。那一年的零售业业绩较1925年增加了20%，次年的实际工资达到了比四年前高10%的数字。下层中产阶级，也就是希特勒要从那里得到群众支持的千百万小店主和低薪阶层，在这次普遍繁荣中也分得了一杯羹。

我个人对德国的了解也是在这些日子里开始的。我当时驻在巴黎，偶
117 尔也去伦敦；当时美国正处在卡尔文·柯立芝总统治下的令人难以置信的自满和空虚的时代，对于一个能够逃避这种环境而感到欣喜的美国青年来说，这两个首都固然有其令人神往之处，但是同柏林和慕尼黑相比，就不免略为逊色了。当时德国正处在沸腾的气氛之中。那里的生活似乎比我在任何其他地方看到的生活更加自由，更加现代化，更加令人兴奋。没有任何地方的艺术和文化生活像德国那样活跃。在当代写作、绘画、建筑、音乐和戏剧方面，新的潮流不断涌现，优秀人才辈出。到处都是青年人占上风。在人行道边的咖啡座上，在华丽的酒吧间里，在夏令营里，在莱茵河上的汽船里，或者在烟雾腾腾的艺术家的工作室里，你与青年人坐在一起，通宵达旦，无休无止地谈论着生活。他们是身心健康、无忧无虑、崇拜阳光的一些人，他们对生活充满了热情，一点没有忌讳和拘束。从前压制人的普鲁士精神似乎已经死了，被埋葬了。你遇到的大多数德国人——政治家、作家、编辑、艺术家、教授、学生、企业家、劳工领袖——都使你认为他们是爱好民主，崇尚自由，甚至是主张非战的。

你很少听到人们谈到希特勒或纳粹党，除非是作为笑料——通常是在谈到当时已以啤酒馆政变闻名的那次事件的时候才提起的。在1928年5月20日的那次选举中，在全部3 100万张投出的选票中，纳粹党只得到81万张，在国会491个席位中只占了12个席位。保守的民族党也丧失了很多选票，从1924年的600万张跌到了400万张，议席从103席减少到73席。另一方面，社会民主党在1928年的选举中增加了125万张选票，总数达900多万张，在国会中占153个席位，一跃而成为德国第一大党。战争结束以后，经过了十年工夫，德意志共和国似乎终于站稳脚跟了。

在1928年那一年，纳粹党的党员人数是108 000人。数目虽少，却在慢慢增加。希特勒在1924年底出狱后两个星期，就马上去见巴伐利亚总理、天主教巴伐利亚人民党领导人海因里希·赫尔德博士。在希特勒保证

1926年的德绍包豪斯学校，由于德绍离柏林更近，创始人沃尔特·格罗佩斯将新校址搬到此处，并正式定名为“包豪斯设计学院”。

1926年，由包豪斯艺术家奥斯卡·施莱默设计的“三元芭蕾”服装，其芭蕾舞剧在柏林大都会剧院上演。

以后行动一定要循规蹈矩（他当时仍算是假释在外）之后，赫尔德撤销了对纳粹党及其报纸的取缔。“这头野兽已经制服了，”赫尔德对他的司法部长居特纳说，“我们现在不怕放松铁链了。”犯了这个致命的判断错误的德国政治家有不少，这个巴伐利亚总理是第一批（但绝不是最后一批）中间的一个。

《人民观察家报》于1925年2月26日复刊，发表了希特勒写的长篇社论，题目是《新的开端》。第二天，复活后的纳粹党在贝格勃劳凯勒酒馆举行第一次群众集会，他在会上发表演讲，这个地方就是一年半以前在11月9日早上他和他的忠实信徒出发举行他们归于惨败的游行的地方。这些信徒中间有很多人这一次没有在场。埃卡特和施勃纳-里希特已经死了。戈林在流亡中。鲁登道夫和罗姆已同元首决裂。罗森贝格同施特莱彻和埃塞尔发生了内讧，心怀不满，有意避开。格雷戈尔·施特拉塞尔也是如此。他同
118 鲁登道夫在希特勒身系囹圄而纳粹党遭禁的时候曾经领导民族社会主义德国自由运动。希特勒请安东·德莱克斯勒主持这次集会，但是这个老锁匠、党的创始人叫他见鬼去。尽管如此，啤酒馆里还是聚集了4 000名左右的信徒来听希特勒的演讲，他没有使他们失望。他像以前一样口若悬河，讲了两个小时。在演讲结束时，群众掌声雷动。尽管有不少人开了小差，尽管前途颇为黯淡，但是希特勒表明，他仍认为自己是党的独裁领袖。他宣称：“我单独负责领导我们的运动，只要我单独负责一天，就没有人能对我强加条件。”他又补充说：“我再一次负起我们的运动所发生的一切事情的全部责任。”

希特勒在去出席这次大会的时候，已经下定决心以后要实现两个目标。一个目标是要把全部权力集中在自己的手中。还有一个目标是要把纳粹党重新建设为一个只通过宪法手段攫取政权的政治组织。他还在监牢里的时候就把这种新策略解释给他的一个部下库尔特·吕德克听：“我恢复活动以后，必须采取新的方针。我们将不再企图通过武装政变来取得政权，而是要捏着鼻子进国会同天主教议员和马克思主义者议员打交道。哪怕在选票上要超过他们比在动武上压倒他们所花的时间更长，至少结果能够得到他们自己的宪法的保证。任何合法事情的过程总是缓慢的……迟早我们会得到多数选票——下一步就是得到德国了。”[1] 他在出了兰茨贝格监狱后即向

复活后的纳粹党的第一次群众集会，希特勒在慕尼黑的贝格勃劳凯勒酒馆发表演说。他的左手边是格雷戈尔·施特拉塞尔和海因里希·希姆莱，右手边是弗朗茨·克萨维尔·施瓦茨、瓦尔特·布赫和阿尔弗雷德·罗森贝格。

巴伐利亚总理保证，从此以后，纳粹党将在宪法的体制内进行活动。

但是，2月27日他在贝格勃劳凯勒酒馆再次露面时，群众的热烈情绪还是使他感到飘飘然。他并没有怎么隐讳对国家的恫吓。除了马克思主义者和犹太人以外，共和政体也是“敌人”。在发言结束时，他高呼：“我们的斗争只有两种可能的结局：不是敌人踩着我们的尸体过去，就是我们踩着敌人的尸体过去！”

根据这头“野兽”出狱后第一次在公开场合出现的情况来看，他似乎一点也没有被“制服”。他虽然保证以后要循规蹈矩，但还是以暴力来威吓国家。巴伐利亚政府立即禁止他在公开场合演讲，这次禁令的期限是两年。其他各邦也相继效法。对于一个靠三寸不烂之舌达到目前成就的人来说，这是一个很重的打击。一个被剥夺公开发言权利的希特勒就等于是一个失败了的希特勒，正如一个拳师在拳击场上被铐住了双手一样无能为力，至少大多数人是这样想的。

但是他们又弄错了。他们忘记了，希特勒除了是个演说家以外，还是一个组织家。他咽下这口不得在公开场合讲话的怒气，发愤从事民族社会主义德国工人党的建设工作，把它组织成为一个德国以前从来未曾有过的组织。他打算把它组织得像陆军一般——成为一个国中之国。第一项工作是吸收缴党费的党员。到1925年底，党员人数仅为27 000人。吸收新党员
119 的工作进展很慢，但是每年都略有进展：1926年是49 000人，1927年是72 000人，1928年是108 000人，1929年是178 000人。

而更重要的工作是建立一个复杂的党内机构，这个机构相当于德国政府的组织，也的确可以说相当于德国社会的组织。全国划分为若干区，其范围大致相当于德国国会原来的34个选区，每一个区有一个希特勒任命的区领袖。另外还有奥地利、但泽、萨尔、捷克斯洛伐克境内的苏台德等7个区。每个区又分为分区，由分区领袖领导。再底下的党内单位是分部，在城市里各分部又进一步分为街道支部和小组。

纳粹党的政治组织分为两个部，政治组织第一部负责对付和破坏政府，政治组织第二部负责建立一个国中之国。因此第二部下面设有农业、司法、国民经济、内政、劳工等部门，而且考虑到将来情况，还设有种族、文化、工程等部门。政治组织第一部设有外交、工会等部门，还设有一个全国新闻局。宣传部是个单独设立的复杂机构。

虽然党内一些粗人、街头殴斗和酒馆闹事的老手反对吸收妇女和儿童入党，希特勒还是很快地给妇女和儿童也设立了专门的组织。希特勒青年团吸收15岁到18岁的青年，他们有自己的文化、学校、新闻、宣传、“国防体育”等部门，10岁到15岁的少年儿童则参加德国少年团。女孩子有德国少女联盟，妇女有纳粹党妇女会，学生、教员、公务员、医生、律师、法官都各有自己的组织，还有一个纳粹文化联盟来吸引知识分子和艺术家。

在经过了相当的困难之后，冲锋队改组成为一种武装团体，拥有几十万队员，其任务是保护纳粹党举行的集会，捣乱其他政党的集会，以及一般地恫吓那些反对希特勒的人。冲锋队的某些领袖也希望在希特勒上台以后以冲锋队来代替正规军的位置。为了准备实现这个目的，专门设立了一个办公室，由弗朗茨·冯·埃普将军领导，名叫国防政治处。它所设立

的五个部门分别负责国内外防御政策、国防部队、民防后备力量等这样的问题。不过身穿褐衫的冲锋队自始至终不过是批杂七杂八的打手。它的许多高级领袖，以冲锋队头子罗姆为首，都是臭名远扬的同性恋者。慕尼黑冲锋队长埃德蒙·海内斯中尉不仅是同性恋，而且是个被判过刑的杀人凶犯。这两个人同其他几十个人一直都在发生争吵和内讧，其恶劣程度，只有患性变态病症和因之而争风吃醋的人才做得出来。

为了有一个比较可靠的武装团体，希特勒又建立了党卫军（S. S.），成
员身穿黑色制服，与意大利法西斯分子相同，并且要特别宣誓效忠于他个 120
人。起初，党卫军不过是元首的卫队。第一任首领是个名叫伯希托尔德的新闻记者。因为伯希托尔德喜欢在比较安静的《人民观察家报》编辑室，而不想玩当警察和当兵的游戏，希特勒便让一个名叫埃尔哈德·海登的名气甚臭的前警察局密探代替了他。直到1929年，希特勒才找到了理想的党卫军头子，这是一个在慕尼黑附近瓦尔德特鲁德林村里的养鸡场主，态度温文尔雅，人们常常把他弄错（本书作者第一次遇见他时也弄错了），以为他是个小地方的小学教员，此人名叫海因里希·希姆莱。希姆莱把党卫军接过手来时，成员一共只有200名左右。到他结束他的党卫军工作时，党卫军已经统治了整个德国，而在整个欧洲德占区成了一个令人谈虎色变的可怕名称。

高居在这个错综复杂的党组织金字塔顶上的是阿道夫·希特勒本人，他的神气活现的头衔是Partei-und-Oberster-S.A.-Führer，Vorsitzender der N.S.D.A.V.——可以译为“党和冲锋队的最高领袖，民族社会主义德国工人党主席”。直属于他的办公室的有全国指导处（Reichsleitung），组成人员是党的高级领袖和“全国司库”和“全国总务主任”这样有用的人员，在共和国最后几年里，你要是去拜访一下纳粹党设在慕尼黑的全国总部的宏伟的褐色大厦，你得到的印象便是，这里的确是一个国中之国的办公机关。毫无疑问，希特勒要别人得到的就是这样一个印象，因为这种印象有助于破坏他所试图推翻的那个实际的德意志国家在国内外所享有的信任。

但是希特勒一心所追求的东西要比造成一个印象重要得多。在他上台三年后，1936年11月9日晚上，他在贝格勃劳凯勒酒馆向“老战士”谈话时，解释了他要使党组织成为这样一个庞大的无所不包的组织的一个目标。

“我们当时认识到，”他追述党在政变后进行改组的日子时说道，“推翻旧国家是不够的，必须在事前先建立起新国家，并且随时准备好……在1933年，问题已不再是用暴力行动来推翻国家的问题，在这期间，新国家已经建立起来，留下来要做的不过是摧毁旧国家的最后残余了——这只要几个小时就行了。”[2]

任何组织，不论多么完善，不论多么有效率，毕竟是由人组成的，而人不免会犯错误。在希特勒加强他的政党以便掌握德国的命运的那些年代里，他的一些主要助手使他伤透了脑筋，因为他们不仅相互之间经常发生争吵，就是同他也经常发生争吵。说也奇怪，他的本性是非常不能容人的，但是对于人性中间的一个方面——人的品行——却特别能容忍。德国任何
121 其他政党都没有像纳粹党那样吸收了这么多来历可疑的角色。我们已经谈到，各种各样的皮条客、杀人凶手、同性恋者、酗酒滋事之徒、讹诈钱财的人都像飞鸟投林一般很自然地来投奔纳粹党。希特勒一点也不在乎，只要他们对他有一点用处。当他刚刚出狱时，他发现他们内讧甚烈，吵得不可开交，而那些像罗森贝格和鲁登道夫那样比较正派和体面的领袖则要求把这些罪犯，特别是一些变态开除出党。关于这一要求，希特勒坦率地拒绝接受。他在1925年2月26日《人民观察家报》的社论《新的开端》中写道：“我认为，设法改进或者甚至融合手头现成的人才不是一个政治领袖的任务。”

但是到1926年，纳粹党头目之间的相互攻击已经到了令人非常难堪的地步，希特勒不得已成立了一个党内法庭来解决这些攻击，防止他的同志把家丑外扬。这个机构名叫USCHLA，是Untersuchung-und-Schlichtungs-Ausschuss（调查解决委员会）的简称。第一任主席是退休将军海涅曼，但是此公不能体会这个法庭的真正目的不是对被控犯有普通罪行的人宣布判决，而是遮盖掩饰这种罪行，务使党的纪律和元首的威信不致受到影响，因此这位将军不能不让位给一个比较能够体会这个目的的退伍军官瓦尔特·布赫少校。布赫有两名助手，一名是曾经担任希特勒卫士的前屠夫乌尔里希·格拉夫，另一名是一个年轻的纳粹党律师汉斯·弗兰克，关于此人的情况，我们在记述他在担任被占波兰的总督期间的血腥暴行时还要详

细谈到。这里可以一提的是，他后来因此在纽伦堡上了绞刑架。由这三个人组成的司法机构完成工作的情况，使元首极感满意。要是党内有一个头目被控犯有极恶劣的罪行，布赫的回答必然是:“那又怎么着?”他要知道的只是，这一罪行是否影响党的纪律或触犯元首。

要使得纳粹党这些野心勃勃、竞争激烈的头目的行动不致逾越界限，仅仅这个党内法庭还是不够的，尽管它在许许多多案件上证明很有效。希特勒常常不得不亲自过问，这不仅是为了保持表面上的和谐，也是为了防备自己的咽喉被人割断。

当他还在兰茨贝格饱尝铁窗风味的时候，一个名叫格雷戈尔·施特拉塞尔的青年人在纳粹运动中突然抬了头。他是个药剂师，巴伐利亚人，比希特勒年轻三岁；同希特勒一样，他也得到过一枚一级铁十字奖章，在战争中从一个普通士兵提升为中尉军官。他在1920年加入纳粹党，不久就成了下巴伐利亚的纳粹党区领袖。他的躯干魁梧，精力过人，喜欢讲究吃喝。他慢慢成了一个有才能的演说家，主要是靠了他的突出的个性，而不是靠希特勒所具有的演讲天才。此外，他还是个天生的组织家。施特拉塞尔在精神上和思想上都是极其有独立性的，他拒绝向希特勒低头，也不肯认真对待这个奥地利人要在纳粹运动中成为绝对独裁者的要求。后来事实证 122
明，对他自己来说，这是一个致命的障碍，正如他对民族社会主义学说中“社会主义”部分真正心向往之的热情成了他的一个致命障碍一样。

不顾在狱中的希特勒的反对，施特拉塞尔同鲁登道夫和罗森贝格一起组织了一个纳粹党的人民（Völkisch）运动，参加1924年春天的邦和全国选举。在巴伐利亚，纳粹党得到了足够的选票，成了邦内第二大党；在德国，我们上面已经谈到，它在民族社会主义德国自由运动的名称下得到了200万张选票，在国会中得到了32个席位，其中1个席即归施特拉塞尔。希特勒对这个青年人的活动感到很不高兴，对他的成功尤其感到不高兴。而施特拉塞尔呢，他也不愿把希特勒当作至高无上的头子，因此在1925年2月27日在慕尼黑举行的恢复纳粹党的大会上，他本有意疏远。

希特勒认识到，如果他的运动要真正成为一个全国性的运动，它必须在北方，在普鲁士，首先是在敌人的堡垒柏林也获得一个立足之地。在1924年的竞选中，施特拉塞尔曾在北方进行活动，同那里的阿尔布雷希特·冯·格雷费和恩斯特·佐·雷文特洛伯爵领导的极端民族主义团体结了盟。因此，他在那里有个人的联系和一定的影响，而且也是纳粹党中唯一有这种联系和影响的领袖。2月27日大会后两个星期，希特勒按捺下他心中的不快，派人去请施特拉塞尔，要他回到队伍中来，到北方去组织纳粹党。施特拉塞尔接受了这个建议。这是一个很好的机会，可以发挥他的才能，而没有妒忌骄横的领袖虎视眈眈地在旁盯着他。

几个月以后，他就在首都创办了一张报纸，名叫《柏林工人日报》，由他的兄弟奥托·施特拉塞尔主编，还有一份双周刊《纳粹党通讯》，供党内工作人员阅读，内容是关于党的方针政策的。此外，他还在普鲁士、萨克森、汉诺威和工业地区莱茵兰奠下了政治组织的基础。施特拉塞尔真可以说像架精力过人的发电机，他在北方到处奔走，发表演讲，指派区领袖，建立党机器。国会议员的身份，使他有了希特勒所没有的两个有利条件：他有铁路的长期免票证，因此旅行对他个人或党都花不了多少钱，同时他又享有议员的豁免权。任何当局都不能禁止他在公开场合演讲。任何法院都不能控诉他进行诽谤或者他想要做的任何事情。正如海登感叹地说过：“免费旅行和自由诽谤——施特拉塞尔在开始时比起他的元首占了很大的便宜。”

格雷戈尔·施特拉塞尔选拔了一个名叫保罗·约瑟夫·戈培尔的年方28岁的莱茵兰人做他的秘书兼《纳粹党通讯》主编。

保罗·约瑟夫·戈培尔的出现

这个面容瘦黑、形同侏儒、瘸了一条腿的青年，是一个思想敏捷、心理复杂而有点神经质的人。他不是纳粹运动的新人，早在1922年他就发现
123 了这个运动，当时他第一次在慕尼黑听到希特勒讲话，从此信仰民族社会主义，加入了纳粹党。但是纳粹运动在三年以后才发现他这个人才，当时施特拉塞尔听了他发言后，认为这样一个显然有才华的青年，是他可以利用的人。戈培尔这时年方28岁，已是一个激烈的演说家，狂热的民族主义者，正如施特拉塞尔所发现的一样，他有一支锋利的文笔，而且受过良好的大学教育，而最后这一点在纳粹党领袖中真可谓凤毛麟角，当时海因里

希·希姆莱刚刚辞去施特拉塞尔秘书的职务去一心养鸡。施特拉塞尔就派戈培尔接替。这项任命后来证明是具有决定性意义的。

保罗·约瑟夫·戈培尔于1897年10月29日生于莱茵兰一个约有3万居民的纺织中心莱特。他的父亲弗里茨·戈培尔是当地一家纺织厂的工头。他的母亲玛丽亚·卡塔琳娜·奥登豪森是个铁匠的女儿。他的双亲都是虔诚的天主教徒。

约瑟夫·戈培尔的大部分教育是在天主教会里得到的。他先在一个天主教教区小学上学，后来上莱特的文科中学。天主教大阿尔伯特协会给了他一笔奖学金，使他能够继续入大学深造，结果他上了八个大学，先后在波恩大学、弗赖堡大学、维尔茨堡大学、科隆大学、法兰克福大学、慕尼黑大学、柏林大学求学，最后于1921年24岁那一年在海德堡大学得到哲学博士学位。在这些著名大学、德国最优秀的高等学府里，戈培尔专修哲学、历史、文学和艺术，兼修拉丁文和希腊文。

他的志愿是当作家。他在得到博士学位的那一年写了一部自传小说《米夏埃尔》，但是当时没有出版商愿意出版。以后两年他又写了两部剧本，关于耶稣基督事迹的《流浪者》和《孤客》，都是用韵文诗体写成的，但是也没有剧团愿意演出。* 在新闻工作方面，他的命运也不佳。自由主义的大报《柏林日报》退回了他所投的许多文章，并且回绝了他想要当该报记者的求职申请。

他的个人生活在初期也充满了挫折和失意。他瘸了一条腿，不能参军作战，因此没有能够具有他那一代年轻人认为非常光荣——至少在开始的时候——的战争经历，而这却是要在纳粹党内占据高位的一个必要条件。戈培尔并不是如大多数人所认为的那样是天生瘸腿的。他7岁的时候患了骨髓炎。左大腿开刀不是很顺利，结果左腿比右腿短了一截，而且有点萎缩，走起路来一望而知是个瘸子。这个残疾是使他饮恨终生的憾事，也是他早年心中满怀不平的原因之一。绝望之下，在他的大学时代和煽动反对占领鲁尔的法军的一个短时期里，他常常冒充受伤的退伍军人。 124

---

*《米夏埃尔》最后于1929年出版，那时，戈培尔已成了全国闻名的纳粹党领导人了。《流浪者》在他就任宣传部长和德国戏剧界的领导人以后被搬上了舞台，但是演出的时间并不长。

他在恋爱方面的运气也不好，虽然他一生之中都把乱搞女人（在他当权之后越来越弄得尽人皆知了）当作人间至情。他在1925—1926年的日记中到处流露出对他所爱的女人（有时同时有好几个）的思恋。当时他才二十八九岁，刚刚靠施特拉塞尔的提拔参加了纳粹党的政治活动。这些日记有*：

1925年8月14日：爱尔玛从巴特哈尔茨堡写了一张明信片给我。这是那天晚上以后第一次得到她的音讯。这个逗人的、迷人的爱尔玛！

接到了艾尔西从瑞士寄出的第一封信。只有亲爱的艾尔西写得出这样的信……我不久要到莱茵去待一个星期，相当孤寂。但艾尔西就会来……等待这次相见，我是多么快活啊！

8月15日：这些日子里，我常常想起安克……同她一起旅行真是愉快极了。这个可爱的姑娘！我想念艾尔西。什么时候我能再把她搂在怀里？

亲爱的艾尔西，什么时候我能再见你？

爱尔玛，你这个可爱的小鸟儿！

安克，我永远忘不了你！

8月27日：到莱茵已有三日……艾尔西音讯全无……她生我的气了？我多么想她！我还是住在上次圣灵降临周同她一起住过的房间里。真令人渴念，想望！她为什么不来？

9月3日：艾尔西来了！她在星期二从瑞士回来——胖胖的，胸脯鼓鼓的，健康，愉快，只是略为晒黑了一点。她很快活，情绪很高。她待我很好，使我感到很快活。

---

* 这些早期日记是盟军谍报人员在战后发现的，是这一时期戈培尔生活的一个很好的情报来源。

10月14日：安克为什么要离开我？……我别再去想这些事情了。

12月21日：我和这些女人活该倒霉。让爱我的人去受苦吧！

12月29日：昨晚与赫斯同去克利菲尔德。欢度圣诞节。一个来自弗朗科尼亚的可爱而美丽的姑娘。她是我喜欢的那一类型。在暴风雨中同她一起回家。Au revoir（再见）！

艾尔西来了。

1926年2月6日：我渴望一个甜美的女人！唉！真教人难熬！

戈培尔从来没有忘记过“安克”——安克·赫尔霍恩，是他在弗赖堡大学第二学期时遇到的他最初的恋人。他的日记里到处流露出他对这个金 125
发美人的不绝赞叹和她抛弃他以后的悲哀。后来，他当了宣传部长以后，曾以一种典型的虚荣和讥嘲的口气告诉他的朋友，为什么她抛弃了他。“她抛弃了我，因为另外那个家伙比我有钱，能够请她吃饭看戏。她多么愚蠢！要不然，她今天就是宣传部长夫人了！她一定感到很后悔！”安克嫁了“另外那个家伙”，后来又离了婚，1934年来到柏林，戈培尔给她在一家杂志社搞到了一个职位。[3]

吸引年轻戈培尔的是施特拉塞尔的激进态度，是他信奉民族社会主义中“社会主义”的主张。他们两个人都想依靠无产阶级来建设纳粹党。在这个时期，戈培尔的日记中到处都是同情共产主义的表示。“归根结底，”他在1925年10月23日写道，“我们与其在资本主义制度下经受奴役，不如在布尔什维主义制度下结束我们的生存。”1926年1月31日他在日记中写道：“我们（纳粹党人）同共产党人自相残杀，我认为是件可怕的事……我们什么时候、在什么地方能够同共产党领导人聚在一起谈谈呢？”就是在这个时候，他发表了一封致一个共产党领导人的公开信，向后者保证，纳粹主义和共产主义其实是一回事。“你和我，”他宣称，“相互反对，但是我们并不是真正的敌人。”

在阿道夫·希特勒看来，这完全是异端邪说。施特拉塞尔兄弟和戈培尔在北方成功地建立了一个强有力的激进的纳粹党左翼力量，使他感到越来越不安。如果听任他们自由发展下去，他们可能会把整个党都抓过去，实现希特勒所竭力反对的目标。不可避免的摊牌是在1925年秋天和次年2月间发生的。

是格雷戈尔·施特拉塞尔和戈培尔在一个当时在德国引起情绪骚动的问题上迫使希特勒摊牌的。这个问题就是社会民主党和共产党建议共和国征用和接管退位的各王公贵族的大庄园和财产。按照魏玛共和国宪法，这个问题要交付公民投票来决定。施特拉塞尔和戈培尔建议，纳粹党同共产党和社会民主党一起支持这个征用贵族财产的运动。

希特勒闻讯大怒。这些前统治者中有不少人曾经给党捐助了款项。此外，有一些大工业家也开始在经济上对希特勒的新生的运动关心起来，其原因正是因为它很有可能在打击共产党、社会民主党和工会方面起有效的作用。如果施特拉塞尔和戈培尔的计划得逞，希特勒的收入来源就可能马上枯竭。

但是在元首还没有能够采取行动之前，施特拉塞尔于1925年11月22日就在汉诺威召开了一次北方党的区一级领导人会议。这次会议的目的不仅是要使北方的纳粹党支持征用运动，而且要提出一个新的经济纲领，这
126 项纲领将废除以前在1920年通过的“反动的”二十五点纲领。施特拉塞尔兄弟和戈培尔要把大工业和大庄园收归国有，按照意大利法西斯主义的方式组织一个社团院来代替国会。希特勒拒绝出席会议，派了忠实的戈特弗里德·费德尔代表他去镇压反叛者。戈培尔要求把费德尔轰出去——“我们不需要奸细密探！”他叫道。好几个后来在第三帝国占有一点地位的领袖都出席了这次会议——伯恩哈德·鲁斯特、埃里希·科赫、汉斯·凯尔和罗伯特·莱伊——但是只有莱伊这个领导科隆区纳粹党的酗酒化学家支持希特勒。当莱伊博士和费德尔声称，这次会议是不合程序的，没有最高领袖希特勒在场，什么行动都不能采取的时候，戈培尔叫道（根据当时在场的奥托·施特拉塞尔的话）:“我要求把这个小资产阶级分子阿道夫·希特勒开除出纳粹党！”

这个言辞锋利的年轻的戈培尔自从三年前拜倒在希特勒的魅力下以来

有了很大的转变——至少在格雷戈尔·施特拉塞尔看来一定是如此。

“那时候我仿佛是再生了！”戈培尔记录1922年6月在慕尼黑皇冠马戏场第一次听希特勒演讲得到的印象时惊叹道，“现在我找到了应该走的道路……这是一个命令！”他对于希特勒在慕尼黑政变案审讯时的表现更加心醉神迷。在判决以后，戈培尔写信给元首道：

> 你像一颗初升的明星，出现在我们惊异的眼前，你所表现的奇迹廓清了我们的思想，而且在一个充满怀疑和绝望情绪的世界里，给了我们信仰。你高高在群众之上，充满信心，掌握未来，有着坚强的意志，要用你对所有相信新德国的人的无限热爱来解放群众。我们有生以来第一次以雪亮的眼睛看到了一个人从那些利欲熏心的人的脸上，从那些庸庸碌碌的议会里的好事之徒脸上，把他们的假面具撕掉……
>
> 在慕尼黑法庭上，你在我们面前表现了元首的伟大。你所说的话是俾斯麦以来德国境内最伟大的话。你所表达的不仅仅是你自己的痛苦……你提出了整整一代人的需要，这一代人在苦苦寻求领袖和任务。你所说的话是新的政治信仰的大纲，这种政治信仰是在一个崩溃的、无神的世界的绝望中产生的……我们都要感谢你。有一天，德国也要感谢你……

但是现在，经过一年半以后，戈培尔所崇拜的偶像倒了下来。他成了一个应该赶出党去的“小资产阶级分子”。在只有莱伊和费德尔的反对下，汉诺威会议通过了施特拉塞尔的新党纲，批准了在要求实行公民投票剥夺前王公贵族的财产的运动中同马克思主义者携手的决定。

希特勒按兵不动，静候时机，终于到1926年2月14日进行了反击。他在南德的班贝格召开了一次会议，狡猾地选了一个工作日，这样，北方的 127
领袖就不可能离开工作来参加。事实上，只有格雷戈尔·施特拉塞尔和戈培尔可以分身来参加。他们在人数上大大少于希特勒一手挑选的南方领袖。于是在元首的坚持下，他们被迫屈服，放弃了他们的纲领。像海登和奥尔登这样的研究纳粹主义的德国历史学家，以及受到他们影响的非德国作家都记载称，在班贝格会议上，戈培尔公开背弃了施特拉塞尔，倒向希特勒一边。但是在海登和奥尔登的著作出版后发现的戈培尔日记却透露，他并没有这么突然地背叛施特拉塞尔。这些日记表明，戈培尔虽然同施特拉塞尔一起向希特勒投降，但他还是认为元首是完全错误的，而且还表明——至少在当时——他丝毫无意倒向元首一边。2月15日，班贝格会议的后一天，他在日记中写道：

> 希特勒谈了两个小时。我觉得好像有人揍了我一顿一般，这是怎么样的一个希特勒呀？一个反动派吗？非常笨拙、不稳。在俄国问题上完全错了。居然说意大利和英格兰是我们天然的盟友！可怕呀，可怕！居然说我们必须消灭俄国！……贵族私有财产问题甚至不许碰一碰！真是可怕！我连一句话也说不出来。我觉得好像头上挨了一记闷棍似的……
>
> 这肯定是我一生之中最使我失望的事之一。我对希特勒再也不能完全信任了。这真是件可怕的事：我脚下的支柱都给抽掉了。

为了表明他忠于谁，戈培尔陪着施特拉塞尔一起到火车站，并且想安慰施特拉塞尔。一个星期后，2月23日，他在日记中写道："同施特拉塞尔举行了长谈。结果：我们绝不要嫉妒慕尼黑这批人的代价巨大的胜利。我们必须再次展开我们争取社会主义的斗争。"

但是希特勒比施特拉塞尔更好地估量了这个才华焕发的年轻的莱茵兰人。3月29日，戈培尔记道："今日接到希特勒来信。他要我于4月8日在慕尼黑发表演讲。"他在4月7日到达慕尼黑。"希特勒派了汽车来接我，"他记道，"招待隆重至极！我将在具有历史意义的贝格勃劳凯勒酒馆讲话。"第二天他就在元首所用过的那个讲坛上讲了话。他4月8日在日记里详细写道：

> 希特勒打电话来……在班贝格会议以后他不计前嫌，使我们感到惭愧……2点钟我们驱车前往贝格勃劳凯勒酒馆。希特勒已经在那里了。我兴奋至极，心快要跳出来了。我进了大厅，欢声震耳……我

讲了两个半小时……听众欢叫。最后希特勒拥抱了我。我感到很快活……希特勒一直在我身边。

几天后，戈培尔完全投降了。“4月13日：希特勒讲了三小时。精彩
之极。他能够使你怀疑自己的看法。意大利和英格兰是我们的盟友。俄国 128
想要鲸吞我们……我敬爱他……他把什么事情都想过了。他的理想：一种
公正的集体主义和个人主义。至于土地——一切属于人民。生产必须是创
造性的和个人主义的。托拉斯、运输等要社会化……我现在对他完全放心
了……我向这个伟大的人物、政治的天才鞠躬致敬。”

约瑟夫·戈培尔（1897—1945）在书房办公。

戈培尔4月17日离开慕尼黑时已成了希特勒的人，并且以后至死都是他最忠实的信徒。4月20日他向元首发了一封祝贺生日的短简："亲爱的和敬爱的阿道夫·希特勒！我从你那里得到了不少教益……你终于使我看到了光明……"那天晚上他在日记中说："他今天已满37岁。阿道夫·希特勒，我敬爱你，因为你既伟大又单纯。这两者就是天才的特点。"

戈培尔在那年夏天有很大一部分时间是在贝希特斯加登同希特勒一起度过的。他的日记中全是对元首的歌颂之词。8月间，他在《人民观察家报》发表一篇文章，公开同施特拉塞尔决裂。

> 我到现在才认清你们的本来面目：空口革命家［他对施特拉塞尔及其支持者说］而不是行动革命家……不必大谈理想，不必自欺欺人地以为你们是这些理想的创始者和保护者……我们坚决支持元首，并不是忏悔赎罪。我们怀着古代诺斯人傲然挺立在他们日耳曼封建主面前的男子汉的、有骨气的自尊心……向他鞠躬致敬。我们觉得他比我们谁都伟大，比你我都伟大。他是天意的工具，将以生气勃勃的、创造性的热情来创造历史。

1926年10月底，希特勒任命戈培尔为柏林的纳粹党区领袖。他指示戈培尔要肃清那些妨碍纳粹运动在那里发展的互相争吵不休的褐衫队员，把德国首都为民族社会主义运动拿下来。柏林当时是"红色的"。柏林大多数选民都投社会民主党和共产党的票。戈培尔这时刚刚满29岁，在一年之间就从一个无名之辈爬到了纳粹党内领导人之一的地位，他毫无难色地着手完成他在这个巴比伦式大城市中的任务。

阿道夫·希特勒的一段休息和罗曼史的插曲

阿道夫·希特勒在政治上不顺利的几年却是他私人生活中最美好的几年，正如他后来自己说的一样。他当时由于受到了取缔，在1927年以前不得公开演讲，因此他全神贯注地写作《我的奋斗》的最后部分，并在心中策划纳粹党和自己的前途。他的大部分时间都是在巴伐利亚境内阿尔卑斯山间贝希特斯加登这个市集村镇上面的上萨尔茨山度过的。这是个休息养神的好地方。129

战争期间，希特勒在前线大本营里总爱同他的党内老同志和忠实的女秘书深夜话旧散心，回忆过去的情况，他的这种独白往往充满了关于这个山间胜地在他心中所占地位的怀恋的话，他在那里建立了他一生中唯一的家。“是的，”当1942年1月16—17日夜里进行这样一次谈话时，他感叹地说，“上萨尔茨山同我之间有着千丝万缕的关系。许许多多事情都是在那里产生的……我在那里度过了我一生中最美好的时光……我所有的伟大计划都是在那里构思成熟的。在那些日子里，我有许多闲暇的时间，还有多少可爱的朋友啊！”

在出狱后头三年里，希特勒在上萨尔茨山的各家小旅舍里住过，1942年那次冬季话旧时，他谈到这些旅舍有一个小时之久。他最后在德意志旅舍定居下来，此后两年他大部分时间都是在这里度过的，并且在这里完成了《我的奋斗》的口授工作。他说，他和他的党内老友“非常喜欢去光顾德莱梅德尔旅舍，因为那里总有漂亮的姑娘”。他补充说：“这是我的一种莫大享受。特别是其中有一个姑娘，真是个美人儿。”

那天晚上，在俄罗斯前线的大本营地下室里，希特勒向他的听众谈到的一段话，重提了他当时在贝希特斯加登逍遥自在的日子里所担心的两件事。

> 在这个时期［在上萨尔茨山］，我认识了不少女人。其中有好几个对我很有情。那么，我为什么不结婚？我要撇下一个无依无靠的妻子吗？我稍一不慎就有回到监狱去蹲上六年的危险。因此，结婚对我来说是谈不上的。我只好放弃当时出现的一些机会。[4]

希特勒在1920年代担心再进监狱或者被驱逐出境，这不是没有根据的。他当时仍是假释在外的犯人。要是他公开违反不许他在公开场合演讲的禁令，巴伐利亚政府很可能再叫他锒铛入狱，或者押解出境到他出生的奥地利去。他选择上萨尔茨山做他退隐地的一个原因是这个地方距离奥地利边境很近；一接到通知他就能溜过边境，逃避德国警察的逮捕。但是如果回到奥地利去，不论是自愿回去还是被迫回去，都将断送他的前程。为了减少驱逐出境的危险，他在1925年4月7日正式申请放弃奥地利国籍，这一要求立即为奥地利政府所接受。但是这使他处于无国籍的地位。他虽然放弃了奥地利国籍，但是还没有成为德国公民。在德国，对于一个政客来说，这是个很大的妨碍，比如说，他就不能竞选公职。希特勒曾经公开地宣布过，他永远不会要求共和政府批准他的国籍，他认为，由于他战时在德意志帝国军队中服役，国籍是理所应得的。但是在1920年代后半期，
130 他一直在进行秘密活动，想使巴伐利亚政府批准他为德国公民。不幸，他的一切努力都失败了。

至于女人和结婚，希特勒在1942年那天晚上讲的话中也有一些是符合实际情况的。同一般的看法相反，他很喜欢同女人来往，特别是跟长得漂亮的女人。他在战时最高统帅部饭后酒余谈话时一再谈到这个话题。“世界上有多么可爱的女人啊！”1942年1月25—26日夜里他在同老部下谈天时感叹道。他还举了他个人经历中的好几个例子，并且吹嘘说：“我年轻的时候在维也纳，认识不少可爱的女人！”海登记述了他早年一些罗曼蒂克的渴望。其中一个对象是燕妮·豪格，她的哥哥是希特勒的司机，她在1923年当了他的情人。一个是雍容华贵的埃尔娜·汉夫施丹格尔，也就是普茨的妹妹。一个是温尼弗雷德·瓦格纳，那是理查德·瓦格纳的儿媳。但是希特勒一生中唯一对之有深情厚爱的女人，就现在所知，是他的外甥女。

1928年夏季，希特勒在贝希特斯加登上面的上萨尔茨山以每月100马克（折合25美元）的租金向一个汉堡工业家的寡妻租了瓦亨菲尔德别墅，请了他异母姐姐、孀居的安吉拉·拉包尔从维也纳来替他管家，这是他的第一所可以称为归自己所有的房子。* 拉包尔太太带来了她的两个女儿，吉莉和弗莉德尔。吉莉双十年华，一头金发，面容俊秀，声音悦耳，性格开朗，很讨男人的欢心。[5]

希特勒不久就爱上了她。他到处都带着她，参加集会和会议，在山间散步，在慕尼黑上咖啡馆和戏院。1929年他在慕尼黑最时髦的一条街摄政

---

* 后来他把这所房子买了下来，当了总理后又改建得十分豪华，并且把名字从瓦亨菲尔德改为伯格霍夫。

王大街租了一套有九间房间的豪华公寓，吉莉自己单有一间房间。在慕尼黑和整个南德的纳粹党人士中间不可避免地传开了党的领袖和他美丽的金发外甥女的流言蜚语。一些比较正派的——也许是吃醋的——领袖劝希特勒不要再在公开场合携带他的年轻情人，要不然，就索性结婚。希特勒对这种意见非常生气，有一次因此而发生争吵，他竟解除了符腾堡纳粹党区领袖的职务。

很可能希特勒是打算同他的外甥女结婚的。当时同他接近的一些党内老同志后来告诉作者说，当时看来结婚是不可避免的事。他们毫不怀疑，希特勒深深地爱上了她。至于她本人的感情如何，那外人就只好猜测了。一个业已成名的人居然对她加以青睐，她一定感到受宠若惊，甚至可以说颇为得意，这也是很明显的。不过，她对她的舅父的爱情是否有回报，外人不得而知；大概是没有回报，而在最后，肯定是没有回报。他们两人之间存在着深刻的隔阂，其根源和性质一直没有完全弄清楚。虽然传说纷纭，
但是证据却很少。显然，两人彼此都很不放心。她对他注意别的女人—— 131
尤其是温尼弗雷德·瓦格纳——感到不满。他则怀疑她同他的卫士、以前

1929年，戈培尔、吉莉与希特勒在上萨尔茨山度假。

坐过牢的埃米尔·莫里斯有暧昧关系。她也反抗她舅父对她的专制态度。他不让她同任何别的男人一起在公开场合出现。他禁止她到维也纳去继续学唱歌，使她想登台唱歌剧的打算不能实现。他要她完全为他一个人而存在。

也有人暗示说，她对她的情人的被虐狂倾向感到厌恶，据说，这个政治上的专制魔王愿意受到他所爱的人的奴役，据性心理学家看来，在这种人身上，这不是什么不平常的事。海登谈到希特勒在1929年写给他的外甥女的一封信，其中承认在这方面的深刻感情。这封信后来落到他的房东的儿子之手——结果使不止一个人遭殃。[6]

总而言之，不论究竟是什么原因使舅父和外甥女之间的爱情蒙上了阴影，他们之间的争吵越来越激烈，到1931年夏末，吉莉宣布，她要回维也纳去继续学声乐。希特勒不许她走。1931年9月17日，希特勒离开慕尼黑的公寓去汉堡之前，两人发生了一场激烈争吵，当时邻居都看到了。他们听到这个年轻的姑娘扑在窗口上哭着对她上汽车的舅父叫道："那么你不答应让我去维也纳？"他们听见他回答说："不答应！"

第二天早上发现吉莉·拉包尔被手枪打死在她的房间里。邦检察官经过周密调查后，断定这是自杀。验尸官报告说，一颗子弹射穿了她的左胸，深入心脏；看来没有疑问，这一枪是自己开的。

但是在此后若干年中，慕尼黑一直有暧昧的谣言流传，说吉莉·拉包尔是被谋杀的——有的说是被希特勒在狂怒下枪杀的，有的说是被希姆莱枪杀的，目的是要避免使党感到难堪。但是没有出现可信的证据来支持这种传说。

希特勒本人悲痛至极。格雷戈尔·施特拉塞尔后来记述，在出事以后，他有两天两夜不得不留在希特勒的身边，防备他寻短见。在吉莉安葬在维也纳后一星期，希特勒得到了奥地利政府的特别许可，到维也纳去。他在墓边哭了一个晚上，此后一直郁郁寡欢，有好几个月之久。

吉莉死后三个星期，希特勒第一次谒见兴登堡。这是他想要得到德国总理职位这一肥缺的第一次尝试。他的有些友人说，在谈话时，他似乎神志恍惚，不能自主，这对纳粹党的领袖自然是很不利的。了解他的人认为，他在这个重要的场合失魂落魄的表现是由于他心爱的外甥女去世给他的精神上的打击没有恢复的缘故。

他决定不吃肉食，我认为，是由这个个人生活上的打击所引起的一种清心寡欲的自我克制。至少，他最接近的一些部下是这样想的。他此后一直对他们说，吉莉·拉包尔是他曾经爱过的唯一女人，他谈起她的时候总是以极其敬重的态度——有时候甚至黯然泪下。他的仆人说，她在上萨尔 132
茨山别墅中的房间，即使在希特勒就任总理而加以扩大改建以后，也仍旧保留了原状。在别墅中他自己的房间里，在柏林总理府里，总是挂有这个年轻女人的画像*，每逢她的生辰死忌，画像前总放了鲜花。

希特勒是个似乎不可能爱另外任何一个人的冷酷无情的人，他对年轻的吉莉·拉包尔的爱情，是他奇怪的一生中难解的谜之一。同其他的谜一样，这只能如实叙述，而无法加以合理的解释。几乎可以肯定，从此以后，阿道夫·希特勒从来没有认真地考虑过结婚问题，一直到十四年后他自尽的前一天。

希特勒写给他外甥女的授人以把柄的信，后来通过伯恩哈德·施丹佛勒神父的交涉，从房东的儿子那里弄了回来。施丹佛勒神父就是那个帮助纳粹党领袖整理《我的奋斗》原稿的耶柔米派天主教神父、反犹主义的新闻记者，据海登说，所花的钱是由纳粹党司库弗朗茨·克萨维尔·施瓦茨供给的。这样，施丹佛勒神父就成了少数知道希特勒对吉莉·拉包尔的爱情秘密的人之一。显然，他并没有把这件事情完全秘而不宣。当《我的奋斗》的作者成了德国的独裁者以后，有朝一日同他的一些老朋友算账时，施丹佛勒就得为了泄露内情而付出他的生命。

在个人生活非常舒适的这些年代里，希特勒在上萨尔茨山弄了一所别墅，在慕尼黑租了一套豪华的公寓，出门总是以一辆由司机驾驶的崭新的汽车代步，这辆汽车花了他20 000马克，约折合5 000美元。他在这些年代里的收入来源一直没有弄清楚。但是在战后发现的关于他的所得税的档案，使这个问题得到了一些说明。[7] 在他担任总理一职而自己决定从此可以免税以前，他一直同税收当局发生纠葛，在1925年到1933年之间，慕尼黑财政

---

* 这像是由希特勒最赏识的画家阿道夫·齐格勒在她死后画的。

局有一大堆关于他的档案。

财政局在1925年5月1日通知他，他没有申报1924年和1925年第一季度的收入。希特勒答复说："我在1924年［当时他在狱中］和1925年第一季度没有任何收入。我是靠向银行贷款维持个人生活开支的。"那么5 000美元的汽车呢？税收官员反驳道。希特勒回答说，这也是借银行贷款买的。希特勒在申报收入时，把自己的职业填为"作家"，这样企图说明他的收入之中有个很大的比例可以列为免税开支——他无疑知道其他地方作家的惯
133 例。他的1925年第一季度的第一次所得税申报单中，开列总收入为11 231德国马克，可免税职业开支6 540马克，贷款利息2 245马克，这样可以征税的纯收入只有2 446马克。

在三页打字纸的说明中，希特勒为他的巨额免税职业开支辩解称，虽然其中大部分似乎是由于他的政治活动，但是这种工作为他提供了作为一个政治作家所需要的素材，也有助于扩大他的书籍的销路。

> 若无政治活动，我就不会出名，也就不会有材料可以出版政治著作……因此，作为政治作家，我的政治活动开支，是我写作职业的必要条件，也是作品在经济上能否成功的保证，不能被认为是可以征税的……
>
> 财政局不难看出，在这个时期内，我的著作收入中只有很小一部分供我个人开支；**我在任何地方都没有可以说是我自己的财产或其他资产**。* 我出于必要而将我个人的需要严加限制，以致完全戒绝烟酒，在最低廉的饭馆中用饭，除了最低限度的公寓房租外，没有任何开支是出乎政治作家开支范围以外的……**对我来说，汽车也是为了达到这一目的的手段。没有它，我就无法完成我的日常工作**。[8]

财政局同意可免税一半，当希特勒向复查委员会申请再议时，委员会维持原来估定的数目。此后，税收当局只同意，他所申报的职业开支有一半可以免税。他虽然提出异议，但还是遵命照付。

---

* 这份申报书中的着重体都是希特勒自己原来用的。

这个纳粹党领袖的所得税报表中所填报的总收入同他得自《我的奋斗》的版税完全相符：1925年19 843马克，1926年15 903马克，1927年11 494马克，1928年11 818马克，1929年15 448马克。由于税务当局有权调查出版社的账簿，希特勒要少报版税是不可能安然无事的。但是其他收入来源又如何呢？其他收入来源可是从来也没有申报过。大家都知道，他在那些日子里曾为经济上一筹莫展的纳粹党报纸写过许多文章，他要求很高的稿酬，结果如愿以偿。党内人士对于希特勒索取这样高的稿酬颇有微词。这些收入他都没有申报。到1920年代末尾的时候，从少数巴伐利亚和莱茵兰的大工业家那里，开始有金钱流到纳粹党中来，这些工业家都是由于希特勒的反对马克思主义者和反对工会的态度而被吸引过来的。德国钢铁托拉斯组织“联合钢铁公司”的老板弗里茨·蒂森和鲁尔煤矿大王埃米尔·基尔多夫捐助了大笔经费。这些钱常常是直接交给希特勒个人的。他到底留了多少给自己用，也许永远弄不清楚了。但是他在担任总理前几年的生活水平说明，他从支持者那里收到的钱并不是全部都交给了党的。 134

没有疑问，从1925年到1928年，他一直诉苦，说是缴不出所得税；他经常拖欠不缴，总是要求延期。1926年9月，他写信给财政局：“目前我没有能力缴付税款；为了维持生活，我已不得不举债。”后来他谈到那个时期时说：“我多年来靠吃蒂罗尔的苹果充饥。我们不得不撙节度日，几乎到了令人不可置信的程度。省下来的每一个马克都是献给党的。”他对税收官员说在1925年到1928年，他的债务更重了。1926年他申报收入为15 903马克，支出为31 209马克，并且说，亏空部分是靠向“银行借债”弥补的。

但是，仿佛出现了奇迹一样，在1929年时，虽然他申报的收入低于1925年很多，但是所得税报表中，债务利息或还本一项却消失了，而且以后也一直没有再出现过。正如哈尔教授所说的那样（上述情况都是根据他的调查），“收支上出现了一个奇迹，他的债务从此消失了”。[9]

不过必须说句公道话，只要希特勒有足够的钱能过舒服的生活而不必为工资薪水而劳动，他对于钱财总是不大在乎的。无论如何，从1930年开始，如果说他过去在个人收支上有什么需要担心发愁的话，这种担心从这时候起便永远不存在了，因为这一年他的版税收入比上年突然增加了两倍，达到约12 000美元之数，而且大企业方面的捐款也源源不绝而来。他现在能够把他全部过人的精力和才能用在完成他的使命上了。他最后夺取政权、在一个伟大的国家建立独裁政权的时刻已经来到了。

经济恐慌带来的机会

1929年快结束时，像一场大火一般席卷全世界的经济恐慌给阿道夫·希特勒送来了他的机会，他也充分利用了这个机会。像大多数伟大的革命家一样，他只有在时势困难的时候才能够有用武之地，最初是群众陷入失业、饥饿和绝望之中，后来是他们被战争冲昏头脑的时候。但是在历史上的革命家中间，他也有一点与众不同的独特之处，那就是他打算在取得政治权力以后才实行他的革命。他不打算为夺取国家的控制权而实行革命。这一目标要靠选民的委托，或者靠国家的统治者的认可——总而言之，靠合乎宪法的手段——来实现。为了取得选票，希特勒只有利用时势才行，而时势在1930年代开始的时候又使德国人民陷于绝望之中。为了取得当权者的支持，他必须使他们相信，只有他才能够把德国从多灾多难的困境中拯救出来。在1930年到1933年的动乱年代里，这个狡猾而大胆的纳粹党领袖便重整旗鼓，着手实现这双重目标。现在回顾起来可以看出，当时的时
135 局和那些曾经宣誓要忠诚地保卫他们所统治的民主共和国的少数人的软弱和混乱，都帮了希特勒的忙。但是在1930年开始的时候，这是一点也没有办法预见的。

古斯塔夫·施特雷泽曼在1929年10月3日去世。他在过去的六年中，为使战败的德国回到世界大国的行列，为了指导德国人民走向政治和经济的稳定，在外交部长的任上，由于费尽心力，终于积劳致死。他的成就不可胜计：他使德国参加了国际联盟，他谈判了道威斯计划和扬计划，把赔款减到了德国能够从容偿付的水平，而且在1925年，他曾经是《洛迦诺公约》的主要创始人之一。这个公约为西欧带来了它的饱受刀兵之灾和内争之苦的人民一个世代以来第一次尝到的太平宁静的局面。

在施特雷泽曼去世后三个星期，10月24日那一天，华尔街股票市场突然崩溃了。德国国内马上受到了影响——而且是灾难深重的影响。德国繁

荣的基础一直主要是从美国那里借来的外债和对外贸易。一旦新债断绝，旧债到期，德国的金融结构就无法承受这种负担。一旦在总萧条后世界贸易一蹶不振，德国就无法出口足够数量的东西来购买所需要的原料和粮食等必需的进口货。而没有出口，德国的工业就无法开工，它的产量从1929年到1932年几乎跌了一半。成百万的人失了业。成千上万的小企业破了产。1931年5月奥地利最大的一家银行信贷银行宣告破产，接着在7月13日破产的有德国一家大银行达姆施塔特国家银行，这就迫使柏林政府勒令所有银行暂时停业。甚至胡佛总统提出的在7月6日生效的暂停偿付一切战时债务（包括德国赔款）的创议也不能抑止这个浪潮。整个西方世界受到了一种其领导人所不能理解的、认为不是人力所及的力量的打击。在这么富裕繁荣的中途，怎么可能突然发生这种贫困和痛苦的现象呢？

希特勒曾经预料到这场灾难，但是他同任何其他政治家一样，无法了解这场灾难是什么事情引起的。也许他比别人更不了解，因为他对经济学

1926年，德国加入国际联盟成为常任理事国之后，9月10日，古斯塔夫·施特雷泽曼（第一排中不戴礼帽者）与德国代表团在日内瓦参加第一次理事会会议。

既没有知识又没有兴趣。可是他对于经济恐慌给他送上门来的大好机会却不是没有兴趣或没有知识的。德国人民的苦难——不到十年以前马克贬值的惨痛经历留在他们生活上的创伤犹在——并没有引起他的同情。相反，在那个时期的最黯淡的日子里，当工厂停工，当失业登记人数超过600万大关，当全国各大城市排队等候配给面包的人长达好几条街的时候，他居然能够在纳粹党报纸上这样写道："我一生之中从来没有像这些日子这么舒坦，内心感到这么满意过。因为残酷的现实打开了千百万德国人的眼睛，
136 使他们看清楚欺骗人民的马克思主义者的史无前例的欺骗、撒谎和背叛行为。"[10] 他的同胞的苦难，不是他要浪费时间来表示同情的事情，而是他要冷酷地立即把它在政治上变成支持他自己的野心的力量。这就是他在1930年夏末着手要做的事。

德国最后一任社会民主党总理、支持魏玛共和国的各民主党派联合组成的最后一届政府的首脑赫尔曼·米勒，由于各党派在失业保险基金问题上发生的争吵，于1930年3月辞职。继任的是天主教中央党议会领袖海因里希·布吕宁。布吕宁在战时是一个机枪连的上尉，曾获得铁十字奖章，他在国会中表现的头脑冷静、保守稳健的观点颇得陆军，特别是一位名叫库尔特·冯·施莱谢尔的将军的好感。后者在当时还不大为外界所知，是一个爱好虚荣、精明能干、野心勃勃的"办公桌军官"，军界人士早已承认他是一个颇有才华但是寡廉鲜耻的阴谋家。他向冯·兴登堡总统提出了布吕宁的名字，因此新总理是个陆军提出的人选，虽然他本人可能并没有充分意识到。布吕宁为人正直，大公无私，谨慎谦虚，忠诚廉洁，性格上稍许有点严峻；他希望在德国能够恢复稳定的议会制政府，把国家从越来越萧条的经济恐慌和政治混乱中拯救出来。他在这样努力的时候，不知不觉地却为德国民主政治掘了坟墓，从而无意中为阿道夫·希特勒的上台铺平了道路，这是这个用心善良、具有民主思想的爱国者的悲剧。

布吕宁无法争取到国会中多数议员批准他的财政计划中的某些措施。他因此请求兴登堡援引宪法第四十八条，根据这一条规定的紧急权力由总统下令批准他的财政法案。议会的反应是通过了一项要求撤销总统命令的决议。于是正当经济危机迫切需要一个强有力的政府的时候，议会制政府

却垮台了。为了找出一条摆脱困境的出路，布吕宁在1930年7月要求总统解散国会，在9月14日举行新的选举。布吕宁怎么会指望在新的选举后可以在国会中得到稳定的多数，这个问题一直没有找到解答。可是希特勒却认识到，他自己的机会出乎意料地提早出现了。

苦难深重的人民要求摆脱他们的困境。千百万失业者要求工作机会。小店主要求得到帮助。上次选举后达到投票年龄的400万左右的青年人要求至少有个能谋得生活温饱的前途。希特勒在一次旋风式的竞选运动中向这些千百万处境困难、心怀不满的人们提出的保证，在他们看来似乎给他们带来了某种程度的希望。他如果上台，将使德国恢复强大，拒付赔款，撕毁《凡尔赛和约》，肃清贪污，迫使金融巨头就范（特别是如果他们是犹
太人的话），一定要做到使每个德国人都有工作和面包。那些绝望饥饿的 137
人不仅希望得到救济，而且也希望得到新的信仰和新的神祇，对于他们来说，这种保证不是没有效力的。

希特勒抱的希望虽然已经够大的了，但是1930年9月14日晚上揭晓的选举结果，却是他做梦也没有想到的。两年前，他的党得了81万张选票，12个国会议席。这一次，他原来打算选票会增加3倍，议席搞到50个，但是在这一天，纳粹党所得的选票增加到了6 409 600张，可以取得国会中107个席位。这样它就从国会中位居第九的最小党一跃而为第二大党。

在另外一个极端，共产党得票也增加了，从1928年的3 265 000张选票增加到4 592 000票，国会议席从54席增加到77席。温和的中产阶级政党，除了天主教中央党以外，丧失了100多万张选票，社会民主党也是如此，虽然选民总数增加了40万。胡根贝格的右翼民族党的票数从400万降至200万。很明显，纳粹党从其他中产阶级政党那里夺过来数百万拥护者。同样明显的是，从此以后，布吕宁——或其他任何人——要在国会中取得稳定多数比以前更加困难了。但是没有稳定多数，共和国怎么能够存在下去呢？

这是在1930年选举以后国家的两大支柱——陆军和大工业家金融家集团——越来越关心的一个问题。这两大支柱的领袖从来没有真正接受过共和国，除非是把它当作德国历史上一种暂时的不幸现象。在选举胜利的鼓舞下，希特勒开始转移注意力来争取这两个有势力的集团。我们已经知道，

早在维也纳的时候，他从卡尔·卢格市长的政治手腕中，知道了把“有势力的、地位确立不移的机构”争取过来的重要性。

一年以前，1929年3月15日，希特勒在慕尼黑发表过一篇演讲，要求陆军重新考虑它敌视民族社会主义运动和支持共和国的态度。

从事破坏的政党是没有前途的，拥有人民的力量、准备而且愿意同陆军联合起来以便有朝一日协助陆军保卫人民利益的政党才有前途。而在另一方面，我们至今仍看到我国陆军的军官还在煞费苦心地考虑能与社会民主主义合作到什么程度。可是，亲爱的先生们，难道你们真的相信，你们同那个以促使陆军赖以存在的一切基础归于解体为宗旨的哲学有任何共同之处吗?

这是想要争取陆军军官支持的一种巧妙的呼吁，他们大多数人都相信，而且希特勒现在也第一百次重复指出：他们现在所支持的，而且对军官阶
138 层及其所代表的一切都毫无感情的共和国在背后戳了陆军一刀，把陆军出卖了。接着他用一种对于他将来要做的事情有预言性的话，警告军官们，如果马克思主义者胜过了纳粹党人，他们会有什么下场。他说，一旦发生这种情况，

对于德国陆军，你们就可以写下:“德国陆军的末日”。因为到了那时，先生们，你们就必须成为政治工具……你们到了那时可能成为那个政权和政治委员的刽子手，如果你们不听话，你们的妻儿将被囚禁。如果你们仍不听话，你们就会被一脚踢开，也许站在墙前就刑……[11]

听到这场演讲的人比较少，但是为了在陆军人士之间广为宣传这篇演讲，《人民观察家报》发行了专门供陆军阅读的特刊，逐字逐句地刊登了这篇演讲。纳粹党最近发行的一家军事月刊《德国国防精神》还发表文章加以详细评述。

在1927年的时候，陆军曾经禁止征募纳粹党人参加10万人组成的国防军，甚至还禁止雇用纳粹党人在军火库、兵站中担任文职工作。但是到

1930年年初，事情已经变得很明显，纳粹党的宣传在陆军里，特别是在年轻军官中间颇有进展，许多年轻军官不仅为希特勒的狂热的民族主义情绪所吸引，而且也为他展示的前途所吸引，这个前途就是，陆军将恢复昔日的光荣和规模，那样，他们就有提升的前程，而在目前这样小的规模的一支陆军中，他们是没有这种指望的。

纳粹党打入各军种的情况日趋严重，终于使当时担任国防部长的格勒纳将军于1930年1月22日发布一项命令，其中提到七年前在啤酒馆政变前夕冯·塞克特将军曾经对陆军发出过的一个类似的警告。他宣称，纳粹党一心想夺取政权。“他们因此讨好国防军。他们为了利用国防军来实现他们党的政治目标，企图哄我们［相信］，只有民族社会主义者代表真正的民族力量。”他要求军人不问政治，超然于一切党争之外来“为国家服务”。

有些年轻的国防军军官却过问了政治——至少过问了纳粹党的政治。
这一点不久就暴露出来，而且在德国引起了吵嚷，在军官团最高级军官中
间引起了分歧，而在纳粹党的阵营中却引起了高兴。1930年春季，乌尔姆
卫戍部队有三名年轻的尉官卢丁、舍林格尔和温特被捕，因为他们在军队
里宣传纳粹理论，企图劝诱其他军官答应：一旦发生纳粹党武装起事，他
们不向起事者开枪。这后面一项罪名是叛国大罪，但是格勒纳将军不想把
军队里有叛国行为这件事声张出去，企图把事情掩饰过去，他安排让被告
在军事法庭上只受违犯军纪的审判。可是舍林格尔中尉却满不在乎，他偷 139
偷地向《人民观察家报》投了一篇煽动性的文章，使得格勒纳将军的打算
落了空。1930年9月选举中纳粹党获得胜利后一个星期，这三个尉官被解
到莱比锡最高法院受叛国罪审判。他们的辩护律师中间有两个刚刚出名的
纳粹律师汉斯·弗兰克和卡尔·萨克博士。*

但是在审讯时吸引人们注意的不是律师，也不是被告，而是阿道夫·希特勒。弗兰克召他来做见证人。他的出庭是一种有意的冒险。要是抛弃三个中尉不顾，是相当难堪的事。这三个中尉的活动证明了陆军中纳粹党的影响的增长，而这正是希特勒所不希望予以打击的。但是，纳粹党

* 这两个人后来都在绞刑架上送了命。萨克在1944年7月20日因参与反希特勒密谋而被绞死，弗兰克则是因为他代表希特勒在波兰所犯的暴行而被处死的。

要篡夺陆军的活动被揭露出来也是相当难堪的事。而且，检察方面控诉纳粹党是个一心一意要用武力推翻政府的革命组织，这件事对于希特勒的当前策略也是不利的。为否认这最后一个指责，希特勒同弗兰克安排好，要出庭为被告做证。但是实际上，元首还有一个更加重要得多的目标。那就是，作为一个刚刚在选举中获得了惊人胜利的政治运动的领袖，他要向陆军，特别是陆军的领导军官保证，民族社会主义运动对国防军来说，不仅不是像这三个纳粹党尉官案件所表示的那样是一种威胁，而且实际上是国防军的救星，也是德国的救星。

证人席成了向全国发言的讲坛。在这里，希特勒充分利用了他的辩论才能和巧妙的政治手腕。如果说他的精彩表现是尽欺骗之能事的话——事实上就是如此——那么在德国似乎很少有人识破，即使在将军们中间也很少有人识破这一点。希特勒巴结地向法庭（和军官们）保证，冲锋队也好，纳粹党也好，都不反对陆军。“我一直抱有这种看法，”他宣布，“任何想要取代陆军的尝试都是发疯。我们没有一个人想取代陆军……我们将努力做到，在我们执政以后，以目前的国防军为基础，一支伟大的德国人民的军队将会兴起。”

他再三向法庭（和将军们）重申，纳粹党只想通过合乎宪法的手段取得政权，这三个年轻军官如果期望会发生武装叛乱的话，那是他们自己弄错了。

> 我们的运动不需要暴力。总有一天，德国人民会了解我们的理想；到了那时，3 500万德国人将站在我的后面……当我们有了宪法授予的权利以后，我们就将按照我们认为正确的方式组成国家。
>
> 法庭庭长：这也是通过合乎宪法的手段吗？
>
> 140 希特勒：是的。

但是，希特勒讲话的主要对象虽然是陆军和德国国内其他保守分子，他还得考虑一下他自己党徒们的革命要求。他不能使他们失望，像他已经使三个被告失望一样。因此，当法庭庭长提到他在1923年举行政变失败前一个月说的一句话“人头将会落地”的时候，他抓住了这个机会。庭长问，这位纳粹党领袖今天是不是否认这句话了？他马上回答道：

> 我可以向你保证，当民族社会主义运动在这场斗争中取胜的时候，届时将会有一个民族社会主义法庭。那时，1918年11月的革命将会受到报复，人头将会落地！[12]

没有人能够说，希特勒对于一旦他上台以后要做的事情没有事先提出警告，但是当时法庭中的听众显然很欢迎他的这番威胁，他们以热烈和持久的鼓掌来表示欢迎。而且虽然庭长对鼓掌打断审讯的进行提出非难，但是不论庭长还是公共检察官都没有对这句话提出异议。这句话在德国全国各地的报纸上和许多其他国家的报纸上成了轰动一时的头条新闻。在希特勒发言所引起的兴奋刺激情绪中，原来的案件反倒无人注意了。这三个年轻的军官对民族社会主义的热情遭到了民族社会主义运动最高领袖本人的否认，结果被判定犯有叛国阴谋，处以18个月的要塞禁闭。这个判决算是轻的，在共和的德国，对叛国罪的严厉判决是保留给那些支持共和国的人的。*

在德国人不可挽回地走向第三帝国的道路上，1930年9月是一个转折点。纳粹党在全国选举中获得惊人胜利一事，不仅说服了千百万普通人民，也说服了企业界和陆军中的领袖人物：现在也许的确出现了一种无可阻挡的趋势。他们可能不喜欢纳粹党的煽惑人心的做法和它粗鄙下流的作风，但是在另一方面，它却唤起了在共和国头十年中曾经受到这么严重压抑的德国爱国主义和民族主义的传统感情。它答应领导德国人民摆脱共产主义、社会主义、工团主义，摆脱民主政体的软弱无能。最重要的是，它已经在全国造成了燎原之势，影响盛极一时。

由于这一点，也由于希特勒在莱比锡审讯时对陆军方面所做的公开保

---

* 舍林格尔中尉由于希特勒把他出卖而感到愤慨，在狱中就宣布退出纳粹党，而成了一个狂热的共产党人。在1934年6月30日的清洗中，原来是要把他和许多得罪过希特勒的人一样清算掉的。但是结果却不知怎么给他逃过了这次清洗，终于活着一直看到希特勒的覆亡。卢丁中尉仍是个热情的纳粹党人，在1932年当选为国会议员，成了冲锋队和党卫军的高级军官，后来担任德国驻斯洛伐克傀儡国家的公使，在解放时被捕，随即被捷克斯洛伐克人处决。

证，有些将军开始考虑，民族社会主义可能正是他们所需要的东西，可以用来团结人民，恢复德国原来的地位，再一次使德国军队成为一支强大和
141 伟大的军队，使国家摆脱丧权辱国的《凡尔赛和约》的桎梏。最高法庭庭长曾经问希特勒，他不断提到的“德国民族革命”指的究竟是什么意思，希特勒的回答使这些将军们感到很高兴。

“这指的仅仅是，”希特勒说，“拯救我们今天的被奴役的德意志民族。德国的手足受到和约的束缚……民族社会主义者并不认为和约是法律，而是用强制办法加在德国身上的东西。我们认为，完全无辜的未来一代不应该承受这种负担。如果我们尽我们一切力量反对这些条约，我们就走上了革命的道路。”

这也是军官团的看法。军官团的一些上层军官曾经激烈地批评过国防部长格勒纳将军，因为他竟让最高法院审判三个尉官。最近卸任的总司令，沙恩霍斯特和格奈泽瑙的当之无愧的继承者，一般公认是战后德国陆军天才将领的冯·塞克特将军曾经对格勒纳表示，这打击了军官团内部的团结精神。不久即将担任参谋总长、以后在这部历史中还要成为更加重要的人物的路德维希·贝克上校，在1930年的时候是这三个尉官所属的驻在乌尔姆的第五炮兵团团长。他不仅激烈地抗议他的上级逮捕这三个尉官，而且还在莱比锡出庭为他们做证。

现在审讯既已结束，希特勒也讲过话了，将军们对于他们原来认为是对陆军的一种威胁的运动，态度也就和善多了。第二次世界大战期间曾任最高统帅部作战局局长的阿尔弗雷德·约德尔将军曾经在纽伦堡军事法庭上谈到，这个纳粹党领袖在莱比锡的发言对军官团有什么意义。他说，在此以前，高级军官们都认为希特勒企图破坏陆军，而在此以后，他们就感到放心了。冯·塞克特将军本人在1930年当选为国会议员后曾经公开与希特勒合作过一阵子，而且在1932年要求他的姐姐在总统选举中投希特勒的票，而不投他的老上司兴登堡的票。

德国陆军军官们在政治上的盲目短见已经开始有所发展和表现，这在最后将证明对他们是个致命伤。

工业界和金融界的巨头们在政治上的愚蠢不亚于将军们，他们错误地

以为只要付给希特勒足够的金钱就能把他笼络住，一旦他当权之后，就会按他们的命令办事。他们之中有很多人在1920年代还把他看成是个奥地利的暴发户，但是纳粹党在1930年9月选举中获得惊人胜利后，企业界的领袖人物逐渐意识到，这个暴发户很可能接掌德国的控制权。

据瓦尔特·冯克在纽伦堡做证时说，到1931年的时候，“我的工业界
朋友和我相信，在不太遥远的将来，纳粹党就会上台”。 142

冯克是个油光满面、目无定睛、大腹便便的矮胖子，他的脸总叫本书作者想起一只青蛙来。他在这一年的夏天放弃了德国金融界著名报纸《柏林交易所日报》主编这个好差使，当了纳粹党和一些企业界重要领袖人物之间的牵线人。他在纽伦堡说，他的好几个工业界朋友，特别是那些在莱茵兰大煤矿企业中有地位的朋友，要求他参加纳粹运动“以便说服该党采取私人企业的方针”。

> 在那个时候，党的领导方面在经济政策问题上有着完全自相矛盾的和混乱的看法。我企图这样来完成我的使命：亲自使元首和党相信，应该承认，私人的首创精神、企业家的独立自主、自由企业的创造性力量等是党的基本经济政策。元首本人在同我和我所介绍的工业界领袖人物会谈时一再强调，他是国营经济，即所谓“计划经济”的敌人，他认为，为了争取最高产量，自由企业和自由竞争是绝对必要的。[13]

据希特勒的这位未来国家银行总裁和经济部长说，当时希特勒开始会见德国国内掌握经济命脉的一些人物，并且向他们说了一些多少是他们喜欢听的话。党需要巨额经费来从事竞选，支付大规模的频繁的宣传费用，发给成千上万的专职人员薪水，维持冲锋队和党卫军这些私人军队。冲锋队和党卫军到1930年年底已有10万多人，成了一支比国防军还要大的部队。企业家和银行家并不是唯一的经费来源，因为党在党费、资产、募捐以及党报书刊的销售方面也能筹到相当可观的款项，但是企业家和银行家是最大的经费来源。他们给纳粹党的钱愈多，他们可以给迄今为止他们所支持的其他保守党派的钱便愈少。

先是担任希特勒纳粹党的新闻发布官，后来担任国家新闻发布官的奥

托·迪特里希说:“1931年夏天,元首突然决定有步骤地努力讨好有势力的工业界巨头。”[14]

这些巨头是谁呢?

他们的姓名是个秘密,除了元首周围的核心圈子以外,对谁都得保密。党得耍两面把戏。一方面,它不得不让施特拉塞尔、戈培尔、怪物费德尔用纳粹党人是真正的“社会主义者”、反对金融巨头的叫喊来欺骗群众。另一方面,党的经费得从那些有不竭来源的人那里骗来。据迪特里希说,在1931年下半年,希特勒“走遍整个德国,同重要的[企业界]人士私下会
143 谈”。为了保守秘密起见,这些会谈甚至要到“一些人迹不到的森林中去举行”。迪特里希解释道:“保守秘密是绝对必要的,绝不能让报界有捣蛋的机会,否则就会影响到会谈的成功。”

因此,在纳粹党的政治中,就出现了一种几乎滑稽可笑的忽左忽右现象。1930年秋天,施特拉塞尔、费德尔、弗里克在国会中代表纳粹党提出一项法案,要求对所有利率都规定一个4%的最高限额,无偿征用“银行和股票交易所巨头”以及所有“东方犹太人”的财产,将大银行收归国有。希特勒大为震怒:因为这不仅是布尔什维主义,而且是党在经济上的自杀行为。他立即命令党撤回这个法案。共产党这时却重新提出这个法案,一字不易。希特勒命令他的党投反对票。

我们从战后在纽伦堡监狱中对冯克的侦讯中知道,希特勒所结交的“有势力的工业界巨头”中至少有一部分人是谁。埃米尔·基尔多夫是个痛恨工会的煤矿大王,负责掌管西德矿业界募集的一笔名叫“鲁尔金库”的政治贿赂基金,他是在1929年纳粹党代表大会上被希特勒拉拢过去的。钢铁托拉斯头子弗里茨·蒂森捐款还要早一些,他后来对他的错误后悔不已,终于写了一本书,名为《我为希特勒出资》。他最初是1923年在慕尼黑遇见这个纳粹党领袖的,初次见面就被后者口若悬河的辩才所征服了,于是通过鲁登道夫第一次向当时还不大为人所知的纳粹党捐了10万金马克(合2.5万美元)。继蒂森之后的是阿尔贝特·福格勒,他也是联合钢铁公司的一个巨头。事实上,煤钢企业是工业界方面帮助希特勒在1930年到1933年期间克服他取得政权的最后障碍的主要经费来源。

但是冯克还提到了其他一些工业和企业,它们的董事不希望在希特勒

一旦成功后受到冷淡。这些工业和企业的名单很长，但是远远谈不上完全，因为冯克到纽伦堡审讯时，记忆力已经很差了。这一名单包括伊·格·法本公司这家化学工业大卡特尔的主要董事之一格奥尔格·冯·施尼茨勒、钾碱工业的奥古斯特·罗斯特格和奥古斯特·迪恩（冯克谈到了该工业的“对元首的积极态度”）、汉堡—美洲航运公司的古诺、中德的褐煤工业、康蒂橡胶工业、科隆大工业家奥托·沃尔夫、在扶植希特勒上台的最后活动中将起关键作用的科隆银行家库尔特·冯·施罗德男爵、一些主要银行（其中有德意志银行、商业私营银行、德累斯顿银行、德意志信贷公司）以及德意志的一家最大保险公司安联保险公司。

希特勒的主要经济顾问之一威廉·凯普勒介绍了一些南德工业家，并且组织了一个奇特的企业家团体，来支持党卫军头子希姆莱。这个团体名叫“经济之友会”，后来一般都称为“党卫军领袖［即希姆莱］之友会”，144
这个团体筹集了好几百万马克专供这个匪徒“研究”雅利安人起源之用。希特勒开始他的政治生涯之初就得到慕尼黑有钱的出版商胡戈·布鲁克曼和钢琴制造商卡尔·贝希施坦因在经济上——以及社会上——的帮助。这两个人的太太对这个初露头角的年轻纳粹党领袖都颇为垂青。希特勒就是在贝希施坦因的柏林宅邸中首次见到这许多企业界和军界的领袖人物的，也就是在那里，他们举行过一些有决定意义的秘密会议，终于导致希特勒当上了总理。

并不是所有的德国企业家在纳粹党1930年选举中获得胜利后都马上支持希特勒的。冯克提到，大电气公司西门子公司和通用电气公司的态度就很冷淡，军火大王克虏伯·冯·波伦-哈尔巴赫也是如此。弗里茨·蒂森在他的忏悔中说，克虏伯是希特勒的“激烈反对者”，到兴登堡任命他为总理之前，克虏伯还向老元帅提出紧急警告，叫他不要犯这种错误。但是，克虏伯不久就看出了苗头，很快就变成了——用忏悔的蒂森的话来说——“一个超级纳粹党人”。[15]

因此，事情很明显，希特勒在最后努力夺取政权的时候，已经得到相当大的一部分德国企业界的大量经济支援。在1933年1月以前的最后三年之中，银行家和企业家们到底向纳粹党捐助了多少款项，这一点从来没有弄清楚过。冯克说，可能不超过“一两百万马克”。蒂森估计一年有

200万，他说他本人就给过100万马克。但是从这些日子里党的手头总是不乏大笔款项来看（尽管戈培尔抱怨钱一直不够花），企业界的捐赠总数肯定要比上述这些估计多好几倍。这些捐赠对于这些政治上幼稚无知的企业家究竟有些什么好处，本书以后即将谈到。这些人中间，当时最热心的一个，也就是后来感到幻灭最剧烈的一个，是沙赫特博士，他于1930年因为反对扬计划而辞去了国家银行总裁一职，同年遇见了戈林，1931年会见了希特勒，此后两年就贡献了全部能力来使元首接近他的银行界和工业界的朋友，更进一步靠近总理职位这个大目标。到1932年，这个对于第三帝国的建立和它的初期成就所起的作用后来证明是无限之大的经济奇才写信给希特勒说："目前的情况如果发展下去，只会导致您担任总理，关于这一点，我毫无疑问……您的运动有着一种非常有力的内在真理和必要性，因此您不久必将获得胜利……不论我将来由于工作关系身在何处，即使有朝一日您可能发现我被囚要塞，但是您可以永远把我当作您的忠诚拥护者。"写着这些话的两封信中有一封结尾时用的是"向您高呼'万岁'"。[16]

145 纳粹运动"非常有力的真理"之一，希特勒是从来不保守秘密的：一旦党控制了德国，它将扼杀德国人的个人自由，包括沙赫特博士和他的企业界朋友的个人自由在内。这个态度温文尔雅的国家银行总裁（在希特勒上台后他再度出任此职）与他在工业界和金融界的朋友过了好久才觉悟到这一点。这部历史正如所有历史一样，自始至终充满了命运的意外播弄，因此过不了很长时候，沙赫特博士就以事实证明，他自己不仅是关于希特勒担任总理一事的先知，而且也是元首把他监禁起来一事的先知——不过不是在要塞中，而是在集中营中，这只有更糟糕；同时他也不是作为希特勒的"忠诚拥护者"（在这一点上他没有说对），而是以相反的身份。

到1931年开始的时候，希特勒在党内已经纠集了一批狂热的不择手段的人，他们将协助他最后取得政权而且（除了一个例外）将在第三帝国的存续期间在他身旁协助他维持政权，虽然其中另一个他最最亲近的，也许是最最能干和残忍的，并没有能活过纳粹政府的第二年。在这段时期里，有五个人的地位超过其余徒众。这五个人是施特拉塞尔、罗姆、戈林、戈培尔和弗里克。

戈林是共产党协助右翼政党在国会通过了一项政治大赦令后，于1927年年底回到德国的。自从1923年政变以来，他的大部分流亡生活是在瑞典度过的。他在瑞典的朗勃罗疗养院戒掉了吸毒的恶习，病愈后在一家瑞典飞机制造公司供职，这个勇敢而英俊的世界大战英雄这时身体已经发胖，但是仍旧精力旺盛，生气勃勃。他在柏林巴登大街租了一套小而精致的单身汉公寓（他所眷爱的患有癫痫症的妻子这时又患上了肺结核，留在瑞典养病），一方面担任一些飞机公司和汉莎航空公司的顾问，一方面建立社会关系。这种关系范围很广，从前黑森王太子菲利普亲王（他娶了意大利国王的女儿玛法尔达公主为妻）到弗里茨·蒂森和其他企业界巨头，其中还包括一些陆军高级军官。

这些关系正是希特勒所缺少和需要的，因此戈林不久就积极介绍纳粹党领袖同他的朋友相识，在上层阶级的圈子中祛除某些褐衫党徒所发出的恶臭。1928年，希特勒选戈林为在国会内代表纳粹党的12名议员之一，在1932年纳粹党成为第一大党时，戈林也就成了国会议长。正是在国会议长官邸中，举行了许多次会谈，策划了许多次阴谋，最后终于导致纳粹党的最后胜利；也正是在这里——稍许说得远一些——策划了一个计划，使得
希特勒在当了总理后能够长久坐稳江山，这个计划就是纵火焚毁国会。 146

恩斯特·罗姆在1925年与希特勒闹翻后不久就去加入了玻利维亚军队，当了一名中校。到1930年底时，希特勒请他回来，重新担任冲锋队的领导工作，当时冲锋队已不大听话了。冲锋队员，甚至一些队长，显然相信纳粹党将用暴力来进行革命，因此越来越经常地在街头闹事，同政治敌人捣乱，甚至暗杀他们。每次选举，不论是全国选举，还是邦选举或市选举，没有不发生街头殴斗惨剧的。

这里必须顺便提起一桩这样的殴斗事件，因为它为民族社会主义运动提供了一个最伟大的烈士。柏林冲锋队有一个名叫霍斯特·威塞尔的小队长，他是一个新教牧师的儿子，弃家逃学出走后，在贫民窟中同一个以前的妓女同居，一生为纳粹主义当打手。许多反纳粹分子总是认为这个青年是靠拉皮条为生的，虽然这种说法不免有点夸张。不过他肯定是同皮条客和妓女厮混的人。他在1930年2月间被一些共产党人所暗害，要不是因为

他写了一首歌的曲子和歌词，他也会像街头殴斗中双方都有牺牲的好几百人一样，就此默默无闻。这首歌叫《霍斯特·威塞尔之歌》，在他死后马上就成了纳粹党歌，后来成了第三帝国除了《德意志高于一切》以外的第二国歌。霍斯特·威塞尔本人则由于戈培尔博士的巧妙宣传，成了纳粹运动的伟大神话英雄之一，被捧为一个为了事业献出生命的纯粹理想主义者。

1929年，霍斯特·威塞尔在纳粹游行队伍最前方。

在罗姆接管冲锋队时，格雷戈尔·施特拉塞尔无疑是纳粹党内第二号人物。他是一个口若悬河的演说家，一个办事能干的组织家，担任了党内最重要的一个部门即政治组织部门的首脑，这个职务使他在邦和地方党的领袖中间有很大的势力，因为他们的工作都要受他的监督。他有着巴伐利亚人的随和的脾气，除了希特勒以外，他是党内最受爱戴的领袖，而与希特勒不同的是，他得到大多数政敌的个人信任，甚至喜爱。当时在党内外有不少人认为施特拉塞尔很可能代替这个奥地利来的脾气乖戾、性格捉摸不定的领袖。在国防军和总统府中，这种看法特别强烈。

至于格雷戈尔·施特拉塞尔的兄弟奥托，这时已经失势了。他不幸当真相信纳粹党“民族社会主义德国工人党”这块招牌中“社会主义”甚至

“工人”这两个字眼，曾经支持社会民主党工会所主持的几次罢工，而且要求纳粹党公开主张工业国有化。在希特勒看来，这当然是异端邪说，他指责奥托·施特拉塞尔犯有“民主主义和自由主义”的大罪。1930年5月21日和22日，元首同他这个违抗命令的下级摊牌，要求他完全服从。奥托拒绝服从后，就被驱逐出党。他试图组织一个真正的民族“社会主义”运动，名叫“革命的民族社会主义者联盟”，后来简称“黑色阵线”，但是在9月 147
选举中，它完全不能从希特勒手里夺过相当数目的选票来。

希特勒身边五员大将中第四号大将戈培尔，自从1926年同格雷戈尔·施特拉塞尔闹翻后一直是后者的敌人和对手。在闹翻两年后，施特拉塞尔升任政治组织部门的首脑，戈培尔继他为宣传工作的负责人。戈培尔仍兼任柏林党组织的区领袖。对他的宣传才能和改组柏林党组织的成绩，希特勒颇为赏识。但是他那一张油滑而刻薄的嘴和灵敏的头脑却讨不到希特勒其他得力部下的欢心，他们都不信任他。不过，纳粹党领袖很愿意他的主要部下之间存在着明争暗斗，哪怕仅仅是因为这是防止他们联合起来篡夺他的领导权的保障。他从来没有完全信任过施特拉塞尔，但是他对戈培尔的忠诚却是完全相信的；此外，这个瘸腿的狂热分子常常有些奇思异想，这对希特勒来说是颇有用处的。最后一点是，戈培尔作为流氓记者的办报才能——他现在有一张自己的报纸（柏林《进攻报》），可以用来发挥他的才能——和善于煽动群众的演讲本领，对党有着无法估计的价值。

这五个人中的最后一个威廉·弗里克是其中最无特色的一个。他是个典型的德国公务员。1923年以前，他在慕尼黑当青年警官，曾经给希特勒在警察局里做过坐探，因此元首一直很感激他。他常常担当吃力不讨好的使命。在希特勒的吩咐下，他是纳粹党人中担任地方公职——在图林根——的第一个人，后来他成了纳粹党的国会党团主席。他忠贞不贰，办事很有效率，而且由于他外貌给人以与世无争、和蔼可亲的印象，在同共和国政府那些左右摇摆的官员打交道时特别有用。

在1930年代早期党内比较次要的人中，有一些后来在第三帝国时代不仅出了名，而且有了吓人的个人权力。戴着一副夹鼻眼镜，很容易被人当作是个态度温文尔雅的平凡的小学教员的养鸡场主海因里希·希姆莱，得过慕尼黑技术学院的一个农艺学位，这时他正在逐步加强希特勒的卫队黑衫党卫军。但他是在冲锋队司令兼党卫军司令罗姆下面工作的，在家乡巴伐利亚境外，即使在党内，他也很少为人所知。还有罗伯特·莱伊博士，他是个酗酒成性的药剂师，当时担任纳粹党组织科隆区领袖。汉斯·弗兰克是个很有能力的年轻律师，任纳粹党法律部的负责人。还有瓦尔特·达里，1895年生于阿根廷，他是个能干的农学家，经赫斯的劝说，信了民族社会主义，他写的《农民是北欧人种生命的源泉》一书引起了希特勒的注意，就此担任党的农业部负责人。鲁道夫·赫斯本人并无野心，对元首忠贞不贰，所居职位仅仅是元首的私人秘书。另一个私人秘书是一个名叫
148 马丁·鲍曼的人，他像一只鼹鼠，喜欢挖掘党内生活的隐秘来进行阴谋活动，一度曾因参与政治谋杀而坐过一年监牢。德国青年团领袖是巴尔杜尔·冯·席拉赫，他是个有浪漫思想的青年人，组织工作的能手，他的母亲是个美国人，他的外曾祖父是个北方联邦军军官，曾在布尔河战役中失掉一条腿。他在纽伦堡对囚禁他的美国人说，他在17岁时读了亨利·福特写的《永恒的犹太人》后成了一个反犹主义者。

最后还有阿尔弗雷德·罗森贝格，这个波罗的海来的笨拙迟钝的冒牌

1931年，由右至左为希特勒、罗姆和戈林。

哲学家，我们前面提到过，是希特勒早期的导师之一，自从1923年政变以后，写了大量的书籍和小册子，内容和文风极其混乱。其中最主要的一部是长达700页的著作，书名是《20世纪的神话》。这是集其关于北欧人优越性的半瓶子醋思想之大成的荒谬绝伦之作，而他的这种半瓶子醋的思想却在纳粹党圈子里被当作学识渊博的东西。希特勒常常在讲笑话时提到，这本书他自己也不忍卒读，而以作家自居的席拉赫有一次曾说，罗森贝格“卖出的没有人读的书比任何其他作家都多”，因为这本书在1930年初版以后的十年中，售出50多万册。希特勒心中自始至终对于这个思想愚蠢迟钝的人很有温情，给他担任党内各种工作，诸如《人民观察家报》和其他党刊主编，并且指定他担任1930年国会纳粹党议员，他还代表纳粹党参加了国会的外交委员会。

这就是聚集在纳粹党领袖周围的人物。在一个正常的社会里，他们在旁人看来无疑是一批乱七八糟的怪物。但是在共和国最后的混乱日子里，他们在千百万迷惑的德国人的心目中却逐渐成了救星。他们有两个有利条件胜过他们的对手：一是他们是由一个目标明确的人领导的；二是他们为了帮助他实现他的目标，是完全愿意不择手段和投机取巧的。

在动乱不安的1931年，有500万职工失业，中产阶级面临着破产的境地，农民们不能偿还抵押借款，议会处于瘫痪状态，政府危机迭出，84岁的总统日益年老昏聩，在这种情况下，纳粹党的一些头目信心日益高涨，他们不必再等待很久了。正如格雷戈尔·施特拉塞尔公开吹嘘的一样：“凡是有助于促成危机的……对于我们和我们的德国革命来说，都是好的，都是极好的。” 149

注　释

1. 库尔特·吕德克：《我认识的希特勒》，第217—218页。

2. 贝恩斯编：《希特勒演讲集》，第1卷，第155—156页。

3. 库尔特·里斯：《约瑟夫·戈培尔》，第8页。

4. 这里引述的和其他地方引述的希特勒在1942年1月16—17日怀念上萨尔茨山的话引自《希特勒秘密谈话录》。

5. 海登和布洛克这些权威人士都说拉包尔一家是在1925年吉莉17岁的时候到瓦亨菲尔德

去的。但是希特勒自己却说，他到1928年买了那所别墅后才“打电话给在维也纳的姐姐，请她来帮助管家”。见《希特勒秘密谈话录》，第177页。

6. 海登：《元首》，第384—386页。

7. 见奥朗·詹姆斯·哈尔教授在《美国历史评论》1955年7月号发表的文章对希特勒的所得税所做的有趣分析。

8. 同上。

9. 同上。

10. 海登：《元首》，第419页。

11. 这篇演说没有收到贝恩斯编的《希特勒演讲集》中，也没有收在罗赛·德·萨尔斯编的希特勒演讲选《我的新秩序》中。这篇演说一字未易地刊在1929年3月26日《人民观察家报》（军中专刊）上，1945年6月《华盛顿州立大学研究文集》发表的《纳粹地下运动蓝图》中曾详加引用。

12. 引自1930年9月26日《法兰克福日报》。

13.《纳粹的阴谋与侵略》，附件A，第1194页（纽伦堡文件EC-440）。

14. 奥托·迪特里希：《与希特勒一起执政》。

15. 冯克的证词，《纳粹的阴谋与侵略》，附件A，第1194—1204页（纽伦堡文件EC-440），另见《纳粹的阴谋与侵略》，第5卷，第478—495页（纽伦堡文件2328-PS）。蒂森的话引自他所著《我为希特勒出资》第79—108页。

16.《纳粹的阴谋与侵略》，第7卷，第512—513页（纽伦堡文件EC-456）。

第六章

共和国的末日：1931—1933年

在动荡和混乱的德国政治生活中，现在出现了一个奇怪的异乎寻常的人物，天意注定要由他，而不是别人，来挖掘共和国的坟墓。他将担任共和国最后一任为时不长的总理职务，而且，也可以说是他奇特的一生中最后一次意外的转折，在最后无可挽回的时刻，却拼命想法要拯救共和国。这个人就是库尔特·冯·施莱谢尔。他的姓在德文中的意思是“阴谋家”或“鬼鬼祟祟的人”。

1931年的时候，他是陆军中的一名中将。* 他生于1882年，18岁的时候加入军界，在兴登堡原来所属的第三步兵禁卫团里当尉官，成了这位元帅兼总统的儿子奥斯卡·冯·兴登堡的好友。他的第二个友人后来证明也有同样的宝贵价值。那就是格勒纳将军。后者对于施莱谢尔在军事学院中学习时的成绩甚为赏识，1918年在最高统帅部继任鲁登道夫的职位时就把这个年轻军官带来担任他的副官。施莱谢尔基本上是个“办公桌军官”——他只在俄国前线服役过一段很短的时期——从此以后就一直留在陆军和魏玛共和国权力的中心附近，他机警的头脑、殷勤的态度、政治的嗅觉颇引起将军们和政客们的注意。在冯·塞克特将军的领导下，他协

* 相当于美军中的少将。

助组织非法的自由军团和同样是非法且高度秘密的“黑色国防军”，起过越来越重要的作用。他还是同莫斯科进行秘密谈判、安排在苏俄境内秘密训练德国坦克军官和空军军官并在那里建立由德国人管理的军火厂一事的关键人物。施莱谢尔是个天生的权术家，热衷于阴谋诡计，擅长于暗地活动。在1930年代初期以前，他的名字不大为世人所知，但是已开始在班德勒街和威廉街引起注意，前者是陆军部的所在地，后者是政府各部的所
150 在地。

1928年1月间，他利用他对兴登堡总统的日益增长的影响（他是通过同奥斯卡的友谊而接近总统的），使他的老上司格勒纳将军担任了国防部长的职务，这是在共和国时期第一次由军人担任这个职务。格勒纳把施莱谢尔当作部内最得力的助手，让他负责一个新设立的部门——部务司，处理陆军和海军的政治和新闻事务。格勒纳称他的助手为“我在政治方面的红衣主教”，把陆军同其他各部和政治领袖的关系问题交托给他。施莱谢尔处在这个地位，不仅在军官团中是一个势力，而且在政治方面也开始展现实力。在陆军中，他能够任免高级军官，并且开始实际上这么做了，比如他在1930年施了一个诡计，赶走了陆军第二号人物冯·勃洛姆堡将军，而代之以第三步兵近卫团时代的老朋友冯·哈默施坦因将军。同年春天，我们前已谈到，他第一次尝试要由他来挑选总理，在陆军的支持下，终于说服兴登堡任命海因里希·布吕宁担任此职。

在政治上得到这个胜利以后，施莱谢尔就实现了他想要改造共和国的宏伟计划中的第一步。这个念头在他的机灵的脑袋中已经转了很久了。他很清楚地看到——谁没有清楚地看到呢？——魏玛政体软弱无力的原因。政党数目过多（1930年拥有100万张选票以上的政党有10个），这些政党相互倾轧，只顾它们所代表的那部分经济和社会利益，因此不能消除分歧，不能在国会中形成一个持久的多数派来支持一个能够对付1930年代开始时国家面临的重大危机的稳定政府。议会制政府成了一桩德国人称之为Kuhhandel——贩牛交易*——的事情，各政党为了他们所代表的群众讨价还价，争取特殊利益，而国家利益却被丢在一旁。无怪乎当布吕宁在1930

* 贩牛交易在德文中喻讨价还价。——译者

年3月28日就任总理时，已经不可能在国会中拼凑多数议员来支持任何一项政策了，不论它是左翼的，中间的，还是右翼的。仅仅为了维持政府的日常事务的处理和设法解决经济困境，他也不得不援引宪法第四十八条的规定，根据这一条，在紧急状态下，只要总统批准，他可以不需议会多数支持而仅凭总统紧急法令来行使职权。

施莱谢尔就是希望总理这样来行使职权。这样，在总统的有力控制下会出现一个有力的政府，毕竟（施莱谢尔这样认为）总统是经人民普选选出的，因此代表人民的意志，也得到陆军的支持。如果民主选出的国会不能提供一个稳定的政府，那就必须要由民主选出的总统来提供。施莱谢尔
相信，大多数德国人所希望的，是一个能够毅然决然引导他们脱离绝望 151
困境的政府。但是实际上，布吕宁在9月间下令举行的选举表明，大多数德国人所希望的并不是这个。或者说，至少他们并不希望让一个施莱谢尔及其在陆军里和总统府中的友人所选择的那种政府来引导他们走出茫茫的绝境。

可以说，施莱谢尔犯了两个后患无穷的错误。由于选择布吕宁为总理，鼓励他靠总统紧急法令行使职权，他破坏了陆军在国家生活中的力量的基础——它的超然于政治的地位，放弃这种地位将导致它本身和德国的毁灭。其次，他对选民做了一个错误的估计。当1930年9月14日有650万选民投纳粹党的票时（两年前只有81万），这个热衷于政治的将军觉得，他必须改弦易辙。到这一年年底，他已与刚从玻利维亚回来的罗姆以及格雷戈尔·施特拉塞尔保持联系，这是纳粹党人与共和国中掌握政权的人之间的第一次重要的联系。在恰好两年之内，这种联系的发展结果，将导致阿道夫·希特勒达到他的目标并导致冯·施莱谢尔将军的倒台和最后的被刺。

1931年10月10日，在希特勒的外甥女兼情人吉莉·拉包尔自杀后三个星期，他第一次得到兴登堡总统的接见。这次接见是忙着布置一个新的阴谋的施莱谢尔所安排的。这年秋天早些时候，他曾与希特勒会商，安排希特勒去见总理和总统。在他的心中和布吕宁的心中都一直在考虑，兴登堡七年任期在1932年春天届满时，应该怎么办。届时这位陆军元帅将达85岁高龄，而他头脑清醒的时候已越来越少了。但是，人人都很清楚，如果他

不竞选连任的话，希特勒虽然从法律上来说不是德国公民，却很可能取得德国国籍，参加竞选，获得胜利，成为总统。

在这年夏天，颇有学者风度的总理对德国所处的绝境就在日夜忧思。他充分认识到，他的政府已经成了共和国最不得人心的一届政府。为了对付萧条，他除了压低物价以外也压低了薪水和工资，对工商业、金融业、社会服务业实行了严厉的限制。不论纳粹党人和共产党人都叫他“饥饿总理”，但他还是认为，他已经找到了一条出路，最后终能重新建立一个稳定的、自由的、繁荣的德国。他要设法同协约国谈判取消赔款，当时根据胡佛的延期偿付的决定，赔款本来已经暂时停付了。在下一年举行的裁军会议上，他要设法使协约国履行它们在《凡尔赛和约》中的保证，把它们的军队裁减到德国的水平，否则就应该让德国公开实行一个起码的重整军
152 备计划，而在实际上，在他的默许下，德国已经开始在秘密实行这个计划了。这样，和约的最后桎梏就可以卸除，德国将在大国中间作为平等的一员出现。这对共和国来说不仅是一件好事，而且也很可能——布吕宁这么想——在西方世界开辟一个充满信心的新纪元，结束给德国人民带来深重苦难的经济恐慌。而且这样就可以对纳粹党釜底抽薪，使它无计可施。

在国内方面，布吕宁也打算采取大胆行动，要争取除了共产党以外的各大政党的同意，对德国宪法做一番根本修改。他打算使霍亨索伦王室复辟。即使能够说服兴登堡竞选连任，他年纪已这样大，也不可能期望活满七年任期。如果他在一两年后死去的话，希特勒仍旧有当选为总统的希望。为了防止这一点，为了确保国家元首一职的长久性和稳定性，布吕宁有这样一个打算：取消1932年的选举，由议会两院（即国会和参议院）的三分之二多数表决将兴登堡的任期延长。在这一点做到以后，他就建议议会宣布实行君主政体，由总统摄政。总统死后，就由皇太子的一个儿子重登霍亨索伦王室的宝座。这个行动也能使纳粹党人无计可施；事实上，布吕宁相信，这将意味着他们作为一种政治力量的末日。

但是年迈的总统对此不感兴趣。当初在1918年11月那个秋天的暗淡日子里，在斯帕，他作为帝国军队司令，职责所在，有义务通知德皇必须下台，君主政体必须结束。现在他不愿考虑由霍亨索伦王室的任何人来恢复王位，除非是仍然流亡在荷兰的多尔恩的皇帝本人。布吕宁向他说明，社

会民主党和工会方面虽然极其勉强，却也已经对他的计划给予一定的支持，哪怕仅仅是因为这可能是防止希特勒上台的最后一个孤注一掷的机会了，但是他们不赞成威廉本人或他的长子复辟，此外，如果要复辟的话，也必须仿效英国的榜样，实行立宪的民主的君主政体。一听到这番解释，这位白发苍苍的老元帅大为震怒，立即下令逐客，不愿再见这位总理。一个星期后，他又把总理叫来，告诉后者，他不愿竞选连任。

在这期间，先是布吕宁，后是兴登堡，都第一次会见了阿道夫·希特勒。这两次会谈结果，对这位纳粹党领袖都很不利。自从受到吉莉·拉包尔自杀的打击以后，他还没有完全恢复过来；他的思想在开小差，他的心神不由自主。布吕宁要求纳粹党支持兴登堡延长任期，希特勒不加作答，却大谈共和国的缺点，这使人肯定地认为，他不会同意总理的计划。在会见兴登堡时，希特勒显得局促不安。他想以长篇大论的说辞来打动这位老先生，可是却完全失败了。总统在这第一次会见时，对这个“波希米亚下士”（他是这么叫希特勒的）印象一点也不好，他告诉施莱谢尔说，这样一 153
个人也许可以当邮政部长，但是绝对当不了总理——这句话，后来这位陆军元帅不得不自己咽了下去。

希特勒气愤之下，匆匆前往巴特哈尔茨堡。第二天，10月11日，他在那里参加了“全民反对”德国政府和普鲁士政府的大规模示威。这次示威与其说是以纳粹党为代表的激进右翼的示威，不如说是老派的保守的反动势力的示威，这些反动势力是胡根贝格的德意志民族党、右翼退伍军人组织钢盔队、所谓的俾斯麦青年团、容克组织的农业联盟以及各种各样的老将军。不过纳粹党的领袖对这次集会并不热心。他瞧不起这些身穿燕尾服、头戴大礼帽、胸挂金奖章的旧政权遗老，他看到，像他自己的那样一个“革命”运动，同他们来往过密，可能是危险的。他敷衍了事地匆匆讲了一通话，在钢盔队游行之前就离开了会场，而使他生气的是，出席的人中间，钢盔队的人数竟超过了他的冲锋队。那天成立的哈尔茨堡阵线就此夭折了，老式保守派要成立这个阵线是想要同纳粹党人结成统一战线，以便对共和国发动最后一次攻击，他们要求布吕宁立即辞职。希特勒无意给这些先生当配角，他认为他们一心想念着过去，而他很清楚，过去的日子已经一去不复返了。如果他们有助于推翻魏玛政体，向他提供新的经济来源，像实际上确实已经做到的那样，那么他可能会利用他们一下。但是他们却不能反过来也利用他。几天后，哈尔茨堡阵线就面临崩溃；它的各种成分又恢复彼此明争暗斗的状态了。

只有在一个问题上例外。那就是胡根贝格和希特勒两人都拒绝同意布吕宁提出的让兴登堡延长任期的建议。在1932年年初的时候，总理重新努力争取他们改变初衷。在此以前，他花了很大努力，终于说服总统同意这点，即如果议会延长他的任期，他就继续供职。这样，总统就可以不必从事一场激烈竞选了。现在布吕宁邀请希特勒来柏林重新会商这个问题。电报送来时，元首正在慕尼黑《人民观察家报》编辑部同赫斯和罗森贝格开会。他把电报在他们面前晃着叫道："现在他们已在我的掌握之中了！他们承认我是谈判中的一方了。"[1]

1月7日，希特勒同布吕宁和施莱谢尔会谈，1月10日又举行了一次会议。布吕宁再次提出他的建议：纳粹党同意延长兴登堡的任期。如果做到了这一点，一俟他解决了取消赔款和军备平等问题，他本人就宣布辞职。据某些人士说——不过这是有不同意见的——布吕宁还放出了另外一个钓饵：他表示愿意向总统提出由希特勒继任他为总理。[2]

希特勒并没有立即做出明确的答复。他告辞出来，回到恺撒霍夫饭店，
154 同他的一些顾问商量。格雷戈尔·施特拉塞尔赞成接受布吕宁的方案，他的理由是，如果纳粹党硬要举行选举，兴登堡必胜无疑。戈培尔和罗姆则主张断然拒绝。戈培尔在他1月7日的日记中写道："总统职位并不是关键所在。布吕宁只不过是想无限期地加强自己的地位……争夺政权的棋局已经开始了……重要的是，我们的力量必须保持强大，而且不做妥协。"前一天晚上，他这样写道："组织里有个无人能信任的人……这个人就是格雷戈尔·施特拉塞尔。"[3]

希特勒本人认为没有理由加强布吕宁的地位，从而使共和国能够延长寿命。但是不像在1月12日断然拒绝这个办法的头脑简单的胡根贝格，希特勒要狡猾得多。他不向总理提出答复，而是越过他直接向总统说，他认为布吕宁的建议是违反宪法的，但是他愿意支持兴登堡竞选连任，只要这位元帅拒绝布吕宁的建议。当时担任总统府国务秘书的是心明眼亮的奥托·冯·迈斯纳，他先后为社会民主党的埃伯特和保守的兴登堡连续热心

地当了两任国务秘书，现在正在琢磨是否有可能第三次连任此职，不论上面的总统是谁，也许甚至是希特勒？纳粹党领袖在恺撒霍夫饭店举行的一次秘密会谈中对这个人表示，愿意支持兴登堡竞选，只要兴登堡肯把布吕宁免职，任命一个“全民的”政府，下令国会和普鲁士议会举行新的选举。

对于这样的要求，兴登堡自然不会同意。由于纳粹党人和民族党人——后者是他的朋友，说起来还是他的拥护者——不同意免除他一场激烈的竞选活动，兴登堡一气之下同意再来一次竞选。但是在他对民族主义各党表示不满之余，他对布吕宁也产生了一层微妙的怨恨，他觉得布吕宁处理此事不当，逼得他要同当初在1925年时拥护他与自由主义-马克思主义候选人竞选总统的民族主义势力发生尖锐的冲突。现在他只有在社会民主党人和工会的支持下才能取胜，而对于他们，他一直是怀着一种毫不掩饰的轻蔑态度的。他在同他的总理的来往中油然产生了一种明显的冷淡态度，而在不久之前，他还说过布吕宁是“俾斯麦以来最杰出的总理”。

把布吕宁捧上总理一职的那位将军也对他冷淡起来。在施莱谢尔看来，这个严峻古板的天主教领袖实在令人失望。他成了共和国最不得人心的一位总理。他在国内无法争取到多数的支持，他未能使纳粹党人就范，也不能把他们争取过来；他弄糟了兴登堡的连任问题。因此，他必须下台，也许施莱谢尔的尊敬的老上司格勒纳将军也应该同他一起下台，格勒纳将军对于施莱谢尔肚中将来的打算似乎一点也不能体会。不过，这个诡计多端的将军并不真的着急。布吕宁和格勒纳是政府中的两个有势力人物，在兴登堡重新当选以前，必须继续执政；没有他们的支持，这位老元帅可能当选不了。而在选举以后，他们的用处也就完了。 155

希特勒与兴登堡对垒

在阿道夫·希特勒的一生中，当他必须做出困难的决定的时候，他曾经有好几次似乎拿不定主意。目前这一次就是其中之一。他在1932年1月面临的问题是：究竟竞选总统，还是不竞选总统？兴登堡似乎是不可战胜的。这个神话式的英雄不但受到许多右翼势力的支持，而且也受到民主党派的支持，后者在1925年选举中还是反对他的，但是现在却把他看成共和国的救星。同这位陆军元帅竞选而被击败——几乎肯定是会被击败的——这不是要把纳粹党自从1930年全国选举取得大胜以来在一次接着一次的邦选举中逐渐造成的不可战胜的名誉付诸东流吗？然而，要是不参加竞选的话，那又岂不是自认软弱，岂不是表明对民族社会主义运动快要取得政权这一点缺乏信心吗？除此之外，还有一层考虑。希特勒当时甚至还没有资格参加竞选，因为他不是德国公民。

约瑟夫·戈培尔力促他宣布参加竞选。1月19日，他们两人联袂去慕尼黑，那天晚上，戈培尔在他的日记中记道："与元首讨论了总统职位问题。还未做出决定。我竭力主张他自己参加竞选。"在下一个月内，戈培尔的日记中反映了希特勒思想的起伏不定的情况。1月31日："元首将在星期三做出决定。这一点再无可怀疑了。"2月2日，看来他已做出了决定。戈培尔记道："他决定亲自参加竞选。"但是戈培尔又说，在没有知道社会民主党的行动以前，这项决定暂不公布。次日，党的领袖们在慕尼黑集合，听希特勒宣布决定。"他们白等了一场。"戈培尔嘟囔说。"每个人，"他补充说，"都很紧张不安。"那天晚上，这个身材矮小的宣传头子自己去散心了，他偷偷地溜出去看了一部葛丽泰·嘉宝的影片，颇受这个"现在活在人世的最伟大的女演员"的"感动"。那天深夜，"一些党内老同志来见我。他们对于至今没有做出决定感到沮丧。他们担心元首等待得太长久了"。

希特勒可能等待得太长久了，但是他对最后胜利的信心却并未动摇。据戈培尔的日记记载，有一天晚上在慕尼黑，元首就戈培尔在第三帝国担任什么职务问题，同他进行了一次长谈。戈培尔说，元首已经为他考虑设立一个"国民教育部，处理电影、电台、艺术、文化和宣传事务"。另一天晚上，希特勒就"大规模重建国都"的计划，同他的建筑师特罗斯特教授进行了一次长谈。戈培尔还补充说："元首早已拟好了他的计划。他的说话、行动、感觉，都好像我们已经执政了一样。"

但是，他的说话还不像他很想同兴登堡打对台参加竞选。2月9日，戈培尔记载道："元首已回柏林。关于总统选举问题，在恺撒霍夫饭店又举行
156 了辩论。什么都悬而未决。"三天以后，戈培尔同元首算了一下他估计将得到的票数。"这是冒险的事，"他说，"但是必须冒一下险。"希特勒又去慕尼黑做进一步的考虑。

最后，他的主意是由兴登堡来帮助他拿定的。2月15日，年迈的总统正式宣布参加竞选。戈培尔很高兴。“现在我们可以自由行动了。现在我们不再需要隐藏我们的决定了。”但是希特勒却把他的决定隐藏到2月22日。那一天在恺撒霍夫饭店举行的会议上，“元首准许我，”戈培尔兴高采烈地说，“今天晚上在体育馆宣布他参加竞选。”

这次竞选运动是一场激烈而又混乱的竞选运动。戈培尔在国会中攻击兴登堡是“逃兵的党的候选人”，因为这样侮辱总统而被逐出国会。在柏林，原来在1925年选举中支持兴登堡的民族主义的《德意志日报》现在转过来激烈攻击他。这家报纸宣称：“目前的问题是：里通外国的叛徒和主和非战的猪猡在兴登堡的赞许下是不是要给德国带来最后的毁灭。”

在激烈的竞选所造成的一片混乱中，一切原来的阶级和党派界限都打乱了。支持兴登堡这个新教徒、普鲁士人、保守派、保皇派的，是社会民主党人、工会、布吕宁的中央党的天主教徒和自由民主的中产阶级政党的残余分子。支持希特勒这个天主教徒、奥地利人、前流浪汉、“民族社会主义者”、下层中产阶级群众的领袖的，除了他自己的党徒以外，还有北方上层阶级新教徒、保守的容克地主和一些保皇派，其中在最后一分钟还包括前皇太子。局面由于另外还有两个候选人参加竞选而更加混乱。这两个候选人都没有希望取胜，但是都可能获得足够的选票来妨碍两个主要竞选者取得当选所必要的绝对多数。民族党提出了钢盔队的第二号人物（兴登堡是其名誉队长）特奥多尔·迪斯特贝格为总统候选人。他是一个平平庸庸的前陆军中校，使纳粹党人高兴的是，他们不久便发现他是一个犹太人的曾孙。共产党攻击社会民主党支持兴登堡，“背叛了工人阶级”，因此提出了自己的候选人，共产党领袖恩斯特·台尔曼。共产党根据莫斯科的命令，不惜帮纳粹党人的忙，这不是第一次，也不是最后一次。

竞选运动还没有开始，希特勒就解决了他的国籍问题。2月25日宣布，不伦瑞克邦内政部长，一个纳粹党人，任命了希特勒先生为该邦驻柏林公使馆的随员。通过这种滑稽戏式的手段，这个纳粹党领袖就自动成了不伦瑞克的公民，因而也是德国的公民，因而就有资格竞选德国总统。轻易地克服了这个小障碍以后，希特勒就全力投入竞选运动，周游全国，在好几十次的群众大会上向大批群众演讲，把他们驱入狂热的状态。党的另外两

1932年德国选举期间，纳粹党在街头的竞选宣传海报。

位演讲家戈培尔和施特拉塞尔也安排了类似的日程。不仅如此，他们还进
157 行了一次德国历史上从未见过的宣传运动。他们在大小城市的墙上贴了100万张彩色的大字招贴画，散发了800万本小册子和1 200万份党报特刊，一天之内举行了3 000个大会，而且在德国选举中第一次充分利用了电影和唱片，唱片是在安了扩音器和喇叭的卡车上巡回放送的。

布吕宁也日夜不停地工作，争取年迈的总统当选。这个一向待人公平的人这一次却毫不客气，把政府控制的电台的全部广播时间都保留给自己一方使用，这一着可气坏了希特勒。兴登堡只讲了一次话，是在投票前夕3月10日的一次录音广播。这次讲话颇为庄严，是这次竞选运动中少数几次庄严的讲话之一，它很起作用。

> 选举一个代表片面的极端派观点的党人，将使祖国发生严重的混乱和不安，其后果是无法估计的。因为他必然会遭到大多数人民的反对。我为责任所驱，必须防止这种人当选……如果我竞选失败，我至少可以免于这种指责：在危机的时刻，我自动懈怠了职责……凡是不愿投我票的人，我并不要求他们的选票。

投他票的人比所需要的绝对多数尚少0.4%。1932年3月13日选举结束时，结果是：

兴登堡	18 651 497	49.6%
希特勒	11 339 446	30.1%
台尔曼	4 983 341	13.2%
迪斯特贝格	2 557 729	6.8%

对于双方来说，票数都是令人失望的。老总统比纳粹党煽动家多了700多万张选票，但是尚差一点点而没有能够赢得必要的绝对多数。这就必须举行第二次选举，在第二次选举中，得票最多的候选人就可以当选。比起1930年的选举来，希特勒已使纳粹党多得了近500万张选票——大约多86%——但是他落在兴登堡后面还很远。揭晓那天晚上，戈培尔柏林寓所中笼罩着一片绝望沮丧的气氛，当时有许多纳粹党领袖聚在那里听收音机中关于选举结果的报道。“我们被打败了；可怕的前途，”戈培尔那天晚上在日记中写道，“党内圈子里的人都极感失望和沮丧……只有靠出奇的办法，我们才能拯救自己。”

但是在第二天早晨的《人民观察家报》上，希特勒宣布：“第一次竞选运动结束了。第二次在今天开始。在这次竞选中，我必将领先。”说真的，他一如既往地那样努力竞选。他租了一架容克斯客机，从德国这一头飞到那一头——在当时的竞选中这是一个新花样——一天在三四个城市中的大会上讲话。他很狡猾地改变了策略以便赢得更多选票。在第一次竞选中，他大谈其人民的苦难、共和国的无能。现在，他描绘了一幅如果他当选每 158
个德国人将能享有的幸福图景：工人有工做，农民的农产品可售得高价，工商业者有更多的生意，军国主义者可以建立一支大军队。在柏林游乐公园的一次演说中，他竟保证：“在第三帝国中，每一个德国女郎都可以找到丈夫！”

民族党的迪斯特贝格退出了竞选，要求支持者投希特勒的票。甚至放荡不羁的前皇太子腓特烈·威廉也表示支持，他宣布：“我将投票赞成希特勒。”

希特勒在集会上发表演说，其左后方站立者为戈培尔。

第二次竞选的1932年4月10日是个阴沉多雨的日子，那天投票的选民少了100万人。当天深夜宣布的结果是：

兴登堡	19 359 983	53%
希特勒	13 418 547	36.8%
台尔曼	3 706 759	10.2%

虽然希特勒的票数增加了200万，而兴登堡只增加了100万，但总统得到了一个明确的绝对多数。这样，一半以上的德国人表示他们拥护民主共和国；他们肯定地反对不论左右的极端派。至少他们是这么想的。

这个结果很值得希特勒本人玩味。他取得了很突出的成绩。在两年之内，他使纳粹党的选票翻了一番。但是他仍旧没有取得多数——和他所追求的政权。他在这条路上是否已经走到尽头了？在4月10日选举后党内举行的会议上，施特拉塞尔坦率地认为，希特勒的处境确实如此。施特拉塞尔要求同那些当权的人，同总统、同布吕宁和格勒纳将军的政府、同陆军妥协。希特勒虽然不信任他的这个主要助手，却不反对他的意见，他没有忘记他在维也纳时代取得的一个教训：要取得政权，你必须赢得一些既有的“有势力机构”的支持。

但是在他还没有打定下一步应该怎么办的主意以前，这些“有势力机构”之一，也就是共和国政府却给了他一个打击。

一年多以来，全国政府和各邦政府都开始掌握一些文件，这些文件表明，纳粹党的一些高级领袖，特别是冲锋队的一些头子，准备用暴力接管德国，实行恐怖统治。在第一次总统选举前夕，队员已达40万人的冲锋队被充分动员了起来，在柏林周围布置了一道警戒线。虽然冲锋队头子罗姆上尉向冯·施莱谢尔将军保证，这仅仅是“预防”措施，但是普鲁士警察在柏林纳粹党总部抄获了文件，其中清楚地表明，冲锋队确实打算在次日晚上实行政变的，如果希特勒当选总统的话——这是罗姆的心意。戈培尔
3月11日晚上的日记证实了确有其事在酝酿中。“同冲锋队和党卫军指挥官 159
们讨论了指示。到处都深感不安。政变这个字眼在流传着。”

因而全国政府和各邦政府都警惕起来。4月5日，以普鲁士和巴伐利亚这两个大邦为首的好几个邦的代表要求中央政府取缔冲锋队，要不然，它们就在各自的境内取缔它。当时总理布吕宁为了选举事宜不在柏林，但是以内政兼国防部长身份接见他们的格勒纳将军答应，一俟布吕宁回京，立即采取行动。布吕宁回来的日期是4月10日，即第二次选举那一天。布吕宁和格勒纳认为他们有充分的理由取缔冲锋队。因为这样就会消除内战的威胁，也可能是预告希特勒在德国政治中作为重要因素的末日的来临。由于确信兴登堡可以得到绝对多数当选总统，他们更是认为，这是选民们给他们的委托，要他们保护共和国，对付纳粹党要用暴力加以推翻的威胁。以暴力对付暴力的时机已经来到。此外，除非他们采取果断措施，否则，政府将失去社会民主党和工会的支持，而它们为兴登堡提供了大多数选票，而且是布吕宁政府继续得以维持的主要依靠。

内阁在4月10日开会，当时选举还未结束。会上决定立即取缔希特勒的私人军队。要兴登堡在这项命令上签字，曾有一些困难，因为当初赞成这项命令的施莱谢尔开始在总统耳旁低语，促使他反对。但是他最后还是

于4月13日在命令上签了字，命令遂于4月14日公布。

这个打击使纳粹党人目瞪口呆。罗姆和党内一些容易冲动的人主张违抗这项命令。但是比他的部下精明狡猾的希特勒却决定必须服从这项命令。现在还不是举行武装叛乱的时候。此外，他还得到了有关施莱谢尔的态度的颇有意思的消息。戈培尔在4月14日那天的日记中写道："我们获知，施莱谢尔不赞成格勒纳的行动……" 后来又写道："……接到一位著名夫人的电话，她是施莱谢尔将军的好朋友。她说将军打算辞职。"[4]

戈培尔对此很感兴趣，但是抱有怀疑。他说："这也许仅仅是一种策略。" 这个诡计多端、热衷政治的将军是什么背信弃义的勾当都干得出来的，但是其寡廉鲜耻的程度，不论戈培尔也好，希特勒也好，或是任何人也好，都是一点底也没有摸到的，至于布吕宁，肯定也是没有摸到底的，格勒纳就更不用说了，虽然施莱谢尔在军队中和政府中的迅速升迁完全是靠格勒纳的提拔。不过，他们很快就会摸到了。

甚至在取缔冲锋队的禁令还没有宣布之前，施莱谢尔把意志软弱的国防军司令冯·哈默施坦因将军争取过来以后，就已经秘密通知七个军区司令：陆军不同意这项命令。其次，他又劝说兴登堡在4月16日写了一封故意找碴的信给格勒纳，问他为什么不把社会民主党的准军事组织国旗队同冲锋队一起取缔。施莱谢尔还进一步采取了一个行动来破坏他上司的地位。他主使了一场恶意的宣传，诬蔑格勒纳将军，散布谣言说格勒纳将军病得
160 很重，不能继续任职；说他已信了马克思主义，甚至和平主义；宣称国防部长玷污了陆军的名誉，因为他最近结婚不到五个月就生了个孩子——他还告诉兴登堡，在陆军圈子里，这个孩子的外号叫"诺尔米"，这是在奥林匹克运动会上跑得飞快的芬兰赛跑选手的名字。

与此同时，施莱谢尔恢复了他同冲锋队的联系。他同冲锋队头子罗姆和柏林冲锋队长冯·赫尔多夫伯爵都举行了会谈。戈培尔在4月26日的日记中写道，施莱谢尔通知赫尔多夫，他"想改弦易辙"。两天以后，施莱谢尔见了希特勒，据戈培尔的记载，"会谈进行得很顺利"。

即使在玩弄权术的这个阶段，也已经可以很清楚地看出，在一个问题上，罗姆和施莱谢尔背着希特勒在搞阴谋。他们两个人都希望把冲锋队并入陆军，作为一种民兵，但是元首坚决反对。在这个问题上，希特勒时常

同他的冲锋队参谋长发生争吵，后者把冲锋队看作是加强国家的潜在军事力量，而希特勒却认为冲锋队是一种纯政治力量，一种在街头殴打政敌、制造恐怖，在党内保持政治热情的队伍。但是施莱谢尔同纳粹党领袖们会谈时，心中却另有打算。他想使冲锋队归属于陆军，这样他就能够加以控制。但是他也希望希特勒这个唯一有群众拥护的保守的民族主义者参加政府——这样他也就能够控制**他**了。取缔冲锋队的禁令妨碍了这两个目标的实现。

到1932年5月第一个星期结束的时候，施莱谢尔的阴谋达到了一个高潮。戈培尔在5月4日的日记上写道："希特勒的地雷快要爆炸了。格勒纳首先得下台，其次是布吕宁。"5月8日，戈培尔在他的日记中写道，希特勒"同施莱谢尔将军和接近总统的一些先生举行了一次有决定意义的会谈。一切都很顺利。布吕宁将在数天内下台。总统将撤回对他的信任"。他接着概述了施莱谢尔和总统亲信同希特勒密谋的计划：先解散国会，然后成立总统内阁，取消对冲锋队和纳粹党的一切禁令。戈培尔又说，为了避免布吕宁生疑，希特勒暂时离开柏林。那天晚上，他陪他的领袖到了梅克伦堡，当真藏匿了起来。

在纳粹党看来，总统内阁只不过是"暂时"的安排，这一点是戈培尔在第二天的日记中说的，他说，这样一种"毫无特色的'过渡政府'将为我们扫清道路。这个政府越软弱，我们越是容易搞掉它"。当然，施莱谢尔的看法可不是这样，他已经在梦想组织一个新政府，这个政府在宪法修改以前可以不受议会的约束，而他自己又能加以任意支配，很明显，他和希特勒都以为自己能够战胜对方。不过在当时，他却有一张好牌在手。他可
以向年迈力衰的总统保证，他能够提供布吕宁所不能提供的东西：一个得 161
到希特勒的支持而又没有非得让这个狂热的煽动家参加不可的这种不方便的政府。

这样，一切都准备妥当了，在5月10日那一天，也就是施莱谢尔同希特勒和兴登堡周围人物会谈后两天，他采取了行动。动手的地方是国会。格勒纳将军站起来为取缔冲锋队的行动辩护，马上受到了戈林的猛烈攻击。这位身患糖尿病的国防部长，对于施莱谢尔的阴谋诡计深感失望，他尽管竭力为自己辩护，但是在纳粹党议员连珠炮般的辱骂前面，他没有还手之

力。在精疲力竭、丢脸伤心之余，他正要退席而去，不料却面对面地碰上了冯·施莱谢尔将军，后者冷冰冰地告诉他，他“已不再享有陆军的信任，必须辞职”。格勒纳向兴登堡求救。他曾经两次在关键时刻为兴登堡解过围——并且代兴登堡受过：一次是在1918年，代表兴登堡要德皇退位；一次是在1919年，又代表兴登堡告诉共和国政府在《凡尔赛和约》上签字。但是老元帅这次却回答说，他“感到很遗憾”，对这件事情无能为力，原来兴登堡对于欠了这个比他年轻的军官人情这一点，心中一直是不痛快的。5月13日，格勒纳失望之余，悻然辞职。* 那天晚上，戈培尔的日记记道：“从施莱谢尔将军那里得到消息。一切按计划进行。”

计划的下一步是要开布吕宁的刀，过不了多久，这个诡计多端的将军就有了下手的机会。格勒纳的下台，对于摇摇欲坠的共和国来说是个很严重的打击，在军人中间，几乎只有他一个人曾经精明强干、忠心耿耿地为共和国效劳过，陆军里也没有一个具有他那样声望和忠心的人可以代替他。但是，顽强的、努力活动的布吕宁仍是一个势力。他已经为兴登堡的连任，正如他所认为的那样，也就是为共和国的继续存在，争取到了大多数德国人的支持。在外交政策方面，关于取消赔款和德国重整军备的平等权利这两个问题，他似乎正处于取得惊人成功的前夕。但是，我们已经看到，对于这位总理为了使兴登堡竞选连任而做出的超人的努力，老总统不但不表感谢，反而报之以特别冷淡的态度。当布吕宁建议由国家付出优厚的赔偿后接管东普鲁士某些破产的容克庄园、把它们分配给无地农民的时候，兴登堡的态度就更加冷淡了。5月间，兴登堡去诺伊代克度复活节假期。诺伊代克是一个位于东普鲁士的庄园，是那些容克在工业家出钱资助下送给兴登堡的80岁寿礼。他在那里的时候，他的贵族邻居趁此机会在他耳旁进了谗言，要求撤换这个被他们现在称为“农业布尔什维主义者”的总理。

纳粹党人比布吕宁自己还早就知道这位总理即将下台，这无疑是通过
162 施莱谢尔的途径。5月18日，戈培尔从慕尼黑回到柏林，注意到“复活节

---

* 格勒纳在几个月后（11月29日）写信给施莱谢尔说：“我极为气愤和轻蔑，因为在你的身上，在我的老朋友、门人、继子的身上受了骗。”（见戈登·A. 克雷格著：《国防军和民族社会主义：威廉·格勒纳的政策》[Reichswehr and National Socialism: The Policy of Wilhelm Groener] 一文，刊1948年6月号《政治学季刊》）

气象”依然未消，便在日记中写道："只有对布吕宁一个人，冬天似乎已经来临。可笑的是，他自己还不知道。他找不到人参加他的内阁。耗子都离开了快要沉没的船。”但是，这样说也许要更确切些，那就是：带头的那只耗子，并没有离开这只要沉的船——国家，不过是在准备为它找个新船长。第二天戈培尔记录道："施莱谢尔将军拒绝继掌国防部。”这话不错，但是不够精确。布吕宁在责备施莱谢尔搞垮格勒纳以后的确曾经请过施莱谢尔出任国防部长。施莱谢尔的答复是："我愿意出任，但不是在你的政府中。”[5]

5月19日戈培尔的日记记道："施莱谢尔那里来的消息。部长名单已经拟定，在过渡时期，这并不太重要。”这样，至少比布吕宁早一个星期，纳粹党已经知道要把他干掉了。5月29日是星期日，兴登堡召见了布吕宁，猝然要他辞职。第二天，布吕宁就向他递了辞呈。

施莱谢尔胜利了。但是倒下去的不仅是布吕宁；民主共和国和他一起倒了下去，虽然临死的痛苦还要延续六个月，最后才加一枪送命。对于共和国的死亡，布吕宁的责任是不小的。他虽然从内心来说是个民主派，但是他却听人摆布，终于在任期的大部分时间中不得不靠总统的紧急法令来行使政府职权，而没有取得议会的同意。采取这种步骤，的确也是出于不得已，这完全是政客们的目光短浅所造成的必然结果。虽然在5月12日的时候，他还能够为他的财政法案在国会中赢得一次信任票。但是在议会不能同意的问题上，他就不得不依靠总统的支持来维持统治。现在，这种支持已经收回去了。从现在开始，从1932年6月到1933年1月，这种支持将给予两个比较次要的人物，这两个人物虽然不是纳粹党人，却一点也不想维护民主共和国，至少是不想维护按目前方式组织的民主共和国。

德国的政治权力现在不再像共和国成立以后那样存在于人民和表达人民意志的机构——国会——手里，它现在集中在一个85岁高龄的衰老的总统和他周围一些思想浅薄、野心勃勃的人的手里，而这些人却左右着他那衰朽倦怠、神思恍惚的精神。这一点，希特勒看得很清楚，这也适合他的目标。他要在议会中赢得多数，看来是极其不可能的。兴登堡的新态度给了他可以取得政权的唯一机会。当然，还不是在目前，但是也不用太久了。

他从奥尔登堡匆匆赶回柏林（在奥尔登堡，纳粹党在5月29日地方议会的选举中赢得了绝对多数）。第二天，兴登堡接见了他，证实了这个纳粹党领袖事前在5月8日同施莱谢尔秘密商定的交易中的几点：取消对冲锋队的禁令、组织由兴登堡自择人选的总统内阁、解散国会。在这种情况下，
163 希特勒愿不愿意支持新政府？兴登堡这么问他。希特勒回答说，他愿意支持。那天（5月30日）晚上，戈培尔的日记说："希特勒同总统的会谈进行得很顺利……提到冯·巴本为总理人选。但是我们对此不感兴趣。重要的是，国会解散了。选举！选举！直接诉诸人民！我们都很高兴。"[6]

弗朗茨·冯·巴本的大失败

现在舞台的中心暂时出现了一个意想不到的滑稽可笑的人物。由冯·施莱谢尔将军推荐给80多岁总统于1932年6月1日受命出任德国总理的人是53岁的弗朗茨·冯·巴本，他是威斯特伐利亚一家没落贵族的后裔，曾在参谋总部供职，是个跑马能手，但在政治上却是个不成功的天主教中央党外行政客。他靠裙带关系成了一个富有的工业家，在社会上籍籍无名，只是有一次在任驻华盛顿武官时因参与策划炸毁当时尚守中立的美国的桥梁和铁路这种破坏活动而被驱逐出境。

"总统的选择使人感到不可置信，"法国驻柏林大使写道，"凡是听到这个消息的人，莫不感到好笑，有的吃吃偷笑，有的捧腹大笑，因为巴本的特色是，不论友与敌，无人把他当作一回事……他以肤浅愚蠢、虚伪狡猾、爱好虚荣、野心勃勃的阴谋家著称。"[7]弗朗索瓦-庞赛的描写绝无夸大。而兴登堡在施莱谢尔的唆使下竟然把在挣扎中的共和国的命运交托给这样一个人。

巴本毫无任何政治后台。他甚至还不是个国会议员，他在政治方面最高的履历是曾任普鲁士邦议会议员。巴本被任命为总理后，他所属的中央党基于他背叛该党领袖布吕宁，一致把他开除出党。但是总统叮嘱他组织一个超党派政府，而这件事是他能够马上做到的，因为施莱谢尔已经为他准备好了一张部长名单。这张名单后来就以"男爵内阁"著称。其中五个部长是贵族，两个是大公司董事，一个是啤酒馆政变前后动乱时代巴伐利亚政府内庇护希特勒的人，名叫弗朗茨·居特纳，他被任命为司法部长。冯·施莱谢尔被兴登堡所迫，不得不从他喜爱的幕后地位走出来，出任国

防部长。全国大部分人民都把“男爵内阁”当作一场笑话，虽然有些阁员如冯·牛赖特男爵、冯·艾尔茨-吕本那赫男爵、什未林·冯·克罗西克伯爵和居特纳博士的政治寿命很长，一直到第三帝国时期开始后很久，他们还留在各自的职位上。

巴本的第一个行动是履行施莱谢尔与希特勒的协议。6月4日，他解散了国会，决定在7月31日举行新选举。在多疑的纳粹党催促了几次后，他 164
在6月15日取消了对冲锋队的禁令。接着马上发生了甚至德国在过去也从未有过的一阵政治暴行和谋杀的浪潮。冲锋队员涌到街上去寻衅闹事，他们的挑战常常受到应战，特别是受到共产党的应战。仅仅在普鲁士一邦，从6月1日到20日，街头就发生了461起斗殴，死了82人，重伤400人。7月间，在殴斗中死亡的共有86人，其中38人是纳粹党人，30人是共产党人。7月10日星期日这一天，街头被殴致死者有18人，下一个星期日，纳粹党人在警察保护下，在汉堡工人阶级郊区阿尔托纳举行游行，当时被打死的有19人，受伤的285人。内战越来越恶化，各方面都要求男爵内阁设法制止这场内战。除了纳粹党和共产党以外，各党派都要求政府采取行动来恢复秩序。

对此，巴本做了两件事情作为答复。他禁止各党派在7月31日选举前14天内举行游行。其次，他采取了一个步骤，其目的不仅要抚慰纳粹党人，而且要摧毁民主共和国残余的支柱之一。他在7月20日撤除了普鲁士政府，自任为普鲁士国家长官。这是走向他企图在整个德国建立的那种极权主义政府的一个大胆步骤。巴本的借口是，阿尔托纳暴乱证明普鲁士政府无力维持治安。他还根据施莱谢尔临时拼凑的“证据”，指责普鲁士当局与共产党人共谋。当社会民主党的部长们表示除非使用武力否则拒绝离职的时候，巴本就很乐意地使用了武力。

柏林宣布了戒严令，当地的国防军司令冯·伦德施泰特将军派了一个中尉和十几个士兵，去进行了一些必要的逮捕。这件事情没有逃过取得联邦政权的右派人物的注意，也没有逃过希特勒的注意。现在已不再有必要担心左派势力甚至民主的中间派势力会对推翻民主制度的尝试进行认真的抵抗了。1920年时，一次总罢工曾拯救了共和国，使之免于被推翻。现在工会领袖和社会民主党人中间又讨论了这样一种措施，但是结果却认为

巴本内阁，前排从左至右：马格努斯·冯·布劳恩、威廉·冯·盖尔、弗朗茨·冯·巴本、康斯坦丁·冯·牛赖特，后排为弗朗茨·居特纳、赫尔曼·瓦姆博尔特、库尔特·冯·施莱谢尔。

太危险而被放弃了。因此，巴本把合乎宪法的普鲁士政府撤换以后，给魏玛共和国的棺材又钉上了一颗钉子。而这一次只用了一个班的士兵就做到了——他就是这样吹嘘的。

至于希特勒和他的助手们，决心要推翻的不仅是共和国，还有巴本和他的男爵们。戈培尔在他6月5日的日记中表示了这个目标："我们必须尽早同这个资产阶级过渡政府脱离关系。"巴本在6月9日第一次会见希特勒，当时这个纳粹党领袖告诉他："我认为你的内阁只是一种暂时的解决办法，
165 我将继续努力使我的党成为全国最大的政党。到了那个时候，总理一职就非我莫属了。"[8]

7月31日的国会选举是德国在五个月以内举行的第三次全国性选举。但是纳粹党人非但对这种紧张的竞选活动一点也不感到厌倦，反而比往常更加狂热和卖力地投入进去。尽管希特勒向兴登堡保证，纳粹党将支持巴

本政府，戈培尔却对内政部长进行了尖锐的攻击，而且早在7月9日，希特勒就去见了施莱谢尔，对政府的各项政策表示极为不满。从希特勒公开出现场合的群众人数来看，显然，纳粹党的势力有了增长。在7月27日那天，他就在勃兰登堡向6万人讲了话，接着在波茨坦向几乎同样多的人讲了话，晚上又在柏林格鲁纳瓦尔德大运动场向12万人讲了话，场外还有10万人从扩音器听了他的讲话。

在7月31日的选举中，纳粹党取得大胜，一共获得1 374.5万张选票，在国会中占230席，轻而易举地成了国会中的第一大党，虽然在608个席位的国会中，仍远远不足以构成多数。社会民主党无疑是由于他们的领袖在普鲁士的胆小怕事的表现，丧失了10个席位，只有133个席位。工人阶级转向共产党一边，他们增加了12个席位，在国会中共占89个席位，成了第三大党。天主教中央党也稍许增加了力量，从68个席位增加到73个席位，但其他中产阶级政党，甚至胡根贝格的德意志民族党——在选举中支持巴本的唯一政党——却居极少数地位。显然，除了天主教徒以外，中产阶级和上层阶级都转向了纳粹党。

8月2日，希特勒在慕尼黑附近的泰根湖同他党内的领袖们开会，估计他的胜利，自从两年前上一次国会选举以来，纳粹党增加了700万张选票，在国会中的代表从107席增加到230席。而如果从1928年的选举开始计算，这四年来纳粹党的选票增加了1 300万张左右。但是要取得政权所必需的多数，希特勒还是没有得到。他在全部票数中只赢得了37%。大多数德国人仍旧反对他。他同助手们一直讨论到深夜。戈培尔在8月2日的日记中记载了讨论的结果："元首面临着困难的决定。走合法途径？还是同中央党合作？"同中央党合作，纳粹党就能在国会中取得多数。但是在戈培尔看来，这是"不可想象的"。但是他记道："元首［仍然］没有做出最后决定。局势还需要过一些时候才能成熟。"

但是不用很多时候。尽管希特勒所取得的胜利还谈不上是决定性的，但是在这种胜利的刺激下，希特勒还是忍耐不住了。他在8月4日赶到柏林，不是去见冯·巴本总理，而是去见冯·施莱谢尔将军，据戈培尔记载，是去"提出他的要求"。他还说："这些要求不会太低。"8月5日，在柏林附近的菲尔斯滕贝格兵营，希特勒向冯·施莱谢尔将军提出了他的条件：给 166

他本人的是总理职位，给他的党的是普鲁士总理职位，联邦政府和普鲁士政府的内政部，联邦政府的司法部、经济部、航空部，以及给戈培尔设的一项新职务——国民教育与宣传部。为了给施莱谢尔一点甜头，希特勒答应把国防部给他。此外，希特勒说，他将要求国会通过一个法案，授权他在一个规定的期限内凭特别命令行使政府职权，如果国会拒绝，就把国会“送回老家”。

希特勒在会见后深信，他已经把施莱谢尔拉了过来，赞成他的计划，于是高高兴兴地赶回他在上萨尔茨山的避暑山庄。戈培尔对反对者总是不放心的，而对这个政客将军总是心怀疑惧，不是这么满有把握。他在听到元首关于同施莱谢尔会谈的乐观报告后，在8月6日的日记中记道：“对于未来的事情，最好采取怀疑的态度。”不过，在一件事情上，戈培尔是有把握的：“我们一旦取得了政权，就绝不放弃。除非他们把我们的尸体抬出政府各部。”

事情并不像希特勒所想象的那么顺利。8月8日，戈培尔写道：“柏林来了电话。尽是谣言。全党进入准备状态，以便接管政权。冲锋队员们都离开原来的工作岗位，进行准备，党的领袖们在准备这伟大时刻的来到。如果一切顺利，那就太好了。否则，就会有可怕的挫折。”第二天，施特拉塞尔、弗里克和冯克来到上萨尔茨山，带来了并不十分令人鼓舞的消息。施莱谢尔像条蛆虫一样，又转了方向。他现在坚持：如果希特勒当总理，必须在取得国会同意的情况下行使政府职权。冯克报告说，他的企业界朋友对于纳粹党执政的前途感到担忧。沙赫特给他一个口信，证实了这一点。最后，这三个人告诉希特勒说，威廉街方面担心纳粹发动政变。

这种担心不是没有根据的。第二天，8月10日，戈培尔获悉，在柏林，冲锋队已处于“一种武装准备状态……冲锋队包围了柏林，力量越来越大……对于这一点，威廉街方面感到紧张不安。然而这正是我们动员的目的”。第二天，元首不能再等待下去了。他乘汽车去了柏林。戈培尔说，他到那里“不会露面”，但是另外一方面，一有召唤，他随时都有准备。结果没有人召唤他，他只好自己求见总统。但在见总统之前，他先得见施莱谢尔和巴本。

这次会谈是在8月13日中午举行的。过程极为激烈。施莱谢尔已经偷偷地离开了他在一个星期前的原来的立场。他现在支持巴本，认为希特勒至多只能盼望一个副总理的职位。希特勒大为震怒。他非当总理不可，否则就不参加政府。巴本说，他得让兴登堡来做“最后决定”，这样就结束了会谈。* 167

希特勒悻悻然回到附近的恺撒霍夫饭店休息。下午3点时，总统府来了电话。有人——从戈培尔日记来看，大概是他——接了电话问道：“是不是已经做出了决定？如果是那样，请希特勒去是没有意义的。”但是对方告诉这个纳粹党人说，总统“希望先跟希特勒谈一谈”。老元帅在他的书房中一手拄着手杖，站着接见希特勒，这样一个姿态事先就为这次接见决定了冷淡的调子。就一个85岁高龄、仅仅在十个月以前还发过一次病、神志完全昏迷达一个多星期的人来说，兴登堡现在的神志惊人地清醒。他耐心地听着希特勒重申他对总理职位和全部权力的要求。当时在场的目击者只有总统府秘书奥托·冯·迈斯纳和陪同希特勒前来的戈林。虽然迈斯纳那里不是一个完全可靠的材料来源，但是他在纽伦堡的供词是关于这次会谈的唯一的第一手材料。他的供词看来是可信的。

> 兴登堡回答说，由于局势紧张，他不能于心无愧地贸然将政府的权力交给像纳粹党那样的一个新党，这个新党没有多数的拥护，而且是心胸褊狭、嚣张闹事、不守纪律的。
>
> 这时，兴登堡表现了一定的激动情绪，提到最近发生的好几起事件——纳粹党人与警察的冲突、希特勒党徒攻击意见不同的人的暴行、对犹太人的殴辱以及其他非法行为。所有这一切事件都加强了他的信念，即在纳粹党内有许多不受驾驭的野性难驯的分子……在恳切地谈了一通之后，兴登堡向希特勒建议，要他宣布愿意同其他政党合作，特别是同右派和中间派的政党合作，他应该放弃片面的独揽大权的想法。兴登堡说，他如果同其他政党合作，就能够表现自己可以取得什么成就，做出什么改进。如果他能够取得成就，他在联合政府内的影

---

* 巴本在他的回忆录中没有提到这次会谈时施莱谢尔也在场，但是从其他材料来看，显然他是在场的。鉴于以后的事件，这一点是很重要的。

> 响就会增加，甚至能占支配地位。兴登堡说，这也是一种最好的办法，可以消除普遍存在的恐惧。这种恐惧是：纳粹党如果组织政府，它就会滥用政府权力，压制一切其他观点，逐步消灭其他观点。兴登堡说，他愿意接受希特勒和他的运动的代表参加联合政府，至于这个政府的具体组成可以以后再谈，但是他不能承担把全部权力交给希特勒一人的责任……但是希特勒坚决拒绝使自己置身于同其他政党领袖讨价还价的地位和在这种情况下组织一个联合政府。[9]

因此会谈没有结果，但是老总统在会谈结束以前仍旧站着，严厉地教训了纳粹党领袖一番。根据后来马上发表的官方公报，兴登堡“感到很遗
168 憾，希特勒先生并不认为自己能够按照在国会选举前同意的那样来支持一个取得总统信任的全民政府”。在德高望重的总统看来，希特勒违反了诺言，但是却使总统对未来提高了警惕。公报继续说：“总统严正地告诫希特勒先生，他要以骑士风度来领导纳粹党作为反对党的活动，要记住他对祖国和德国人民的责任。”

公报从兴登堡的视角叙述了会见的经过，并且指出希特勒要求得到“控制国家的全部权力”。它的突然发表，使戈培尔的宣传机器猝不及防，对希特勒的威信造成了很大的损害，不仅在一般公众中间是如此，而且在纳粹党人中间也是如此。这时，希特勒再次答复说，他没有要求得到“全部权力”，他只要求得到总理职位和少数几个部，这已经没有用了。对兴登堡的话，人们一般都是深信不疑的。

与此同时，动员起来的冲锋队员们已经感到焦躁不安。希特勒当天晚上召见了他们的领袖，同他们谈了话。戈培尔在日记里写道：“这是一件困难的任务。谁知道他们是否能够保持原来的阵容。要对胜利在望的军队说，这次胜利已被剥夺，没有比这更困难的事了。”那天深夜，这个矮小的博士阅读腓特烈大王的信札来寻找安慰。第二天，他匆匆赶到波罗的海海滨去度假。他写道：“绝望的情绪弥漫在党内同志中间。”他甚至不愿出自己的房门同他们交谈。“至少在一个星期之内，我不想听到关于政治的谈论。我只要阳光、空气、宁静。”

希特勒也回上萨尔茨山去享受这些东西，考虑未来。正如戈培尔所说

的，“第一个大好机会给错过了”。当时但泽的纳粹党领袖赫尔曼·劳施宁发现元首在山顶上愁眉不展，默默沉思。希特勒告诉他，“我们必须毫不留情”，然后大骂了巴本一通。但是他并没有丧失信心。他说话的口气不时显得仿佛已经当了总理一样，他说：“我的任务比俾斯麦的任务还困难。我必须先创建国家，然后才能开始处理我们所面临的国家任务。”但是，要是巴本和施莱谢尔组织军事独裁，镇压纳粹党，那怎么办？希特勒猝然问劳施宁，当时在国际联盟保护下的独立的自由城市但泽是否同德国订有引渡协定？劳施宁起初摸不着头脑，不知这个问题的意思，后来才明白，希特勒是想找个地方，在万一出事以后可以避难。[10] 戈培尔在日记中说：“有谣言说要逮捕元首。”但是即使到现在，在遭到共和国总统和巴本-施莱谢尔政府的拒绝以后，并且尽管他担心他的党可能被宣布为非法，他仍旧决心要坚持走他的“合法”道路。他压制了关于冲锋队举行政变的一切谈论。除了偶尔情绪消沉的片刻以外，他仍颇有信心，相信他总能达到目的——不是靠武力，也几乎不可能靠在议会取得多数，而是靠曾经把施莱谢尔和巴 169
本送到最高地位的那种手段：靠幕后诡计，一种两个人就可以玩弄的把戏。

过不了很久，他就做了一个榜样。8月25日，戈培尔在贝希特斯加登同希特勒会谈，然后记道：“我们已同中央党进行联系，即使只是为了向我们的对手施加压力也罢。”第二天，戈培尔回到柏林，发现施莱谢尔已经发觉“我们向中央党进行了试探”。次日，他去见这位将军，想弄清楚是不是那样。他觉得施莱谢尔似乎担心希特勒同天主教中央党的联合，因为他们一旦联合，就可以在国会里形成绝对多数。至于施莱谢尔，戈培尔写道：“我不知道这个人究竟有多少是真的，有多少是假的。”

正如戈培尔所说，同中央党的联系只不过是作为对巴本政府施加压力的手段，但是结果却大为成功，这表现在国会中发生的一场滑稽戏一般的事件里，这个事件成了这个骑兵出身的总理末日的开端。原来，国会在8月30日开会时，中央党同纳粹党一起选戈林为国会议长。因此，国会在9月12日复会后开始它的工作会议时，将第一次由一个纳粹党人担任主席。戈林充分利用了他的机会。冯·巴本总理事前从总统那里弄来了一项解散国会的命令——在国会还没有开会着手工作以前就签发了它的死刑判决书，这还是第一次。但是在第一次工作会议上，巴本没有把命令带来。他带来的是一篇概述政府工作计划的报告，因为事前获得保证，如果共产党提出弹劾政府的动议，就会有一个民族党议员在大多数其他政党同意下出来反对进行表决。对于这种动议，600多个议员中只要有一个议员反对就可以推迟表决。

但是当共产党议会党团领袖恩斯特·托尔格勒把他的弹劾动议作为程序修正案提出的时候，没有一个民族党议员或任何其他议员起来反对。最后弗里克代表纳粹党要求休会半个小时。

巴本后来在他的回忆录中说:“现在情况变得很严重了，完全出乎我的意料。”他派了一个信差火速前往总理府去取解散令。

这时候，希特勒在国会对面的国会议长府同他的议会党团开会，纳粹党处在进退维谷的境地，他们很感为难。他们觉得民族党不建议推迟表决是欺骗了他们。现在希特勒的党为了推翻巴本政府，不得不在共产党的一个动议上投共产党的票了。希特勒决定硬着头皮这么做，虽然同共产党这样合作不是味儿。他命令他的议员投票赞成共产党的修正案，在巴本还没有来得及解散国会之前就把他推翻掉。当然，为了达到这个目的，戈林作
170 为议长，必须在议会程序上玩弄一些巧妙的诡计和手段。这个前空军英雄是个多才多艺、英勇大胆的人物，这在以后其他更大的场面中也得到了证明，他果然未辱使命。

国会休会半个小时后复会时，巴本夹着那个按照传统装有他匆匆取来的解散令的红色公事皮包来了。但是当他要求发言时，国会议长假装没有看见他，虽然巴本这时已涨红了脸，站起了身子，手中举着那张纸，让全场议员都看到。人人都看到了，就只有戈林一人没有看到。他的微笑着的脸转向另外一边。他宣布立即举行表决。据目击者的叙述，这时巴本的脸色已气得发白，他大步走向议长席，把解散令扔在他的桌上。但是戈林仍旧装着没看见，宣布进行表决。巴本在部长们（他们都不是议员）的跟随下大步走出会场。议员们进行了表决，结果是以513票对32票，弹劾了政府。到这时戈林才看到了这张愤怒地扔在他桌上的纸。他向国会宣读了上面的内容，随后做出裁决说，由于这是一个被合乎宪法的多数表决撤除职务的总理副签的，它没有任何效力。

由于这场滑稽戏，德国究竟哪些方面得到了胜利，哪些方面遭到了失

败，他们的胜败程度如何，在当时都不是很清楚的。花花公子巴本让人给开了一个玩笑，这一点是没有疑问的；但是他当时一直是被人当作笑话来谈的，正如弗朗索瓦-庞赛所说，即使在他的朋友看来也是如此。同样清楚的是，国会这一次行动表明了绝大多数德国人反对兴登堡一手挑选的总统政府。但是采取这种做法，岂不是进一步破坏了人民对议会制度的信任吗？至于纳粹党人，他们岂不是再一次表明他们不仅是随便胡来的，而且为了达到目的，不惜同共产党共谋吗？此外，人民不是已经厌倦了选举，纳粹党在一年以内第四次不可避免的新选举中不是可能丧失选票吗？格雷戈尔·施特拉塞尔，甚至是弗里克，都认为如此，并且认为，丧失选票对党来说可能会带来很严重的后果。

但是，据戈培尔那天晚上的记载，希特勒"乐极忘形。他又一次做了一个明确的、毫不含糊的决定"。

国会后来很快地承认了解散令，新选举定在11月6日举行。对纳粹党来说，新选举造成了一定的困难。因为，戈培尔指出，人民对于政治演说和宣传已经感到厌倦了。他在10月15日的日记里承认，甚至纳粹党内的工作人员也"由于这些永无休止的选举而弄得神经紧张不安。他们疲劳过度……"，另外也有经济上的困难。大企业和大金融转而支持巴本了，因为他对他们做了一定的让步。正如冯克所警告的一样，他们对于希特勒拒绝同兴登堡合作，对于在他们看来他的日益发展的激进主义和不惜同共产党合作的倾向（国会事件证明了这一点），越来越感到不能信任。戈培尔在 171
他10月15日的日记中提到了这一点："钱非常难弄。有'财产和教养'的先生们都支持政府。"

选举前几天，纳粹党同共产党一起在柏林举行了一次运输工人的罢工，而工会和社会民主党都没有支持这次罢工。正当纳粹党亟须经费在竞选运动的尾声中最后加一把劲的时候，这个行动使得企业界的人士更不愿意慷慨解囊了。戈培尔在11月1日的日记中阴郁地写道："经费短缺成了我们的长期病。我们没有足够的经费来进行一次真正大规模的竞选运动。许多资产阶级人士被我们参加罢工所吓退。甚至我们党内的许多同志也开始有所怀疑了。"11月5日，选举前夕的日记写道："最后的进攻。全党为避免失败，进行了拼命的努力。我们终于在最后一分钟弄到了1万马克。这笔钱星期六下午就要投入竞选运动。我们已经尽了最大的努力。现在让命运来做出决定吧。”

命运，还有德国选民，11月6日在好些事情上做出了决定，但是其中没有一件事情对于崩溃中的共和国前途是有决定意义的。纳粹党丧失了200万张选票，在国会中丧失了34个席位，一共只有196个席位。共产党增加了75万张选票，而社会民主党却丧失了这个数目，结果共产党在国会中的议席从89席增加到了100席，而社会民主党从133席减少到了121席。支持政府的唯一政党德意志民族党增加了将近100万张选票——显然得自纳粹党，议席从37席增加到了52席。纳粹党虽然仍是全国第一大党，但是丧失200万张选票却是个很大的挫折。纳粹狂澜第一次退潮了，而且是从远远不够多数的那一点开始退潮的。不可战胜的神话破灭了。希特勒要争夺政权，现在所处的地位比7月以来的任何时候都要软弱。

巴本意识到这一点，于是撇开他自称的对希特勒的“个人厌憎”，在11月13日写了一封信给他，邀他前来“讨论局势”。但是希特勒在复信中提出了许多条件，使巴本终于放弃了想要同他达成谅解的一切希望。纳粹党领袖顽固不化的态度并没有使态度随和、庸碌无能的总理感到意外，使他感到意外的是他的朋友和军师施莱谢尔现在提出的一个新建议。原来这个诡计多端的幕后操纵者已经得出这样的结论：巴本像前任布吕宁一样，现在已经不再有什么用处了。他的计谋无穷的头脑中现在酝酿着新的计划。他的好朋友巴本必须下台。总统必须不受任何牵制，可以自由地同各政党，特别是同最大的政党打交道。他要求巴本辞职，巴本和他的内阁就在11月17日辞职了。兴登堡立刻派人去请希特勒。

他们在11月19日的这次会见，气氛就不像8月13日那次那么冷冰冰的了。这次总统请他的客人坐了下来，并且同他谈了一个小时以上。兴登堡
172 向希特勒提出两个办法，供他选择：如果他能够提出一个具体的政纲并能在国会中争取到行得通的多数的支持，就让他当总理，否则就在巴本手下当副总理，而这个内阁又是靠紧急法令维持的总统内阁。希特勒在21日再度晋见了总统，他并且同迈斯纳通了几封信，但是没有达成任何协议。希特勒要在议会中获得行得通的多数是办不到的。虽然中央党同意在他不搞

独裁的条件下支持他，但是胡根贝格不让民族党同他合作。因此希特勒只好恢复他原来的要求：担任总统内阁的总理，但是这个要求总统不肯答应。如果要成立一个靠总统命令施政的内阁，兴登堡宁可让他的朋友巴本来领导。他在迈斯纳代表他发出的一封信中说，不能把这样一个职位给希特勒，“因为这样一个内阁一定会发展成为一党独裁……在我的誓言和良心前面，我不能承担这个责任”。[11]

老元帅在前一点上做的预言比后一点更为应验。至于希特勒，他再一次敲了总理府的大门，大门虽然开了一个缝，结果却又砰地关上了，叫他碰了一鼻子灰。

巴本所希望的就是这个结果。他和施莱谢尔在12月1日晚上去见兴登堡时，颇有信心地认为，他仍旧将被任命为总理。他根本没有怀疑到这个诡计多端的将军在玩弄什么把戏。原来施莱谢尔曾同施特拉塞尔联系，他探问如果纳粹党不愿参加巴本内阁，是否愿意参加他本人担任总理的内阁。这位将军请希特勒到柏林来会商，据德国报纸广泛流传的一种说法，也是后来大多数历史学家信以为真的说法，元首真的从慕尼黑搭了夜车前来柏林，但是半夜里在耶拿被戈林接走，到魏玛参加纳粹党高级领导人的会谈去了。纳粹党关于这次事件的说法可能比较确实一些，虽然这一点不免使人感到奇怪。戈培尔11月30日的日记说，柏林来了一封电报，要希特勒赶紧去，但是他决定不妨让施莱谢尔等一等。他要先去魏玛同他的同志们开会，还要在那里主持图林根选举的竞选运动。在这次五大领袖戈林、戈培尔、施特拉塞尔、弗里克和希特勒在12月1日举行的会议上，意见分歧相当大。施特拉塞尔在弗里克的支持下主张，纳粹党至少要容忍施莱谢尔内阁，而他本人是主张参加这个内阁的。戈林和戈培尔竭力反对这个方针，希特勒站在他们一边。第二天，希特勒见了施莱谢尔派来见他的名叫奥特少校的人，叫后者去告诉将军，不要担任总理，但是这已经太迟了。

巴本天真地一直不知道施莱谢尔在他背后玩弄什么把戏。12月1日晋见总统时，他一开始就满有自信地概述了他的计划：由他继续担任总理，根据总统命令施行政府职权，暂时不去理睬国会，等他“修改了宪法”以后再说。事实上，巴本所要做的“修改”，将使德国回到帝国的时代，恢复 173
保守阶级的统治。他在纽伦堡审判和回忆录中都承认，而且他当时向兴登堡也承认，他的建议如果付诸实行，就需要“总统违反现行宪法”，但是他向元帅保证，“他把全国人民的福利放在他维护宪法的誓言之上，可能是有理由的”，因为——他又说——俾斯麦“为了国家的缘故”，一度也曾这样做过。[12]

使巴本惊讶的是，施莱谢尔插言进来表示反对。他利用了老总统显然不愿违反维护宪法的誓言的心情。老总统的态度是，能够避免的话，最好避免。而这位将军认为是能够避免的。他相信，如果由他来领导，那是有可能组成一个在国会中争取到多数支持的政府的。他有把握能够使施特拉塞尔以及至少另外60名纳粹党议员脱离希特勒。除了这批纳粹党人以外，他还能够取得中产阶级政党和社会民主党的支持。他甚至认为工会也会支持他。

对于这样一个主意，兴登堡大吃一惊，他于是当即回过头来要求巴本着手组织新政府。巴本后来说："施莱谢尔显然呆住了。”他们向总统告辞了以后，发生了长时间的争论，但是没有达成任何协议。分手的时候，施莱谢尔用马丁·路德出发到决定命运的沃尔姆斯议会去的时候别人对路德说的那句有名的话对巴本说："小僧侣，你挑了一条困难的道路。”*

这条道路究竟有多么困难，巴本在第二天早上9点举行内阁会议时就领教到了。

> ［巴本说］施莱谢尔站起来宣称，没有办法执行总统给我的指示。任何这样的尝试都将使国家陷于混乱，一旦发生总罢工，警察和军队不能保证维持交通和供应工作，一旦发生内战，他们也不能确保治安。参谋总部在这方面已经进行了研究，他已经命令奥特少校［报告起草人］等候内阁的指示，以便提出报告。[13]

这时，这位将军就让奥特少校进来。如果说施莱谢尔的发言使巴本感到震惊的话，那么欧根·奥特少校（希特勒后来任命他为驻东京大使）在时机上安排得很巧妙的报告就使巴本完全垮了。奥特说的不过是："守卫边

---

* 马丁·路德在沃尔姆斯议会上被宣告为异端。——译者

境的任务和对付纳粹党与共产党的治安任务，是联邦政府和各邦政府现有军队力量所不能胜任的。因此建议联邦政府避免宣布紧急状态。”[14]

德国陆军一度曾经打发过德皇卷铺盖，最近在施莱谢尔的教唆下把格勒纳将军和布吕宁总理赶下了台，如今开刀开到巴本头上来了，这使他感到又痛心又惊讶。他立刻带了这个消息去见兴登堡，希望总统会撤换国防 174
部长施莱谢尔而挽留他任总理，而且他的确是这么建议的。

“我亲爱的巴本，”态度坚决的老总统答道，“如果我改变主意，你会瞧不起我的。但是我年纪太大了，经历也太多了，我不能承担内战的责任。我们唯一的希望是让施莱谢尔试一试他的运气。”

据巴本说，“两颗大泪珠”滚下了兴登堡的脸颊。几个小时后，下台的总理在清理他的办公桌时，有人送来了总统的一帧相片，上面写着“Ich hatt' einen Kameraden！”（“你是我的同志！”）。第二天，总统亲笔写信给他，表示免除他的职务，“心情颇为沉重”，并且重申对他的信任“仍未有丝毫动摇”。这倒是真话，不久就会得到证明。

12月2日，库尔特·冯·施莱谢尔担任了总理，这是1890年伯爵格奥尔格·冯·卡普里维·德·卡普拉拉·德·蒙泰库科利将军接替俾斯麦以来第一个将军担任这个职务。施莱谢尔的阴谋诡计终于在他对此是一窍不通的经济萧条达到了顶点的时候，在他竭力破坏的魏玛共和国已经崩溃的时候，在没有人再信任他，甚至他摆布了这么久的总统也不信任他的时候，把他送到了最高的职位。但是除了他以外，几乎人人都很明显地看到，他在这个高峰上的日子是屈指可数的。纳粹党对此深信不疑。戈培尔12月2日的日记中有这么一句话：“施莱谢尔被任命为总理。他不会待得很久。”

巴本也这么想。他由于自尊心受了伤害，深感不快，渴望对他的“朋友和继任人”（他在回忆录里这么称呼施莱谢尔）复仇。施莱谢尔为了要巴本走开，让他担任驻巴黎大使，但是巴本谢绝了。巴本说，总统希望他留在柏林，“近在身边”。要对这个阴谋大师布置他自己的阴谋网，柏林是个最有战略意义的地方，巴本像蜘蛛一样忙忙碌碌地织起阴谋网来。随着多难的1932年接近尾声，柏林到处都是阴谋集团，而且集团内部还有集团。除了巴本集团和施莱谢尔集团以外，总统府也有一个集团，在那里，兴登堡的儿子奥斯卡和他的国务秘书迈斯纳操纵着幕后的实权。恺撒霍夫饭店也有一个集团，在那里，希特勒和他周围的人不仅在搞阴谋夺取政权，而且在搞阴谋干掉对方。不久，这种阴谋网越来越错综复杂，到1933年元旦时，这些阴谋家已经弄不清楚到底是谁在暗害谁了。不过，过不了很久，他们就会弄清楚的。

施莱谢尔：共和国的最后一任总理

“我执政只有57天，”施莱谢尔有一次在留神倾听的法国大使听得
175 到的地方说，“而且每一天都给背叛了57次。以后别跟我说什么‘德国式的忠诚’了！”[15]凭他自己的生涯和作为，他当然是这个问题的权威。

他一开始当总理，就邀格雷戈尔·施特拉塞尔当德国副总理兼普鲁士总理。施莱谢尔由于邀希特勒参加他的政府失败，现在打算向施特拉塞尔放下这个钓饵来分裂纳粹党。有理由相信他是可能成功的，施特拉塞尔在党内是第二号人物，在党内左派分子中间，由于他们当真相信民族社会主义，他比希特勒更有人望。他是党的组织部门领导人，同地方各级党领袖有直接联系，看来颇得他们的拥护。他现在相信，希特勒已使他们的运动走到了绝路。比较激进的一些党徒已经开始投向共产党一边。党本身在经费上已陷于破产的境地。11月间，弗里茨·蒂森曾经提出警告说，他已无法为他们的运动募到捐款。现在根本没有经费来付成千上万的党内工作人员的薪水或者维持冲锋队，仅仅后者，一个星期就需要250万马克。纳粹党许多报刊的承印商也扬言要拒印他们的出版物，除非偿清欠账。戈培尔在11月11日的日记中谈到了这一点：“柏林组织的财务情况已经毫无希望。除了债务以外没有别的东西。”12月间，他担心党内工作人员必须减薪。最后，12月3日施莱谢尔会见施特拉塞尔那一天，图林根选举结果显示，纳粹党丢了40%的选票。显然，至少在施特拉塞尔看来是如此，纳粹党要靠选票取得政权，一辈子也休想了。

他因此要求希特勒放弃他的“毫无还价”的政策，能捞到什么就是什么，参加施莱谢尔的联合政府。他担心，否则的话，党会垮台。他这么主张已经有好几个月了，戈培尔的日记从仲夏开始一直到12月为止，充满了

不满施特拉塞尔“不忠”于希特勒的话。

12月5日党领袖们在柏林恺撒霍夫饭店开会的时候，终于摊了牌。施特拉塞尔要求纳粹党至少“容忍”施莱谢尔政府，支持他的意见的有弗里克，后者是国会纳粹党团主席，他之所以支持施特拉塞尔是因为议员中间有不少人担心，如果希特勒惹起任何新的选举，他们可能丧失议席和议员薪俸。戈林和戈培尔则坚决反对施特拉塞尔，把希特勒争取到他们一边。希特勒决定不“容忍”施莱谢尔政府，但是后来的情况表明，他仍旧愿意同这个政府“谈判”。不过，他任命戈林来担任这个任务，据戈培尔的日记透露，希特勒已经风闻施特拉塞尔两天前同总理举行了一次秘密谈话。12月7日那一天，希特勒和施特拉塞尔在恺撒霍夫饭店进行了一次谈话，结果发生激烈争吵。希特勒指责他的主要副手背后下他的毒手，要把他轰下党内领导地位，分裂纳粹运动。施特拉塞尔矢口否认，赌咒说他一直是忠心耿耿的，反而指责希特勒把党引向毁灭的道路。显然，他还有一些话没有说，那些话是1925年以来一直哽在他的喉咙中的，但是他回到艾克西尔西亚饭店的房间里以后，把它们都写在一封 176
给希特勒的信中，最后提出辞去党内一切职务的要求。这封信在8日送到希特勒那里，据戈培尔的日记说，“像一颗炸弹”。恺撒霍夫饭店的气氛顿时仿佛墓地一般。“我们都感到很沮丧失望。”戈培尔这么记载。这是希特勒自1925年重建党以来所遭受的最大打击。现在，正当他快要取得政权之际，他的主要党徒背弃了他，扬言要粉碎他七年以来的一切建树。

> 晚上［戈培尔写道］元首到我们家中来。很难强颜欢笑。我们都很沮丧，尤其是因为整个党有分裂的危险，我们过去的一切努力都要付诸东流了……莱伊博士来电话。党内形势时刻在恶化中。元首必须立刻回恺撒霍夫。

深夜两点钟的时候，希特勒打电话叫戈培尔去见他。施特拉塞尔已向各晨报发表了他的消息，当时街头刚刚开始在叫卖晨报。希特勒的反应，据戈培尔的描述如下：

> 背叛！背叛！背叛！
>
> 元首在旅馆房间内来回踱步，有几个小时之久。这种背叛行为使他深感痛心。最后他停下步来说：如果党垮台，我就用一支手枪在三分钟之内一了百了。

党没有垮台，希特勒也没有自杀。施特拉塞尔本来是可以达到这两重目的的，这样就会大大地改变历史的发展，但是在关键的时刻，他放弃他的努力了。弗里克在希特勒的同意下，在柏林到处找他，因为他们一致认为，为了拯救党不致陷于不可收拾的结局，必须想法补救这次争吵。但是施特拉塞尔尝够了这一切滋味，已经搭火车南下，到阳光明媚的意大利去度假了。希特勒在瞅到敌手的弱点时最有办法，他马上狠狠还击。施特拉塞尔建立起来的政治组织由元首亲自接管，科隆区党组织领袖莱伊博士担任他的主要助手。施特拉塞尔的朋友都遭到清洗，党内各级领导人物都被召到柏林，要在一份向希特勒宣誓效忠的宣言上签名，他们都这么做了。

这个狡猾的奥地利人再一次摆脱了本来很可能会造成极其不利的结局的困境。至于格雷戈尔·施特拉塞尔，过去曾有不少人认为他比希特勒了不起，如今一下子给毁了。“一个死了的人”，戈培尔在12月9日的日记中这么称呼他。两年后希特勒决定清算老账时，这句话分毫不错。

12月10日，也就是被冯·施莱谢尔将军绊到脚跟栽了一个跟头后一
177 个星期，弗朗茨·冯·巴本开始布置他自己的阴谋网。那天晚上，他在贵族俱乐部发表了一篇演讲，他那短命内阁的班子就是从这个俱乐部的有钱贵族里头挑出来的。演讲之后，他同曾经向纳粹党捐款的科隆银行家库尔特·冯·施罗德男爵做了一次密谈。他建议这位银行家给他安排一下，让他秘密会见希特勒。巴本在他的回忆录中说，提出这个建议的是施罗德，但是他承认同意了这个建议。说也凑巧，希特勒的经济顾问，他同企业界的联系人之一威廉·凯普勒，代表纳粹党领袖也提出了同样的建议。

在几个星期之前还是冤家对头的这两个人于1月4日上午在施罗德的科隆寓所会晤，他们希望这次会晤能严守秘密。但是当巴本刚到门口时就有

一个摄影记者拍了他一张照，他虽然感到意外，但是直到第二天以前也还没有在意。希特勒由赫斯、希姆莱和凯普勒陪同前来，但是在进入施罗德的书房以前，把他的助手留在客厅里等候。他在书房里同巴本和他们两人的主人密谈了两个钟头。会谈开始时气氛并不太妙，希特勒悻悻地抱怨巴本在当总理时对待纳粹党的做法，但是，不久就有了转折，这个转折后来证明对这两个人来说也好，对他们的国家来说也好，都是有决定性意义的。对于这个纳粹党领袖来说，当时是个关键性的时刻。他做了超人的努力，在施特拉塞尔叛党以后，好不容易仍保持了党的团结。他在全国各地奔走，一天要在三四次集会上讲话，争取党的领袖们仍旧团结一致支持他。但是纳粹党人的情绪仍旧低落，党在经费上处在破产的境地。许多人说，党已经完蛋了。戈培尔在这一年最后一个星期的日记中反映了这种普遍的感觉："1932年给我们带来了永恒的厄运……过去情况困难，前途黯淡莫测；一切希望都已化为泡影。"

因此，希特勒要取得政权，他的讨价还价地位已不如上一年的夏天和秋天时那么有利。但是巴本也是如此，他已经下了台。两人都处在逆境，因此想法倒一致了。

他们到底在哪些条件上取得了一致意见，各人的说法不一样。巴本在纽伦堡审判中和回忆录中都毫无愧色地说：他一直忠于施莱谢尔，因此仅仅向希特勒建议参加这位将军的内阁。但是鉴于巴本有长期弄虚作假的历史，鉴于他有想在纽伦堡和回忆录中洗雪自己的自然愿望，以及鉴于后来的事实，似乎可以肯定，施罗德在纽伦堡提出的另一种完全不同的说法是比较可信的。这位银行家说，巴本的建议是由一个希特勒-巴本内阁来代替施莱谢尔内阁，在这个内阁中，两人地位平等。但是：

> 希特勒……说，如果他担任总理，他必须是政府的首脑，巴本的支持者可以参加他的政府，担任部长，只要他们同意他的要改变许多情况的政策。这类改变包括：在德国的领导地位上驱逐社会民主党 178
> 人、共产党人和犹太人，恢复社会生活中的秩序。冯·巴本和希特勒在原则上达成了协议……他们同意，必须拟出进一步的细节，这可以在柏林或某个其他方便的地方来进行。[16]

当然，这要在严守秘密的情况下进行。但是使希特勒和巴本大吃一惊的是，柏林的报纸在1月5日早晨以大字标题报道了科隆会谈，并且发表社论攻击巴本对施莱谢尔不忠实。原来这位狡猾的将军真是足智多谋，他早已布置了密探，巴本后来获悉，在他进入施罗德寓所前给他拍照的记者就是施莱谢尔派出的一个密探。

除了达成同巴本的协议以外，希特勒在科隆会谈中还得到了两件对他来说很有价值的东西。他从前任总理那里获悉，兴登堡没有授权施莱谢尔解散国会。这就是说，纳粹党在共产党协助下可以随时推翻这个将军。其次是，这次会谈中取得了谅解，德国西部的企业界愿意承担纳粹党的债务。科隆会谈后两天，戈培尔的日记中提到了“政治方面的可喜发展”，但是仍旧抱怨“财务情况不好”。十天以后，在1月16日，他谈到党的财务情况“一夜之间有了根本好转”。

另外一方面，施莱谢尔着手努力建立一个稳定的政府，他的乐观态度，退一万步说，也未免太近视了。12月15日，他向全国人民发表了一篇炉边广播演说，要求他的听众忘掉他是一个将军，并且向他们保证，他“既不是资本主义也不是社会主义”的拥护者，在他看来“像私营经济或计划经济之类的概念已经失去了它们的恐怖意义”。他说，他的主要任务是：为失业者找到工作，使国家在经济上能自立。捐税不会再增加，工资不会再降低。事实上，他还取消了巴本宣布的最近一次减低工资和救济金的决定。此外，他还停止实行巴本为了大地主的利益而实行的农产品限额，而实行另外一个计划，从东部破产了的容克庄园中没收了80万英亩的土地，分给25 000户农民。此外，像煤和肉这种必需品的价格也将用严格的管制办法来加以压低。

这无疑是呼吁那些他迄今为止一直反对的和冷落的群众支持他，施莱谢尔继此以后还同工会领袖会谈，给了他们这种印象：在他设想中的将来，有组织的劳工和陆军是国家的两大支柱。但是劳工界并没有相信一个他们极端不信任的人，他们拒绝同他合作。

179 另一方面，工业家和大地主们都起来反对新总理的施政纲领，他们叫嚷说，这个纲领是不折不扣的布尔什维主义。企业家们对于施莱谢尔突然同工会亲善感到十分震惊。大庄园主则对于他取消农业保护感到非常生气，对他没收东部破产庄园的打算感到极为恐惧。1月12日，大庄园主团体“农业联盟”尖锐地攻击了政府，该联盟的领袖（其中有两个人是纳粹党员）晋见总统，并提出抗议。兴登堡自己现在也成了一个容克地主，他召见他的总理，加以责问。施莱谢尔的答复是威胁要公布国会关于“东部救济”贷款的秘密报告，当时人人知道这桩丑闻牵涉好几百户容克世家望族，他们从政府的无偿“贷款”中得到好处，其中甚至间接牵涉到总统本人，因为送给他的东普鲁士庄园的地契在过户时非法地使用了他儿子的名字以逃避遗产税。

1932年12月15日，魏玛共和国最后一任总理施莱谢尔发表广播演说。

尽管工业家和地主们吵吵嚷嚷，而工会的态度又很冷淡，施莱谢尔仍莫名其妙地颇有信心，认为一切都很顺利。1933年元旦那一天，他偕同内阁阁员晋见老总统，后者表示颇为快慰，因为“最严重的困难已经克服，我们的面前已经打开了向上的道路”。1月4日，也就是巴本和希特勒在科隆密谈的那一天，总理安排让从意大利阳光下休假归来的施特拉塞尔晋见兴登堡。这个前纳粹党中第二号人物过了几天第二次见到总统时便表示愿意参加施莱谢尔内阁。这个行动在纳粹党阵营中引起了震惊，当时纳粹党正集中力量在小小的利珀邦进行竞选，希特勒和他所有的主要助手都在那里活动，想在地方选举中取得胜利，以便改善元首同巴本的谈判地位。戈培尔的日记记述戈林在1月13日午夜带来了施特拉塞尔的坏消息，当时党的领袖们都通宵未睡，彻夜讨论这个问题，大家一致认为，如果他就职的话，对党来说将是一个严重挫折。

施莱谢尔也是这么想的，所以1月15日，当时的奥地利司法部长库尔特·冯·许士尼格访问他的时候，他向许士尼格保证："希特勒先生不再成为一个问题了，他的运动已不再成为一种政治上的危险了，整个问题已经解决，这已成为过去的事情了。"[17]

但是施特拉塞尔并没有参加内阁，民族党领袖胡根贝格也没有参加内阁，胡根贝格在前一天（1月14日）本来曾经答应兴登堡参加内阁的。这两个人都投向了希特勒，不过施特拉塞尔遭到了冷淡，而胡根贝格则比较成功。1月15日那天，正当施莱谢尔向许士尼格兴高采烈地谈到希特勒的末日时，纳粹党在利珀的地方选举中取得了胜利。虽然这次胜利谈不上是什么伟大成就。全部选票只有9万张，纳粹党得了3.8万张选票，即占39%，比前一次选举增加了约17%。但是，纳粹党的领袖们在戈培尔的领
180 导下大肆宣传他们的"胜利"，奇怪的是，这似乎给一些保守派人士造成了深刻的印象，其中包括兴登堡幕后的一些人物，主要是国务秘书迈斯纳和总统的儿子奥斯卡。

1月22日晚上，这两位先生偷偷地溜出了总统府，坐上一辆出租汽车（据迈斯纳说，这是为了避免引起注意），到一个迄今为止还默默无闻的纳粹党人郊外的寓所，这个人名叫约阿希姆·冯·里宾特洛甫，是巴本的一个朋友，他们在大战期间曾一起在土耳其战线服役过。迈斯纳和奥斯卡在里宾特洛甫的家中会见了巴本、希特勒、戈林和弗里克。据迈斯纳的说法，在这个命运攸关的晚上以前，奥斯卡·冯·兴登堡一直反对与纳粹党人有什么来往。希特勒可能知道这一点；不管怎么样，他坚持要同奥斯卡举行一次"单独"会谈，而使迈斯纳感到意外的是，小兴登堡居然同意了，同希特勒一起退到另外一间房中，密谈了一个小时。总统的儿子既不以头脑灵敏闻名，也不以性格坚强著称，希特勒究竟同他谈了一些什么，这一点从来没有透露过。不过纳粹党人士中间一般都认为，希特勒施出了威胁和利诱的手段，威胁方面包括要向公众揭露奥斯卡与东部救济丑闻的不清不白关系以及兴登堡产业上的逃税行为。至于利诱，可以从这个事实中看出：几个月后，兴登堡一家在诺伊代克的产业增加了5 000英亩免税的土地，还有在1934年8月，奥斯卡从上校擢升为陆军少将。

无论如何，毫无疑问，希特勒对总统的儿子起了很大的影响。迈斯纳后来在纽伦堡审讯时的证词中说："在坐出租汽车回总统府时，奥斯

卡·冯·兴登堡特别沉默，他所说的唯一一句话是，这是无可奈何的事——必须让纳粹党参加政府。我的印象是，希特勒成功地迷住了他。”

现在只待希特勒迷住做父亲的了。应该承认这是比较困难的，因为老元帅的神志无论如何糊涂，他的花岗石般的性格却并未因年老而有所软化。比较困难，但也不是办不到的。巴本孜孜不倦地每天在对这位老人做工作。可以很容易地看出，施莱谢尔再狡猾也免不了要摔跤了。他既没有能够把纳粹党争取过来，又没有能够分裂他们。他也不能取得民族党、中央党或社会民主党的支持。

因此，在1月23日，施莱谢尔去见兴登堡，承认他不能在国会中争取到多数的支持，要求解散国会，按照宪法第四十八条，授予他紧急权力，根据总统命令行使政府职权。据迈斯纳的说法，这位将军还要求“暂时取消”国会，并且坦率地承认，他将不得不把他的政府转入“军事独裁”。[18]施莱谢尔施尽了计策，到头来仍回到巴本在12月间所处的地位，但是现在他们两个人所扮演的角色已经颠倒过来了。当时巴本要求授予自己紧急权力，而施莱谢尔加以反对，建议由他自己在纳粹党的支持下组织一个多数派政府。现在坚持要进行独裁统治的是这位将军了，而狡猾的狐狸巴本却 181
向老元帅保证，他能够拉拢希特勒组织政府，在国会中拥有多数的支持。无赖汉和阴谋家就是这样翻手为云覆手为雨的！

兴登堡提醒施莱谢尔他自己当初在12月2日推翻巴本政府时所提出的理由，并且告诉他说，这些理由现在仍旧有效。他吩咐施莱谢尔回去设法在国会中争取多数的支持。这么一来，施莱谢尔就完了，而且他自己也明白。凡是知道这个内情的人也都知道这一点。戈培尔就是少数知道内情的人之一，他在第二天的日记中说：“施莱谢尔这个使许多人垮过台的人，随时都可能垮台。”

他垮台的日子最后在1月28日正式到来了。那一天，他晋见总统，提出他的政府的辞呈。兴登堡对这位感到幻灭的将军说：“我一只脚已经踏进了棺材，我不敢说，我将来在天堂中对这个行动不会感到遗憾。”而施莱谢尔的答复是：“在这次背信之后，先生，我不敢说您会进天堂。”从此之后，他在德国历史中就很快地销声匿迹了。[19]

同一天中午，巴本受总统之托，探索“在宪法条件的范围内”组织一个以希特勒为首的政府的可能性。一个星期以来，这个狡猾的野心勃勃的人一直想在最后一刻背叛希特勒，再一次担任一个在胡根贝格支持下的总统内阁的总理。戈培尔在1月27日的日记中说："仍有可能，巴本将再度出任总理。"一天以前，施莱谢尔曾派陆军总司令冯·哈默施坦因去见总统，警告他不要选用巴本。在柏林当时弥漫着的迷魂阵般的阴谋网中，施莱谢尔在最后一分钟突然赞成以希特勒来代替他了。兴登堡却向陆军总司令保证，他无意任用"那个奥地利下士"。

第二天，1月29日那个星期天，是个关键性的一天，各个阴谋家都在拼命玩弄最后一手，使得首都充满了各种各样互相矛盾的惊人谣言，不过并非所有谣言都是毫无根据的。施莱谢尔再次派遣忠实的哈默施坦因去兴风作浪。这位陆军总司令找到希特勒，再一次提醒他，巴本可能把他抛弃掉，纳粹党领袖最好还是同已经下台的总理和陆军结盟。希特勒对此不感兴趣。他回到恺撒霍夫饭店，同他的助手们一起喝咖啡吃蛋糕，就是在这时候，戈林带来了消息说，元首明天将被任命为总理。

那天晚上，纳粹党的首领们都在帝国总理广场戈培尔寓所庆祝这个重要的消息，这时施莱谢尔又派了一个使者，带来了惊人的消息。这个使者是维尔纳·冯·阿尔文斯莱本，他对阴谋的兴趣之大竟到了这样的程度：如果一时没有阴谋，他自己就制造一个。他告诉正在庆祝的人们说，施莱谢尔和哈默施坦因已命波茨坦卫戍部队进入戒备状态，准备劫持老总统到诺伊代克去，建立军事独裁。这种说法大大地夸大了实际情况。这两位将军可能有此想法，但是可以肯定他们还没有采取任何行动。但是，纳粹党
182 人一惊之下，变得歇斯底里起来。戈林急急忙忙拖着他那肥大的身躯，穿过广场，去向总统和巴本报警。至于希特勒做了什么，他自己后来是这么描述的：

> 我对这一［军事］政变计划的第一个反应是：派人去找柏林冲锋队长冯·赫尔多夫伯爵，通过他把柏林的全部冲锋队员都动员起来。同时我指示能够信托的警察局方面的韦克少校，准备派遣六营警察突然占领威廉街……最后，我指示冯·勃洛姆堡将军（他已被选定为未来的国防部长）在1月30日上午8点抵达柏林时立即前去见老头子，

> 向他宣誓就职，这样，就可以处在国防军总司令的地位上去镇压掉任何可能的政变尝试。[20]

维尔纳·冯·勃洛姆堡将军当时正代表德国在日内瓦参加裁军会议，背着施莱谢尔和陆军总司令——在这个疯狂的时期里，一切事情都是背着某一个人做的——把他召回来在希特勒-巴本内阁中担任国防部长的，并不是希特勒，因为他还没有当权，而是兴登堡和巴本。正如希特勒后来所说的，勃洛姆堡将军是早已得到希特勒的信任的一个人，受到他在东普鲁士的参谋长、一个直言不讳的纳粹同情者瓦尔特·冯·赖歇瑙上校的很大影响。当勃洛姆堡在1月30日一早到达柏林的时候，车站上有两个军官带着两个互相矛盾的命令来接他。一个是冯·孔岑少校，他是哈默施坦因的副官，命令他去向陆军总司令报到。一个是奥斯卡·冯·兴登堡上校，他是自己父亲的副官，命令他去向共和国总统报到。勃洛姆堡给弄得莫名其妙，结果去见了总统，立即宣誓就任国防部长之职，因此不仅有权镇压陆军方面的任何政变尝试，而且有权强使军方支持几个小时后即将任命的新政府。陆军在这个关键性时刻终于接受了希特勒，对于这一点，希特勒一直是感激的。他不久就在一次党的集会上说:“要是在革命的日子里，陆军没有站在我们一边，我们就不会有今天了。”在未来的日子里，对于军官团来说，这是一个沉重的责任，到最后，他们将后悔不已。

在1933年1月30日这个冬天的早晨，魏玛共和国的悲剧，德国人十四年来徒劳无益地想要实行民主制度的笨拙努力的悲剧，终于落幕了。但是，在最后一分钟，在闭幕以前，在那些想要埋葬共和政体的形形色色的阴谋家中间，还发生了一出小小的滑稽戏。巴本后来是这样描述的:

> 大约10点半的时候，新内阁人员在我的家中会齐，然后穿过花园
> 到总统府，在迈斯纳的办公室中等着。希特勒马上又提出了他对没有
> 被任命为普鲁士长官的不满。他认为这严重地限制了他的权力。我告 183
> 诉他……这项任命可以放到以后再说。对此，希特勒答称，如果他的
> 权力因此受到限制，他就要坚持国会举行新选举。
>
> 这样一来，形势又完全改变了，讨论又激烈起来。胡根贝格特别

> 反对这个主张，希特勒为了使他安心，便说，不论［选举］结果如何，他不会改变内阁的成分……这时已经早过了11点了，而我们预定要在11点晋见总统。迈斯纳叫我们结束讨论，因为兴登堡不愿久等。
>
> 突然发生意见冲突使我担心，新联合政府还没有产生就可能破裂……最后，我们被带去见总统，我做了必要的正式介绍。兴登堡讲了短短的一段话，谈到为了国家利益进行充分合作的必要性，然后就监督我们宣誓就职。希特勒内阁就此成立。[21]

这样，通过走后门，通过同他私下厌憎的老派反动分子在政治上做一笔不能见人的交易的办法，这个从维也纳来的前流浪汉、第一次世界大战的弃儿、激烈的革命分子，就成了这个伟大国家的总理。

毫无疑问，纳粹党在政府中肯定是处于少数的地位；在内阁11个职位中，他们只占了3个，而且除了总理一职以外，他们所占的都不是重要职位。弗里克担任内政部长，但并没有像欧洲大多数国家的内政部长那样控制着警察，德国的警察是由各邦自己控制的。第三个纳粹党阁员是戈林，但是没有适当的部可以给他，于是他就被任命为不管部长，其默契的条件是，一旦德国有了空军后，就任命他为航空部长。很少有人注意到，戈林同时兼任普鲁士的内政部长，这个职务控制着普鲁士的警察；而在当时，大家的注意力都集中在联邦内阁上。使许多人感到奇怪的是，内阁名单中没有戈培尔的名字；他暂时给置于脑后了。

几个重要的部都给了保守分子，他们颇有把握地以为已经把希特勒笼络住，可以为他们的目的服务了：牛赖特继续任外交部长，勃洛姆堡任国防部长，胡根贝格任经济与农业部长，钢盔队头子泽尔特任劳工部长；其他各部仍由巴本在八个月以前任命的非党“专家”担任。巴本本人是联邦副总理兼普鲁士总理，而且兴登堡向巴本保证，除非由副总理伴同前来，他不会接见总理。巴本认为，这种独特的地位，使他能够对激进的纳粹党领袖增加一重牵制。而且还有一层：这个内阁出自巴本的构思，是巴本的
184 产物，他相信，在坚决的老总统（老总统是他的朋友、仰慕者和保护者）的帮助下，在他的保守派同僚（他们在人数上以8对3胜过难以驾驭的纳粹党人）的明确支持下，他能够掌握这个内阁。

但是这个浮夸轻薄、姑息养奸的政客并不了解希特勒——实际上也没有人真正了解希特勒——他也不了解支持他的势力有多大力量。巴本也不了解——除了希特勒以外也没有别人能了解——既有的有势力机构：陆军、教会、工会、政党，或者广大的非纳粹党中产阶级和高度有组织的无产阶级，他们的难以解释的软弱已经到了近乎瘫痪的程度。正如后来巴本悲哀地所说的，他们都会"不经一战就投降"。

对于民主共和国的放弃和阿道夫·希特勒的得势，德国任何阶级、集团、政党都不能逃避其应负的一份责任。所有反对纳粹主义的德国人，他们的致命错误是没有团结起来反对它。纳粹党1932年7月最受群众拥护的时候，也不过赢得了37%的选票。但是，表示反对希特勒的63%的德国人民，当时陷于四分五裂的状态，而且目光也过于短浅，不能联合起来对付共同危险。他们当时一定知道如果他们不团结起来（不论多么暂时）加以扑灭，这个共同危险就会压倒他们。德国共产党在莫斯科的指示下到最后还在坚持这种愚蠢的主张：先要摧毁社会民主党，摧毁社会民主党的工会，摧毁不论什么样的中产阶级民主力量。他们所根据的是这种颇可怀疑的理论：虽然这样做会导致建立纳粹政权，但是这个政权将是暂时的，最后必然会促成资本主义的崩溃，而在资本主义崩溃后，共产党就可以掌握政权，建立无产阶级专政。在布尔什维派马克思主义者看来，法西斯主义是垂死的资本主义的最后阶段；在这个阶段以后，就是共产党的世界了！

社会民主党人则由于十四年来同其他政党分享共和国的政治权力，为了维持联合政府做尽了一切必要的妥协，它的力量和热情已经消耗殆尽；他们的党已经仅仅成了一个机会主义的施加压力集团，只求为他们的力量的主要靠山工会争取到一些让步。有些社会民主党人说，幸运没有降临到他们的头上，因为不择手段和不讲民主的德国共产党分裂了工人阶级；经济萧条进一步打击了社会民主党，削弱了工会，使他们的党失去了几百万失业者的支持，后者在绝望之下不是转向共产党就是转向纳粹党。这话可能不错。但是社会民主党的悲剧是不能仅仅用运气不好来解释的。他们在1918年11月的时候曾经有过掌握德国政权的机会，按照他们一向宣传的社会民主主义来建立一个国家。但是，他们缺乏这么做的果断决心。现在，到了1930年代开始的时候，他们已经成了一个精疲力竭的失败主义的党，占支配地位的是一些心地善良而大多数能力平庸的老人。虽然他们忠于共和国到底，但是在最后过于慌张胆怯，不敢承当为了保卫共和国就必须承
185 当的风险，当巴本派出一班士兵去摧毁普鲁士的合宪政府时，他们没有能够行动起来，这就是一个明证。

在左派与右派之间，德国缺少一个政治上有力量的中产阶级，而这种中产阶级在其他国家如法国、英国、美国已证明是民主制度的中流砥柱。在民主共和国成立后的第一年中，中产阶级政党民主党、人民党、中央党一共获得了1 200万张选票，仅仅比两个社会党派别少200万张选票。但是从这个时候起，由于他们的拥护者转向希特勒和民族党，他们的力量日趋衰退。在1919年，民主党还有74名议员当选参加国会，到1932年时，他们就只剩下两个议席了。人民党的议席在1920年是62个，到1932年只剩下11个。只有天主教中央党自始至终保持了他们的投票实力。在1919年共和国第一次选举中，中央党在国会中获得了71个席位，到1932年仍旧有70个席位。但是中央党从俾斯麦时代起在很大程度上就是一个机会主义的政党，较之社会民主党有过之而无不及，对于任何政府，只要向它的特殊利益有所让步，它就一律加以支持。虽然它似乎是忠于共和国、忠于共和国的民主制度的，但是，我们前面已谈到，它的领导人，在巴本和民族党人还没有抢过他们之前，就已经在同纳粹党谈判要把总理一职送给希特勒了。

如果说，德意志共和国缺少一个政治上走中间路线的阶级的话，它也缺少一个真正保守的政党在许多其他国家所起的稳定作用。德国民族党在1924年最高峰的时候获得了600万张选票，有103人当选国会议员，成了国会中第二大党。但是在当时——在魏玛共和国时期的几乎所有其他时候也是这样——他们不论在朝或在野都不愿担负责任，唯一例外是他们在1920年代所参加过的两次短命内阁。大部分把选票投给民族党的德国右派所希望的是推翻共和国，恢复德意志帝国，恢复他们在帝国中的一切原有特权。事实上，不论作为个人来说也好，还是作为阶级来说也好，共和国对右派是极其宽大的，而且考虑到右派梦寐以求的目的，可以说是格外容忍。我们已经谈到，共和国允许陆军可以保持一个国中之国，企业家和银行家可以牟取巨额利润，容克地主可以用政府贷款来维持他们经营不善的庄园，而这种贷款从来没有偿还过，也很少用来改良他们的土地。然而共和国这

样宽大相待，并没有博得他们的感激或忠诚。他们竭力破坏共和国的基础，一直到最后同希特勒结盟把共和国彻底推翻，其心胸之狭隘，偏见之深固，眼光之短浅，即使在今日回顾起来，仍不免使作者感到不可想象。

在这个前维也纳流浪汉身上，保守的阶级认为他们找到了一个能乖乖听话帮助他们实现自己目标的人。毁灭共和国只不过是第一步。他们所希望的目标是建立一个极权主义的德国，这个德国在国内能够不再搞什么民主的“无聊玩意儿”，剥夺工会的权力，对外能够废除1918年的判决，挣
脱《凡尔赛和约》的枷锁，重建一支强大的陆军，以其军事力量恢复德 186
国在世界上的地位。这也是希特勒的目标。虽然他有着保守派所缺少的东西——群众的拥护，右派却仍以为他将仍旧在他们的股掌之上。在联邦内阁中他不是居于3对8的劣势吗？保守派有这样优势的地位就能够（至少他们自己这么想）实现自己的目标而又不至于让纳粹党实现其地道纳粹主义的暴政。按照他们的实际情况来说，他们的确是规矩正派、敬畏上帝的一些人。

霍亨索伦帝国是靠普鲁士的军事胜利建立的，而德意志共和国所赖以建立的基础却是经过一场大战在协约国手中遭到的军事失败。至于第三帝国，既不靠军事的胜负，也不靠外国的影响。它成立于和平时期，是由德国人自己用和平的手段建立的，既产自他们的软弱，也产自他们的力量。把纳粹党的暴政加在自己身上的，是德国人自己。这一点，在1933年1月30日中午，当兴登堡总统按照完全合乎宪法的方式把总理一职的重任委诸阿道夫·希特勒的时候，很多德国人，也许可以说大多数德国人，都是没有意识到的。

但是，他们不久就要体会到这一点了。 187

注　释

1. 参见海登著《元首》一书第433页。
2. 海登:《民族社会主义史》，第166页。
3. 戈培尔:《恺撒霍夫》，第19—20页。
4. 同上，第80—81页。

5. 惠勒–本内特：《权力的报应》，第243页。

6. 上述引文引自戈培尔著《恺撒霍夫》一书第81—104页。

7. 弗朗索瓦–庞赛：《决定命运的年代》，第23页。

8. 弗朗茨·冯·巴本：《回忆录》，第162页。

9.《纳粹的阴谋与侵略》，附件A，第508页（纽伦堡文件3309–PS）。

10. 赫尔曼·劳施宁：《毁灭的声音》。

11. 这一次戈培尔没有像8月13日那次那样没有提防。他立刻把交换的信件给了报界，在11月25日的晨报上发表。信件收在《公法年鉴》第21卷，1933—1940年。

12. 巴本：《回忆录》，第216—217页。

13. 同上，第220页。

14. 同上，第222页。

15. 弗朗索瓦–庞赛：《决定命运的年代》，第43页。他错误地说是"70天"。

16.《纳粹的阴谋与侵略》，第2卷，第922—924页。

17. 库尔特·冯·许士尼格：《再会吧，奥地利》，第165—166页。

18. 迈斯纳供词，《纳粹的阴谋与侵略》，附件A，第511页。

19. 哈默施坦因备忘录，惠勒–本内特：《权力的报应》，第280页。

20.《希特勒秘密谈话录》，第404页。

21. 巴本：《回忆录》，第243—244页。

第七章

德国的纳粹化：1933—1934年

希特勒在维也纳流浪时代所形成而从来没有忘记的理论是：革命运动取得政权的道路是同国家的某些有势力的机构结成联盟，这现在在实践中完全按照他预计的那样实现了。总统在陆军和保守分子的支持下，任命他为总理。他的政治权力虽大，但仍旧是不完全的。同他分享这个政治权力的，有上述三个方面的势力，正是靠这三个方面他才得以上台，而这三个方面却都置身于民族社会主义运动之外，而且在某种程度上对这个运动还是不信任的。

因此，希特勒的当前任务是迅速地剥夺他们的驾驭地位，使自己的党成为国家的唯一主宰，然后以极权主义政府及其警察的力量实行纳粹革命。他上任还没有满二十四个小时，就采取了第一个果断行动，把自以为已经“掌握”他的、老实可欺的保守分子诱进一个圈套，发动了一系列不是由他主使就是由他控制的事件，在六个月之后终于使德国完全纳粹化，他自己也成为德国历史上第一次实现了统一和取消了联邦的一个国家的独裁者。

1933年1月30日下午5点，也就是宣誓就职五个小时后，希特勒召集了他的第一次内阁会议。这次会议的记录，后来在纽伦堡同其他成百上千吨缴获的秘密文件一起出现。它透露了希特勒在狡猾的戈林的帮助下如何

188 马上巧妙地愚弄了他的保守派同僚。[*1] 兴登堡任命希特勒领导的并不是一个总统内阁，而是一个依靠国会内多数支持的内阁。但是参加内阁的纳粹党和民族党在国会583个席位中只占有247个席位，不足以构成多数。为了取得多数，他们需要中央党的70票的支持。在新政府成立后的头几个小时中，希特勒就派了戈林去同中央党领袖谈判，现在戈林回来向内阁报告，中央党坚持要求“一定的让步”。戈林因此建议解散国会，举行新的选举，希特勒立即表示同意。但是在做生意上尽管很成功而头脑仍旧像木头一般的胡根贝格，既不赞成让中央党参加内阁，又反对举行选举，因为他知道，纳粹党有国家力量作为后盾，在选举中可能赢得绝对多数，那样就可以不用他自己和他的保守朋友们的帮忙了。因此他只建议取缔共产党，把他们的100个席位取消后，纳粹党和民族党在国会中就占多数了。但是希特勒暂时还不打算走得这么远，最后，他们商定，由总理本人在第二天上午同中央党领袖会谈，如果谈判没有结果，内阁就要求举行新的选举。

希特勒很容易地使谈判没有什么结果。他请中央党领袖卡斯主教提出了一张问题清单作为谈判的基础，结果卡斯主教提出的等于是要求希特勒保证按宪法来进行统治。但是希特勒却蒙骗卡斯和他的内阁成员，向后者伪称，中央党提出了非分的要求，没有达成协议的可能。他因此建议，要求总统解散国会，举行新的选举。这样一来，胡根贝格和巴本就落入了圈套而不能脱身，他们只好同意他，虽然在同意之前迫使这个纳粹党领袖做了庄严的保证，不论选举结果如何，内阁组成依旧不变。新的选举定在3月5日举行。

现在纳粹党第一次——也是德国最后一次比较自由的选举——能够利

---

* 当然，这次内阁会议是秘密进行的，像希特勒和他的军政领袖在第三帝国时期在极端保密的情况下举行的大多数其他会议一样，在纽伦堡审讯时宣读被缴获的德国文件以前，它的进行情况和决定一直没有为外人所得知。

从本章开始，本书将摘录这些高度机密的会议和会上所做出的很大一部分决定。所有这一切，过去都被视为国家机密。本书自始至终所依据的，大部分是当时记录这些会议的文件。为了注明来源，各页引文后都将添上注解号码，版面不免混乱。但是我相信，没有任何其他国家的某一时期历史如第三帝国那样有充分的文件作为根据，因此作者认为，如果不引证文件，不免大大减少本书作为信史所可能具有的价值。

法西斯分子在1933年1月30日上台后组成内阁，前排从左到右为国家空运专员、普鲁士邦内政部长赫尔曼·戈林，总理阿道夫·希特勒，副总理弗朗茨·冯·巴本；后排站立者为劳工部长弗朗茨·塞尔特，君特·格雷克，财政部长什未林·冯·克罗西克，内政部长威廉·弗里克，国防部长维尔纳·冯·勃洛姆堡，经济与食品部长阿尔弗雷德·胡根贝格。

用政府所拥有的一切力量来赢取选票。戈培尔兴高采烈。他在2月3日的日记中记道："现在继续斗争就容易了，因为我们能够利用国家的一切力量。电台和报纸都可供我们使用。我们要给大家看看一个宣传杰作。而且这一次，当然不愁没有经费了。"[2]

大企业界人士对于新政府要叫有组织的劳工安分守己、让资方随心所欲地去管理自己的企业这一点感到很高兴，因此2月20日在戈林的国会议长府举行的一次会议上要他们踊跃输血时，他们很乐意慷慨解囊。这次会议是由沙赫特博士出面召集的，会上，希特勒和戈林向二三十个德国工业巨头说明了他们的方针。这些巨头中有一夜之间变成了热烈的纳粹党人的 189
克虏伯·冯·波伦、伊·格·法本企业的博施和施尼茨勒、联合钢铁公司的福格勒。这次秘密会议的记录后来被保存了下来。

希特勒在开始他的长篇讲话的时候，先给工业家尝了一点甜头。他说："私人企业在民主的时代里不可能维持；只有在人民对权威和个人有正确的认识时才有可能……我们今天所有的一切财富物资都是上帝的选民努力的结果……我们绝不能忘记，任何文化的好处，都必须或多或少地用铁拳来传播。"他向企业家们保证，他将"消灭"马克思主义者，恢复国防军。后者同克虏伯、联合钢铁公司和伊·格·法本企业这种工业关系特别大，如果重整军备，它们是肯定有好处的。希特勒最后说："现在我们面临的是最后一次选举了。"他还向他的听众保证："不管［选举的］结果如何，绝不会有任何让步。"如果他在选举中不能获胜，他也要"以其他手段……用其他武器"继续执政。戈林所谈的比较联系实际问题，他强调有必要做出"钱财上的牺牲"，"如果企业界认识到，3月5日的选举将肯定是今后十年中最后一次选举，也很可能甚至是今后一百年中最后一次选举，他们承担［这种牺牲］一定会容易得多了"。

所有这些话，在场的工业家是听得很明白的，对于讨厌透顶的选举、民主和解除武装将告一结束的诺言，他们的反应很热烈。据蒂森的材料，军火大王克虏伯在1月29日曾要求兴登堡不要任命希特勒，这时却马上站了起来，对总理"给我们看到这么清楚的一幅图景"，代表企业家们表示"感激"。沙赫特博士接着就开始请他们认捐。他在纽伦堡回忆说："我募集到了300万马克。"[3]

1933年1月31日，即希特勒被任命为总理的次日，戈培尔在他的日记中写道："同元首一起开会时，我们定下了对赤色恐怖进行斗争的方针。目前我们暂不采取直接的对抗行动。必须先让布尔什维克的革命尝试爆发出来。在适当的时候，我们就要采取行动。"

在竞选运动逐步展开的时候，尽管纳粹党当局的挑衅行动越来越多，但是仍然没有爆发革命的迹象，不论这一革命是共产党的革命还是社会民主党的革命。到2月初时，希特勒政府已经取缔了共产党的集会，封闭了共产党的报纸。社会民主党的集会不是被禁止举行，就是受到了冲锋队打手的捣乱阻挠。社会民主党的一些主要报纸一次又一次不断被勒令暂停出版，即使天主教中央党也没有逃脱纳粹恐怖。天主教工会领袖施特格瓦尔德想要在一次集会上讲话，遭到了褐衫队员的殴打。在另外一次集会上，冲锋队员打伤了好几个人，布吕宁不得不要求警察保护。在竞选运动中总共有51名反纳粹分子被谋杀，纳粹党方面声称他们也有18人被打死。190

戈林兼任普鲁士内政部长一职的重要性现在开始为人所注意到了，他不管他名义上的上级普鲁士总理巴本的约束，解除了普鲁士好几百名共和派官员的职务，而代之以纳粹党人，其中大部分是冲锋队和党卫军的长官。他命令警察要“不惜一切代价”避免同冲锋队、党卫军、钢盔队为难，但是在另一方面却要无情对付那些“敌视国家”的人。他要求警察“使用武器”，并且警告说，违令者将受到惩处。这等于公开号召占德国三分之二面积的一邦（普鲁士）的警察开枪打一切反对希特勒的人。为了保证无情地完成这项工作，戈林在2月22日成立了一支辅助警察部队，总共5万人，其中4万人来自冲锋队和党卫军，1万人来自钢盔队。因此，普鲁士的警察力量就基本上操控在纳粹党打手的手中了。只有没有头脑的德国人才会向这种“警察”要求保护，抵御纳粹恐怖分子。

但是，尽管有这种种恐怖，戈培尔、希特勒和戈林所等待的“布尔什维克革命”却没有“爆发出来”。要是挑衅的办法不能奏效，难道不能用捏造的办法吗?

2月24日，戈林的警察搜查了共产党在柏林的办事处卡尔·李卜克内西大厦。共产党领袖在几个星期以前已经放弃这个地方了，他们有些人已转入地下，有些人已悄悄地溜到俄国。但是地下室里还有成堆的宣传小册子，这就足够让戈林在一份官方公报中宣称，搜获的“文件”表明共产党要发动一场革命。但是公众的反应，甚至政府中某些保守分子的反应，是持怀疑态度的。看来很明显，在3月5日举行选举之前，必须找到一些更加耸人听闻的东西来惊动一下公众。

国会纵火案

2月27日晚，德国四个最有权势的人分聚在柏林两处晚宴席上。在福斯街的外人不得进入的贵族俱乐部里，副总理冯·巴本在款待总统冯·兴登堡。在郊外戈培尔的家中，总理希特勒来吃便饭。据戈培尔的记载，他们当时没有谈公事，只是听听音乐，聊聊天。“突然，”他后来在日记中说，“汉夫施丹格尔博士来了电话：‘国会起火了！’我想他一定是在说假话，所以连提也没有向元首提起。”[4]

191 但是在贵族俱乐部进餐的人距离国会却只有一个拐角。

> 突然［后来巴本写道］我们看到窗外有一道红光，并且听到街上有人在喊叫。有一个仆人匆匆到我身边低声说：“国会起火了！”我马上转告总统。他站了起来。我们从窗口可以看到国会的圆尖顶，仿佛被探照灯照亮了一般。隔一会就冒出一道火舌和一团浓烟，使你瞧不清轮廓。[5]

副总理用自己的汽车把老总统送回家以后就匆匆赶到起火的国会。与此同时，戈培尔（根据他的日记）对普茨·汉夫施丹格尔的“假话”又想了一想，觉得有点不妙，打了几个电话以后知道，国会的确起火了。在几秒钟之内，他和元首就“以每小时60英里的速度从夏洛滕堡公路驰赴犯罪地点”。

他们一到火灾地点就马上宣称，这是一件罪行，这是一件共产党犯的罪行。戈林比他们早到了那里，头上冒汗，嘴里喘气，兴奋得有点失常。据巴本后来说，戈林还赌咒发誓地说“这是共产党反对新政府的罪行”。戈林对新任的秘密警察头子鲁道夫·迪尔斯大声说：“共产党的革命开始了！我们一分钟也不能坐待。我们要毫不留情地对付他们。共产党干部一经查获，当场格杀勿论。今天晚上就把共产党议员统统吊死。”[6]

国会纵火案的全部真相究竟如何，也许永远不能见诸天日了。凡是知道真相的人，今天几乎都已死绝了，大多数是在事后几个月中被希特勒害死的。甚至在纽伦堡审讯的时候，这个案件的真相也不能完全大白，虽然有足够的证据可以相当没有疑问地确定，布置纵火以图达到自己政治目的的，正是纳粹党人自己。

在戈林的国会议长府下面，有一条地下暖气管通道，通到国会大厦。一个以前在旅馆中担任过侍者的柏林冲锋队长卡尔·恩斯特在2月27日晚上带领一小队冲锋队员经过这条地下通道到国会大厦，在那里洒了汽油和易燃化学品，然后很快地沿着原路回到议长府。与此同时，一个对纵火有特殊癖好的头脑愚钝的荷兰共产党人马里努斯·范德卢贝也偷偷地潜入了这座黑黝黝的陌生大厦，放了几把火。这个没有头脑的纵火狂真是上帝给纳粹党人送来的。他是在几天以前为冲锋队所发现的，他们听到他在一家酒馆里吹牛，说是曾经在好几座政府大厦中放过火，下一个打算要烧国会了。

纳粹党人居然发现了有一个神经错乱的共产党纵火犯决心要干他们自己决定要干的勾当，这样的巧合似乎是令人难以置信的，但是却有事实为证。放火这个念头，最初肯定是戈培尔和戈林想出来的。当时在普鲁士内政部供职的汉斯·吉斯维乌斯在纽伦堡作证说：“最初想到放火烧国会的是 192
戈培尔。”秘密警察头子鲁道夫·迪尔斯在供词中还说，“戈林事先完全知道火是怎样起的”，因此命令他“在起火之前就准备好在起火后马上要加以逮捕的一批人的名单”。在第二次世界大战初期担任德军参谋总长的弗朗茨·哈尔德在纽伦堡追述，有一次，戈林曾经吹嘘过他的业绩。

> 在1942年元首生日的午宴上，谈话的话题转到了国会大厦的建筑及其艺术价值。我亲耳听到戈林打断大家的话，大声地说：“真正了解国会大厦的，只有我一个人，因为是我放火把它烧了的！”说完，他还用他的手掌拍着大腿。*

看来很清楚，范德卢贝是受纳粹党人利用的。他们鼓励他去国会大厦放火。但是主要的工作是由冲锋队员干的，他当然完全被蒙在鼓里。事实上，后来在莱比锡举行审讯时就确定，这个荷兰傻瓜并没有足够的引火物可以在这么快的时间内把这座这么大的建筑物烧掉。在他潜入大厦以后两分半钟，中央大厅就剧烈地燃烧起来了，而他只有自己的衬衫当作引火物。根据专家们在审讯时提供的证词，几处大火都是大量化学品和汽油所引起的。显然，这些东西不可能由一个人带进大厦，这一个人也不可能在这么短促的时间内分身到这么多的地方，放起这么多处的火来。

---

* 戈林在纽伦堡审讯时，矢口否认他同国会纵火案有任何关系。

1933年2月27日，燃烧的国会大厦。

范德卢贝当场被捕，据戈林后来在法庭上说，他当时想立即把范德卢贝绞死。第二天，共产党议会党团领袖恩斯特·托尔格勒听说戈林把他株连在内，就自行向警察局投案。几天以后，后来担任了保加利亚总理的一个保加利亚共产党人格奥尔基·季米特洛夫和另外两个保加利亚共产党人波波夫和泰涅夫被警察局拘押起来。他们后来在莱比锡最高法院受审，结果使得纳粹党人狼狈不堪，特别是使戈林狼狈不堪。季米特洛夫自任辩护律师，在一连串锋利的反诘中，很轻易地使戈林窘相毕露。根据法庭记录，戈林有一次大声向这个保加利亚人咆哮："滚出去，你这个混蛋！"

> 法官［向警官］：把他带下去。
>
> 季米特洛夫［被警官带下去］：你害怕我的问题吗，总理先生？*
>
> 戈林：等我们在法庭外面抓到你，给你点颜色看看，你这个混蛋！

托尔格勒和这三个保加利亚人被判无罪释放，但是这个德国共产党领袖却立即被加以"保护性拘留"，终于在第二次世界大战时瘐死狱中。范德 193
卢贝被判有罪，当即处决。[7]

尽管法庭屈从于纳粹当局，但是这次审讯使戈林和纳粹党人受到了很大的怀疑，只是为时已晚，起不了什么实际作用了。因为希特勒丝毫没有错过时机，已经充分利用了国会纵火案。

在起火后的次日（2月28日），他使兴登堡总统签署了一项"保护人民和国家"法令，这项法令暂时停止执行宪法中保障个人和公民自由的七项条款。这项法令自称是"防止共产党危害国家的暴力行为的预防措施"，它规定：

> 得以超出其他法律限度，允许限制个人自由，限制表达意见的自由，包括出版自由；限制结社和集会自由；对邮件、电报、电话进行检查；对搜查住宅发给许可证件；发出没收以及限制财产的命令。

---

* 这时戈林已是普鲁士邦政府总理。——译者

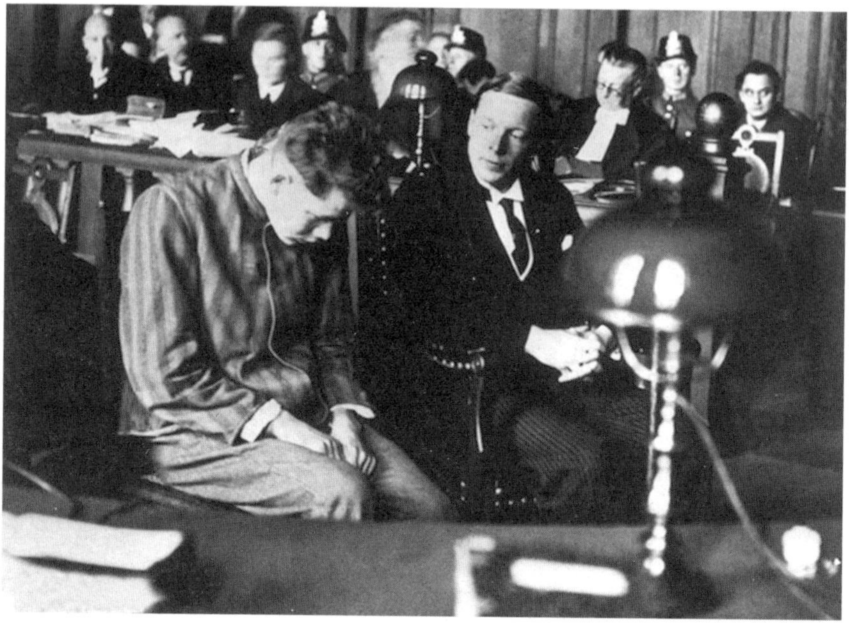

范德卢贝在莱比锡受审。

此外，这项法令还授权全国政府在必要时接管各邦的全部权力，对某些罪行，包括持有武器的人的“严重扰乱治安的行为”判处死刑。[8]

这样一来，希特勒不仅能够合法地任意钳制和逮捕他的反对者，而且由于他捏造的共产党威胁得到“公认”，也能够使千百万德国中产阶级和农民陷于恐惧之中，生怕如果他们在一个星期后的选举中不投纳粹党的票，布尔什维克就可能掌握政权。大约有4 000名共产党干部和许多社会民主党的及自由主义的领袖遭到了逮捕，其中包括一些国会议员，而根据法律，后者有豁免权，是不能逮捕的。这是德国人第一次尝到在政府支持下的纳粹恐怖的滋味。满车满车的冲锋队员在德国各个城市的街道中隆隆驶过，未经许可，破门而入，进行搜查，把受害者带走，投入冲锋队营房中，严刑拷打。共产党报纸和政治集会固然遭到了取缔，社会民主党报纸和许多自由主义报刊也被勒令停刊，民主党派的集会也不是遭到禁止就是遭到破坏。只有纳粹党人和他们的民族党盟友可以毫无阻碍地进行竞选。

纳粹党人现在手头掌握了全国政府和普鲁士政府的一切力量，财库里有着大企业方面来的充分经费，因此他们这次竞选宣传是德国历史上前所未有的。国营电台第一次把希特勒、戈林和戈培尔的声音传送到全国每一角落。装饰着卐字旗的街道上，冲锋队员列队而过的皮靴声不绝于耳。还有数不尽的群众大会，火炬游行，广场里的扩音器叫嚣个不停。广告牌上 194
尽是纳粹党的触目的招贴，入晚山顶上燃起了篝火。对选民威胁利诱，双管齐下，一会儿以德国天堂来引诱，一会儿又以街头的褐色恐怖来威胁，一会儿又以“揭露”共产党“革命”来恐吓。在国会起火后第二天，普鲁士政府发表了一项长篇声明，宣称它搜获的共产党“文件”证明：

> 要焚毁政府大厦、博物馆、宅邸、重要工厂……要把妇女儿童送到恐怖团体面前处死……焚毁国会是流血暴动和内战的信号……已经确定，今天要在德国全国对个人、对私有财产、对和平居民的生活采取恐怖行动，发生全面内战。

它保证发表“证明共产党阴谋的文件”，但是这个诺言从来没有兑现过。不过，普鲁士政府既然保证这种文件确实存在，这一点已经足够使许多德国人深信不疑了。

如果再不相信的话，戈林的威胁也许起了作用。他在3月3日即选举的前夕在法兰克福大声叫嚷说：

> 德国同胞们，任何司法上的考虑，都不能妨碍我的行动……我不必担心法律，我的任务就是斩草除根，别无其他！……当然，我要充分利用国家和警察的力量，因此，亲爱的共产党朋友，不要得出任何错误的结论。而且要明白，我要同台下这些人——褐衫队员——一起领导这场殊死的斗争，在这场斗争中，我要掐住你们的脖子。[9]

前总理布吕宁在那一天也讲了话，但是他的声音几乎没有人听到。布吕宁宣称，他的中央党将反对任何推翻宪法的尝试，要求调查可疑的国会纵火案，呼吁兴登堡总统“保护被压迫者抵抗压迫者”。这一呼吁毫无效果。年老的总统继续保持沉默。人民已经受到了震动，现在是他们出来说话的时候了。

在1933年3月5日，他们在希特勒一生中最后一次民主选举的那天，用他们所投的票说话了。尽管有这种种恐怖和威胁，他们的大多数人仍反对希特勒。纳粹党人在选举中虽然以17 277 180票领先——比上次选举增加了大约550万票，但是在全部选票中仍然只占44%。希特勒仍旧没有能获得绝对多数。过去几个星期的迫害和镇压并不能够阻止中央党的选票得到实际的增加——从原来的4 230 600票增加到4 424 900票；把它的盟友天主教巴伐利亚人民党的票数加在一起，它一共得到550万票。甚至社会民主党也保持了它的第二大党的地位，共得7 181 629票，较前只少了7万票。
195 共产党减少了100万支持者，但是仍有4 848 058票。巴本和胡根贝格领导的民族党的成绩使他们极感失望，一共只得到3 136 760票，在全部票数中只占8%，比以前只增加了20万票不到。

尽管如此，民族党的52席加在纳粹党的288席上面以后，政府在国会中就有了16席的多数。要执行日常的政府工作，这也许已经够了，但是要达到三分之二的多数，那还相差很远，而希特勒为了实现他那在议会同意下确立他的独裁地位的大胆新计划，是需要三分之二的多数的。

国家的“一体化”

这个计划极其简单，而且有着用合法的外衣掩盖攫夺绝对权力的好处。它的办法是，先要求国会通过一项“授权法”，在四年之内授予希特勒内阁全部立法权。说得再简单一些，也就是要求德国国会把宪法规定的职责移交给希特勒，而国会则开始长期休会。但是，由于这需要修改宪法，因此需要有三分之二的多数才能通过。

怎样取得三分之二的多数，在1933年3月15日的内阁会议上，就成了一个主要的议事项目。这次内阁会议的记录后来在纽伦堡公开了。[10] 这个问题可以用国会81个共产党议员“缺席”的办法得到部分解决。戈林认为，余下来的问题就可以用“不让一些社会民主党人入场”的办法轻而易举地处理掉。希特勒情绪很高，自信颇大。因为，根据他在国会起火后第二天诱使兴登堡签署的“2月28日法令”，他可以逮捕任何数量的反对党议员，以保证三分之二的多数。天主教中央党方面还有一些问题，因为他们要求提供某种保证，但是总理相信，这个党是会同意他的。民族党领袖胡根贝格并不想把全部权力交给希特勒一人，他要求授权总统也参与起草内阁根据授权法颁布的法律。但是总统府国务秘书迈斯纳博士已经把自己的前途寄托在纳粹党方面，他答复说："联邦总统没有必要参加。"他很明白，希特勒不想像过去历任共和国总理那样，受到顽固的老总统的掣肘。

但是在目前，希特勒希望向老元帅，同时也是向陆军方面和民族主义保守派做一个漂亮的姿态，通过这个姿态，把他的流氓革命政权同兴登堡的威望和普鲁士过去的一切军事荣誉联系起来。为了实现这个目的，他和3月13日就任宣传部长的戈培尔想出了一条妙计，由希特勒在波茨坦卫戍部队教堂主持他要摧毁的新国会的开幕式。这个教堂是普鲁士主义的圣地，196
在许多德国人的心中能够唤起对于帝国的光荣伟大的回忆，因为腓特烈大王的遗体就埋葬在这里，霍亨索伦王朝的历代先王都曾在这里做过礼拜，兴登堡曾在1866年到这里来做过第一次朝圣，当时他还是一个年轻的禁卫军军官，刚参加了给德国带来了第一次统一的奥普战争归来。

第三帝国第一届国会选了3月21日作为隆重的开幕日期是大有深意的，因为这一天正好是俾斯麦在1871年主持第二帝国第一届国会开幕的日子。当身穿金光闪闪的制服的帝国时代遗留下来的老元帅们、海陆军将领们在前王太子和头戴骷髅骠骑兵的头盔、身穿威武制服的冯·马肯森陆军元帅的带领下进入会场时，腓特烈大王和铁血宰相的威灵赫然如临。

兴登堡显然大为感动，布置这次演出并且指导向全国广播的戈培尔在仪式进行时一度注意到——他还记在了日记中——老元帅热泪盈眶。总统身穿灰色军服，胸佩黑鹰绶章，一手捧着尖顶头盔，一手执着元帅节杖，在穿着正式礼服显得有点拘谨的希特勒陪同下慢步进入会场，中途停下来向皇室旁听席上空着的德皇威廉二世的座位敬礼，然后到祭坛前宣读了一篇简短的讲话，表示支持希特勒新政府。

> 愿这个著名圣地的传统精神贯彻到今天的一辈青年中去，愿这种传统精神把我们从自私自利和党争中解脱出来，在民族自觉中团结起来，建立一个自豪的、自由的、统一的德国。

1933年3月21日，在波茨坦卫戍部队教堂举行的第三帝国第一届国会开幕式。

希特勒的答词极其狡猾，旨在打动济济一堂的旧秩序代表的同情心，骗取他们的信任。

> 无论皇帝、政府或人民都不要战争。只是由于国家的崩溃才迫使一个备受凌辱的民族违反它的极其神圣的信念，承担了这次战争的罪过。

说到这里，他转身向巍然坐在前面不远的兴登堡说：

> 由于过去几个星期中发生了一个独特的变化，我国民族荣誉得以恢复，而且由于您，陆军大元帅阁下，往日的伟大的象征和新的力量的象征联合起来了。我们向您致敬。感谢上帝的保佑：我国新的力量
> 197 能有您领导。[11]

希特勒为了表示他对总统——也就是对这位总统，他在这个星期还没

有结束之前，就要剥夺其全部政治权力——的敬意，走下讲台，到兴登堡面前深深一鞠躬，紧紧地同他握手。这时，戈培尔布置的照相机、摄影机、录音机都同时活动起来，镁光闪闪，机声轧轧，把德国陆军元帅和奥地利下士象征着新德国和老德国团结的庄严握手场面记录下来，让全国和全世界都能看到听到。

“在希特勒在波茨坦做了令人眼花缭乱的保证以后，”当时在场的法国大使后来写道，“这种人，像兴登堡和他的朋友，容克地主和保皇派贵族，胡根贝格和他的德国民族党人，国防军军官们这种人，怎么还会再有他们当初在看到他的党的违法乱纪行为时所怀有的疑惧呢？他们现在还能够拒绝给予他完全信任，满足他的一切要求，授予他所要求的全部权力吗？”[12]

两天以后，3月23日，当国会在柏林的克罗尔歌剧院复会时，答案就出来了。国会要讨论所谓授权法——正式名称为《消除人民和国家痛苦法》（*Gesetz zur Behebung der Not von Volk und Reich*）。它一共只有短短的五节，把立法权（包括国家预算的控制权）、批准同外国缔结条约权、宪法修正权都从国会手中拿过来移交给内阁，为期四年。此外，这项法律还规定，内阁制定的法律由总理起草，并且“可以不同于宪法”。但是任何法律不得“影响国会的地位”——这肯定是世界上最残酷的嘲弄了——总统的权力依旧“未变”。[13]

希特勒向聚集在这所华丽的歌剧院中的议员们发表了一篇特别有节制的讲话，着重指出了最后这两点。这所歌剧院一向专门演出轻松歌剧，它的旁听席上现在都坐满了身穿褐衫的冲锋队员，他们的满脸横肉和伤疤向人表明，不能允许人民代表在这里胡闹。

> 政府［希特勒保证］将只有在为执行极其必要的措施而必需的范围内使用这种权力。这并不威胁到国会或参议院的存在，总统的地位和权力依然未变……各邦的独立地位也不会改变。教会的权利不会受到限制，它们同国家的关系不会受到影响。非实行这种法律不可的国内情况是很有限的。

这个脾气暴躁的纳粹党领袖的讲话听起来相当温和，几乎到了谦恭的程度；即使是反对党议员，要在当时第三帝国生命的初期能够充分识破希特勒的保证的价值，为时也还太早。尽管如此，在外面的冲锋队员的“交出全部权力”的鼓噪声中还是有一位反对党议员站了起来，反对这个未来的独裁者。这位议员是社会民主党领袖奥托·威尔斯，他的十几位同僚已
198 被警方“拘留”。他态度镇静，昂然不屈地宣称，政府可以剥夺社会民主党人的权力，但是剥夺不了他们的荣誉。

> 在这有着历史意义的时刻，我们德国社会民主党人庄严地保证要维护人道和正义、自由和社会主义的原则。任何授权法都不能给予你摧毁永恒的、不可摧毁的思想的权力。

希特勒盛怒之下，跳了起来，现在议员们看到了这个人的真正颜色。

> 你们来得晚了，但是你们还是来了！［他叫道］……你们已不再有什么用处了……德国的命运将会上升，而你们的命运将会下降。你们的丧钟已经响了……我不需要你们的投票。德国会得到自由，但不是靠你们！［热烈掌声。］

对共和国的削弱负有沉重责任的社会民主党人虽然将要失败，但是至少这一次，愿意坚持原则并且坚决反抗。但是天主教中央党却不愿意，而他们在政教斗争时却曾经成功地反抗过铁血宰相。该党领袖卡斯主教曾经要求过希特勒书面保证他将尊重总统的否决权。但是希特勒虽然在选举以前答应做出这个保证，却从来没有交出过这个保证。尽管如此，这位中央党领袖还是站起来宣布，他的党将投票赞成授权法。布吕宁继续保持沉默。投票马上举行，结果是441票赞成，84票（全部社会民主党人）反对。纳粹党议员们跳了起来欢呼，兴高采烈地跺着脚，然后同冲锋队员们一起高唱《霍斯特·威塞尔之歌》，这支歌不久就有了同《德意志高于一切》一样的地位，成了德国两首国歌之一：

> 旗帜高高飘扬！队伍整整齐齐。

冲锋队员们齐步向前……

这样，议会民主制度在德国终于被埋葬了。除了逮捕共产党人和一些社会民主党议员以外，一切都是在相当合法的情况下做到的，虽然同时也存在着恐怖。议会把它的宪法权力交给了希特勒，从而实行了自杀，虽然如此，它的尸体却抹上了防腐的油膏，一直摆在那里，到第三帝国的末日为止，偶然拿来充当希特勒大声咆哮的传声筒，它的议员以后都是由纳粹党一手挑选出来的，因为以后就再也没有真正的选举了。这一项授权法就是希特勒独裁政权的全部法律基础。从1933年3月23日起，希特勒成了全国的独裁者，不受议会的任何约束，在实际上也不受年老多病的总统的任 199
何约束。当然，要使整个国家和它的全部制度都置于纳粹的铁蹄之下，还有许多工作要做。不过，我们不久就可以看到，这也是在极其迅速的情况下用残酷无情的手段和阴谋诡谲的方法做到的。

“街头流氓，”用艾伦·布洛克的话来说，“攫夺了一个伟大的现代化国家的力量的控制权，流浪汉上台执了政。”不过是——正如希特勒从来没有停止夸口的那样——“合法地”用议会的压倒多数来达到这个目的的。德国人只能怪自己。

德国的最有权势的机构现在一个接着一个向希特勒投降，一声不吭、毫无反抗地自行消失。

在德国历史中始终坚持自己单独权力的各邦被开头刀。在3月9日晚上，也就是通过授权法以前两个星期，冯·埃普将军奉希特勒和弗里克之命，在少数冲锋队员的协助下，赶走了巴伐利亚政府，成立了一个纳粹政权。不到一个星期，希特勒就派出了国家专员去接管其他各邦，只有普鲁士例外，因为在这里戈林早已牢牢地处在控制地位了。3月31日，希特勒和弗里克第一次援用授权法，宣布了一项法律，解散普鲁士以外各邦的议会，命令它们按照最近一次国会选举结果的比例重新组织。共产党的议席则予以虚悬。不过这个办法只实行了一个星期。性急如火的总理在4月7日又颁布一项法律，任命了各邦的邦长，他们有权任命和撤换地方政府，解散议会，任命和撤换各邦的官员和法官。新任的邦长无一不是纳粹党人，他们“必须”执行“国家总理所制定的总政策”。

这样，从国会得到全部权力还不满两个星期，希特勒就完成了俾斯麦、威廉二世和魏玛共和国所从来不敢尝试的事情：他废除了历史上各邦的单独权力，使它们归属于掌握在他自己手中的国家中央权力之下。他在德国历史上第一次真正统一了德国，摧毁了它的历史悠久的联邦性质。在1934年1月30日，希特勒就任总理的一周年纪念日，他颁布了一项《国家重建法》，就正式完成了这个任务。这项法律取消了各邦的“人民议会”，各邦的主权移交给国家，邦政府隶属于全国政府，邦长受全国政府内政部长管辖。[14] 正如内政部长弗里克所说，“邦政府现在不过是国家的行政机构而已”。

1934年1月30日法律的前言宣称，这项法律是“国会一致表决通过
200 的”。这话并不错，因为到这个时候，除了纳粹党以外，德国的所有政党都已被消灭殆尽了。

不能说它们在被消灭的时候是反抗过的。1933年5月19日，国会中所有没有被捕或流亡的社会民主党人都毫无异议地一致投票赞成希特勒的外交政策。在此以前九天，戈林的警察还占据了该党的办公楼，没收了它的报纸和财产。但是，社会民主党人还想依顺希特勒。他们谴责在国外攻击元首的同志。6月19日，他们选举出一个新的党委员会，但是三天后，弗里克解散了社会民主党，认为它“颠覆和敌视国家”，这就使他们的妥协尝试告一结束。幸存下来的领袖保罗·洛贝和该党一些国会议员遭到了逮捕。至于共产党人，当然早已遭到镇压了。

剩下来的就只有中产阶级的政党了，但是，它们的寿命也并不长。天主教巴伐利亚人民党政府在3月9日的纳粹党政变中被赶下台，到7月4日就宣布自行解散；它的盟友中央党在过去曾经坚决地反抗过俾斯麦，一向是共和国的中流砥柱，但是在第二天也宣布解散，这样，在德国现代史上第一次没有了天主教的政党——不过，这个事实并没有妨碍梵蒂冈在两个星期后同希特勒政府达成一项协议。施特雷泽曼的老党人民党在7月4日自杀，民主党则在一个星期前就自杀了。

希特勒联合政府中的盟友德国民族党怎样呢？没有民族党的支持，这个前奥地利下士是绝不可能合法地掌握政权的。民族党尽管接近兴登堡、

陆军、容克地主和大企业，尽管对希特勒上台有功，它还是同样乖乖地走上了所有其他政党所走过的道路。6月21日，警察和冲锋队占领了它在全国各地的办事处，6月29日，该党在六个月以前还曾经帮助希特勒进入总理府的态度强硬的领袖胡根贝格退出政府，他的手下人员“自动地”解散了民族党。

剩下来的只有纳粹党了，7月14日，一项法律规定：

> 民族社会主义德国工人党是德国的唯一政党。
>
> 凡维持另外一个政党的组织机构或组织一个新政党者，如其罪行不触犯其他规定而须受到更大的惩罚，则处以三年以下的徒刑，或六个月到三年的拘禁。[15]

这种一党极权的国家，是国会放弃了它的民主职责后四个月内在几乎未受丝毫反抗的情况下建立的。

我们曾经谈到，自由的工会曾经用宣布总罢工这样一个简单办法，一 201
度击溃过法西斯卡普政变，现在它们也像各政党和各邦一样，被轻而易举地结束了生命，虽然在这以前它们还被施了一个巧妙的诡计。半个世纪以来，五一节一直是德国——和欧洲——的工人的传统纪念日。纳粹党政府在下手之前为了麻痹工人和他们的领袖，宣布1933年五一节为全国性纪念日，正式命名为“全国劳动节”，准备空前地大肆庆祝。纳粹党的这种对工人阶级表示特别友好的行动，使工会领袖们上了钩，他们热情地同政府和纳粹党合作来筹备庆祝。各地劳工界领袖都坐飞机到柏林来，成千上万的旗帜上写着纳粹政权同工人团结一致的口号，在柏林郊外的滕珀尔霍夫飞机场，戈培尔准备举行德国有史以来最盛大的一次群众示威。在群众大会之前，希特勒亲自接见工人代表，他宣称：“你们可以看到，说什么革命的对象是工人的说法，是多么不真实和不公正。情况恰好相反。”后来在飞机场对10万工人发表演说时，希特勒宣布了这句口号：“尊重劳动，尊重工人！”并且保证，要“世世代代”庆祝五一节来对德国工人表示敬意。

那天夜里，戈培尔在他的日记中用最华丽的辞藻描述了工人们参加他筹备得极其出色的五一节庆祝活动的热情后，加上了这么一句古怪的话：

“明天我们将要占领工会办公处。他们将不会有什么抵抗。”[*][16]

事实就是如此。5月2日，全国各地的工会办公处都被占领，工会经费被没收，工会被勒令解散，领袖被逮捕。许多人遭到了毒打，关进了集中营。工会联合会两位主席特奥多尔·莱帕特和彼得·格拉斯曼曾经公开保证同纳粹政权合作，然而也不能幸免。希特勒派去接管工会和建立德国劳工阵线的科隆纳粹党头子、嗜酒如命的罗伯特·莱伊博士这么说：“莱帕特和格拉斯曼之流可以高兴怎么样就怎么样虚伪地宣布他们忠于元首——但他们最好还是去坐牢。”这就是他们被送去的地方。

虽然在开始的时候，希特勒和莱伊企图让工人们放心，他们的权利会得到保护。莱伊在他的第一次宣言中说：“工人们！你们的组织对我们民族
202 社会主义者来说是神圣的。我本人是个贫农的儿子，知道贫困的滋味……我知道无形的资本主义剥削是怎么一回事。工人们！我向你们起誓，我们不仅将保持现有的一切，而且要进一步保护工人，扩大他们的权利。”

三个星期后，纳粹的诺言再一次证明是骗人的空话，那时希特勒颁布了一项法律，停止实行集体谈判的办法，并且规定今后将由他任命的“劳动托事”来“调整劳资合同”和维持“劳资和平”。[18] 由于劳动托事的决定在法律上有约束力，人人必须遵守，这项法律实际上就是取缔罢工，莱伊保证“要把绝对领导权交还给一个工厂的当然领袖——那就是雇主……只有雇主有权决定一切。许多雇主多年来必须到外面去请人来当‘一家之主’。现在他们又恢复做‘一家之主’了”。

暂时来说，企业界感到高兴了。许多雇主对民族社会主义德国工人党所做的慷慨捐助现在收到了效果。但是，企业要繁荣，社会必须要有一定程度的稳定。而在整个春天和初夏，德国的治安情况每况愈下，狂热的褐衫队匪帮在街上横冲直撞，任意逮人、打人，甚至杀人，而警察却站在一边袖手旁观。街头恐怖，并不像在法国大革命时期那样，是国家权威垮台的结果，相反，它是在国家鼓励，甚至常常是在国家的命令下进行的，而

---

* 纽伦堡公布出来的一份文件表明，纳粹党策划摧毁工会已有一个时期了。莱伊博士在4月21日签发的一项秘密命令中有在5月2日使工会“一体化”的详细指示。由冲锋队和党卫军“占领工会产业”，将所有工会领袖“置于保护性拘留下”。工会经费要予以没收。[17]基督教（天主教）工会在5月2日没有受到侵犯。它们的末日是在6月24日。

这种国家的权威在德国从未达到过这么强大和集中的地步。法官受到了威胁，他们不敢判处一个冲锋队员，即使他犯了杀人罪行，因为若这样做，自己的性命就要不保。正如戈林所说，如今希特勒就是法律，到1933年5—6月间，元首还在宣布“民族社会主义革命还没有完成”“只有在新德国民族受到了教育以后才会胜利完成”。在纳粹党的辞典里，“教育”意即“恫吓”——到人人都驯顺地接受纳粹党独裁和它的野蛮暴行的程度。在希特勒看来——他已经不止一次地公开宣称过——犹太人不是德国人，虽然他并没有马上就消灭他们（在他上台后头几个月里，只有少数人——那是说，少数几千人——被剥夺了财产，受到了毒打，遭到了杀害），但是他颁布命令，不许他们担任公职、在大学里教书、从事自由职业。1933年4月1日，他下令全国抵制犹太人的商店。

在纳粹党解散讨厌的工会时一度过早感到高兴的企业家们，现在发现
纳粹党中左翼分子当真相信该党的社会主义主张，企图控制雇主协会，解
散大百货商店，把工业收归国有。成千上万的粗暴的纳粹党官员到过去不
支持希特勒的企业登门拜访，有的扬言要没收这些企业，有的要求在企业
中担任薪金优厚的职位。经济学怪物戈特弗里德·费德尔博士现在坚持要
实现党的纲领——把大企业收归国有、国家分享利润、取消不劳而获的收
入和“利息奴役制”。好像这还不足以吓坏企业家似的，刚刚上任的农业 203
部长瓦尔特·达里答应农民把他们所欠的债务本金勾销一大笔并把未勾销
部分的利息降低到2%，这使银行家们提心吊胆，惶惶不安。

为什么不这样？希特勒到1933年仲夏时已是全德国的主人。他现在完全可以实行他的纲领。巴本尽管狡诈，这时却已完全无能为力，他原来以为他和胡根贝格以及旧秩序的其他保卫者在内阁中对纳粹党保有8对3的优势，能够控制希特勒，利用他来达到他们自己的保守目的，如今他的打算完全落空了。他自己就被轰下了普鲁士总理的职位，而由戈林来接替。他在全国政府中仍旧担任副总理一职，但是正如他后来悻悻然承认的那样，“这个职位是徒有虚名”。企业界和金融界的辩护士胡根贝格已经辞职，他的党已经解散。纳粹党中第三号人物戈培尔已于3月13日参加内阁，担任国民教育与宣传部长。像戈培尔一样，被认为是个“激进分子”的达里则担任了农业部长。

在德国经济系统中占据关键地位的国家银行总裁、保守分子汉斯·路德博士被希特勒免了职，卷起铺盖到华盛顿去当大使了。认识到纳粹主义的“真理和必要性”的前总裁、希特勒的忠实信徒沙赫特博士趾高气扬地在1933年3月17日继任了这个职位。在建设第三帝国的经济实力和为第二次世界大战准备军备方面，整个德国没有别人比沙赫特对希特勒的功劳更大了。他后来还兼任了经济部长和战时经济全权总代表。不错，在第二次世界大战前不久，他开始反对他所崇拜的偶像，终于辞去了或者说被解除了他的一切职务，甚至参加了那些密谋要暗刺希特勒的人一伙。他悔不该长期输诚效忠，以自己的声望为之助威，把自己的过人才能供其驱策。但是到那个时候，要在纳粹党领袖面前独挽狂澜，为时已经晚了。

“不许有第二次革命！”

希特勒轻而易举地征服了德国，但是当1933年夏天来临的时候，他还是有一些问题需要解决。主要的问题至少有五个：防止出现第二次革命；解决冲锋队与陆军之间令人不安的关系；使国家摆脱经济困境，为600万失业者寻找工作；在日内瓦裁军会议上为德国取得平等的扩军权利和加速德国在共和国末期开始的秘密重整军备工作；最后是决定由谁在年老多病的兴登堡去世后继承他的位置。

204 “第二次革命”这句话是冲锋队头子罗姆造出来的，他坚决主张要实现第二次革命。戈培尔后来也这么主张，他在1933年4月18日的日记中写道：“人民中间个个都在谈论一定要进行的第二次革命。这是说第一次革命没有完，现在我们要同**反动派**算账了。革命绝不能停下来。”[19]

纳粹党摧毁了左派，但是右派仍旧存在：大企业界和金融界，贵族，容克地主，牢牢地控制着陆军的普鲁士将军。罗姆、戈培尔和纳粹运动中的其他“激进分子”要把他们也清算掉。手下冲锋队已达200万人左右——几乎是陆军的20倍——的罗姆在6月间发出警告：

> 德国革命的道路上已经赢得了一个胜利……对推动德国革命起了很大作用的冲锋队和党卫军绝不允许革命在半途被出卖……如果有

> 市侩认为民族革命的时间已经太久了……那么现在的确是应该结束民族革命，转而进行一场民族社会主义革命的时候了……我们将继续斗争——不论有没有他们在一起。而且，如果必要的话，向他们斗争……我们是完成德国革命的不可腐蚀的保证者。[20]

8月间，他又在一次演讲时说："今天仍有担任官职的人对于革命的精神毫无了解。如果他们胆敢把他们的反动思想付诸实践，我们将要毫不留情地把他们干掉。"

但是，希特勒却有不同的想法。在他看来，纳粹党的社会主义口号只不过是宣传而已，只不过是在取得政权的道路上争取群众的手段而已。现在他既然已经取得了政权，对于这些口号就不再感兴趣了。他现在需要时间来巩固他的地位和国家的地位。至少在目前，必须巴结右派——企业界、陆军和总统。他并不打算使德国陷于破产的境地，从而危及他自己的政权的生存。绝不能有什么第二次革命。

他在7月1日对冲锋队和党卫军领袖的讲话中说明了这一点。他说，德国现在需要的是秩序。"对于任何破坏现有秩序的企图，我将同所谓第二次革命一样加以无情的镇压，因为这只会造成混乱。"7月6日，他在总理府对各邦的纳粹党邦长重新提出了这个警告：

> 革命并不是一种永久不断的事情，绝不能允许它成为这种事情。必须把革命的激流引导到逐步发展的安全的河道里去……因此，我们绝不能排斥一个好企业家，即使他还不是一个民族社会主义者，特别是，如果要接替他的位置的民族社会主义者一点都不懂得他的业务。在企业中，唯一的标准必须是能力…… 205
>
> 历史判断我们功过的时候，并不是根据我们撤换和监禁了多少经济专家，而是根据我们是否能够造成就业……我们并不因为纲领中的一些主张就必须干出愚蠢的事情来，把一切都弄得七颠八倒，而是必须明智地和谨慎地实现我们的思想。从长远来说，我们的政权越是有经济上的支持，它越是稳固。因此，各邦邦长必须做到，任何党组织都不得代行政府的职权，撤换或任命官员，这是全国政府的职责，至

> 于企业方面，那是全国政府经济部的职责。[21]

没有比这段话更有权威地说明纳粹革命是政治性的革命，而不是经济性的革命了。为了证明他言之非虚，希特勒撤换了一些企图夺取雇主协会控制权的纳粹“激进分子”。他恢复了克虏伯·冯·波伦和弗里茨·蒂森在这些协会中的领导地位，解散了跟大百货商店捣蛋的中产阶级商人战斗联盟，任命卡尔·施密特继任胡根贝格为经济部长。施密特是企业家中最正统的一个，原任德国最大的保险公司安联保险公司总经理，他毫不迟疑地制止了那些把党纲天真地信以为真的纳粹党员们的打算。

在普通纳粹党员中间，特别是在希特勒的群众运动核心力量冲锋队员中间，失望情绪是很强烈的。他们大多数人属于失业和不满的大军，由于本身经历，生来就反对资本主义，他们相信，他们在街头斗殴，对革命做了贡献，革命就一定会给他们带来报酬，不管是在企业中，还是在政府中，应该得到优厚差使。他们在春天时由于采取了一阵过火的行动而陶醉了一些时候，如今他们的希望破灭了。原来的人，不管是否党员，仍将保有原来的职位，并且保有任免大权。不过，这还不是冲锋队员中间骚动不安的唯一原因。

希特勒和罗姆过去在冲锋队的地位和宗旨的问题上的争吵，如今又爆发了。纳粹运动一开始的时候，希特勒就主张，冲锋队员应该是一支政治力量而不是军事力量。他们应该提供纳粹党在取得政权的道路上所需要的暴力和恐怖。而在罗姆看来，冲锋队不仅是纳粹革命的骨干力量，而且是未来革命军的核心，这支革命军对希特勒的作用，正如法国大革命后法国义务军对拿破仑的作用一样。现在已是这样的时候了，应该推开反动的普鲁士将军（他轻蔑地称他们为“老傻瓜”），组织一支革命的军队，一支人民的军队，由他和他的那些征服了德国街道的强悍的助手们来领导。

这种想法同希特勒的想法大相径庭。他比罗姆或任何其他纳粹党人更
206 加清楚，没有陆军将领的支持，或者至少说没有他们的默许，他是不可能取得政权的；至少在目前，如果他要继续执政，在一定程度上就要取决于他们的继续支持，因为他们仍旧有着如果高兴就可以撵走他的实际力量。而且希特勒也预见到，在不会很久的将来，当86岁的总司令兴登堡逝世的

时候，他在这个关系重大的时刻，将需要陆军对他个人的忠诚。此外，这个纳粹党领袖还相信，只有军官团才能帮助他实现他那在一个短时期内建立一支强大而纪律严明的军队的目标，因为军官团有着它的军事传统和人才。而冲锋队只不过是一群乌合的暴徒，只能在街头殴斗闹事，很少有现代军队的价值。况且，它的任务现在已经完成了，从今以后，就必须很有策略地使它退出舞台。因此，希特勒的看法和罗姆的看法是不可调和的，从1933年夏天开始到次年6月30日，这两个又是纳粹运动的元老又是亲密的朋友（恩斯特·罗姆是希特勒以亲密的“你”而不是以客气的“您”相称呼的唯一的人）之间，一直在进行着一场简直是你死我活的斗争。

罗姆于1933年11月5日在柏林体育馆对15 000名冲锋队长发表演讲时，表达了冲锋队员们中间深深失望的情绪。他说:“我们常常听说……冲锋队已经失去了存在的理由。”但是他警告说，事实并非如此。可是，希特勒的态度很坚决。他于8月19日在巴德戈德斯贝格曾经警告说:“冲锋队同陆军的关系必须是同政治领导的关系一样的关系。”9月23日，他在纽伦堡讲话时说得还要清楚:

> 今天，我们应该特别记得我国陆军所起的作用，因为我们大家都很清楚，在我们革命的日子里，要不是陆军站在我们一边，我们今天就不会在这里开会了。我们可以向陆军保证，我们将永远不会忘掉这一点，我们认为，他们是我国军队光荣而历史悠久的传统的继承者，我们将全心全意地、竭尽全力地来支持陆军的这一精神。

在这以前，希特勒曾秘密地向军队做了保证，因此争取到许多高级军官倒向他的一边。在1933年2月2日，即他就职后两天，他在陆军总司令冯·哈默施坦因将军的家中向陆海军高级将领讲了两个小时的话。埃里希·雷德尔海军上将在纽伦堡审讯时透露了纳粹总理同军官团第一次会谈的大意。[22] 他说，希特勒消除了高级将领们原来以为可能要军队从事内战的担心，他还保证，陆军和海军现在可以放手致力于迅速重新武装新德国这项主要任务。雷德尔海军上将承认，他对于建立一支新海军的前景是极为高兴的。冯·勃洛姆堡将军后来在他未出版的回忆录中也说，元首打开了

“一个使将来有无穷机会的活动余地”。勃洛姆堡于1933年1月30日匆忙
207 就任国防部长一职，也就消除了陆军方面想要反对希特勒出任总理的任何打算。

为了进一步鼓起军方领袖们的热情，希特勒在4月4日设立了国防会议，来加紧执行一项重整军备的秘密新计划。三个月以后，在7月20日那天，总理颁布了一项新的陆军法，废除了民政法庭对军人的司法管辖权，取消了士兵的选举代表制，从而恢复了军官团的历史悠久的军事特权。许多陆海军将领开始从另外一个比较赞成的角度来看待纳粹革命了。

为了给罗姆吃些甜头作为安慰，希特勒在12月1日任命他——与副党魁鲁道夫·赫斯一起——为内阁阁员，在1934年元旦又写了一封友好热情的信给这个冲锋队头子。他一方面重申“陆军有责任保卫国家，抵御境外敌人”，同时又承认“冲锋队的任务是确保民族社会主义革命的胜利和民族社会主义国家的存在”，并且承认，冲锋队的成绩“主要应归功”于罗姆。这封信最后说：

> 因此，在民族社会主义革命头一年结束的时候，我觉得必须向你，我亲爱的恩斯特·罗姆，对你为民族社会主义运动和德国人民所做出的不可磨灭的贡献表示感谢，并且向你保证，能够有你这样的人做我的朋友和战友，我对命运是多么感激。
>
> 你的怀着真诚友谊与感激之情的
>
> 阿道夫·希特勒[23]

这封用亲密的“你”来称呼的信，刊登在1934年1月2日纳粹党的主要日报《人民观察家报》上，对于暂时缓和冲锋队中存在的不满情绪起了很大作用。在圣诞节和新年的普遍善意气氛中，冲锋队和陆军的斗争、激进的纳粹党分子要求进行“第二次革命”的叫嚣暂时平息下去了。

纳粹外交政策的发端

《西方的没落》的作者奥斯瓦尔德·斯宾格勒在评论希特勒轻而易举

地在1933年征服了德国和把德国纳粹化的时候说过这么一句话："这不是胜利，因为没有敌手。"他在那年年初就写道："这次攫夺政权——我是怀着忧惧的心情看着他们那么大张旗鼓地每天庆祝的。如果到取得真正的肯定的胜利时再这样，会更好些，也就是在外交方面取得胜利的时候。别的都不是胜利。"[24]

这位哲学家兼历史学家一度是纳粹党人的偶像，不过为时不长，最后双方都失却了魅力。他当时的这种急躁态度未免过分。因为希特勒要着手 208
征服全世界之前必先征服德国。一旦他消灭了国内的反对者——或者说他们自行消灭了——以后，他就马上转到了一直最使他感兴趣的方面：外交事务。

1933年春季，德国在世界上的地位不可能更糟糕了。第三帝国在外交上处于孤立、军事上陷于无力的地位，整个世界对于纳粹的暴行，特别是迫害犹太人，感到憎恶。德国的邻邦，特别是法国和波兰，态度是敌对的和多疑的，早在1933年3月，波兰在但泽举行了一次军事示威之后，毕苏斯基元帅向法国人表示最好联合起来对德国进行一次预防性的战争。甚至墨索里尼对于希特勒上台执政，事实上也并不热心，尽管在表面上他装出欢迎第二个法西斯国家出现的姿态。一个在潜力上大大地强于意大利的国家的元首，很可能不久就会使领袖黯然失色。一个狂热的泛日耳曼德国对奥地利和巴尔干各国会有野心，而在这些地方，那位意大利独裁者也已经提出过他的领土要求了。苏联对纳粹德国的敌意是很显然的，因为它是1921年以来共和制德国的唯一友人。这样，在一个充满敌意的世界中，第三帝国的确是孤立无友的。而且，它又没有武装，或者说，同它的高度武装的邻邦对比之下，相对来说是如此。

因此，希特勒外交政策的当前战略和策略，是由德国的软弱和孤立处境这个残酷现实所决定的。但是，自相矛盾的是，这种处境又提供了符合他自己和大多数德国人民最强烈的希望的自然目标：在不致引起制裁的情况下摆脱《凡尔赛和约》的束缚，在不致引起战争的情况下重新武装。只有在他完成了这双重的短期目标以后，他才有军事力量，能毫无牵制地实现既定的长期外交目的，它的具体目标和方法是他早在《我的奋斗》中就十分坦率和十分详尽地规定了的。

第一件要做的事情，显然是以宣传裁军与和平的方法来迷惑德国在欧洲的敌手，同时张大眼睛寻找他们集体甲胄中的弱点。1933年5月17日，希特勒在国会发表了“和平演说”，这是他一生中最漂亮的演说之一，是欺骗宣传的杰作，它不仅深深地打动了德国人民的心，使他们团结在他的背后，而且在国外造成了一个深刻的、使人有好感的印象。就在前一天，罗斯福总统刚刚向44个国家的元首发出了一封动人的信件，概述了美国在裁军与和平方面的计划和希望，呼吁废除一切进攻性武器——轰炸机、坦克、机动重炮。希特勒很快地响应了总统的呼吁，并且加以充分的利用。

> 我在昨天晚上获悉罗斯福总统提出的建议，德国政府对他的建议表示最热烈的感谢。德国政府愿意同意这个克服国际危机的方法……对于那些希望合作起来维持和平的人来说，总统的建议是一件令人高
> 209 兴的事情……德国完全愿意放弃一切进攻性武器，如果有武装的国家也销毁他们的进攻性武器的话……德国也完全愿意解散它的全部军队，销毁它现有的少量武器，如果邻国也这样做的话……德国愿意同意任何庄严的互不侵犯条约，因为它并不想进攻别国，而只想谋求安全。

这篇演说，还有不少温和的词句和热爱和平的表白，使得忧心忡忡的世界感到又惊又喜。德国不要战争。战争是“疯狂透顶的事”。它会“造成现有社会和政治秩序的崩溃”。纳粹德国并不希望把其他国家的人民“德国化”。“上世纪的心理状态使人们认为他们要把波兰人和法国人变成德国人，这种心理状态同我们是格格不入的……法国人、波兰人和其他国家的人民都是我们的邻人，我们知道，任何事情都不可能改变这一客观现实，否则，这种事情在历史上是不可想象的。”

但是其中有一个警告。德国要求同所有其他国家享有平等待遇，特别是在军备方面。如果不能得到平等待遇，德国宁可退出裁军会议和国际联盟。

但是在西方世界同声庆贺希特勒出乎意料的讲道理的时候，这个警告没有得到注意。伦敦《泰晤士报》也认为，希特勒的平等待遇的要求是“驳不倒的”。工党机关报伦敦《每日先驱报》要求相信希特勒的话。保守

的伦敦《旁观者》周刊认为希特勒已响应了罗斯福的呼吁，这个姿态使惶惶不安的世界有了新的希望。在华盛顿，据德国官方通讯社引述总统的秘书的话说："总统对于希特勒接受他的建议感到很鼓舞。"

从这个性格暴躁的纳粹独裁者口中出来的，竟不是如许多人所预料的强横威胁，而是甜言蜜语，全世界都给迷住了。而在国会中，甚至社会民主党议员，那些还没有被投入牢中或自行逃亡的议员，也没有一个表示异议，都投票赞成希特勒的外交政策演说，使得国会能够一致地予以通过。

但是，希特勒的警告并不是空口说说的，当10月初看到协约国坚持要在八年之后才肯把它们的军备降低到德国水平的时候，他就在10月14日突然宣布，由于其他大国在日内瓦不肯给予德国平等待遇，德国立即退出裁军会议和国际联盟。与此同时，他采取了其他三个步骤：解散国会，宣布他将把他的退出日内瓦会议的决定交付全国公民投票来认可，最后命令国防部长冯·勃洛姆堡将军向军队发出秘密指示，如果国际联盟采取制裁行动，就要抵抗武装进攻。[25] 210

这个轻率的行动表明，希特勒在春天的和解演说是多么虚伪。这是他在外交方面的第一次公开赌博。它意味着从此以后，纳粹德国打算不顾任何裁军协定和《凡尔赛和约》而重新武装。这是有意的冒险——也是许多次有意冒险中的第一次。后来在纽伦堡公布出来的勃洛姆堡发给陆海军的秘密指示，不仅说明希特勒冒了可能受到制裁的风险，而且也说明，如果当初真的受到制裁，德国的处境是毫无希望的。* 这项指示规定了德军在西方对付法国和在东方对付波兰、捷克斯洛伐克的具体防线，命令它们要"尽可能久地守住"这些防线。从勃洛姆堡的命令中可以看出，至少德国的将军们对于德国防线是否能守住片刻是不抱任何幻想的。

在以后持续三年的时期中，直到德国1936年重新占领了已经被解除武装的莱茵河左岸，曾经发生了许多次危机，目前这次危机只是其中的第一次而已。当时，协约国本来是可以实行制裁的，倒不是因为希特勒退出裁军会议和国际联盟，而是因为违反《凡尔赛和约》中解除武装的条款，这

---

* 早几个月，在5月11日，英国陆军大臣黑尔什姆勋爵公开警告说，德国如重新武装，就是破坏和约，将受到和约规定的制裁。在德国，一般都认为，制裁意味着武装进攻。

种违约行为在德国存在至少已有两年了，甚至在希特勒上台以前就已经存在了。可以肯定地说，协约国在当时的军力是很容易压倒德国的，同样也可以肯定地说，如果采取这样一个行动，在第三帝国诞生的头一年就可以把它掐死。但是，这个前奥地利流浪汉的过人之处在于，在一段很长时期里，他对国外对手有多少胆略就像他当年对国内对手的估计一样，了解得极其到家，简直不可思议。在这次危机中，正如在以后一直到1939年连续不断出现的更大的危机中一样，胜利的协约国由于分歧太深刻、感觉太迟钝、眼光太短浅，以致不能了解莱茵河对岸所发生的事情的性质或者方向，因此没有采取任何行动。在这一点上，希特勒的估计是很正确的，正如过去和以后他对本国人民所做的估计一样。他很知道，在公民投票中，德国人民会表示什么意见。他把公民投票和国会清一色的纳粹党议员的新选举规定在1933年11月12日举行，这是在德国人的记忆中仍引起怨恨情绪的国耻日——1918年停战纪念日——的后一天。

11月4日，他在布雷斯劳举行的一次竞选大会上说："我们一定要使这一天在我国人民的历史上成为得救的一天——历史将这么记载：在11月11

1933年11月12日，德国举行国会大选、公民投票退出国际联盟后，民众在街上游行庆祝。

日，德国人民正式丧失了它的荣誉，而在十五年后的11月12日，德国人民又恢复了它的荣誉。”在投票的前夕，11月11日，德高望重的兴登堡向全国发表广播演说，支持希特勒："明天你们要表现出坚决的民族团结和对政府的支持。同我和国家总理一起拥护权利平等和光荣和平的原则，让全世 211
界看到，我们已恢复了德国的统一，而且在上帝的帮助下能够维持德国的统一！”

在经过了十五年的挫折失望和对战败后果怀了十五年的愤懑不平以后，德国人民的反应几乎是一致的。合格选民之中约有96%参加了投票，其中有95%赞成德国退出日内瓦会议。至于赞成国会的单一纳粹党候选人名单（其中包括胡根贝格和寥寥几个非纳粹党人）的则有92%。甚至在达豪集中营中，被拘的2 242人中也有2 154人投票赞成那个把他们拘禁起来的政府！确实，在不少地方，对于没有出来投票或者票投得不对的人，曾经进行过威胁；而且在有些情况下，也曾经有人担心，如果投票反对这个政权，可能被侦察出来而受到报复。但是，即使把这种种保留计算在内，这次选举（至少其计算是诚实的）是阿道夫·希特勒的一次惊人胜利。毫无疑问，他那样反抗外面世界，是得到德国人民的压倒多数的拥护的。

在举行了公民投票和选举后三天，希特勒邀见波兰新任大使约瑟夫·利普斯基。会谈结束时发表了一份联合公报，这一公报不仅使德国公众，而且使外面世界都感到惊异。波兰政府和德国政府一致同意“用直接谈判的手段来解决两国共同有关的问题，并且为了巩固欧洲和平在相互的关系中放弃使用武力”。

在德国人的心中，波兰甚至是比法国更为可恨和更受鄙视的敌人。他们认为，《凡尔赛和约》缔造者的最不可饶恕的罪过是用一条波兰走廊把东普鲁士同德国隔绝，成立但泽自由市并把波兹南省及一部分西里西亚割让给波兰。割让部分的居民虽然是波兰人占优势，但是自从瓜分波兰以来一直是德国的领土。在共和国时期没有一个德国政治家愿意把波兰的占领看成是永久不变的事情。施特雷泽曼甚至不愿考虑同波兰签订“东方洛迦诺公约”来补充同西方签订的《洛迦诺公约》。国防军之父和共和国初期外交政策的决定者冯·塞克特将军早在1922年就告诉政府："波兰的存在是不可容忍的，与德国生存的基本条件不能并存。波兰必须被消灭，而且一定是会被消灭的。”他又说，消灭波兰，“必须是德国政策的基本动力之一……波兰灭亡以后，《凡尔赛和约》的最坚强支柱之一法国的霸权也将完蛋”。[26]

希特勒看到，在灭亡波兰之前，必须先使它脱离同法国的联盟。他现在所采取的方针，除了最后的长远利益以外，还可以取得好几次眼前利益。
212 由于宣布放弃用武力来对付波兰，他就能够加强他的和平宣传，并且减轻由于他突然退出日内瓦会议而在西欧和东欧所造成的疑惧。由于诱使波兰人同他进行直接谈判，他就能够绕过国联并且削弱它的权威。此外，他不仅能够打击国联的“集体安全”概念，而且也能够破坏法国在东欧的联盟关系，在这种联盟关系中，波兰是个重要的堡垒。德国人民向来仇视波兰人，对此可能不了解，但是在希特勒看来，独裁政权之所以优于民主政体，有一点就是，不得民心的政策，如果长远来说能得到重要的结果，是可以暂时执行而不致引起内部吵闹的。

1934年1月26日，也就是希特勒在他执政第一周年纪念日出席国会开幕式的前四天，德国和波兰宣布了签订为期十年的互不侵犯条约。从这一天起，波兰——在毕苏斯基元帅的独裁下，它自己也刚刚肃清了议会民主的最后残余——开始逐步脱离自从1919年复国以来的保护人法国，而越来越接近纳粹德国。这是一条导致它在“友好和互不侵犯条约”远远没有期满之前就亡国的道路。

当希特勒在1934年1月30日向国会发表的演说中回顾过去一年的情况时，他可以自豪地说，这是在德国历史上获得空前成就的一年。在十二个月之内，他推翻了魏玛共和国，以他的个人独裁来代替共和国的民主，消灭了一切其他党派，只留下自己的政党，摧毁了邦政府和它们的议会，统一了德国，取消了联邦制，清除了工会，取缔了任何民主结社，把犹太人驱逐出了政治生活和自由职业界，取消了言论和出版自由，扼杀了司法独立，在纳粹党统治下使一个历史悠久、文化发达的国家的人民的政治、经济、文化、社会生活“一体化”。他的这一切成就和他在外交事务上的坚决行动——使德国退出日内瓦国际联盟和宣布德国坚持享有大国平等待遇——都得到德国人民压倒多数的支持，秋天的公民投票和选举说明了这一点。

尽管如此，当他的独裁政权进入第二年的时候，纳粹党的头上却出现了一些乌云。

1934年6月30日的血腥清洗

天际出现乌云是由于三个互相有关的问题没有得到解决：党和冲锋队中的激进派领袖继续叫嚷“第二次革命”的问题，冲锋队和陆军之间冲突的问题，兴登堡总统的继承问题。随着春天的到来，兴登堡的寿命终于快到尽头了。

冲锋队现在已经扩大到了250万人，它的参谋长罗姆并没有因为希特 213
勒任命他为内阁阁员这样一种姿态或元首在元旦给他的友好的亲笔信而就此罢休。他在2月间向内阁上了一份长篇条呈，建议以冲锋队为一支新的人民军的基础，而将军队、冲锋队、党卫军以及一切退伍军人团体都置于一个单一的国防部的指挥之下。其含义很清楚，这个国防部要由他来担任部长。在军官团看来，再也想象不出有比这更令人反感的主张了。军官团的高级成员们不但一致反对这个建议，而且要求兴登堡支持他们。如果粗汉罗姆和他嚣闹的褐衫队员控制了陆军，军官阶层的整个传统就要毁掉了。此外，这些将军们听到现在已开始广泛流传的关于这个冲锋队头子周围一批同性恋的腐化堕落的传说，不免大为震惊。正如冯·布劳希奇将军后来在做证时所说：“重整军备这件事情是太重要、太困难了，不能允许盗用公款者、酗酒闹事者和同性恋参与其事。”

当时，希特勒还不能得罪陆军，因此他对罗姆的建议未予支持。事实也的确如此，他在2月21日还秘密告诉前来柏林讨论裁军僵局的安东尼·艾登，他愿意把冲锋队裁减三分之二，同意实行视察制度以保证留下来的人不受军事训练，也不武装。这个建议泄露以后更加促进了罗姆和冲锋队的怨恨。随着1934年夏天的来临，冲锋队参谋长和陆军总司令部之间的关系继续恶化。在内阁中，罗姆和冯·勃洛姆堡将军之间常常发生激烈争吵，3月间，这位国防部长向希特勒抗议说，冲锋队正在用重机枪秘密武装一支大规模的特别警卫队，冯·勃洛姆堡将军指出，这不仅是对陆军的威胁，而且由于它做得过分公开，也威胁到德国在国防军主持下进行的秘密扩军。

显然，在这个时候，不像头脑简单的罗姆和他的部下，希特勒考虑到了年老多病的兴登堡万一去世后的情况。他知道，老总统本人和陆军以及德国其他保守势力都赞成在总统去世后立即让霍亨索伦王室复辟，而他自己却另有打算。早在4月间，当诺伊代克方面向他和勃洛姆堡传来秘密的但是权威的消息说总统命在旦夕时，他就意识到必须采取大胆的行动。为了确保这一行动的成功，他需要军官团的支持；而为了取得这一支持，他准备做几乎任何让步。

同陆军进行秘密商谈的机会不久就自动出现了。4月11日，总理在国防部长冯·勃洛姆堡将军、陆军总司令男爵冯·弗里奇将军和海军总司令
214 雷德尔海军上将的伴同下，乘巡洋舰“德意志号”从基尔出发前往柯尼斯堡参加在东普鲁士举行的春季演习。希特勒把兴登堡病危的消息告诉了陆海军司令后，他在唯命是从的勃洛姆堡的支持下直率地提出，在国防军的支持下，由他来继任兴登堡为总统。为了报答军方的支持，他答应压制罗姆的野心，大大裁减冲锋队人数，保证陆海军继续做第三帝国唯一拥有武器的组织。据说希特勒还向弗里奇和雷德尔指出了陆海军大事扩充的前景，只要他们愿意支持他。对于一味讨好奉承的雷德尔来说，他愿意支持希特勒是没有问题的，但是弗里奇是个比较难办的人，他先要征求一下他的高级将领们的意见。

这次意见征求会是5月16日在巴特瑙海姆举行的。在把“‘德意志号’协议”告诉他们以后，德国陆军高级军官们一致赞成支持希特勒为兴登堡总统的继承人。[27]对陆军来说，这个政治决定不久就会证明是具有历史意义的。由于自愿地把自己交给一个自大狂的独裁者的不受拘束之手，陆军这一行动就决定了它本身的最后命运。至于对希特勒来说，这笔交易将使他的独裁统治升到至高无上的地位。在顽固的老元帅去世以后，在霍亨索伦王室复辟的可能性被消除了以后，一旦他身兼国家元首和政府首脑，他就可以毫无忌惮地爱怎么干就怎么干了。他为了取得这个至高无上的权力所付的代价是微不足道的，不过是牺牲冲锋队而已。现在他有了一切权力，他就不再需要冲锋队了。冲锋队是一群乱哄哄的乌合之众，它的存在只会使他感到难堪。希特勒对将军们那种心胸狭隘的轻视，在这一年春天一定

大大增加了。他一定这么想，只要付出少得惊人的代价就可以把他们收买过来。这就是他，除了6月间曾有一段情况不妙的时刻以外，一直到末日——他自己的末日和他们的末日——都没有改变的看法。

但是，夏天来临后，希特勒的困难还远远没有克服。柏林笼罩在一阵不祥的紧张气氛中。“第二次革命”的叫喊更响亮了，不仅是罗姆和冲锋队的领袖们，甚至戈培尔本人，在演讲中和他控制的报纸中，也发出了这种叫喊。而保守的右派、巴本和兴登堡周围的容克地主和大工业家，则要求停止革命，要求停止任意捕人、迫害犹太人、攻击教会，要求限制冲锋队员们的专横行为，要求消除纳粹党所制造的普遍恐怖。

在纳粹党内部，当时也正在进行着一场无情的争夺权力的新斗争。罗姆的两个最有势力的敌人戈林和希姆莱联合起来反对他。4月1日，戈林任命当时尚在罗姆指挥下的、属于冲锋队的一个分支机构的黑衫党卫军头目希姆莱为普鲁士秘密警察的头子，希姆莱立即开始建立一个他自己的秘密警察帝国。戈林在上一年8月经兴登堡晋升为步兵将军（虽然他是航空部
长），他当然很乐意脱下他那敝旧的褐色冲锋队制服而换上新军阶给他带 215
来的比较漂亮的新军服，这次换装是有象征意义的：作为一个将军和军官阶层的成员，他在陆军反对罗姆和冲锋队的斗争中，立刻站到了陆军一边。为了在这场目前正在进行的弱肉强食的斗争中保护自己，戈林组织了他个人的警卫队“戈林将军邦警察队”，一共有好几千人，驻扎在他当年入伍的地方，利希特费尔德的前士官学校旧址，这个学校位于柏林郊外的战略要冲。

由于阴谋和反阴谋的谣诼纷纭，柏林的空气更加紧张了。冯·施莱谢尔将军不甘寂寞，也不甘心默认他已不再享有兴登堡、将军们和保守分子的信任，因而已成了无足轻重的人物，他又开始参与政治了。他同罗姆和格雷戈尔·施特拉塞尔保持着联系，当时有谣言（这些谣言有的传到了希特勒的耳中）说，他正忙着想达成协议，由他来代替老冤家巴本为副总理，由罗姆担任国防部长，冲锋队与陆军合并。当时柏林流传的内阁“名单”不可胜数，有的把布吕宁列为外交部长，施特拉塞尔为经济部长。这些消息，都是没有什么根据的，但是对戈林和希姆莱来说却是求之不得的。他们因为各有自己的理由，要打倒罗姆和冲锋队，同时与施莱谢尔和

不满的保守分子算账，所以就把这些消息添油加醋地传到希特勒那里。而希特勒本来就多疑，在任何时候都不需要别人进什么谗言。戈林和他的秘密警察头子的目的不仅是要清洗冲锋队，而且要清算左右两边的其他敌人，包括那些过去曾经反对过希特勒而现在在政治上不再活跃的人。5月底，布吕宁和施莱谢尔得到警告说，有人已预定要暗杀他们。布吕宁悄悄地乔装逃亡国外，施莱谢尔则到巴伐利亚去度假，但是在6月底又回到柏林。

在6月初的时候，希特勒同罗姆摊了牌。据希特勒后来在国会所做的报告，这次摊牌持续了几近五个小时，“一直拖到午夜”。希特勒说，这是他想要同他的运动中最亲密的友人达成谅解的“最后一次尝试”。

> 我告诉他，我从无数谣言和许多忠实的老党员及冲锋队长的报告获得这样的印象，没有良心的人正在策划一个全国性的布尔什维主义的行动，这种行动只会给德国带来无穷的不幸……我最后一次恳求他自动放弃这种没有理性的做法，协力防止发生在任何情况下只会以灾难收场的事情。

据希特勒说，罗姆临分手以前向他“保证将尽一切可能把事情好好地
216 解决”。但是实际上，据希特勒后来说，罗姆开始“准备在肉体上消灭我”。这种说法几乎可以肯定是不确实的；虽然关于这次清洗的全面情况像国会纵火案一样也是永远弄不清了，但是一切现有的证据表明，这个冲锋队头子从来没有策划要除掉希特勒。不幸的是，已缴获的文件对这次清洗和对国会纵火案一样没有提供更多的情况，在这两件事情上，很可能，所有有关的文件都早已奉戈林之命销毁了。

总而言之，不论这两个老纳粹党人之间的长谈内容如何，在这次谈话以后一两天，希特勒就给了冲锋队整整一个月（7月）的假，在假期中，冲锋队员不得身着制服或举行游行或演习。6月7日，罗姆宣布他本人也请了病假，但是同时又发出一个强硬的警告说：“如果冲锋队的敌人希望在假期满后不会再召集冲锋队员归队，或者先召集其中的一部分归队，那么我们

就让他们暂时去这么希望吧。在必要的时候，在必要的方式下，他们会得到答复的。冲锋队现在和将来都是德国的命脉。”

罗姆在离开柏林之前，邀请希特勒在6月30日到慕尼黑附近的维塞避暑小城会见冲锋队领袖们。希特勒欣然同意，而且也的确如约前往，然而其方式却不是罗姆所能预料到的。或许也不是希特勒本人在答应前往的时候所可能想到的。因为——据他后来向国会承认——他犹豫“再三，才做了一个最后的决定……我仍暗中希望，我能够使我的运动和冲锋队不致发生分歧这种不光彩的事，可以消除这种不幸的事而不致发生严重冲突”。

“必须承认，”他补充说，“在5月最后几天里，不断出现了越来越多的令人不安的事情。”事实确实如此吗？希特勒后来说，罗姆和他的同谋者做了占据柏林和扣押他的准备。但是如果确实如此，为什么所有的冲锋队队长都在6月初离开了柏林，而且更加重要的是，为什么希特勒在这个时间点离开德国，从而给冲锋队领袖们提供趁他不在的时候夺取国家的控制权的机会呢？

元首在6月14日飞往威尼斯同他的法西斯独裁者同行墨索里尼举行他们的第一次会谈。顺便提一下，这次会晤对这个德国领袖来说，进行得并不顺利，他穿了一件脏雨衣，戴着一顶旧呢帽，站在身穿黑色的法西斯制服、胸前挂满灿烂夺目的勋章、对客人颇有老前辈气派的经验丰富的“领袖”旁边，显得很不自在。希特勒回国时情绪颇为烦躁，他召集党内领袖于6月17日（星期日）在图林根的格拉小城开会，由他报告同墨索里尼晤谈的情况，研究国内日益恶化的局势。好像是命运摆布的一样，就在那一个星期日，在马尔堡大学城开了另外一个会，它在德国甚至在全世界引起了更多的注意，而且也促成了危急的局势发展到高潮。 217

搞政治是外行的巴本，虽然被希特勒和戈林粗暴地推到了一边，但他名义上仍旧是副总理，仍旧享有兴登堡的信任。这时他忽然鼓起了足够的勇气，公开出来发言，反对他自己曾经尽了很大力气强加在德国身上的政权的暴行。他在5月间把病倒的总统送到诺伊代克，这是他最后一次看到他的保护者。当时衰弱的老元帅对他说：“事情搞得很糟糕，巴本，你来想点办法整顿整顿吧！”

受到了这样的鼓励，巴本接受了邀请，于6月17日到马尔堡大学发表演讲。这篇演讲基本上是他的一个私人顾问埃德加·容格写的。容格是慕尼黑一位杰出的律师和作家，信奉新教。不过演讲中的有些思想是副总理的一位秘书赫伯特·冯·博泽和天主教行动组织的领袖埃里希·克劳泽纳提供的。这次合作后来让这三个人都送了命。这次演讲是一次大无畏的表现，并且由于容格的才华，这次演讲言辞雄辩，语调庄严。它要求停止革命，结束纳粹恐怖，恢复正常秩序和某种程度的自由，特别是新闻自由。巴本指名对宣传部长戈培尔博士说：

> 公开的光明正大的讨论比——譬如说——目前德国的新闻界状况对德国人民更有益处。政府［必须］记住这句老话："只有弱者才怕批评。"……伟大人物不是靠宣传制造出来的……如果我们不想同人民失去联系和团结，我们就不能低估他们的了解能力：我们不能老是牵着他们的鼻子走……任何组织，任何宣传，不论如何出色，光靠本身是不能长期维持人民的信任的……不能靠煽动……也不能靠对全国人民中无所凭借的一部分人进行威胁，而只有靠向人民开诚布公，才能维持人民的信任和忠诚。你把人民当笨伯，人民就不会信任你……我国全体同胞现在应该互相友爱，彼此尊重，团结起来，避免扰乱正直之士的严肃工作，制止狂热之徒的胡言乱语。[28]

这篇演讲传开以后，在德国受到普遍的欢迎，但是在格拉开会的一小批纳粹党人中间，却像爆炸了一颗炸弹一样。戈培尔立即采取行动，尽可能封锁这篇演讲。他禁止电台按原定计划在当天晚上广播这篇演讲的录音，并且禁止报上提到这篇演讲。他还命令警察到街头去没收已经刊载了这篇演讲的摘要的《法兰克福报》。但是，即使这位宣传部长的绝对权力也不足以防止德国人民和外界知道这篇反抗性演讲的内容。狡猾的巴本事先已把讲稿印发给驻柏林的外国记者和外交官，他自己的报纸《日耳曼尼亚报》
218 也匆匆赶印了好几千份，秘密散发出去。

希特勒听到马尔堡演讲后，不禁勃然大怒。他在同一天下午在格拉发表的讲话中，谴责"自以为靠几句话就能够使一个国家的人民生活的复兴大业停顿下来的侏儒"。巴本因为演讲被封锁，也很气恼。他于6月20日赶去见希特勒，表示不能容忍“一个下级部长所采取的”这种封锁措施，坚称他是“作为总统的委托者”说话的，接着便提出了辞呈，并且警告说，他“将把此事立即报告兴登堡”。[29]

这个威胁显然使希特勒感到担心，因为他听说总统对目前局势感到很不高兴，正在考虑宣布戒严令而把权力移交给陆军。为了估量一下这个危及纳粹政权继续存在的危险的严重程度，他在第二天即6月21日飞到了诺伊代克去见兴登堡。他所受到的接待只有使他更加担心。接见他的是冯·勃洛姆堡将军，他立刻看出，他的这位国防部长平常对他的卑躬屈膝的态度已突然变了。相反，勃洛姆堡现在成了个严厉的普鲁士将军，他硬邦邦地告诉希特勒，他奉老元帅之命告诉希特勒，除非德国目前的紧张状态迅速过去，总统将宣布戒严令而把国家的控制权交给陆军。当希特勒获准在勃洛姆堡陪同下见到兴登堡时，老总统在短短几分钟里也只证实了勃洛姆堡传达的最后通牒。

对于纳粹党总理来说，这是一个极其不利的转折。不仅他继任总统的计划受到了威胁，而且如果陆军接管国家的话，他个人和纳粹党政府也将完蛋。他在当天飞返柏林时，一定考虑到，如果要生存，只有一个办法。他必须履行对陆军的诺言，镇压冲锋队，停止冲锋队长们所要求的继续革命。显然，有着德高望重的老总统的支持，陆军是不肯接受比这个还低的让步的。

尽管如此，在关系重大的6月最后的一个星期，希特勒还在犹豫不决——至少在这一点上犹豫不决：究竟对那些帮了他很大的忙的冲锋队头子们采取怎样激烈的措施。不过，戈林和希姆莱帮助他做了决定。他们已经开列了他们要算的账，他们要消灭过去和现在的敌人。他们只要使元首相信反对他的“阴谋”的严重性和迅速采取无情行动的必要性就行了。据希特勒最忠实的信徒之一内政部长威廉·弗里克在纽伦堡的证词，最后使希特勒相信“罗姆要发动政变”的是希姆莱。弗里克又说：“元首就命令希姆莱制止政变。”他说，希姆莱被派在巴伐利亚，戈林被派在柏林制止政变。[30]

陆军也在怂恿希特勒，因此对不久就要发生的野蛮暴行也负有一份责任。6月25日，陆军总司令冯·弗里奇将军命令陆军处于戒备状态，取

219 消一切休假，军队不得离营外出。6月28日，罗姆被开除出德国军官联合会——这等于是清楚地预告这个冲锋队参谋长要倒霉了。为了使得没有人——尤其是罗姆——对陆军的立场抱有任何错觉，勃洛姆堡采取了一个前所未有的行动，他于6月29日在《人民观察家报》上发表了一篇署名文章，表示“陆军……站在阿道夫·希特勒的背后……他始终是我们中间的一分子”。

因此，陆军是在要求进行清洗，但是它又不想弄脏自己的手。这件事必须由希特勒、戈林、希姆莱用他们的黑衫党卫军和戈林的特别警察来进行。

希特勒于6月28日星期四离开柏林前往埃森，去参加当地一个纳粹党领袖约瑟夫·特博文的婚礼。这次旅行及其目的很难说明他当时感到了有场严重危机迫在眉睫。同一天，戈林和希姆莱命令党卫军的特遣队和“戈林警察”处在准备状态。由于希特勒不在柏林，他们显然认为可以放手自由行动了。第二天，6月29日，元首视察了威斯特伐利亚的劳动服役营，下午回到莱茵河畔的戈德斯贝格，下榻在一个战时老战友德雷森在河畔开设的旅舍。那天晚上，戈培尔到了戈德斯贝格，在这以前，他似乎一直在犹豫不决，不知投向哪一边好，事实上，他一直与罗姆保持着秘密联系。这时他终于打定了主意，向希特勒报告了希特勒后来称之为来自柏林的“逼人情报”。卡尔·恩斯特已经动员了冲锋队。恩斯特原来是旅馆茶房，后来又在一家同性恋时常光顾的咖啡馆中当保镖，罗姆看中了他，让他当了柏林冲锋队长。他虽然长得俊秀，但并不是一个聪明的年轻人。他当时相信，而且在24小时左右内死去以前也相信，他遇到了右派的政变，他要高呼“希特勒万岁”而死去。

希特勒后来说，直到这个时候——6月29日为止——他只决定要“剥夺参谋长［罗姆］的职务，暂时把他看管起来，逮捕一部分罪证确凿的冲锋队长……而且要向其他队长发出诚挚的呼吁，命令他们回来值勤”。

但是［他7月13日在国会中说］……在凌晨1点，我接到柏林和慕尼黑来的两份关于紧急集合的急电：第一份电报说，在柏林方面，已下令在下午4点紧急集合，5点要采取行动，先是进行突击，占领政

> 府各部……第二份电报说，在慕尼黑方面已经向冲锋队发出紧急集合令，在晚上9点集合……这是造反！……在这种情况下，我只能做出一个决定……只有无情的流血的镇压也许还能防止反叛的扩大……
>
> 凌晨2点，我飞往慕尼黑。

希特勒从来没有透露过这两份“急电”是从谁那里发来的，但是不言而喻，“急电”是戈林和希姆莱发出的。可以肯定的是，其中情况是过于 220
夸大了。在柏林方面，冲锋队长恩斯特所想到的最激烈措施不过是在那个星期六同他的新娘驱车前往不来梅，以便搭船到马德拉度蜜月。至于在南方，冲锋队“阴谋家”集中在哪里呢？

6月30日凌晨2点，当希特勒在戈培尔伴同下从波恩附近的汉格拉机场起飞的时候，罗姆上尉和他的冲锋队部下还在泰根湖畔维塞小城的汉瑟鲍尔旅馆的房间中高枕酣睡。西里西亚冲锋队长埃德蒙·海内斯是个判过刑的杀人凶犯，著名的同性恋，身材魁梧，像个钢琴搬运工人，但是却有一张女孩子气的脸。他正搂着一个小伙子睡在一张床上。从罗姆把他的卫队留在慕尼黑这一点就可以看出，这些冲锋队头子们一点也没有准备进行反叛。看来，他们寻欢作乐的迹象很不少，阴谋叛乱的证据却没有。

希特勒和他的几个随行人员（包括他的新闻秘书奥托·迪特里希，平庸但是忠诚的汉诺威冲锋队长维克多·卢策这时也参加进来了）于6月30日星期日凌晨4点在慕尼黑着陆，发现已经采取了行动。原来纳粹党党内法庭调查解决委员会负责人瓦尔特·布赫少校和巴伐利亚邦内政部长阿道夫·瓦格纳在从前被判过刑的、同希特勒争夺过吉莉·拉包尔的埃米尔·莫里斯和马贩子出身、前舞场保镖克里斯蒂安·韦伯这样的希特勒老同伴的协助下，已经逮捕了慕尼黑的冲锋队头子，包括冲锋队邦队长施奈德胡贝尔，后者又兼任慕尼黑的警察局长。希特勒现在把他的怒气发作到歇斯底里的状态，他在内政部看到了这些囚犯。他大步走到前陆军上校施奈德胡贝尔面前，撕下他的纳粹肩章，责骂他“叛国”。

天刚蒙蒙亮，希特勒一行就坐了一长列汽车离开慕尼黑到维塞去。他们发现罗姆和他的朋友们在汉瑟鲍尔旅馆还高卧未起。他们粗暴地弄醒了他们。海内斯和他那年轻的男宠被拉下床来，押到旅馆外面，按照希特勒的命令就地枪决。据奥托·迪特里希的记述，元首单独走进罗姆的房间，把他痛骂了一顿，下令把他带到慕尼黑，关在施塔德尔海姆监狱，这个冲锋队头子在1923年参加希特勒的啤酒馆政变失败后曾在这里服过刑。这两个朋友对于第三帝国的建立，对于第三帝国的恐怖和堕落，比任何其他人起的作用都大，他们虽然经常意见相左，但是在发生危机、遭到失败、感到失望的时候却总是站在一起的。在历经十四年的艰辛患难之后，他们现在终于分手了。为希特勒和纳粹主义效劳的这个满脸伤疤、性格暴躁的打手，就这样结束了他惹是生非的一生。

希特勒吩咐手下把一支手枪留在他的老同志的桌上，他显然认为这个最后的举动是够朋友的。但是罗姆不愿用这支手枪。据说他这么说："如果要杀死我，让阿道夫自己来杀吧。"据二十三年后1957年5月在慕尼黑战
221 后审判中一个警官的目击证词说，两个党卫军军官进了牢房，对准罗姆开枪。这个证人说："罗姆当时想说话，但是党卫军军官禁止他开口。于是罗姆就站得笔直——他上身给脱光了——露出满脸轻蔑的神色。"[*]他就这样死去了，死况之暴烈不下于他生前的作为。对于他曾经出了很大力气帮助达到任何其他德国人所从未达到过的那么高地位的那个朋友，他只有轻蔑的份儿，而且几乎可以肯定地说，像那一天横遭杀戮的好几百个人一样——比如施奈德胡贝尔，据说他当时大声说："各位先生，我不知道这到底是怎么一回事，可是请对准开枪吧。"——他一点也不清楚到底发生了什么事，也不清楚为什么发生这件事，唯一清楚的是，这是一桩背叛朋友的行为，但是他万万想不到居然是阿道夫·希特勒干的，虽然他一生之中一直是生活在这种行为之中，而且自己也经常干这种勾当。

与此同时，在柏林，戈林和希姆莱也忙得够呛。他们一共搜捕了150名左右冲锋队长，排在利希特费尔德士官学校的一道墙前，由希姆莱党卫

---

* 1957年5月的慕尼黑审判还是1934年6月30日清洗的目击者和参与者第一次有机会公开谈到这次清洗。在第三帝国时期，这是不可能做到的。1934年时希特勒的党卫军长官塞普·迪特里希，据作者本人的记忆，是第三帝国最残暴的人之一，施塔德尔海姆监狱的处决就是他指挥的。后来在战时他曾任武装党卫军上将。由于纵容杀害1944年凸出地带战役中被俘的美军战俘，他被判处二十五年徒刑。他于十年后获释，但在1957年又被带到慕尼黑，由于参与1934年6月30日的处决，于该年5月14日被判处十八个月徒刑。他的判决和米夏埃尔·利珀特的判决（后者是开枪杀死罗姆的两个党卫军军官之一）是参与清洗的纳粹刽子手第一次受到判决。

军和戈林特别警察所组成的行刑队枪决。

被枪决的人中有卡尔·恩斯特，他的汽车驶近不来梅时，他的蜜月旅行就被持枪的党卫军人员打断了。他的新娘和司机受了伤；他本人被打得失去知觉，用飞机送回柏林就刑。

在这个血腥的夏天周末横遭非命的不仅仅有冲锋队人员。6月30日早晨，在柏林郊外冯·施莱谢尔将军的别墅门口，有一小队穿便衣的党卫军人员在按门铃。当将军闻声前来开门时，就当场被击毙了，他身后的新婚只有十八个月的妻子——他以前一直独身未娶——也当场被杀。施莱谢尔的好友库尔特·冯·布雷多将军那天晚上也遭到了同样的命运。格雷戈尔·施特拉塞尔是星期六中午在他的柏林寓所被捕的，几个小时后根据戈林的亲自命令在阿尔布雷希特亲王大街秘密警察狱中被杀。

巴本比较幸运。他侥幸躲过了一死。但是他的办公室被党卫军搜查，他的主要秘书博泽在办公桌旁被击毙，他的秘密合作者埃德加·容格几天
前已被秘密警察逮捕，被杀死在狱中，另一个合作者天主教行动组织领袖 222
埃里希·克劳泽纳在交通部办公室中被杀。巴本的其余工作人员，包括私人秘书施托青根男爵夫人在内，都被投入集中营。当巴本前去向当时已没有工夫说废话的戈林表示抗议时，据巴本后来追述，戈林“多少可以说”是向巴本下了逐客令，把他软禁在他的别墅中，外面有武装的党卫军重兵把守，割断了电话线，并且禁止巴本同外界有任何联系——这真是辱上加辱，但是这位德国副总理居然厚着脸皮受了下来。因为在不到一个月的时间内，他竟再次屈尊，从杀死他的朋友的纳粹党人手中接受了德国驻维也纳公使的新职。当时纳粹党人刚刚在那里暗杀了奥地利总理陶尔斐斯。

在这次清洗中到底有多少人被杀，这个数字一直没有确定过。希特勒7月13日在国会发言时宣布枪决了61人，其中包括19名“冲锋队高级领袖”，还有13人因“拒捕”被杀，3人“自杀”——总共77人。德国流亡者在巴黎出版的《清洗白皮书》中说有401人被杀，但它只举出了其中116人的姓名。1957年在慕尼黑审判时，提出的数字是“1 000多人”。

许多人纯粹是由于过去反对过希特勒而受到报复被害的，有的人则显然是因为知道内幕情况太多而被杀灭口的，至少还有一个人是因为被弄错了人而冤枉死去的。我们在前章已经讲到过古斯塔夫·冯·卡尔镇压1923

年啤酒馆政变的事情，卡尔从此以后就一直退隐不问政治。但是他的尸体却被发现在达豪附近的一个沼泽中，显然是被人用利斧砍死的。希特勒没有忘记他，也没有原谅他。耶柔米派神父伯恩哈德·施丹佛勒曾经帮助编写《我的奋斗》，后来大概把他所知道的希特勒情人吉莉·拉包尔如何自杀的内情传布得太广了，他的尸体出现在慕尼黑附近的哈拉青森林中，脖子折断，心房中了三颗子弹。海登说，杀他的一帮凶手是由曾经向吉莉·拉包尔求过爱的老犯人埃米尔·莫里斯带领的。其他“知道内情太多”的人，还包括三个冲锋队员，据信他们是恩斯特火烧国会案中的同谋犯。他们同恩斯特一起被杀。

还有一个被杀的人值得一提。慕尼黑著名大报《慕尼黑新消息报》的著名音乐批评家维利·施密德博士6月30日晚上7点20分在慕尼黑沙克街他的寓所书房中拉大提琴，他的妻子在准备晚餐，他们的9岁、8岁和2岁的三个孩子在客厅里玩着。门铃刚响，就有四个党卫军出现，他们不问情由就把施密德博士架走。四天以后，他的尸体被放在棺材中抬回来，同时带来了秘密警察头子的命令，在任何情况下都不得打开棺材，原来党卫军暴徒把从来不过问政治的维利·施密德博士误认为当地一个冲锋队长维
223 利·施密德了，而后者也由另外一队党卫军逮捕枪决了。*

究竟有没有反对希特勒的阴谋活动？关于这一点，只有他的片面之词，见诸官方公报和7月13日他在国会的演说。他从来没有提出过任何证据。罗姆生前从来没有隐讳过他想要使冲锋队成为新军队的核心和由他领导新军队的野心。关于这一点，他肯定同施莱谢尔是有联系的，这最初是在后者担任总理的时候讨论过的。据希特勒的说法，施特拉塞尔或许也“被拉进来了”。但是这种谈论肯定不能构成叛国大罪。希特勒本人同施特拉塞尔也有联系，据奥托·施特拉塞尔说，希特勒在6月初还向施特拉塞尔表示愿意让他当经济部长。

---

* 维利·施密德的妻子卡特·埃娃·霍尔林1945年7月7日在纽约州平汉顿提供的一份证词中谈到了她以前的丈夫被杀的经过。她是在1944年成为美国公民的。为了掩饰这次暴行，鲁道夫·赫斯本人亲自来见这个寡妇，对于这次“误会”表示歉意，并且为她从德国政府那里弄到了 份抚恤金。证词见纽伦堡文件L-35，《纳粹的阴谋与侵略》，第7卷，第883—890页。

起先，希特勒指责罗姆和施莱谢尔想寻找某个“外国”——显然指法国——的支持，并且指责冯·布雷多将军是“外国政策”的中间人。这是控诉他们是“卖国贼”的一部分罪状。虽然希特勒在国会演说中重又提出这些指责，并且用讥刺的口气谈道“一个外国外交官［不可能不是法国大使弗朗索瓦-庞赛］辩称同罗姆和施莱谢尔的会见是完全没有不良企图的”，他还是提不出证据来证实他的指责。他强词夺理地说，第三帝国中任何一个负责的德国人，在他不知情的情况下，即使去看看外国的外交官，就足以构成罪行。

> 如果德国有三个卖国贼安排……同一个外国政治家会晤……并且嘱咐别人不要让我知道这次会晤的消息，那么我就要把这种人枪决，即使他们能够证明，在这次对我保守秘密的会晤中他们所谈的不过是气候、古钱之类的话题。

当弗朗索瓦-庞赛强烈抗议那种说他也参与了罗姆“阴谋”的暗示时，德国外交部正式通知法国政府说，这种指责是完全没有根据的，德国政府希望大使依然留任。事实也的确如此，作者本人可以做证，弗朗索瓦-庞赛以后同希特勒的个人关系，继续比任何其他民主国家使节要好。

在开头发表的一些公报中，特别是在元首的新闻秘书奥托·迪特里希提供给公众的一份令人心惊胆战的目击者记述中，甚至在希特勒的国会演讲中，对于罗姆和其他被杀的冲锋队领袖的道德堕落情况谈得都很多。迪 224
特里希说，在维塞的旅馆床上逮捕海内斯和一个小伙子时的场面是“不堪描述的”。希特勒进行了头一批处决后，6月30日中午在慕尼黑向剩余的冲锋队长们讲话时也说，这些人仅仅从道德堕落这一点来说就罪该一死了。

但是希特勒从纳粹党成立之初起就一直知道，他的最亲信和最重要的跟随者之中有很大一批人是性变态者，是判过罪的杀人犯。例如，海内斯常常派冲锋队到德国各处为他寻找合意的男宠，是家喻户晓的事情。这种事情，希特勒过去不仅容忍下来，而且还为他们辩护；他曾经不止一次告诫他的党内同志对于一个人的个人道德不要过分挑剔，只要他是纳粹运动的狂热战士就行了。而现在，1934年6月30日，他却表示：他的一些老部下的道德堕落情况使他大吃一惊。

到7月1日星期日下午，人已经杀得差不多了。希特勒在前一天晚上已经从慕尼黑飞返柏林，这时在总理府花园中举行茶会。星期一，兴登堡总统对希特勒的“及时扑灭叛国案和拯救德国人民免于大难的坚决行动和个人的豪侠表现”表示感谢。他还对戈林在镇压“叛国案”中的“有力的和成功的行动”表示祝贺。星期二，冯·勃洛姆堡将军代表内阁向总理表示祝贺，使这次杀戮“合法化”，说这是“保卫国家”的必要措施。勃洛姆堡还向全军发布命令，表示陆军总司令部对于时局趋向感到满意，并且保证建立“与新冲锋队的融洽关系”。

没有疑问，陆军对它的敌手冲锋队的被消灭，当然是感到高兴的，但是一个军官团竟然默许而且公开赞扬政府进行德国历史上空前的一场屠杀，而在这场屠杀中，军官团自己的两名领导军官冯·施莱谢尔将军和冯·布雷多将军被诬为卖国贼而被悍然杀害，它还有什么荣誉可言呢？——更不

1934年，血腥清洗之后等待见希特勒的德国民众。

用说面子了。只有85岁的陆军元帅冯·马肯森和前陆军总司令冯·哈默施坦因将军出来抗议这次对他们两个袍泽的杀害和对他们两人提出的叛国罪名。* 军官团的这一行为是德国陆军史上的一个极大污点。这也是陆军目光短浅到令人难以置信程度的标志。 225

这些将军们同希特勒在1934年6月30日的违法乱纪行为沆瀣一气，甚至可以说是同杀人匪徒的行为沆瀣一气，就使自己处于这样一种地位：他们以后就永远不能反对纳粹党将来在国内的恐怖行为了，不仅如此，即使这种行为是针对国境以外，甚至是针对他们自己人的，他们也无法反对。因为陆军支持了希特勒的这一狂妄要求：他就是法律。或者按照他在7月13日的国会演讲中的说法："如果有人责备我，问我为什么不诉诸正常的法庭，那么我只能说：在这个时刻，我要对德国人民的命运负责，因此我就是德国人民的最高法官。"而且希特勒还另外补充了一句："将来人人都必须知道，如果有人竟敢举起手来打击国家，那么他的下场肯定是死路一条。"这个警告在以后整整十年中几乎一直伴随着这些将军们，直到他们之中终于有人奋不顾身，胆敢举起手来打击他们的"最高法官"。

此外，军官团以为，在6月30日那一天，他们终于一劳永逸地除去了纳粹运动对他们的传统特权和权力的威胁，这种想法也是自欺欺人的。因为除去了一个冲锋队，又来了一个党卫军。7月26日，党卫军因为执行处决有功，脱离冲锋队而独立，由希姆莱担任全国领袖，只听命于希特勒一人。没有多久，这支纪律严明得多的忠实部队的力量就大大超过了当初冲锋队的力量，而且作为陆军的对头，罗姆的褐衫队所做不到的，它却做到了。

但是在目前这个时刻，将军们却踌躇满志，颇为自信。因为希特勒在7月13日的国会演说中重申，陆军将继续是"武器的唯一持有者"。在陆军总司令部的要求下，总理终于除掉了竟敢不服从这一金科玉律的冲锋队。现在是陆军方面来履行"'德意志号'协议"的时候了。

---

* 这两位老将军继续努力为施莱谢尔和布雷多洗雪，终于使希特勒于1935年1月3日在柏林举行的一次党、军领袖秘密会议上承认，杀这两位将军是"弄错了"，并且宣布他们原属团队的光荣册上要恢复他们的名字。这次"恢复名誉"的消息在德国报上从来没有发表过，但是军官团把它当作了既成事实（见惠勒-本内特：《权力的报应》，第337页）。

兴登堡之死

在整个夏天，似乎长生不老的兴登堡身体一天比一天坏，8月2日上午9点，他终于逝世了，享年87岁。三个小时后，中午时分宣布，根据内阁前一天制定的法律，总理的职务和总统的职务已经合并为一，阿道夫·希特勒已接管国家元首和武装部队总司令的权力。总统的职衔已予取消，希特勒的头衔将是元首兼国家总理。他的独裁大权至此就完全实现了。为了堵塞漏洞，他要军队全体官兵宣誓效忠——不是对德国，不是对宪法（他在兴登堡死后不举行继任选举就已违反了宪法），而是对他个人宣誓效忠。
226 誓词如下：

> 我在上帝面前做此神圣的宣誓：我将无条件服从德国国家和人民的元首、武装部队最高统帅阿道夫·希特勒；作为一个勇敢的军人，愿意在任何时候为履行此誓言不惜牺牲生命。

到1934年8月为止，将军们如果要推翻纳粹党政权，本来是可以不费吹灰之力的，但是他们没有这么做，反而承认他是国内最高的合法当局，做了这样的效忠宣誓，从此以后使他们自己对阿道夫·希特勒个人承担了义务，而这样的誓言，不论对他们个人或国家多么不光彩，他们出于军人的荣誉感，在任何情况下都是一定要忠实遵守的。但是这个誓言在不少高级军官中间也会引起良心的不安，那是当他们公认的领袖走上了一条他们所反对并且认为可能导致国家灭亡的道路上的时候。但是这个誓言也使更多的军官有了借口来开脱他们个人在根据最高统帅的命令而犯下的难以名状的罪行中的责任，这个最高统帅的本性已在6月30日的大屠杀中表露无遗。德国军官团的惊人错误之一，从这个时候起，就是这种“荣誉”冲突所产生的。本书作者根据亲身经验可以证明，所谓“荣誉”是经常挂在他们嘴边的一个字眼，他们对此可以说有一种古怪的看法。在以后，他们常常为了忠于誓言这种荣誉感，而忘掉了自己作为人类的荣誉感，把他们军官团的道德准则践踏在污泥之中。

兴登堡死后，宣传部长戈培尔博士正式宣布，没有发现老元帅的遗嘱，因此必须断定他没有留有遗嘱。但是在8月15日，也就是德国人民举行公民投票批准希特勒接管总统职务的前四天，不是别人，竟是巴本找到了兴登堡的政治遗嘱，送去给了希特勒。遗嘱中赞扬希特勒的话为戈培尔在公民投票最后四天的宣传运动中提供了大好的材料，而在投票前夕又有奥斯卡·冯·兴登堡上校在电台发表广播讲话：

> 我父亲本人把阿道夫·希特勒视为他作为德国元首的直接继承人，我现在根据我父亲的意愿，呼吁德国全体男女同胞投票赞成把我父亲的职务移交给元首兼国家总理。[*]

这几乎可以肯定说是不确实的。因为根据最可靠的现有材料，兴登堡建议在他死后让王室复辟，作为临终希望。但是遗嘱的这一部分内容，阿
道夫·希特勒却没有公开。 227

战后在纽伦堡讯问巴本的时候，以及后来他在回忆录中，终于弄清楚了一些——也许不是全部——老总统遗嘱的真相。虽然巴本不是一个绝对可靠的证人，他也许没有把他所知道的全部情况都说出来，但是他的证词是不能等闲视之的。兴登堡的遗嘱就是由他亲笔起草的，据他说，这是应老元帅自己的要求。

> 我的草稿［巴本在回忆录中说］建议，在他死后实行立宪君主政体，我特别提到合并总统和总理职务是不适宜的。为了避免得罪希特勒，当然也有一些嘉许纳粹党政权肯定的成就的话。

巴本说，他在1934年4月间把草稿交给兴登堡。

> 几天后，他要我再去见他，他对我说，他决定不采用我的草稿。

---

* 现在希特勒擢升奥斯卡上校为上将，这件事是令人感到兴味的，或许也是很能说明问题的。见本书原文第181页。

在坦嫩贝格举行的兴登堡的葬礼仪式。

他觉得……应该由全国人民来决定他们希望国家采取什么形式。因此他打算把关于他为国服务的叙述作为遗嘱，而把他关于王室复辟的建议作为一个临终希望在一封给希特勒的私人信中表示出来。当然，这说明我原来的建议的全部意义都取消了，因为关于复辟的建议已不再向全国人民提出了；希特勒后来曾对这一点充分加以利用。

要看到希特勒如何利用这一点，没有别的德国人比巴本处在更有利的地位了。

在兴登堡在坦嫩贝格下葬以后，我一回到柏林，希特勒就打电话给我。他问我兴登堡是否有政治遗嘱，如果有的话，我是否知道在哪里。我说，我要问问奥斯卡·冯·兴登堡。希特勒说："要是你能够尽快把这个文件送到我这里来，我将十分感谢你。"因此，我嘱咐我的私人秘书卡格内克到诺伊代克去问兴登堡的儿子，遗嘱是否仍在，是否可以让我把它转交给希特勒。因为我在5月底兴登堡离开柏林后就一

> 直没有见过他，我不知道他有没有销毁那份遗嘱。

奥斯卡在他父亲死后没有能够马上找到这个重要的文件，这时却突然找到了。这不可能是一件十分困难的事情，兴登堡的副官冯·德·舒伦堡伯爵后来在解除巴本纳粹罪嫌的审判时所提供的证词证明了这一点。据他透露，总统在5月11日签署了两个文件，他的遗嘱和临终希望。前者致“德国人民”，后者致“国家总理”。兴登堡最后一次离开柏林去诺伊代克 228
时，舒伦堡是带了文件同他一起走的。巴本说，他当时不知道这件事。但是，他的秘书不久就从诺伊代克回来，带来了奥斯卡·冯·兴登堡给他的两个密封信封。

8月15日，巴本把它们带到贝希特斯加登交给希特勒。

> 希特勒极其仔细地读了这两个文件，并且同我们讨论了其中的内容。显然，兴登堡在那个表示他的临终希望的文件中的建议同希特勒的打算是有矛盾的。他因此利用了信封上写的致“国家总理阿道夫·希特勒”这一点。他说：“故总统的这些建议是向我个人提出的。是否发表它们，我以后再做决定。”我要求他把这两个文件一起发表，但是没有结果。交给他的新闻秘书发表的只有兴登堡叙述他为国服务的经过的一个文件，其中就写有嘉许希特勒的话。[31]

另外一个建议由霍亨索伦王室一个成员而不是由希特勒来担任国家元首的文件，后来下落如何，巴本并没有说起，也许他也根本不知道。在缴获的成千吨重的纳粹党秘密文件中并没有发掘出这个文件，因此很可能已被希特勒马上销毁了。

如果希特勒当初足够大胆地和正直地发表了这个文件，结果或许也不会有什么不同。早在兴登堡去世以前，他就在内阁通过一项法律，授予他总统权力。那是在8月1日，也就是老元帅死的前一天。如果说这项“法律”是非法的，这一点在前奥地利下士已成为法律本身的德国也是不会造成什么不同结果的。这项法律之不合法，是十分明显的事。1932年12月17日，在施莱谢尔执政期间，国会曾经以三分之二的必要多数通过一项宪法修正案，规定在举行新选举之前应由最高法院院长而不是总理代行总统职务。虽然授权法（这是希特勒独裁的“法律”基础）授权总理可以制定与宪法相违背的法律，但是它明确禁止他窜改总统制度。

但是，事到如今，法律又有什么意义呢？在巴本看来，是没有意义的，因为他欣然从命，到维也纳去担任希特勒的公使，收拾纳粹党刺杀陶尔斐斯总理后所造成的混乱局面去了。在将军们看来，也是没有意义的，他们急于努力加强希特勒的军队。在工业家们看来，也是没有意义的，他们已经热心地转向有利可图的重整军备的生意。老派的保守分子，像外交部的冯·牛赖特男爵和国家银行的沙赫特博士这样“正直的”德国人都并没有辞职。没有一个人辞职。事实上，沙赫特博士在8月2日，也就是希特勒篡夺将死的总统的权力的那一天，还兼任了经济部长的职务。

那么德国人民呢？在8月19日，合格选民中约有95%去投了票，其中
229 有90%——3 800多万人——投票赞成希特勒篡夺大权。只有425万德国人有勇气——或者说有愿望——投反对票。

难怪9月4日纳粹党在纽伦堡举行党代表大会的时候，希特勒信心百倍。我在第二天早晨看到他在挂满旗帜的卢伊特波尔德大厅像一个战胜的皇帝一样迈步进入会场，当时乐队高奏《巴登威勒进行曲》，三万只手臂一齐致纳粹党的敬礼。几分钟以后，他骄傲地坐在大讲台的中央，双臂交叉在胸前，两眼炯炯发光，当时巴伐利亚党组织领袖阿道夫·瓦格纳宣读了元首的文告。

> 今后一千年中，德国的生活方式已经确定了。19世纪的神经紧张时代已与我们告别。在今后一千年中，德国将没有其他革命！

他是个凡人，不免一死，无法活到一千岁，但是只要他还活着，他将作为这个伟大民族历史上最有权力、最无忌惮的专制魔王来统治他们。德高望重的兴登堡已不在人世，没有人可以非议他的权威，陆军已处在他的股掌之中，立下了任何德国军人都不敢轻易违反的誓言，唯他之命是从。的确可以说，现在整个德国和全体德国人民都已在他的血腥的手掌之中，因为最后一批反抗者已经被消灭了，或者说永远消失了。

"真是好极了！"在举行了一个星期的令人精疲力竭的游行、演讲、盛大场面的活动，对一个政界人物进行了本书作者所看到的最狂热的颂扬以后，他在纽伦堡对外国记者们这么赞叹道。阿道夫·希特勒做了很大的努力从维也纳的街头爬到今天的地位。他现在只有45岁，今天的成就还仅仅是个开端。甚至在共和国覆亡后第一次回到德国的人也可以看出，不论希特勒对人类犯下了多大的罪行，他已经把德国人民身上长期压抑着的无可计量的动力发挥了出来。至于是为了什么目标，他在《我的奋斗》一书中和成百上千篇演讲中已经说得很明白，然而第三帝国国内的许多人，以及尤其是国外的许多人——几乎每一个人——都没有注意到，或者没有理睬，或者只是觉得好笑。 230

注　释

1.《纳粹的阴谋与侵略》，第3卷，第272—275页（纽伦堡文件351-PS）。

2. 戈培尔：《恺撒霍夫》，第256页。

3. 见格奥尔格·冯·施尼茨勒的供词，《纳粹的阴谋与侵略》，第7卷，第501页（纽伦堡文件EC-439）。戈林和希特勒的演讲，《纳粹的阴谋与侵略》，第6卷，第1080页（纽伦堡文件D-203）。沙赫特的讯问记录，《纳粹的阴谋与侵略》，第6卷，第465页（纽伦堡文件3725-PS）。冯克的讯问记录，《纳粹的阴谋与侵略》，第5卷，第495页（纽伦堡文件2828-PS）。

4. 戈培尔：《恺撒霍夫》，第269—270页。

5. 巴本：《回忆录》，第268页。

6. 鲁道夫·迪尔斯：《晨星》，第194页。

7. 关于国会纵火案的责任，参见哈尔德的供词，《纳粹的阴谋与侵略》，第6卷，第635页（纽伦堡文件3740-PS）。1946年4月25日吉斯维乌斯受盘问的记录，《主要战犯的审讯》，第12卷，第252—253页。迪尔的供词，戈林的否认，《主要战犯的审讯》，第9卷，第432—436页，另见《纳粹的阴谋与侵略》，第6卷，第298—299页（纽伦堡文件3593-PS）。维利·弗里希华：《赫尔曼·戈林的兴亡》，第88—95页。道格拉斯·里德：《国会焚毁记》。约翰·根室：《欧洲内幕》（根室列席了莱比锡的审讯）。有不少人自称参与了纳粹党的纵火焚毁国会的事件，或者自称知道其内情，提出了许多证词，但是据我所知，都没有得到证实。其中较为可信的是民族党议员恩斯特·奥伯福伦和柏林冲锋队长卡尔·恩斯特的备忘录。这两个人在起火后数月内即为纳粹党人所暗杀。

8.《纳粹的阴谋与侵略》，第3卷，第968—970页（纽伦堡文件1390-PS）。

9.《纳粹的阴谋与侵略》，第4卷，第496页（纽伦堡文件1856-PS）。

10.《纳粹的阴谋与侵略》，第5卷，第669页（纽伦堡文件2962-PS）。

11.《德国政治文件集》，第1卷，1935年，第20—24页。

12. 弗朗索瓦-庞赛：《决定命运的年代》，第61页。

13. 法律原文，《纳粹的阴谋与侵略》，第4卷，第638—639页（纽伦堡文件2001-PS）。

14. 1933年3月31日、4月7日和1934年1月30日的法律，均见《纳粹的阴谋与侵略》，第4卷，第640—643页。

15.《纳粹的阴谋与侵略》，第3卷，第962页（纽伦堡文件1388-PS）。

16. 戈培尔：《恺撒霍夫》，第307页。

17.《纳粹的阴谋与侵略》，第3卷，第380—385页（纽伦堡文件392-PS）。

18. 1933年5月19日法律，见《纳粹的阴谋与侵略》，第3卷，第387页（纽伦堡文件405-PS）。

19. 戈培尔：《恺撒霍夫》，第300页。

20. 纳粹党：《月报》，第39期（1933年6月号）。

21. 7月1日和6日引文收在贝恩斯所编《希特勒演讲集》，第1卷，第287页和第865—866页。

22. 取自雷德尔海军元帅被俄国人俘虏后在莫斯科所写的《我同阿道夫·希特勒和党的关系》，这份材料后来在纽伦堡提出。见《纳粹的阴谋与侵略》，第8卷，第707页。

23. 贝恩斯：《希特勒演讲集》，第289页。

24. 斯宾格勒：《决定时刻》，第viii页。

25. 勃洛姆堡的指令，见《主要战犯的审讯》，第34卷，第487—491页（纽伦堡文件C-140）。

26. 特尔福德·泰勒在《剑与卐字》一书中引用，第41页。塞克特文件现藏在华盛顿国家档案局。

27. "'德意志号'协议"的来源，见《1934年6月30日枪杀事件白皮书》，巴黎1935年出版，第52—53页。赫伯特·罗辛斯基在其所著《德国军队》一书第222—223页中证实了这一协定的条件。布洛克和惠勒-本内特在他们所著有关这一时期的著作中相信了这一点。5月16日与将军们召开会议的材料来源是雅盖·班诺瓦-梅兴所著《停战以来德国军队史》一书第2卷，第553—554页。

28.《副总理冯·巴本在1934年6月17日马尔堡大学学生会上的演讲》，柏林日耳曼尼亚出版社。

29. 巴本：《回忆录》，第310页。

30.《纳粹的阴谋与侵略》，第5卷，第654—655页（纽伦堡文件2950-PS）。

31. 巴本：《回忆录》，第330—333页。

第八章

第三帝国的生活：1933—1937年

就在这个时候，1934年夏末，我到第三帝国来生活和工作。新德国有许多事情使外国观察家获得深刻印象，使他们感到迷惑不解，甚至感到不安。绝大多数德国人似乎并不在乎他们的个人自由遭到剥夺，并不在乎他们的大量文化被摧残，被没有思想的野蛮状态所代替，也不在乎他们的生活和工作已经被管制到了即使是一个世世代代以来习惯于严格管制的民族也从未经历过的程度。

在那些不听话的人、以前的共产党人或者社会民主党人、过于自由主义或者过于和平主义的人和犹太人的头顶上，无疑笼罩着秘密警察的恐怖和对集中营的恐惧。1934年6月30日的血腥清洗是一个警告，它表明这帮新领袖会多么残酷无情。然而，初期的纳粹恐怖只影响到比较少的德国人的生命，而一个新来到的观察家多少有些意外地发现，这个国家的人民似乎并不感到他们在受着一个放肆而残忍的独裁政权的威吓和压制。相反，他们还怀着真正的热情支持这个政权。这个政权不知怎么使他们具有了一种新的希望和新的信心，使他们对国家前途具有一种惊人的信念。

希特勒正在清算过去，清算过去的一切挫折和失望。我们以后将详细地看到，他正在一步一步地，而且迅速地使德国摆脱《凡尔赛和约》的束缚，使胜利的协约国陷于狼狈的境地，并且使德国在军事上重新强大起来。

这正是大多数德国人所希望的，为了达到这一目标，他们愿意做出这位领袖要求他们做出的牺牲：个人自由的丧失、斯巴达式的饮食（“大炮先于黄油”）和艰苦的工作。到1936年秋天，失业问题已大体上解决，差不多人人都又有了工作。[*] 人们可以听到被剥夺了工会权利的工人们对着装着丰
231 盛午餐的饭盒，一边吃着一边开玩笑说，至少在希特勒的统治下已不再有挨饿的自由。“先公后私！”是那时候纳粹的一个流行口号，虽然有许多党的领袖，尤其是戈林，正在秘密地营私肥己，而且企业的利润也正在增长，但是，群众无疑已被表面上把社会福利放在私人利益之上的新“民族社会主义”笼络住了。

把犹太人排除在德国社会以外的种族法律，在一个外国观察家看来，是一种惊人的倒退到原始时代的做法，但是，既然纳粹的种族理论把德国人捧成社会中坚和主宰种族，这些法律就绝不是不得人心的。有时遇到很少数德国人——前社会民主党人或者自由主义者，或者是出身旧保守阶级的虔诚的基督徒——对迫害犹太人的行为感到嫌恶甚至反对，虽然他们曾帮忙减轻了一些个别的犹太人的困难，但是在挽回狂澜方面却没有出什么力。他们又能做什么呢？他们常会这样问你，而这却是一个不容易回答的问题。

德国人从受过检查的报刊和广播中含糊地听到一些国外的强烈反感，但是他们发现，这并不妨碍外国人大批地到第三帝国来，而且看来仍然对它的款待感到满意。因为纳粹德国，远较苏俄为大方，是听任全世界来观察的。[†] 游览事业生意兴隆，收进了大量急需的外汇。纳粹领袖们似乎没有什么要隐瞒的。一个外国人，不管他多么反纳粹，都可以到德国来观察和研究他所希望了解的情况——只有集中营和军事设施除外，后者在所有国家都是如此。许多人都来观光。而许多人在回去时，如果说没有改变信仰，至少也已变得能够容忍“新德国”了，相信他们看到了他们所说的“肯定

[*] 从1933年2月到1937年春天，登过记的失业者人数从600万减少到100万以下。

[†] 而且，跟苏联形成对照，纳粹德国允许全体公民都可以到国外去旅行，只有列入秘密警察黑名单的少数几千人除外。虽然由于国家缺乏外汇，严格的货币限制条例使这样做的人大为减少，但是，这些货币限制条例并不比1945年以后对英国公民所实施的货币限制条例更为严格。关键是纳粹统治者们似乎并不担心一般德国人在访问民主国家后会受到反纳粹主义的感染。

的成就”。甚至像劳合·乔治那样一个观察力敏锐的人，他曾经领导英国在1918年战胜德国，并且在那一年用“吊死德皇”的口号参加竞选，如今也可以在1936年到上萨尔茨山访问希特勒。他在离别时带回去对这位元首大为倾倒的印象，并且公开称赞这位元首是“一个伟人”，有眼光有决心解决现代国家的社会问题——尤其是失业问题，而这是英国仍在溃烂的一个创伤，在这个问题上，这位伟大的战时自由党领袖和他的《我们可以征服失业》的纲领在国内都没有引起人们的什么兴趣。

1936年8月在柏林举行的奥林匹克运动会，使纳粹党有了一个极好的机会，来让全世界对第三帝国的成就留下印象，而且他们充分利用了这个
机会。“犹太人恕不招待”的牌子悄悄地从店铺、旅馆、啤酒馆和公共游 232
宴场所取了下来，对犹太人和两个基督教会*的迫害也暂时停止了，全国都装出最规矩的态度。以前任何运动会都没有过那么出色的组织工作，也没有过那么不惜工本的款待。戈林、里宾特洛甫和戈培尔为外国客人们举行了豪华无比的宴会——宣传部长在万湖附近的孔雀岛举行了“意大利之夜”的宴会，招待了一千多位宾客，场面之盛大简直像《天方夜谭》中的故事。客人们，特别是从英国和美国来的那些客人们，对所看到的情况印象非常深刻：这显然是在希特勒领导下团结一致的一个快乐、健康和友善的民族。他们说，这跟他们在报上读到柏林新闻时所得到的印象截然不同。

然而，在这种外表的下面，在柏林举行奥林匹克运动会的那些兴高采烈的夏末日子里，为游客们所看不到的，而且确实为大多数德国人所忽视或者以一种令人惊奇的默默服从的态度来接受的，似乎存在着德国生活的退化过程，至少在一个外国人看来是如此。

当然，关于希特勒所颁布的对付犹太人的法律，或者关于政府所发起的对这些不幸的人的迫害，是没有什么隐瞒的。所谓1935年9月15日的纽伦堡法律，剥夺了犹太人的德国公民籍，使他们沦为“属民”的地位。这个法律还禁止犹太人和雅利安人通婚，禁止他们有婚姻以外的性关系，并且禁止犹太人雇用35岁以下的雅利安女仆。在以后几年里，补充纽伦堡法

---

* 指基督教中的天主教和新教。——译者

1936年8月7日，柏林奥林匹克运动会开幕式，观众以纳粹礼迎接希特勒的到来。

希特勒与其他纳粹高官在柏林奥林匹克体育场。

律的大约13项法令，使犹太人遭到完全的取缔。但是到1936年夏天，也就是德国充当奥林匹克运动会东道主使西方游客们十分惬意的时候，犹太人由于法律或者纳粹的恐怖手段——后者往往先于前者——而不能得到公私就业机会已到了至少其中有一半人生计无着的程度。在第三帝国的第一年即1933年，他们不得竞选公职，不得担任文官职务，不得在新闻界、广播业、农业、教育界、戏剧界、电影界工作；1934年他们被撵出交易所，虽然直到1938年才颁布禁令，不准他们当律师、从事医药业和商业，但是，实际上在纳粹统治头四年结束以前，他们就从这些行业中被排除出来了。

此外，他们不仅得不到大部分生活上的享受，而且常常得不到日用必需品。在许多地方，犹太人要买食物都感到困难，如果说不是不可能的话。在副食杂货铺、肉铺、面包铺和牛奶站的门上，挂着“犹太人不得入内”的牌子。在许多地方，犹太人甚至不能为他们的孩子购买牛奶。药房不卖药给他们。旅馆不让他们投宿。常常是，不论他们到哪里，总有“本市严禁犹太人入境”或者“犹太人进入此处安全自行负责”的侮辱性牌子。在 233

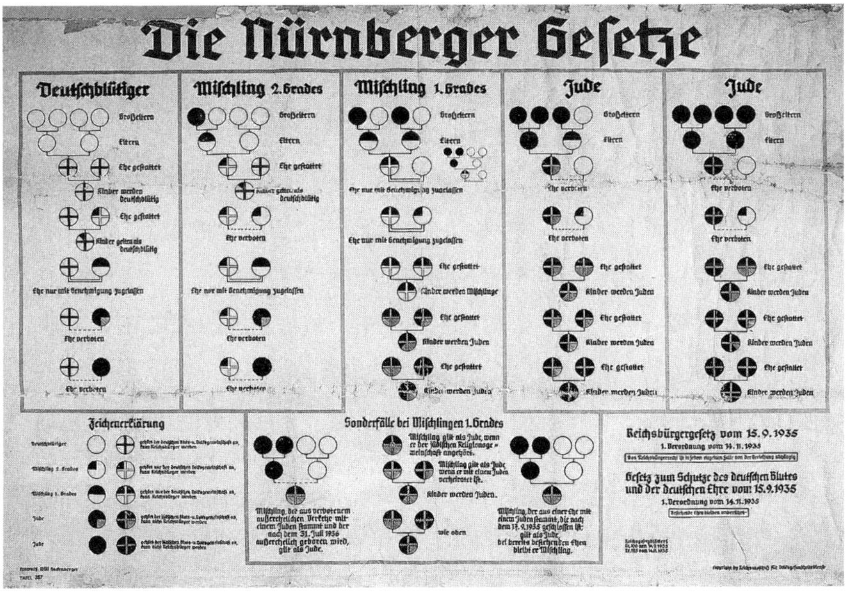

解释纽伦堡法律的图表，包括剥夺犹太人的德国公民籍、禁止犹太人与雅利安人通婚等。

路德维希港附近公路上的一个急转弯处，有一块牌子，上面写着："小心驾驶！急转弯！犹太人每小时75英里！"*

这就是大约在德国举行奥林匹克运动会前后犹太人所处的困境。而这不过是一条很快就会导致他们遭到屠杀灭种的道路的开端。

对基督教会的迫害

纳粹对基督教会的战争开始得较为温和。希特勒名义上是一个天主教徒，虽然他曾在《我的奋斗》中痛骂天主教过问政治，并且因两个基督教会不能认识到种族问题而对它们加以攻击，但是，我们前已看到，他曾在书中警告说"一个政党不应该……忽视这样一个事实：在以往的全部历史经验中，一个纯粹政治性的党派要进行宗教改革是从来没有成功过的"。党的纲领第二十四条要求给予"国内一切宗教派别以自由，只要它们对……德国民族的道德感情没有危险。党赞成积极性的基督教信仰"。1933年3月23日国会把自己作为立法机构的职权让给这位独裁者那天，希特勒对这个德国立法机构发表讲演，赞扬基督教信仰是"保障德国民族灵魂的要素"，答应尊重这些信仰的权利，宣称他的政府的"志向是谋求教会和国家之间的融洽协调"，而且说"我们希望改善我们和教廷的友好关系"——最后这一句话显然是为了获得天主教中央党的选票，结果他如愿以偿了。

过了差不多四个月不到，在7月20日，纳粹政府和梵蒂冈签订了一个契约，保证天主教的自由和该教会"管理它自己事务"的权利。这个协定由巴本代表德国，由当时的教廷国务卿帕切利主教，就是后来的教宗庇护十二世，代表教廷签署。这个契约墨迹未干，就被纳粹政府破坏了。但是，由于这个契约签订的时候正是这个新政权在德国的初期放肆行为引起全世界强烈反感的时候，它无疑使希特勒政府获得了非常需要的威望。†

---

* 本书作者因为发了一条电讯，说这些反犹牌子中有一些在举行奥林匹克运动会期间被除掉了，而遭到德国报刊和电台的猛烈攻击，并且几乎被驱逐出境。

† 教宗庇护十二世在1945年6月2日向教廷枢机院发表训谕时，为他所签订的这个契约辩护，但是把民族社会主义（因为他后来终于知道）说成是"对耶稣基督的狂妄背弃，对他的教义和他的赎罪事业的否定，对暴力的迷信、对种族和血统的盲目崇拜，对人类的自由和尊严的倾覆"。

7月25日，也就是批准这个契约后五天，德国政府颁布了一个净化法令，特别使天主教会感到愤怒。五天后，开始采取了步骤来解散天主教青年联盟。在以后几年里，数以千计的天主教教士、修女和教徒中的著名人士遭到逮捕，其中许多人是由于“不道德”或者“外币走私”等捏造出来的罪名而被捕的。我们已经谈到，天主教行动组织的领导人埃里希·克劳泽纳是在1934年6月30日的清洗中被杀害的。数十种天主教出版物被禁止发行，甚至忏悔室的神圣性也遭到秘密警察的破坏。德国天主教的各级教士，像大多数基督新教牧师一样，起先曾力图和新政权合作，但是到了1937年春天，他们的幻想完全破灭了。1937年3月14日，教宗庇护十一世发出了一个通谕《痛心已极》，指责纳粹政府“规避”和“破坏”契约，播种“怀疑、不睦、仇恨、中伤的莠草，播种公开和秘密的根本敌视基督和基督教会的莠草”。这位教皇在“德国的天际”看到了“摧残性宗教战争的险恶乌云……这种战争除了……灭绝人类以外没有其他目的”。 234

马丁·尼莫拉牧师曾亲自欢迎纳粹在1933年当政。这一年他的自传《从潜艇到教坛》已经出版。这位第一次世界大战中的潜艇艇长如何成为一个卓越的新教牧师的故事，受到纳粹报刊的青睐，得到了特别的颂扬，成为一本畅销书。尼莫拉牧师像许多新教牧师一样，认为共和国的十四年是“黑暗的年代”。[1] 在他的自传的结尾，他以一种满意的口气说，纳粹的革命终于胜利，它带来了他自己曾经为之奋斗已久的“民族复兴”。他的奋斗有一个时期是在自由军团中进行的，许多纳粹领袖都是该军团出身。

他很快就尝到了幻想破灭的可怕滋味。

德国的新教徒，像在美国的一样，分成许多教派。只有极少数——4 500万新教徒中的约15万人——属于浸礼教会和监理教会之类的各种独立教会。其余的人都属于28个路德教派和改革教派的教会，其中最大的是老普鲁士联盟教会，共有1 800万教徒。随着民族社会主义的兴起，新教徒又发生了进一步的分裂。其中较为狂热的纳粹分子在1932年组织了“德国基督徒信仰运动”，它的最狂热的领袖是一个叫作路德维希·米勒的东普鲁士军区随军牧师。他是希特勒的虔诚信徒，当初就是他从中拉纤，促成元首在冯·勃洛姆堡将军担任该军区司令的时候和后者相会的。“德国基督徒信仰运动”热烈拥护纳粹的种族学说和领袖原则，并且要把它们运用在一个全国性的教会中，这一教会将把全部基督教新教徒都吸收进来，成为一个全面组织。1933年，“德国基督徒信仰运动”在总数17 000名
235 牧师中拥有约3 000名，虽然他们在一般信徒中的会员所占比例大概要大一些。

跟它对立的是另一个少数派集团，自称为“认信教会”。这个教会有差不多同样数目的牧师，后来由尼莫拉担任领导。这个教会反对使新教教会纳粹化，不接受纳粹的种族理论，并指斥罗森贝格和其他纳粹领袖的反基督教主张。大多数新教徒则介于二者之间，他们似乎很胆小，不敢参加这两个敌对集团中的任何一个。他们采取骑墙态度，大多数人最后终于都落入了希特勒的怀抱，承认他有权干预教会事务，服从他的命令而没有公开反对的表示。

除非人们知道德国新教徒的历史和马丁·路德的影响，否则是不容易了解大多数德国新教徒在纳粹执政初期的行为的。* 这位基督教新教派的伟大创立者，是一个热烈的反犹主义者，相信对政治权威的绝对服从。他希望德国清除掉犹太人，他主张在把他们打发走时没收掉他们的“全部现款、珠宝和金银”，还要“放火焚烧犹太人的会堂和学校，拆毁他们的房屋……让他们寄宿在棚子里或马厩里，像吉卜赛人那样……处于痛苦和监禁中，因为他们不断向上帝哭诉我们的不好”——这种主张在四个世纪后被希特勒、戈林和希姆莱不折不扣地加以奉行了。[2]

1525年的农民暴动也许是德国历史上唯一的人民起义，在这次暴动中，路德劝告王公们采取最残酷无情的措施来对付这些“疯狗”——这是他对这些铤而走险的、被蹂躏的农民的称呼。在这里，像他关于犹太人的言论一样，路德使用了直到纳粹当政时为止德国历史上没有可与之相比的粗暴野蛮的语言。这位巨人的影响在德国世代流传，特别是在新教徒中间。他还留下了另外一些后果，其中一个是，从16世纪起直到1918年王公贵族们被推翻时为止，德国基督教新教派轻易地成为专制主义的工具，世袭的国君和小邦诸侯们成了他们领域里的新教教会的最高主教。例如在普鲁

---

* 为了避免误解，不妨在这里指出，本书作者是个新教徒。

士，霍亨索伦国王是教会的首脑。除了沙皇俄国外，没有一个国家的教士们在传统上是那么完全屈从于国家的政治权威的。教士们差不多毫无例外地一致支持国王、容克地主和军队，在19世纪时他们竭尽本分地反对自由和民主运动的兴起。在大多数新教牧师看来，甚至魏玛共和国也是该诅咒的，不仅因为魏玛共和国废黜了国王和诸侯，而且因为它的主要支持来自 236
天主教徒和社会民主党人。在国会选举期间，人们不能不注意到，新教牧师们——其中尼莫拉是个典型——相当公开地支持共和国的敌人民族党甚至纳粹党分子。像尼莫拉一样，大多数牧师对阿道夫·希特勒在1933年崛起当总理表示欢迎。

他们很快就领教了希特勒获得政权所依靠的纳粹暴力手段。1933年7月，新教教会的代表们拟就了成立一个新的“全国教会”的组织法，7月14日得到了国会的正式认可。在选举第一任全国主教问题上立即发生了一场热烈竞争。希特勒坚持要让他的朋友、随军牧师米勒获得这个最高位置，在这以前希特勒已委任他为自己的新教教会事务顾问。教会联合会的领袖们则提出了著名的牧师弗里德里希·冯·博德尔施文。但是他们未免太天真了。纳粹政府出来干预，解散了若干地方教会组织，把新教教会的几个主要的德高望重的牧师停职，纵容冲锋队和秘密警察来对付不听话的牧师——事实上，对所有支持博德尔施文的人进行威吓。全国主教将由教议会选出，在选举教议会的代表前夕，希特勒亲自发表广播演说，“敦促”选举“德国基督徒信仰运动”的代表，而米勒就是他们的候选人。这种威胁很有效果。同时博德尔施文已被迫退出竞选。“选举”结果是大多数“德国基督教徒信仰运动”的代表当选，他们于9月间在维滕贝格——路德就是在这里首先公开反抗罗马的——教议会上选举了米勒为全国主教。

但是这位教会新头子是一个不中用的人，没有能力来建立一个统一的教会，或者把新教的会众完全纳粹化。在1933年11月13日，也就是德国人民在一次全国公民投票中以压倒的多数支持希特勒的第二天，“德国基督徒信仰运动”在柏林的体育馆举行了一个盛大的集会。这个教派的柏林教区领袖赖因哈特·克劳泽博士建议舍弃《旧约全书》“和它的牲畜贩子与拉皮条者的故事”，修订《新约全书》，使耶稣的教导“完全符合于民族社会主义的需要”。会上拟订了不少决议，主张“一个民族、一个国家、一个信仰”，要求全部牧师宣誓效忠于希特勒，坚持所有教会都实行雅利安化而排除改宗的犹太人。甚至对那些不肯参加教会战争的胆小的新教徒来说，这也使他们觉得太过分了，因此米勒主教被迫停止克劳泽博士的职务并表示不同意他的意见。

实际上，纳粹政府和教会之间的斗争，是一个由来已久的什么权限归君主、什么权限归上帝的斗争。就新教徒而言，希特勒坚决主张，如果纳粹党的“德国基督徒信仰运动”不能使各新教教会在全国主教米勒领导下趋于一致的话，政府自己就不得不来接管教会的指导工作。他始终对新教
237 徒有一些轻视，新教徒虽然在他的信奉天主教的祖国奥地利只占极少数，在德国公民中却占了三分之二。他曾向他的助手们说过：“对他们，你可以爱怎么办就怎么办。他们会屈服的……他们是微不足道的小人物，像狗一样顺从，当你对他们讲话时，他们惶恐得汗流浃背。”[3] 他知道得很清楚，反对新教教会纳粹化的只是少数牧师和为数更少的教徒。

到1934年年初，幻想破灭了的尼莫拉牧师已经成为“认信教会”和牧师紧急联盟中少数反对者的精神上的指导。在1934年5月在巴门举行的教议会全体大会上，以及在尼莫拉的耶稣基督教会11月间在柏林郊外达勒姆举行的一次特别会议上，“认信教会”宣称自己是嫡派德国新教，并设了一个临时的教会管理机构。这样，现在就有了两派，全国主教米勒派和尼莫拉派，都自称是合法的嫡派新教教会。

很明显，这位前随军牧师尽管和希特勒很接近，却没有能够使各新教教会统一起来。1935年年底，秘密警察逮捕了700名“认信教会”的牧师以后，他辞去了他的职务，从此销声匿迹。早在1935年7月，希特勒就已经任命纳粹党在法律界的一个朋友汉斯·凯尔博士为宗教事务部长，指示他做第二次努力，使新教徒统一起来。凯尔是一个比较温和的纳粹分子，而且是个多少还比较谨慎的人，他在开头取得了相当的成功。他不仅争取到了占多数的保守派牧师，而且还设立了一个以德高望重的策尔纳博士为首的教会委员会来搞出一个总的解决办法，后者是一个受到各教派尊重的人。虽然尼莫拉的教会同这个委员会进行合作，但是仍坚持认为自己是唯一的嫡派新教教会。1936年5月，它向希特勒提出了一个彬彬有礼然而态度坚定的备忘录，抗议这个政权的反基督教倾向，指斥政府的反犹主义，

并要求国家停止干预教会事务。纳粹内政部长弗里克却报之以残酷无情的行动。数以百计的“认信教会”牧师被逮捕，备忘录的签名者之一魏斯勒博士在萨克森豪森集中营里被杀害，“认信教会”的经费被没收，并被禁止收集捐款。

1937年2月12日，策尔纳博士辞去教会委员会职务，因为在这以前秘密警察不让他到有九名新教牧师被逮捕的吕贝克去。他抱怨说他的工作受到宗教事务部长的破坏。凯尔博士第二天在向一群顺从的教士发表的演说中做了答复。他指斥这位德高望重的策尔纳不能领会纳粹的种族、血统和土地的理论，他还清楚地显示了政府对新教教会和天主教教会的敌意。 238

> ［凯尔说］党站在积极性的基督教信仰的基础上，而积极性的基督教信仰就是民族社会主义……民族社会主义是上帝意志的实施……上帝的意志表现在德国人的血液……策尔纳博士和加伦伯爵［明斯特的天主教主教］力图向我阐明，基督教信仰就是信仰上帝的儿子基督。这使我发笑……不，基督教信仰并不依靠使徒信条……真正的基督教信仰由党来代表，德国人民现在由于党，特别是由于元首的号召而具有了真正的基督教信仰……元首是新启示的先驱。[4]

1937年7月1日，尼莫拉博士遭到了逮捕，被监禁在柏林的莫阿比特监狱里。6月27日他曾在达勒姆一向是座无虚席的教堂里向他的会众讲道，这次讲道终于成为他在第三帝国的最后一次讲道。好像他已预先感觉到将要发生的变故似的，他说：“我们和古时的使徒一样，想不到用我们自己的力量来逃避当局的权力。我们也同样不愿意在上帝要我们说话的时候，听从凡人的命令而保持沉默。因为情况是，而且必须继续是，我们必须服从上帝而不是服从人。”

他在监狱里被关了八个月，1938年3月2日，在特别法庭上受审，这种特别法庭是纳粹为了审讯犯有危害国家罪的人而设立的。虽然他的“暗中攻讦国家”的主要罪名是被开脱了，但还是因“滥用讲坛”和在他的教堂里收集捐款而被判罚款2 000马克和监禁七个月。因为他服刑已超过这个期限，所以法庭宣布把他释放，但是他在离开法庭时立即被秘密警察带走，置于“保护性看管下”，关在集中营里，先是在萨克森豪森集中营，后又在达豪集中营，在那里，他一直被关了七年，直到被盟军解放。

另外还有大约807名“认信教会”的牧师和教徒中的著名人士在1937年遭到逮捕，在以后的两年内更有数以百计的人遭到逮捕。如果说尼莫拉派的反抗没有被完全摧毁的话，它肯定是受到挫折了。至于大多数新教牧师，则像德国的差不多任何人一样，在纳粹恐怖面前屈服了。到1937年底，汉诺威很受人尊敬的马拉伦斯主教经凯尔博士劝诱，发表了一篇公开声明：“民族社会主义的生活概念，是决定和表现德国人特性的民族和政治教义。因此，德国基督徒也有义务遵守。”在像尼莫拉那样坚强的牧师看来，这个声明一定特别可耻。1938年春天，马拉伦斯主教采取了最后的步骤，命令他的主教管区内的全体牧师个个宣誓效忠于元首。在一个短时间内，极大多数新教牧师都宣了誓，这样就使他们在法律上和道义上都得服从这位独裁者的命令。

239 如果认为纳粹政权对新教徒和天主教徒的迫害使德国人民猛然惊醒，或者甚至大大地震动了他们中间的极大多数人，那就错了。事实上并没有如此。一个那么轻易放弃他们的政治、文化和经济自由的民族，除了其中比较少数的人以外，是不会不惜牺牲生命或者冒即使坐牢的危险来维护信仰自由的。1930年代真正使德国人感到震动的事情是希特勒在人民就业、造成繁荣、恢复德国军事力量、外交政策方面节节胜利这些方面的辉煌成就。很少德国人因为逮捕几千名牧师和教士，或者因为各新教教派之间的争执而睡不着觉。更少人这样仔细地想过：在受到希特勒支持的罗森贝格、鲍曼和希姆莱的领导下，如果可能的话，纳粹政权打算最后摧毁德国的基督教信仰，而代之以古代日耳曼部落神祇的老异教和纳粹极端分子的新异教。正如最接近希特勒的人之一鲍曼在1941年所公开说的一样，“民族社会主义和基督教信仰是不能调和的”。

希特勒政府为德国所规定的前途，清楚地呈现在罗森贝格在战争期间为“国家总教会”所拟定的30点纲领中。罗森贝格是一个直言不讳的异教徒，他的职务中有一个是“民族社会主义党全部文化哲学教导事务元首私人代表”。稍举这30点中的几点就足以表明其基本要旨：

1. 德国国家总教会断然宣称拥有控制国境以内全部教会的独揽权利和权力：它宣称这些教会是德意志帝国的民族性教会。

5. 国家总教会决心无可改变地根绝……在不吉的公元800年输入德国的各种异己的、外来的基督教信仰。

7. 国家总教会没有书记、牧师或教士，但是国家总教会的讲演者将在他们中间演讲。

13. 国家总教会要求立即停止在德国出版和传播《圣经》……

14. 国家总教会宣称，对它来说，因此也是对德意志民族来说，业经决定，元首的《我的奋斗》是一切文件中最伟大的。它……不仅包含了最伟大的伦理，而且体现了对我国民族目前和将来生活来说是最纯粹和最正确的伦理。

18. 国家总教会将从它的供坛上清除一切耶稣受难像、《圣经》和圣徒像。

19. 在供坛上，除了《我的奋斗》（对德国民族来说，因而也是对上帝来说，这是一本最神圣的书），不得有别的东西，在供坛左边则放一把剑。

30. 在它创立那一天，各大小教堂，必须除去基督十字架……必须代之以唯一不能征服的象征——卐字。[5] 240

文化的纳粹化

1933年5月10日晚上，也就是希特勒当总理后约四个半月，柏林发生了一幕西方世界自从中世纪末期以来未曾看到过的景象。在约莫午夜的时候，成千上万名学生举着火炬，游行到了柏林大学对面的菩提树下大街的一个广场。火炬扔在堆集在那里的大批书籍上，在烈焰焚烧中又丢了许多书进去，最后一共焚毁了大约20 000册书。在另外几个城市里也发生了同样的景象。焚书开始了。

那个晚上，由兴高采烈的学生在戈培尔博士的赞许眼光下丢入柏林烈焰中的许多书籍，都是具有世界声誉的作家的著作。在这些作家中，德国作家有托马斯·曼和亨利希·曼、利翁·孚希特万格、雅各布·瓦塞尔曼、阿诺德·茨威格和斯蒂芬·茨威格、埃里希·玛利亚·雷马克、瓦尔特·拉特瑙、阿尔伯特·爱因斯坦、阿尔弗雷德·克尔和胡戈·普罗伊斯等人。胡戈·普罗伊斯是草拟魏玛宪法的学者。但是，不仅数十位德国作家的作品遭到焚毁，许多外国作家也不能幸免，其中有：杰克·伦敦、厄普顿·辛克莱、海伦·凯勒、玛格丽特·山额、H. G. 威尔斯、哈维洛克·艾利斯、阿图尔·施尼茨勒、弗洛伊德、纪德、左拉、普鲁斯特。用一份学生宣言的话说，凡是“对我们的前途起着破坏作用的，或者打击德国思想、德国家庭和我国人民的动力的根基的”任何书籍，都得付之一炬。

新上任的宣传部长戈培尔博士从现在起将使德国文化不得越出纳粹思想的雷池一步。他在被焚的书籍化为灰烬之际向学生们讲了话：“德国人民的灵魂可以再度表现出来。在这火光下，不仅一个旧时代结束了；这火光还照亮了新时代。”

照亮德国文化纳粹新时代的，不仅有焚书的火焰和虽然没有像焚书那么有象征性却更加有效的措施，即禁止千百种书籍在书店出售或在图书馆流通，禁止许多种新书的出版，而且还有任何现代西方国家都没有经历过的那么大规模的文化管制。早在1933年9月22日，就在戈培尔博士的指导下根据法律设立了德国文化协会。它的目的，用该法律的话来说，规定如下：“为了推行德国文化政策，必须使各方面的创造性艺术家都集合在国家领导下的一个统一的组织中。不仅必须由国家决定思想方面和精神方面的发展路线，而且还必须由国家领导和组织各种专业。”

为了指导和控制文化生活的各方面，在德国文化协会下面成立了七个协会：德国美术协会、德国音乐协会、德国戏剧协会、德国文学协会、德国新闻协会、德国广播协会和德国电影协会。凡是从事这些职业的人，都必须加入有关的协会，这些协会的决定和指示具有法律效力。这些协会所
241 拥有的权力中，有一项是它们可以因“政治上不可靠”而开除或拒绝接收会员，这就意味着可以——而且事实上常常如此——不让那些对民族社会主义不太热心的人从事他们的专业或艺术，从而剥夺了他们的生计。

凡是1930年代在德国生活过的人，只要是关心这些事情的话，没有一个人能够忘记，曾经有过那么悠久的极高的文化水准的民族，它的文化水准竟发生这样令人恶心的退化。不用说，一经纳粹领袖们决定，艺术、文

学、报刊、广播和电影都必须专门为新政权的宣传目的和野蛮哲学服务，这种退化就是不可避免的。除了恩斯特·云格尔和恩斯特·维歇特的早期作品以外，没有一个还在人世的比较重要的德国作家的作品曾在纳粹当政时期出版过，差不多所有这些作家，都在托马斯·曼的带头下移居到国外。极少数留在国内的作家不是自动地就是被迫地保持缄默。每一本书或者剧本的手稿，都必须先送宣传部审查，经它认可后才能出版或者上演。

音乐的遭遇算是最好的了，只是因为音乐是各种艺术中政治性最少的艺术，而且德国人在音乐方面有着从巴赫、贝多芬、莫扎特到勃拉姆斯的极为丰富的遗产。但是，门德尔松的作品则禁止演奏，因为他是犹太人（所有犹太作曲家的作品都是被禁止的），德国的第一流现代作曲家保罗·欣德米特的音乐也是如此。大交响乐团和歌剧院中的犹太人很快就被清除出去。跟作家们不一样，德国音乐界的大多数有名人物都决定留在纳粹德国，让他们的名气和才能为新秩序增加威望。本世纪最优秀的指挥家之一威廉·富特文格勒留在了德国。他因为袒护欣德米特而在1934年有一整年失宠，但是在希特勒统治的其余年代里又恢复活跃了。理查德·施特劳斯也许是世界上还在人世的第一流作曲家了，他也留了下来，而且一度担任德国音乐协会主席，不惜以自己的声名帮助戈培尔糟蹋文化。卓越的钢琴家瓦尔特·吉泽金有很多时间在外国做演奏旅行，这些演奏是宣传部长为了提高德国“文化”在国外的声望而组织或赞许的。但是由于音乐家们没有移居国外，由于德国古典音乐具有丰富的宝藏，所以人们可以在第三帝国时期听到演奏和表演得极为出色的交响乐和歌剧。柏林交响乐团和柏林国家歌剧院是其中最为卓越的。精彩的音乐节目起了很大的作用，使人们忘掉了在纳粹统治下其他艺术的退化和很多生活方面的退化。

必须说，在戏剧方面，只要是上演古典剧，就仍然保持着很多原来的高超水平。不用说，马克斯·莱因哈特和所有其他犹太籍演出人、导演和演员一起走了。纳粹剧作家们实在蹩脚透顶，群众都不愿看他们的作品，因此这些作品的演出日子总是不长。德国戏剧协会主席是个名叫汉斯·约斯特的失败的剧作家，他曾公开大言不惭地说，凡是有人向他提到“文化” 242
这个字，他就想掏出左轮手枪来。但是，即使是有权决定该上演什么剧本、该由谁来表演和由谁来导演的约斯特和戈培尔，都无法禁止歌德、席勒和莎士比亚的作品在德国舞台上得到值得赞扬的而且常常是很感动人的演出。

说来真是奇怪，萧伯纳的有些作品竟可以在纳粹德国上演，这或许是因为他揶揄英国人和讽刺民主吧，又也许是因为纳粹党没有觉察到他的机智和左倾政治观点吧。

最奇怪的是德国伟大剧作家格哈特·霍普特曼的情况，因为他是一个热心的社会民主党人，所以德皇威廉二世时期曾禁止他的剧本在帝国的剧场里演出。在共和国时期，他是德国最受人欢迎的剧作家，而在第三帝国时期，他却仍然保持着这种地位。他的剧本继续上演。我永不会忘记他的最新剧本《教堂的女儿》第一夜演出结束时的景象，当时，霍普特曼，一个苍苍白发飘垂在黑色斗篷上的令人肃然起敬的人物，跟戈培尔博士和约斯特臂挽着臂走出戏院。他，像许多别的德国杰出人物一样，已经跟希特勒和解了。机灵的戈培尔曾就此事做了不少有效的宣传，不断向德国人民和国外提起，德国尚在人世的最伟大的剧作家，前社会民主党人和普通人的利益维护者，不仅留在了第三帝国，而且继续在写作，他的剧本也在上演。这位年迈的剧作家到底是真诚依附，还是投机，还是仅仅善变，也许可以从战后发生的情况中看出来。美国当局认为霍普特曼为纳粹服务得太周到了，因而禁止他的剧本在西柏林美管区上演。于是俄国人邀请他到柏林去，把他当作一个英雄来欢迎，并在东柏林安排了轮回演出他的剧本的盛大节日。1945年10月6日，霍普特曼向共产党控制的“德国民主复兴文化联盟”发了一个贺电，表示希望它能带来德国民族的“精神复兴”。

德国曾给世界贡献过一个杜勒和一个克拉那赫，但在近代美术方面却不是非常杰出的，虽然德国的表现主义绘画和慕尼黑建筑学院的建筑学是使人感兴趣的和有独创性的艺术运动，而且德国艺术家曾参加了20世纪以印象主义、立体主义和达达主义为代表的艺术上的一切新潮流。

尽管早期在维也纳想当艺术家而遭到了失败的希特勒自以为是一个真正的艺术家，但他认为，一切现代艺术都是退化的和无聊的。他在《我的奋斗》中曾就这个题目发过长篇大论，在他当政后首先采取的行动之一就是“清除”德国的“颓废”艺术，并企图代之以新的“日耳曼”艺术。约有6 500幅现代绘画，不仅是像柯克西卡和格罗兹这类德国画家的作品， 243
还有塞尚、梵高、高更、马蒂斯、毕加索和许多别的画家的作品，都从德国各博物馆里拿掉了。

代替它们的作品在1937年夏天进行了展览，当时希特勒在慕尼黑一个单调的拟古主义建筑物里正式主持了“德国艺术馆”的开幕。这个建筑物是他出主意设计的，他说它在建筑艺术上是“无与伦比和无法模仿的”。在纳粹艺术的这个第一次展览中，陈列了从15 000幅应征作品中选出来的900幅作品。这是本书作者在任何国家中没有看到过的最蹩脚的货色。希特勒亲自做了最后的选择。原来的评选团的主席是德国艺术协会主席阿道夫·齐格勒，他是一个平凡的画家。* 据当时跟希特勒在一起的一些党内同志说，希特勒对评选团所选的某些画极为恼火，他不但命令把这些画剔掉，而且用他的长统靴子在好几幅画上踢了一些洞。他在主持展览会开幕式的长篇讲演中说：“我早已下了决心，如果命运给予我们权力的话，[艺术鉴赏] 这类问题是不用讨论的，要做的只是做出决定。”而他的确做出了决定。

在1937年7月18日发表的讲演中，他规定了纳粹党的“德国艺术”方针：

> 凡是不能被人了解、得用大量说明才能证明它们有权利存在，并且为那些欣赏那种愚蠢的或者自以为是的无聊货色的神经病者所接受的艺术作品，将不再能公然在德意志民族面前陈列。任何人都不要存幻想！民族社会主义已着手使德意志帝国和我国人民清除所有那些危及它的生存和性格的影响……随着这个展览会的开幕，艺术上的神经错乱状态及其对我国人民在艺术上的玷污就告终了……

然而，至少还有一些德国人，特别是在德国的艺术中心慕尼黑，却宁愿受到艺术上的玷污。在这个城市的另外一个地方，在一所必须要经过狭

* 齐格勒由于画了吉莉·拉包尔的肖像而幸运地获得了这个位置。

位于慕尼黑的德国艺术馆，1934年动工，1937年开幕。

排队等候观看“退化艺术”展览会的观众。首场展览于1937年7月19日在慕尼黑开幕，展出了从德国32家博物馆没收的约650件藏品。

窄的楼梯才能走到的破败的陈列室里，有一个“退化艺术”展览会，这是戈培尔博士为了让人民看看希特勒要保护他们免受玷污的那些作品而组织的。内容是些精选的现代绘画，有柯克西卡、夏加尔和表现主义及印象主义的作品。我去参观的那一天，曾先到德国艺术馆去看了一下，因为地盘很大，走得气喘吁吁。而这个展览会的观众却拥挤不堪，等候入场的人从叽叽嘎嘎作响的楼梯一直列队排到街上。事实上，去看的人实在太多了，使戈培尔博士感到又是生气又是尴尬，于是很快就停止了展览。

对报刊、广播和电影的控制

每天早晨，柏林各日报的编辑以及德国其他地方的报纸的记者，都聚集在宣传部里，由戈培尔博士或者他的一个助手告诉他们：什么新闻该发 244
布，什么新闻要扣下，什么新闻怎么写和拟标题，什么运动该取消，什么运动要开展，当天需要什么样的社论。为了防止误解，除了口头训令外，每天还有一篇书面指示。对于小地方的报纸和期刊，则用电报或信件发出指示。

要在第三帝国当个编辑，首先得在政治上和种族上是“清白”的。1933年10月4日的《德国新闻出版法》使新闻事业成为一种受法律管理的“公共职业”。它规定，所有编辑都必须具有德国公民资格，属于雅利安血统，配偶不是犹太人。该法第十四条命令编辑们“要使报纸上不得有任何误导群众、假公济私、可能削弱德国的外在或内在力量、德国人民的共同意志、德国的国防及其文化和经济……或者有损德国的荣誉和尊严的东西”。这个命令如果在1933年以前实施，正好会取缔德国的每个纳粹党编辑和出版物。它现在却开始清除那些不是纳粹党的或者不愿成为纳粹党的报刊和记者。

最先被迫停刊的报纸之一是《福斯报》。这家报纸创办于1704年，像腓特烈大王、莱辛和拉特瑙那样有名的人物过去都曾为该报撰过稿。它已成为德国最主要的报纸，犹如伦敦的《泰晤士报》和纽约的《纽约时报》。但是，它是一家自由主义的报纸，而且所有者是由犹太人办的乌尔施坦因出版公司。它在连续发行了二百三十年后，在1934年4月1日停刊。另一家世界驰名的自由主义报纸《柏林日报》拖得稍微久一些，直到1937年才停刊，虽然它的老板犹太人汉斯·拉克曼-莫泽在1933年春季就被迫出让了他在该报中的股份。德国的第三家自由主义大报《法兰克福报》，在清除了犹太老板和编辑后继续出版。该报驻伦敦记者、亲英分子和自由主义者鲁道夫·基歇尔当了编辑，而且像保守的柏林《德意志汇报》的编辑卡尔·西勒克斯一样——他也曾当过驻伦敦记者，获过罗得奖学金，在牛津大学求过学，是个英国的热情崇拜者和自由主义者——为纳粹服务得很好，正像全国新闻发布官奥托·迪特里希一度说到以前的“反对派报纸”那样，其忠心程度，甚至常常“青出于蓝”。后面这三家报纸之所以能够幸存下去，有部分原因是德国外交部的影响。外交部要这些国际上知名的报纸照常出版，来装幌子，以便在国外造成一个好印象。它们既使纳粹德国保存体面，同时又帮它进行宣传。

由于德国的各家报纸都受到指示，知道该发表些什么东西以及如何写新闻和社论，全国报刊不可避免地会显出单调划一。即使是一个受到那么
245 严密的管制和生性习惯于服从权威的民族，也对报纸感到厌倦。甚至像晨报《人民观察家报》和晚报《进攻报》那样的主要纳粹报纸，销量也下降了。随着纳粹出版人把报纸一家又一家地置于控制下或者接管过去，所有报纸的总销售量就此一落千丈。在第三帝国的头四年中，报纸的种类由3 607种减少到2 671种。

但是，德国报刊失去自由和减少种类却使党获得了好处，至少在财务方面来说是如此。马克斯·阿曼，第一次世界大战期间在军队中曾任上士，是希特勒的顶头上司，如今是党的出版公司埃耶出版社的社长，他成了德国报刊财务方面的独裁者。他是全国报界领袖和德国新闻协会的主席，有合法的权力可以任意勒令任何出版物停刊，随后又以极便宜的价格把它收购过来。一个短时期内，埃耶出版社成了庞大的出版帝国，也许是世界上最大、最赚钱的一家出版公司。* 尽管许多纳粹出版物销量下降，但是纳粹党或者党内个人所拥有的或者控制的报纸，在第二次世界大战爆发时，占

---

* 阿曼自己的收入从1934年的10.8万马克剧增到1942年的380万马克（根据研究过这家纳粹出版公司残存记录的奥朗·J. 哈尔教授致本书作者的信）。

全部报纸销售量2 500万份中的三分之二。阿曼在纽伦堡所做的供词中叙述他经营的情况如下：

> 党于1933年当政后……许多像乌尔施坦因出版公司那样的由犹太财团或者由跟纳粹党敌对的政治或宗教财团所拥有或者控制的公司，都觉得最适当的办法只有把他们的报纸或者资产卖给埃耶公司。买卖这种产业是没有自由市场的，埃耶出版社总是唯一的投标者。在这件事情上，埃耶出版社和它所拥有或者控制的各出版公司扩展成为德国报纸出版方面的垄断事业……党在这些出版企业中的投资大获其利。说纳粹报刊纲领的基本目的是消灭一切跟党对立的报刊，这话是不错的。[6]

在1934年内有一段时期，阿曼和戈培尔都要求拼命巴结的编辑们不要把他们的报纸编得那么单调划一。阿曼说，他很遗憾，“目前报刊完全单调划一，这不是政府的措施造成的，也不符合政府的意愿”。一位鲁莽的周刊编辑，《绿色邮报》的埃姆·韦尔克，把阿曼和戈培尔的话当了真。他指责说，宣传部的官僚主义和高压手段使得报刊变得干巴巴的。他的刊物立即被勒令停刊三个月，他本人则被戈培尔撤职，送到集中营去了。 246

电台和电影也很快被利用来为纳粹政权的宣传服务。戈培尔一直认为广播（电视当时还没有问世）是现代社会的主要宣传工具。通过他的宣传部的广播司和德国广播协会，他完全控制了广播事业，使它适合自己的目的。他的任务之所以比较容易实现，是因为在德国，像在欧洲其他国家一样，广播事业是由国家所拥有和经营的垄断事业。1933年纳粹政府一上台，国家广播公司就自然落在它的手中。

电影仍在私人公司手中，但是宣传部和德国电影协会控制了这个行业的每一个方面。用一篇官方评论的话说，它们的任务是“使电影业脱出自由主义的营利思想的范围……从而使它能够接受它在民族社会主义国家里必须履行的那些任务”。

结果是德国人民受罪，只能听到、看到同他们的报纸和期刊的内容同样空虚且令人生厌的广播节目和电影。德国的观众向来是默默顺从别人告诉他们应该看些什么的，但即使是这样好说话的观众也反抗了。纳粹电影上映时门可罗雀，而经戈培尔许可在德国放映的少数外国影片（多半是B级好莱坞影片）则门庭若市。在1930年代中期有一个时期，德国影片老是遭到嘘声，以致内政部长威廉·弗里克对“电影观众的叛逆行为”发出严厉警告。广播节目也遭到了群众极不客气的批评，德国广播协会主席霍尔斯特·德莱斯勒-安德莱斯说这种吹毛求疵是“对德国文化的侮辱”，不能予以容忍。在1930年代的那些日子里，德国听众仍可收听许多外国电台的广播，而不致像战争爆发以后的时期里那样会有丧失生命的危险。或许有很多人曾收听外国广播，虽然本观察家的印象是，随着一年一年地过去，戈培尔博士证明了他的看法是对的，即广播变成了这个政权的远远超出其他一切的最有效的宣传工具，在改造德国人民、使他们适合希特勒的目标这一点上，比任何别的宣传工具都起着更大的作用。

我本人不久就有这种体会：在一个极权国家里，一个人是多么容易听信说假话的和受检查的报刊和广播啊。虽然我不像大多数德国人，我每天可以看到外国报纸，特别是出版后第二天就到达的伦敦、巴黎和苏黎世的报纸，我经常收听英国广播公司的广播和其他外国广播，但是由于职务关系，我每天必须花许多小时浏览德国报刊，收听德国广播，同纳粹官员们谈话，到党的集会上去旁听。我惊奇地而且往往是大吃一惊地发现，尽管我有很多机会知道事实真相，尽管我根本就不信任从纳粹方面来的消息，但是多年来一再听到捏造的和歪曲真相的报道，自会使人留下一种印象而常常受其迷惑。凡是没有在极权国家里住过多年的人，就不可能想象，要
247 避免一个政权的不断的、别有用心的宣传的可怕影响，有多么困难。在一个德国家庭里，或者在办公室里，或者有时候在一家饭馆里、啤酒馆里、咖啡馆里，跟一个陌生人的偶然交谈中，我常常会从看来是受过教育的和明白事理的人嘴里听到最蛮横武断的主张。显然，他们是在重复他们从广播中听到或者从报纸上看到的荒唐意见。有时候听到这种胡说八道忍不住也照样要说说自己的意见，但是在这种情况下，就会看到一种极为怀疑的眼色，一种默然震惊的神情，好像你亵渎了上帝一样，于是你就会了解到，想要跟一个头脑已经变了样的人接触，是没有用处的，因为他认为凡事就是像希特勒和戈培尔悍然不顾事实地所说的那样。

第三帝国的教育

1934年4月30日，伯恩哈德·鲁斯特被任命为科学、教育与人民文化部长。鲁斯特是冲锋队的大队长，一度担任过汉诺威党领袖，是个纳粹党员，又是希特勒自从1920年代初期以来的朋友。在民族社会主义奇怪颠倒的世界里，鲁斯特是极为适当的人选。他原是个小地方的失业教员，在1930年因有思想不稳定的表现而被共和国时代的汉诺威当局解雇。他的狂热的纳粹主义思想可能是被撤职的部分原因，因为鲁斯特博士宣传纳粹思想像戈培尔那样热心，像罗森贝格那样糊涂。在1933年2月被任命为普鲁士科学、艺术与教育部长后，他曾夸口在一夜之间“使学校不再成为一个玩弄学术的机构”。

这样一个没有脑筋的人现在获得了控制德国科学、公立学校、高等教育机构和青年组织的独裁大权，因为第三帝国的教育，按照希特勒的规定，并不限于在拥挤的课堂里进行，而且要在各级青年团体中进行斯巴达式的政治训练和军事训练。大学和理工学院里只能吸收很少数的人，因此这种教育不是顶点，顶点是在18岁时先参加强迫劳动服役，然后应征入伍在武装部队里服役。

希特勒对“教授”，对学术生活的轻视，在《我的奋斗》中已屡有流露。他在这本书里表示过他对教育的一些想法。他写道：“一个民族国家的整个教育的主要目标，绝不可以只是灌输知识，而是要造就十足强健的体魄。”但是，更重要的，他在这本书里强调过争取青年和训练青年，为 248
“一个新的民族国家”服务的重要性，这是他在成为德国的独裁者以后仍旧常常谈到的一个问题。他在1933年11月6日的讲演中说：“当一个反对者说‘我不会投向你那边的’，我就平静地说：‘你的子女已经属于我们了……你算什么？你是要死的。但是，你的后代现在站在新阵营里。在一个短时期后，他们就将不知道别的，而只知道这个新社会。’”1937年5月1日，他说：“这个新国家将不把它的青年交给任何人，而是自己管理青年，自己进行教育和抚养。”这不是空口说白话，当时实际发生的情况确实如此。

德国学校，从小学一年级直到大学，很快就纳粹化了。教科书匆忙地重新编写过，课程也改变了，《我的奋斗》被奉为——用教育工作者的机关报《德意志教育家》的话说——“我们在教育方面的绝对正确的指南星”，看不到这种新的星光的教师则被清除出去。大多数教师都是感情上或多或少纳粹化的，如果说不完全是党员的话。为了加强他们的思想，他们被送到特别的学校里去集中学习民族社会主义的原则，重点是希特勒的种族理论。

从幼儿园到大学的每一个担任教职的人，都必须加入民族社会主义教师协会，这个协会根据法律有“责任按照民族社会主义的理论对全体教师实行思想上和政治上的一体化”。1937年的《公务员法案》规定，教师必须是“党所支持的国家的意志的执行者”，并且准备“随时无保留地保卫民族社会主义国家”。早些时的一项法令已把他们列为公务员，从而受到种族法律的支配。犹太人不用说是禁止任教的。所有教师都宣誓“效忠和服从阿道夫·希特勒”。后来，凡是没有在冲锋队、劳动服役队或者希特勒青年团服务过的人都不能教书了。要想在大学里任教，必须先在观察营里待六个星期，在那里，他们的见解和性格由纳粹专家加以研究并报告给教育部，教育部根据申请者的政治“可靠性”发给教书凭证。

在1933年以前，德国公立学校是由地方当局管辖的，大学则由所属各邦管辖。现在所有学校都置于全国教育部长的铁腕管辖下。大学里的校长和院长统统由他来任命，而以前是由全体教授选举的。他还任命全体大学生都必须加入的大学生联合会的领导人员，以及任命全体讲师都参加的讲师联合会的领导人员。在老练的纳粹分子严密控制下的民族社会主义大学讲师联合会，在选择由谁来任教和务使所教的内容符合纳粹理论方面起着决定性作用。

249 如此纳粹化的结果，对德国教育和德国学术极其不利；在新的教科书里，在教师们的讲课中，都对历史大加歪曲，甚至到了荒唐可笑的程度。把德国人捧成主宰种族、把犹太人说成是世界上万恶之源的“种族学”的讲授，则尤其如此。单是在有过许多伟大学者任教的柏林大学，一个兽医出身的冲锋队员新校长就在种族学方面开设了25种新课程，到他真把柏林大学搞得乌烟瘴气的时候，他竟开设了86项与兽医有关的课程。

德国多少年代以来一直非常杰出的自然科学的教学也迅速地退化了。

如像物理学方面的爱因斯坦和弗兰克，化学方面的哈贝尔、维尔施泰特和瓦尔堡这样卓越的教授，都解职了或者退休了。还在任教的人中，有许多则被纳粹的邪道所腐蚀，企图把这种邪道也运用到纯粹的科学上去。他们开始讲授他们所谓的**德国**物理学、**德国**化学、**德国**数学。1937年还出现了一种名为《德意志数学》的刊物，它的第一篇社论就一本正经地宣称，凡认为数学是没有种族性的任何想法，其“本身”就包含着“毁灭德国科学的胚种”。

这些纳粹科学家的妄幻之深，即使在外行看来也是难以相信的。海德堡大学教授菲利普·莱纳德是第三帝国较有学识、在国际上受到尊重的科学家之一，他曾问道：“德国物理学？有人会回答说：‘但是，科学现在是而且永远是国际性的。’这是不对的。实际上，科学像别的每一项人类所创造的东西一样，是具有种族性的和以血统为条件的。”德累斯顿物理研究所所长鲁道夫·托马希克则更为荒唐。他写道：“现代物理学是［世界］犹太民族用来毁灭北欧科学的一种工具……纯正的物理学是德国精神的产物……事实上，整个欧洲的科学是雅利安民族的成果，或者说得更确切一些，是德国思想的成果。”德国国家物理科学研究所所长约翰内斯·施塔克教授也认为如此。他说，不难发现，“物理学研究的奠基者们，从伽利略到牛顿的伟大发明家一直到我们时代的物理学前驱们，差不多都是雅利安人，其中主要是属于北欧种族”。

还有亚琛技术学院的威廉·米勒教授，他在一本名为《犹太人和科学》的书里认为，存在着一个要玷污科学从而毁灭文明的遍及全世界的犹太人阴谋。在他看来，发明相对论的爱因斯坦是头号恶棍。现代物理学有很大部分是以爱因斯坦的理论作为基础的，但这个理论却被这个奇怪的纳粹教授认为是，“从头到尾都是旨在改变由大地产生的、鲜血结合的生命体的现实世界——就是非犹太世界，把它变成光谱式的抽象东西，一切人种和民族的差别，一切种族的内在限度，都在非现实中丧失了；只有一种几何学次元的非实体的多样性还存在着，由于它的不敬神却服从法则的强制力而产生一切事物”。米勒教授说，全世界在爱因斯坦出版相对论时对他的赞 250
扬，实际上只是对“犹太人统治世界局面的来临、迫使德国人无可挽回地、永远地沦为无生气的奴隶地位”表示高兴。

柏林大学的路德维希·皮勃贝克教授认为，爱因斯坦是“一个外来的江湖术士”。甚至莱纳德教授也认为，“这个犹太人显然不了解真理……在这方面，他同仔细而认真地追求真理的雅利安科学研究者成了鲜明对照……因此，犹太物理学是一种幻觉，是德国基本物理学的一种退化现象”。[7]

然而，从1905年到1931年，有十位德国犹太人因为对科学有贡献而获得了诺贝尔奖。

在第二帝国时期，大学教授们，像新教牧师们一样，曾盲目地支持保守政府和它的扩张主义目标。讲堂成了培养有毒的民族主义和反犹主义的温床。魏玛共和国曾坚持学术要有完全的自由，这种情况带来的一个结果是，极大多数大学教师由于反自由主义、反民主、反犹而帮忙破坏了这个民主政体。大多数教授是狂热的民族主义者，他们希望德国保守的君主政体复辟。虽然其中许多人在1933年以前还认为纳粹过于嚣张残暴，因而不愿归顺，但是他们的宣教却为纳粹主义的到来准备了条件。到1932年的时候，大部分学生看来都醉心于希特勒了。

有些人觉得奇怪，怎么会有那么多的大学教师在1933年后对高等教育的纳粹化表示了顺从。虽然按官方数字，在这个政权的头五年中被解雇的教授和讲师有2 800人，约占全部人数的四分之一；但是，由于反对民族社会主义而失去职位的教师的比例，却如1933年被马尔堡大学解雇的威廉·勒普克教授所说的，“非常之小”。虽然人数不多，其中却有德国学术界的知名人士：卡尔·雅斯贝尔斯、E. I. 贡贝尔、特奥多尔·利特、卡尔·巴特、尤利乌斯·埃宾豪斯等十余人。其中大多数人都移居国外了，先是到瑞士、荷兰和英国，最后到了美国。其中有一人，即逃到捷克斯洛伐克的特奥多尔·莱辛教授，遭到了纳粹暴徒的盯梢，于1933年8月31日在马林巴德被杀害。

然而，极大多数教授仍然留任，而且早在1933年秋天，就有其中的大约960人，在外科医生绍尔布鲁赫教授、存在主义哲学家海德格尔和艺术史学家平德尔这种名人的带头下，公开宣誓支持希特勒和民族社会主义政权。

勒普克教授后来写道：“这是一幕使德国学术界的光荣历史蒙受污辱的
出卖灵魂的景象。”[8] 尤利乌斯·埃宾豪斯教授在1945年不堪回首地说：“德
国各大学在还来得及的时候没有能够以它们的全力来公开反对摧毁学术和 251
民主的国家。它们没有能够使自由和正义的烽火在暴政的黑夜里燃烧。”[9]

这种错误的代价是巨大的。在经过了六年的纳粹化以后，大学生的数目减少了一半以上，从127 920人减少到58 325人。为德国培养科学家和工程师的各理工学院的入学人数减少得更多，从20 474人减少到9 554人。学术水平大为下降。到1937年时，不仅科学和工程界缺乏青年，他们的水平也下降了。远在战争爆发以前很久，正在起劲地帮助纳粹重整军备的化学工业，就曾通过它的喉舌《化学工业》抱怨说，德国正在丧失它在化学方面的领先地位。它抱怨说，不仅国民经济，而且国防本身也在受到危害，它还认为青年科学家人数的不足和才能的平庸是由于各理工学院质量的低下所造成的。

后来的结果表明，纳粹德国的损失，对自由世界来说是有益的，特别是在制造第一颗原子弹的竞赛上。以希姆莱为首的纳粹领袖们的活动怎样起了妨碍原子能计划的作用的故事，因为经过太长，牵涉太广，本书只好割爱了。美国能够发明原子弹，多亏两个由于种族关系而被纳粹独裁政权和法西斯独裁政权驱逐出来的人：来自德国的爱因斯坦和来自意大利的费米，这真是命运的嘲弄！

在阿道夫·希特勒看来，他想用来教育德国青年，以便他们为他心中的打算服务的，不是他自己早年就退学的公立学校，而是希特勒青年团的各种组织。在纳粹党夺取政权的时期，希特勒青年团运动还没有完全开展。在1932年，就是共和国的最后一年，加入希特勒青年团的全部人数还只有107 956人，而属于德国青年团体全国委员会领导下面的各种组织的青年则有1 000万人左右。当时世界上没有一个国家曾有过像共和制德国那样生气勃勃和人数众多的青年运动。希特勒意识到了这一点，决心把它接管过去而加以纳粹化。

他在这种工作方面的主要代理人是巴尔杜尔·冯·席拉赫，他是一个智力平庸然而干劲却很大的漂亮的青年人。他因倾心于希特勒而在1925年

18岁时加入了纳粹党，在1931年被任命为纳粹党的青年工作领袖。褐衫队员大多面目狰狞，气焰嚣张，而他却奇怪地看上去像个稚气未脱的美国大学生，这或许是因为，我们前面已谈到，他有美国祖先的缘故（包括两个《独立宣言》签名人）。[10]

席拉赫在1933年6月被任命为“德意志帝国青年领袖”。他仿效年纪
252 比他大的党领袖们的策略，第一个行动就是派遣50名强健的希特勒青年团人员带着武器去占领德国青年团体全国委员会的总办事处，委员会负责人、普鲁士老军人福格特将军被赶了出去。席拉赫随后去攻击青年团体全国委员会主席冯·特罗塔海军上将，后者是德国最有名的海军英雄之一，曾在第一次世界大战时任远洋舰队参谋长。这位德高望重的海军将领也被轰跑了，他的职务被取消，组织被解散。价值几百万美元的财产，主要是在德国各地的几百所青年宿舍，统统被接收。

1933年7月20日同教廷签订的契约，曾特别规定天主教青年联盟不受任何干扰，可以继续存在下去。1936年12月1日，希特勒却公布了一项法令，取缔天主教青年联盟和其他一切非纳粹党的青年组织。

> ……全国所有德国青年统统组织在希特勒青年团的范围内。
>
> 德国青年，除了受到家庭和学校的教育外，还必须……通过希特勒青年团受到民族社会主义精神的体、智、德三方面的教育。[11]

席拉赫的职务原来是隶属于教育部的，现在规定为直接对希特勒负责。

这个写伤感诗来歌颂希特勒（“这位与星星并列的天才”）、效法罗森贝格那样奇怪地信奉异教、效法施特莱彻那样恶毒地反犹的29岁的不成熟青年，成了第三帝国青年中的独裁者。

从6岁到18岁（开始被征参加劳动服役队和军队以前）的青少年，不论男女都被组织在希特勒青年团的各种组织中。父母若不让他们的子女参加这种组织，就要判很重的徒刑，虽然在某些情况下，他们只是反对让他们的女儿参加某些组织的活动，因为珠胎暗结的现象已经到了丑声四播的程度。

从6岁到10岁，男孩子参加青年团当学龄团员，所谓学龄团员就是希

1930年，希特勒会见纳粹青年团成员。

特勒青年团的见习期。每个少年发给一本表现记录簿，其中记录他在整个纳粹青年运动中的进步情况，包括他的思想发展状态。满10岁后，在通过了体育、野营和纳粹化历史方面的适当测验后，升入“少年团”，宣誓如下：

> 在代表我们元首的这面血旗前，我宣誓把我的全部精力和力量贡献给我国的救星阿道夫·希特勒。我愿意而且时刻准备着为他献出我的生命，愿上帝帮助我。

到14岁，男孩子就正式参加希特勒青年团，一直到18岁，然后参加劳动服役队和军队。青年团是一个根据同冲锋队相似的准军事方式组织起来 253
的庞大组织。在这个组织里，行将成人的青年们不仅受到野营、体育和纳粹思想方面的系统训练，甚至还有当兵的系统训练。有许多个周末，本书作者在柏林郊外的野餐曾为希特勒青年团团员们所打断，他们举着枪，背着沉重的行军背囊，吃力地穿过密林或者爬过灌木丛生的荒地。

有时候女青年也要受当兵的训练，因为希特勒青年运动并没有放过姑娘们。从10岁到14岁，德国女孩子加入“少女队”。她们也有制服，白衬衫、蓝裙子、短袜和极不女性化的沉重军靴。她们的训练跟同样年龄的男孩子的训练差不多，包括周末背着沉重背包的长途行军以及关于纳粹哲学的照例灌输。不过重点是放在妇女在第三帝国的作用上，就是首先要当健康子女的健康母亲。在少女们到了14岁成为德国少女联盟成员后，这种作用强调得更为厉害。

在18岁的时候，德国少女联盟成员（她们保持这个资格直到21岁）要到农村中去服役一年，这是她们所谓的下乡年，同青年男子的劳动服役相当。她们的任务是帮助农民料理家务和在地里劳动。姑娘们有时候住在农民家里，不过常常是在乡村地区的小营房里，每天一早由卡车把她们从那里送到地里去。道德问题就马上产生了。美丽的城市少女的光临，常常破坏农民家庭，而父母们诉说他们的女儿在乡下暗结珠胎的怨言也开始为人听到。但这还不是唯一的问题。通常姑娘们的营房就坐落在小伙子们的劳动服役队营房的附近。这种情况似乎也是造成许多姑娘怀孕的原因。有一句打油诗在德国传开了，它是模仿劳工阵线的“通过欢乐获得力量”运动的打油诗，但特别适用于女青年们的下乡年：

在田野里和在荒地上，
我通过欢乐失去了力量。

在姑娘们的家务年里也发生同样的道德问题，在这期间约有50万希特勒青年团的姑娘们在城市的家庭里进行一年的家务服役。实际上，较为真诚的纳粹党人并不认为这些是道德问题。我曾不止一次地听到德国少女联盟的女性领导人——她们总是不怎么标致，而且常是没有结婚的——给她们的青年徒众讲话，教谕为希特勒德国生儿育女的道义和爱国责任，如果可能的话，在结婚以后生育，如果必要的话，没有结婚也不要紧。

到1938年年底，希特勒青年团已有团员7 728 259人。虽然这个数目已
254 经异常庞大，但是显然还有差不多400万青年规避了这种组织。1939年3月，政府发布了一项法令，按照青年被征入伍的同样方式强征全部青年加

入希特勒青年团。不听话的父母受到警告：除非让他们的子女参加，否则将把他们的子女夺走，安置在孤儿院或其他收养所里。

在第三帝国，对教育制度进行最后彻底破坏的，是设立了三种训练优秀分子的学校。一种是在希特勒青年团指导下的阿道夫·希特勒学校，另外两种是在党主办下的全国政治教育学院和骑士团城堡。阿道夫·希特勒学校从少年团选拔最有前途的12岁的少年，授予他们六年关于在党内和在公共服务方面做领导工作的集中训练。学生都住在校内，受着斯巴达式的训练，在毕业后就可升入大学。1937年以后共设立了十所这样的学校，主要的一所是设在不伦瑞克的“预科学校”。

政治教育学院的目的是恢复以前老普鲁士军事学院的那种教育，据一篇官方评论说，这种教育培养“军人精神和它的勇敢、责任感和简朴的特性”。此外，还有关于纳粹理论的特别训练。这些学校是在党卫军监督下的，由党卫军提供校长和大部分教员。在1933年设立了三所这样的学校，到战争爆发时已增加到三十一所，其中三所是训练妇女的。

在这个金字塔的顶端，是所谓的骑士团城堡。在这些具有14—15世纪条顿骑士团城堡气氛的训练所里，是训练纳粹党精华中的精华的。条顿骑士团所依据的原则是绝对服从骑士团团长，并致力于使德国征服东方的斯拉夫人国家和奴役当地人民。纳粹骑士团城堡有着同样的训练和目的。只有最狂热的年轻的民族社会主义党人才能膺选，他们通常是从阿道夫·希特勒学校和政治教育学院的第一流毕业生中挑选出来的。一共有四个城堡，学生要逐一到各个城堡去受训。六年中的第一年，是在一个专门讲授“种族学”和其他纳粹思想的城堡里受训。重点是在智力训练和纪律方面，体力训练居次。第二年又进一个城堡，那里的情况正好相反，重点在于体育和运动，包括爬山和跳降落伞。在第三个城堡中，学生要待一年半，受政治和军事训练。最后，他被送往位于波兰边界附近东普鲁士的马林堡的骑士团城堡，以一年半的时间度过他的教育的第四个也就是最后一个阶段。在那里，在五个世纪前曾经是条顿骑士团要塞的城堡的围墙里，他的政治和军事训练集中在东方问题以及德国在不断寻求生存空间的过程中扩展入 255
斯拉夫国家的需要（和权利！）上。结果证明，而且无疑其原来的目的便是证明，这是1939年和以后的事件的一个极完善的准备工作。

青年们就是这样接受着如何在第三帝国生活、工作和死亡的训练。虽然他们的头脑被蓄意加以毒化，他们的正规学业被打断，而且由于这种训练，他们的天伦之乐也大体上被取消了，但是男女孩子们、男女青年们却似乎非常快乐，对于过一个希特勒青年团团员的生活充满了热情。而且把各个阶级和各种行业出身的孩子们集合在一起，使来自贫家和富室，来自工人家庭、农民家庭、商人家庭或贵族家庭的子女们分担着共同的任务，这种做法本身也无疑是好的和健全的。在大多数情况中，一个城市出身的男孩子或女孩子进行六个月的强迫劳动服役，住在户外，学习体力劳动的价值，跟那些不同出身的男女孩子们相处，对他们是没有害处的。凡是那个时候曾在德国各地旅行过，跟住在营房里的青年们谈过话，看到过他们工作、玩耍和歌唱的人，都不能不觉得，不论这种教育多么阴险，但这的确是一种非常生气蓬勃的青年运动。

第三帝国的青年成长起来后将有强健的体魄，对他们的国家和自己充满信心，还要有一种不分阶级和没有经济与社会隔阂的友谊和同志爱。我后来在1940年5月间，在亚琛和布鲁塞尔之间的公路上看到德国士兵和第一批英国战俘之间的鲜明对照时又想起了这一点，前者肤色黝黑，姿势挺拔，饱晒阳光，营养充足，后者则胸部凹陷，肩膀斜垂，面色苍白，牙齿败坏。这可悲地说明了，英国在两次世界大战之间的时期里不负责任地忽视了青年的一代。

第三帝国的农民

当希特勒在1933年当政的时候，德国农民，像大多数国家的农民一样，正陷于绝境之中。据《法兰克福报》上一个作者说，他们的处境比为祸甚烈的1524—1525年农民战争蹂躏德国土地以来的任何时候都要坏。1932—1933年度的农业收入降到了新的低点，比战后最坏的1924—1925年度还要少10亿马克。农民们所负的债务达到120亿马克，差不多全部是在近八年中拖欠的。这些债务的利息约占全部农业收入的14%，此外还有相当沉重的赋税和对各种社会服务的捐款负担。

希特勒在当政伊始警告说:“我的党员同志们，你们要明白一件事情:德国农民只有一个机会，也是最后一个机会了。”1933年10月，他说:“德国农民的毁灭就将是德国人民的毁灭。” 256

多年来，纳粹党一直在为取得农民的支持下功夫。“不可变更”的党纲第十七条向他们提出的诺言是，将进行“土地改革……颁布无偿没收土地用于公共目的的法律；取消农业贷款的利息，防止一切土地方面的投机”。像这个纲领的其他大部分项目一样，向农民提出的这些诺言也没有兑现，只有最后一点防止土地投机除外。1938年，纳粹统治了五年之后，土地分配仍然比西方任何国家还要不均衡。在那一年的官方《统计年鉴》中公布的数字表明，250万户最小农户所有的全部土地，比为数只占1%的最大农户的土地还要少。纳粹独裁政权，像共和国的历届社会民主党-资产阶级政府一样，不敢去分坐落在易北河以东的容克地主们的庞大的封建庄园。

虽然如此，纳粹政权却的确开始实行过一个全面的新农业计划，辅之以很多大谈其“血统和土地”以及农民是社会中坚和第三帝国的主要希望的动听宣传。为了实现这个新计划，希特勒任命了瓦尔特·达里来负责。达里是纳粹党里为数极少的那些虽然信奉大部分纳粹神话却对本行极为精通的领袖之一。他是一个受过相当专业训练的杰出的农业专家，曾在普鲁士农业部和全国政府农业部里工作过。他两次都因跟上级不合而被迫离职，在1929年退隐到他在莱茵兰的家里，写了一本名为《农民是北欧人种生命的源泉》的书，这样一个书名是必然会引起纳粹党人的注意的。鲁道夫·赫斯把达里引见给希特勒，后者对他产生了很好的印象，就委托他为党拟定一个适当的农业计划。

胡根贝格在1933年6月去职后，达里就当了粮食与农业部长。到了9月，他已把他的改造德国农业的计划准备就绪。在那一个月里，颁布了两项基本法律，把整个生产和销售的结构重新组织过，目的是为了确保农民获得较高的价格，同时使德国农民处于一种新的地位——说来矛盾，办法是使他们重新处于一种非常古老的地位：像封建时代一样，土地是限定继承的，农民和每代的继承者被迫永久附属于他们的那一片土地（如果他们是雅利安德国人的话）。

1933年9月29日的《农场继承法》，是一种把农民推回到中古时期去而又保护他们在现代货币时代不受欺弄的混合物。凡是占地308英亩（合125公顷）、足以使一个家庭衣食温饱的田地，一概被宣称为受到古代的限定继承法约束的世袭地产。它们不得出售、分割、抵押或者因债务无力清偿而没收。在所有人死后，它们必须按当地的习惯传给长子或者幼子，或者传
257 给最近的男性亲属。继承人有义务照顾兄弟姊妹们的生活和教育，直到他们成年。只有能够证明他的血液的纯洁性可以一直回溯到1800年的雅利安德国人，才能拥有这样一片田地。这项法律规定，只有这样的人才能获得农民的“光荣称号”。如果他违反“农民惯例”，或者因为没有能力或其他原因而不再积极耕作的时候，他就丧失了这个称号。这样，负债累累的德国农民在第三帝国的开始时期得以不致因债务无力清偿而丧失土地，或者眼看着他的土地逐渐减少（因为没有必要出卖部分土地来偿债），但是在同时，他就像封建时代的农奴那样不可改变地被限定在这块田地上。

他的生活和工作的每一个方面，都受到德国粮食局的严格管理。这是达里根据1933年9月13日的一项法律而设立的一个庞大的组织，对农业生产、销售和加工处理的每一个可以想得到的方面都有权管理。达里以全国农民工作领袖的资格亲自担任这个组织的领导。这个组织的主要目的有两个：使农民获得稳定而有利的价格和使德国粮食自足。

它取得了多大的成功？农民很久以来一直觉得自己在一个似乎只以企业界和劳工界的利益为怀的国家里被忽视了，如今一旦发现受到很大的注意并被称为民族英雄和光荣公民，在开始的时候当然是感到得意的。达里又任意把农产品价格定在一个有利可图的水准上，而使农民得到较前为高的收入，这就使他们更加高兴了。在纳粹统治的头两年中，农产品批发价格上涨了20%（蔬菜、乳制品和牲畜涨得还要多一些），但是这种好处由于农民必需购买的东西的价格，尤其是机械和肥料的价格的同样上涨而抵消了一部分。

至于粮食自足，这是纳粹领袖认为必要的事情，因为他们已经在策划战争，这在下文将要谈到。但是这个目标永远没有达到，而且把德国这样的土地质量和数量跟它的人口联系起来看，这也是永远不可能达到的，尽管纳粹在大肆宣传“生产战斗”方面尽了一切努力，这个国家所能做到的，充其量是达到83%的自足。只是在征服了外国领土后，德国人才有足够的

粮食来使他们能够在第二次世界大战期间支撑得那么久。

第三帝国的经济

希特勒在头几年中之所以能获得成功，其基础不仅在于他在外交方面的许多不流血征服的胜利，而且在于德国的经济恢复。这种经济恢复，党内人士甚至某些国外经济学家都称之为奇迹，而且在很多人看来，也确乎是个奇迹。失业是1920年代和1930年代初期的一个令人头痛的问题，现在已缓和了，1932年失业人数达600万人，四年以后已减少到100万人不到。国民生产从1932年到1937年增长了102%，国民收入则增加了一倍。在一 258
个观察家看来，德国在1930年代中期的忙碌景象很像一所庞大的蜂房。工业的机轮发出来的声音隆隆不绝，每个人都忙碌得像只蜜蜂似的。

纳粹的经济政策多半是由沙赫特博士决定的，因为希特勒讨厌经济学，而且对此几乎一窍不通。纳粹经济政策在头一年在很大程度上致力于大事扩充公共工程和刺激私人企业，以此来使失业人员就业。政府的经费由发行特别的失业证券来提供，对筹集资本和增雇人员的企业则慷慨地减免它们的赋税。

但是德国的复兴的真正基础是重整军备，纳粹政权从1934年起就使企业界和劳工界，还有将军们的精力都用在这个目标上。纳粹的词汇中开始称德国的整个经济为“战争经济”，这种战争经济经过处心积虑的筹划，不仅在战时，而且在战前的一段和平时期，也能有效用。鲁登道夫将军1935年在德国出版了一本名为《总体战》的著作，这个书名在英文中被误译为“在作战中的国家”。他在这部著作里强调说，有必要在跟其他一切方面同样的极权基础上动员国家的经济，以便恰当地准备总体战。这种主张在德国人中间不是全新的东西，因为在18世纪和19世纪的普鲁士，我们已经谈到过，政府全部收入的大约七分之五都是用在军队上的，而且那个国家的整个经济一向被认为主要是实现军事政策而不是实现人民福利的一种工具。

现在就是由纳粹政权来把“战争经济”适用于1930年代了。其结果正如军事经济参谋部长官格奥尔格·托马斯少将所总结的：“一个国家，像德国在两次世界大战之间被迫那么做的那样，即使在和平时期也已有意识地和有步骤地把它的全部经济力量都用来准备适应战争的需要，在历史上很少有这样的情况。”[12]

德国，不用说，并不是“被迫”在这样一种规模上准备战争的，这是希特勒有意识地做出的决定。在1935年5月21日的秘密的《国防法》中，他委任沙赫特为负责战争经济的全权总代表，命令他“在和平时期就开始进行他的工作”，赋予他“指导经济备战工作”的权力。这位举世无双的沙赫特博士没有等到1935年春天就开始建立德国的战争经济了。1934年9月30日，他出任经济部长后不到两个月，便向元首提出了一个《到1934年9月30日为止的战争经济动员工作情况报告》。他在这个报告中得意地强调说，他的部“已负责从事经济备战工作”。1935年5月3日，他被任命为负
259 责战争经济的全权总代表以前四个星期，他向希特勒交了一个个人的条呈，开头的话是：“迅速而充分地实现军备计划，是德国政治的**唯**一问题［着重体是他自己用的］；因此其他一切都应当从属于这一目标……”沙赫特向希特勒解释，因为“重整军备在1935年3月16日［这是希特勒宣布征兵36个师的日子］以前不得不完全伪装起来，所以必须使用印钞机”来支付开始阶段的费用。他还颇为高兴地指出，从国家的敌人（大部分是犹太人）没收来的款项以及从冻结的外国账户所取得的其他款项，对购买希特勒的枪炮很有帮助。他得意地说：“这样，我们的军备有一部分是用我们的政治敌人的钱来支付的。”[13]

虽然他在纽伦堡受审时矢口否认他曾参加纳粹发动侵略战争的阴谋，他自称他所做的正好相反，然而事实仍然是，对希特勒在1939年发动的战争，没有一个人像沙赫特那样在德国经济准备方面尽了那么多的责任。这是军方所直爽地承认的。在沙赫特的60寿辰，1937年1月22日一期的军方刊物《军事周报》称颂他是“使得国防军的重建工作在经济上成为可能的人”。它又说：“多亏沙赫特的手腕和巨大能力，国防军才得以不顾一切货币上的困难而从原来的10万人发展到目前的兵力。”

为了使第三帝国在进行战争方面做好准备，沙赫特把他的得到世所公认的金融奇才的浑身解数都施展了出来。印钞票只是他的绝招之一。他操纵通货的神通之广大竟到了这样的程度：据外国经济学家的估计，有一个时期德国的货币竟有237种不同的价值。他同几十个国家谈判了（对德国）

惊人有利的物物交易，而且使正统经济学家感到惊奇的是，他竟用事实表明：你欠一个国家的钱愈多，你同它做的生意也就愈多。他为一个没有什么流动资金和几乎没有财政准备金的国家创造信用的本领真是一种天才的杰作，或者像某些人所说的，是一个操纵圣手的杰作。他发明的所谓“米福”（Mefo）票就是一个极好的例子。“米福”票是国家银行所发行的票据，由国家予以保证，用来支付军火制造商。这种票据，德国各银行都接受，最后由国家银行予以贴现。因为它们既不出现在这个国家银行的公开报告里，又不出现在政府的预算里，所以对德国重整军备的程度起了保守秘密的作用。从1935年到1938年，它们专门用来支付重整军备的费用，共发行了120亿马克。财政部长什未林·冯·克罗西克伯爵却感到发愁，他有一次向希特勒解释说，这只不过是一种“印刷钞票”的办法而已。[14]

在1936年9月，戈林代替了沙赫特成为经济独裁者，虽然他对经济几 260
乎像希特勒一样无知。在他的铁腕下，开始实行四年计划，德国转入了总体战争经济。这个计划的目的是要使德国在四年后能自给自足，这样战时的封锁就不会使它窒息，进口减到最低限度，对物价和工资实行了严格的管制，红利限定不得超出6%，设立了巨大的工厂，制造人造橡胶、人造织物、人造燃料和由德国自己的原料制成的其他产品，并且建立了一个庞大的赫尔曼·戈林工厂，从本国的低级铁矿砂中炼出钢来。总之，德国的经济为战争而动员起来，企业家们虽然利润激增，却变成了战争机器中的齿轮，他们的工作受到了许多限制，需要填写大量表单，以致在1937年继任沙赫特为经济部长和在1939年又继任沙赫特为国家银行总裁的冯克博士不得不悲哀地承认，“同官方的通信，现在占了一个德国制造商的全部商业通信的一半以上”;“德国的出口贸易每天有4万笔交易，然而每一笔交易要填写多到40种不同的表单”。

工商业家原来非常热情地欢迎希特勒政权，他们以为它会摧毁有组织的劳工，让企业家经营无拘无束的自由企业，现在却因为被多如山积的表单文件压得透不过气来，政府又规定他们产品的种类、数量和价格，不断增加的赋税又负担很重，外加受到永远没有完的对党的巨额“特别捐献”的剥削，所以变得大为失望了。弗里茨·蒂森就是这种感到失望的企业家之一，他原是最早、对党做过数额最大的捐献的人之一。他在战争爆发时逃出了德国，承认“纳粹政权毁了德国工业”。他向在国外碰到的所有人都说：“我当时真是个笨蛋！”[15]

然而，在开始的时候，企业家们自欺欺人地相信纳粹的统治能满足他们的全部希望。固然，“不可变更”的党的纲领中的一些诺言，在他们看来是种不吉之兆：把托拉斯国有化，在批发贸易中分享利润，“把百货商店收归公有，并以低价租给小商人”（第十六条条文），实行土地改革和取消抵押品的利息。但是企业界和金融界人士很快就发现，希特勒毫无一点履行党纲中任何一条经济诺言的意思，提出这些激进的诺言只是为了骗取选票而已。在1933年的头几个月，纳粹党里有少数激进分子试图控制企业协会，接管百货商店，建立一种跟墨索里尼企图建立的相仿佛的劳资协作国家。但是，希特勒很快就把他们赶走，而代之以保守的企业家。希特勒早期在经济问题方面的导师、想要取消“利息奴役”的怪人戈特弗里德·费德尔获得了一个经济部次长的职位，但是他的上司、一生靠贷款收息的保险业巨头卡尔·施密特博士不给他具体工作做，而在沙赫特继任经济部长
261 后，就把费德尔免职了。

小商人们曾经是党的主要支持者，期望希特勒总理会给他们很大好处，他们很快就发现，他们中的许多人都完蛋了，被迫沦为靠工资为生者。1937年10月颁布的法律干脆解散了一切资本4万元以下的公司，并禁止设立资本不满20万元的新公司。这很快就干掉了全部小企业的五分之一。另一方面，甚至在共和国时期就得宠的大卡特尔，得到了纳粹党的进一步加强。事实上，根据1933年7月15日的一项法律，成立卡特尔成了强制性的事了。经济部受权组织新的强制性卡特尔，或者命令各公司加入现有的卡特尔。

在共和国时期组织起来的多数企业和贸易协会的这种系统，纳粹党依然保持着，虽然根据1934年2月27日的根本法，它们在简化的领导原则下重新组织过，而且置于国家的控制之下。各厂商都必须加入为会员。在一个杂得令人难以相信的结构的顶上，是德国经济协会，它的领导者是由国家任命的。它控制着7个全国性经济团体、23个经济协会、100个工商协会和70个手工业协会。在这个迷宫似的组织、经济部和四年计划的大量办公室和机构以及无穷无尽的数以千计的命令和法律中间，即使是最机灵的

企业家也常常会被弄得晕头转向，如果他们要使一家公司的业务能够开展，他们必须雇请特别律师。为了打通路子接近那些有权做出决定的负责官员，或者要在政府和贸易协会的无数规则和条例中钻空子，贿赂贪污的现象就产生了，为数之大在1930年代末期已达到天文数字的水平。一个企业家对本书作者说，这是“一种经济上的必需”。

然而，企业家们虽然不能过清静日子，利润却很大。重整军备的主要受益者重工业的利润，从兴旺年份1926年的2%增加到最后一个和平年份1938年的6.5%。即使法律限制红利不得超过6%，对公司也没有什么妨碍。正好相反。在理论上，按照法律，凡是超过这个比例的数额就得投资在政府公债上——根本没有想到要没收，实际上，大多数公司都把未分配的利润再度投资在它们自己的企业上，这种未分配的利润从1932年的1.75亿马克增加到1938年的50亿马克，而这一年在各储蓄银行里的全部存款只有20亿马克，还不及未分配的利润的一半，这一年以红利方式经过分配的利润，总数也只有12亿马克。除了巨额利润外，企业家对希特勒使工人们安分守己也感到高兴。不再有不合理的工资要求了。但实际上，生活费用上涨了25%，工资还减少了一点。尤其是，没有损失浩大的罢工了，其实，任何罢工都根本没有了。这种不听话的表现在第三帝国是被禁止的。 262

劳工的农奴状态

在第三帝国中，德国工人被剥夺了工会、集体谈判和罢工权利，变成了一种工业农奴，差不多就像中古时期农民依附于领主一样依附于他的雇主。所谓的劳工阵线在理论上代替了过去的工会，但是它并不代表工人。按照1934年10月24日创立劳工阵线的法律，劳工阵线是“有智力和体力的创造性德国人的组织”。它吸收的不仅是工薪生活者，还有雇主和专业工作者。它实际上是一个庞大的宣传组织，而且如某些工人所说的，是一个大骗局。它的目的，正如该法律自己说的，不是保护工人，而是“创立一个由全体德国人组成的真正社会性和生产性的共同体。它的任务是务使每一个人都应该能够……完成最大限度的工作”。劳工阵线不是一个独立的行政组织，而是像纳粹德国除军队以外的差不多每个其他团体一样，是纳粹党的一个整体部分，或者，如它的领导者莱伊博士——那个“说话结结巴巴的醉鬼”（蒂森语）——所说，是“党的一个工具”。的确，10月24日的法律规定，它的工作人员应当来自党的队伍、前纳粹党工会、冲锋队和党卫军，而他们果真都是这样的人。

在这以前，1934年1月20日颁布以“劳工宪章”著称的《全国劳工管理法》，已使工人不得轻举妄动而把雇主提高到过去那种具有绝对权力的主人地位——当然雇主还得听从权力无所不包的国家的干预。雇主变成了“企业的领袖”，雇员则变成了“下属”（Gefolgschaft）。这项法律的第二节规定，“企业的领袖在与企业有关的一切问题上为雇员和工人做出决定”。而且就像在古时候领主该对他的臣民的福利负责一样，根据这项纳粹法律，雇主也得“对他的雇员和工人的福利负责”。反过来，这项法律说，“雇员和工人得对他忠诚”，那就是说，他们得加班加点，卖力工作，不得顶嘴和发牢骚，即使在工资问题上也不得如此。

工资是由劳工阵线所委任的所谓劳工托事来拟定的。实际上，他们按雇主的愿望拟定工资，根本没有规定要在这类问题上哪怕是征询一下工人的意见。虽然在1936年以后，因为军备工业人手不足，有些雇主企图用提高工资来招引工人，国家的命令仍把工资标准压着不提高。关于把工资压得很低这一点，希特勒是十分坦率的。他在当政初期说：“民族社会主义领导的铁的原则，就是不允许增加计时工资，而只能用完成得多来增加收入。”[16] 在一个大多数人的工资至少有一部分是以计件为根据的国家里，这
263 意味着，如果工人希望得到更多的收入，他们就只有加快速度和延长时间。

同美国相比，把生活费用和社会服务方面的差别都算在里面，德国的工资一向是比较低的。在纳粹统治下，又比以前稍微低了一点。德国统计局的数字表明，熟练工人从最萧条的1932年每小时20.4分降低到1936年年中的19.5分。不熟练工人的工资从每小时16.1分降低到13分。1936年在纽伦堡举行的党代表大会上，莱伊博士说，劳工阵线中正式工人的每星期平均收入是6.95美元。德国统计局的数字是全部德国工人的平均收入为每星期6.29美元。

虽然有几百万人获得了就业，但是全部德国工人的收入在国民收入中的比例，却从萧条的1932年的56.9%减少到繁荣的1938年的53.6%。同

时，资本和企业的收入却从占国民收入的17.4%增加到26.6%。固然，由于就业人数大大增加，工资和薪水的全部收入从250亿马克增加到420亿马克，增加了66%。但是，资本和企业的收入增加得还要多得多，达146%。在希特勒下面的所有第三帝国的宣传家们，都惯于在公开演说中痛诋资产阶级和资本家，并宣称他们自己同情工人。但是，对官方的统计数字做一番较为清醒的研究——或许没有什么德国人愿意伤这种脑筋——就可看出，从纳粹的政策中获得好处最多的是受到痛骂的资本家，而不是工人。

最后，德国工人的净得工资减少了。除了很高的所得税，对疾病、失业和残废保险的强迫扣款和劳工阵线会费以外，体力劳动者，像纳粹德国的其他任何人一样，还经常受到压力要对纳粹党的各种各样的慈善事业做愈来愈大的捐献，这种慈善事业中主要的是冬赈（Winterhilfe）。许多工人由于不对冬赈捐款，或者捐款的数目被当局认为太少，而丢了饭碗。一个劳工法庭同意这样立即开除工人，它说，这种不肯捐款的行为是“敌视民族共同体……要受到最强烈谴责的行为”。据估计，在1930年代中期，赋税和捐献占去了一个工人工资总额的15%到35%。每星期6.95元的收入去掉了这样一个比例，就剩不了多少用来支付房租、准备伙食、添置衣着和用作娱乐活动了。

像中古时代的农奴一样，希特勒德国的工人发现他们愈来愈被束缚在劳工的地位上，虽然在这里束缚住他们的不是雇主而是国家。我们已经看到第三帝国的农民如何被《农场继承法》束缚在他的土地上。同样，农业工人也被法律束缚在土地上而不准离开农村到城市里去工作。实际上，必须说，这是唯一没有人遵守的纳粹法律；因为在1933年和1939年之间， 264
有100多万（130万）农业工人改行到工商业部门工作。但是对工业工人来说，这种法律却是贯彻了的。以1934年5月15日的法律为始，各种各样的政府法令严厉禁止工人自由调换工作。在1935年6月以后，国家就业管理处独揽职业介绍工作；可以雇用谁担任什么工作和在哪里工作，都得由它们来决定。

1935年2月实行了“工作簿”制度，于是一个工人若是没有工作簿就不能就业。工作簿里记载着他的技能和就业情况。工作簿不仅使国家和雇主对国内每个雇员的情况获得最新材料，而且被用来限制工人不能擅自离职。如果他希望离职去找别的工作，他的雇主可以扣住他的工作簿，这就意味着他不能合法地在别处受雇。最后，在1938年6月2日，四年计划办公室发出了一项特别法令，实行强迫征募工人制度。每个德国人都有义务做国家指定他去做的工作。工人没有充分的理由而擅离工作岗位的，要被罚款和服徒刑。显然，这种做法有它的另外一面。这样被征的工人，他的雇主不经政府就业管理处的同意就无法将他解雇。他得到了铁饭碗，这是他在共和国时所享受不到的。

工资低得只能勉强糊口，控制又严得毫无自由活动之余地，德国的工人，像罗马的无产者一样，由他们的统治者提供娱乐来转移他们对困苦处境的注意。莱伊博士有一次解释道：“我们必须把群众的注意力从物质方面转移到精神方面。满足人们的精神需要比满足他们的肚皮更为重要。”

因此，他就搞了一个叫作“通过欢乐获得力量”（Kraft durch Freude）的组织。它所提供的东西，我们只能称之为管制化的娱乐。在20世纪的一个极权独裁政体中，或许像以前的这种政体一样，不仅有必要控制一个人的工作时间，还必须控制他的闲暇时间。这就是“通过欢乐获得力量”所做的事情。在纳粹党当政以前，德国有成千上万个俱乐部，从事着从下棋、踢足球到观赏飞禽的各种娱乐活动，在纳粹统治下，除了在“通过欢乐获得力量”的控制和指导下的组织以外，不准许其他有组织的社交性团体、运动团体和娱乐团体进行活动。

对第三帝国的一般德国人来说，既然连自己去想办法玩儿这种事都对你不放心，这个无所不包的官方娱乐组织无疑就聊胜于无了。例如，它使参加劳工阵线的人能够花极便宜的代价做陆地和海上假期旅行。莱伊博士建造了两艘2.5万吨的船，一艘以他自己的名字命名，另外还包了10艘来供“通过欢乐获得力量”做海上游览。本书作者曾参加过一次这种游览，虽然船上生活被纳粹党领袖们组织到了（使我觉得）简直难以忍受的程度，
265 但是德国工人们却似乎玩得很快乐。而且收费便宜之至！例如，到马德拉去游览一次，连同到德国港口去的来回火车费在内一共只花25美元，别的远足也都是很便宜的。许多海滨和湖岸都被接管过来，供数以千计的夏季

一辆“通过欢乐获得力量”的度假专列。

度假者游憩。在波罗的海吕根的海滨，要修建能容纳两万人的旅舍，到战争发生时还没有竣工。在冬天，组织到巴伐利亚的阿尔卑斯山的滑雪旅行，每星期只花11美元，包括车费、房饭钱、滑雪板租金和滑雪教练费在内。

体育运动的每个部门都由“通过欢乐获得力量”所控制，它的组织规模也是庞大的，据官方数字表明，每年参加各种运动的有700多万人。这个组织还以极低的票价安排看话剧、歌剧和听音乐，从而使劳动者得以欣赏比较高级的娱乐，这是纳粹官员们常常自夸的。“通过欢乐获得力量”还有它自己的由90件乐器组成的交响乐团。这个乐团不断在全国巡回演奏，常常在不常能听到好音乐的小地方演奏。最后，这个组织接管了在共和国时期办得很发达的200多个成人教育机构——起源于斯堪的纳维亚的一种运动——并把它们继续办下去，虽然在教学中夹杂了大量的纳粹思想。

到头来，不用说，这些娱乐费用还是出在工人身上。据莱伊博士说，劳工阵线年度会费收入在1937年达到1.6亿美元，而在战争开始时已超过2亿美元大关，这笔账是极为含糊的，因为不是由国家而是由党的财务处掌握的，而后者是从来不公布它的账目的。劳工阵线会费收入中拨给“通过欢乐获得力量”的是10%。但是，个人为假期旅行和娱乐所支付的费用，

1938年5月26日，希特勒在“大众汽车”项目的启动仪式。

虽然很便宜，在战争发生前的一年也达到了12.5亿美元。工资生活者还有一笔重大开支。劳工阵线是纳粹党在德国的最大的一个组织，拥有2 500万成员，它成了一个臃肿的官僚政治机构，有数十万领全薪的职工。事实上，据估计，它的收入中有20%到25%充作了行政费用。

希特勒对德国工人搞的骗局，还有一个值得顺便提一提，这就是大众汽车（“人民的汽车”）的骗局，元首心血来潮突发奇想的产物。他说，每个德国人，或者至少每个德国职工，都应当有一辆汽车，就像美国一样，当时，德国人每五十个人中才有一辆汽车（而美国是每五个人有一辆汽车），职工们往返是骑自行车或者乘公共车辆代步的。现在希特勒下令要为职工生产只售990马克（按官方汇率合396美元）的汽车。据说，他本人曾参与了在奥地利汽车工程师斐迪南·保时捷博士监督下的这种汽车的实际设计工作。

由于私营工业不能生产出只售396美元的汽车，希特勒下令由国家来
266 制造，并叫劳工阵线来负责这个计划。莱伊博士的这个组织很快就于1938年在不伦瑞克附近的法勒斯累本着手建造“世界上最大的汽车厂”，年产

150万辆汽车，纳粹宣传家们说，“比福特公司还要多”。劳工阵线拨出了5 000万马克作为资本，但这不是主要的经费来源。莱伊博士的巧妙计划是工人们应当通过一种叫作“先付款后得货”的分期购置计划来自行提供资金——每星期付5马克，如果一个工人认为他能付得起的话，就付10马克或15马克。在付了750马克时，买主收到一个订单号码，他可以在汽车生产出来后就得到它。可怜的工人！在第三帝国时期连一辆汽车也没有为任何买主生产出来。德国的工薪族付出了几千万马克，一个芬尼也没有偿还。到战争开始时，“大众汽车”厂就去制造对军队更有用的货物了。

德国工人虽然在这件事情上和其他许多事情上受了欺骗，沦为工资只足糊口的工业农奴，而且不像德国社会的别的任何阶层那么轻易地就信奉纳粹主义，或者为纳粹党的不断宣传所惑，但是，对于他们在第三帝国的劣等地位，他们似乎并不特别不满。这样说是很公平的。要不是德国工人做了极为巨大的贡献，在1939年9月1日拂晓突然闯入波兰边境的巨大战争机器是绝不可能形成的。不错，他们是受到管制的，而且还不时受到恐吓，但是，别人也都是如此，而好几个世纪以来的管制已使他们像所有别的德国人一样习惯于服从命令了。虽然在这种事情上做笼统的概括或许是不明智的，但是作者本人对柏林和鲁尔的工人的印象是：虽然他们对纳粹政权的诺言多少有些不大相信，但是他们并不比第三帝国的任何其他人更有进行反抗的想法。他们既没有组织，又缺乏领导，有什么办法呢？一个工人常会这样反问你。

但是，毫无疑问，他们愿意接受他们在纳粹德国的地位的最大原因是：他们又获得了职业，而且确信饭碗不会被敲破。一个观察家只要对他们在共和国时期饭碗朝不保夕的情况略知一二，就不难了解，为什么只要他们有全日工作在做，他们就似乎并不十分在乎丧失政治自由甚至工会了。他们的话也不错，在过去，有那么多人，有多到600万人和他们的家属，虽然有这种自由人的权利，但是由于有了挨饿的自由而失去了意义。希特勒由于取消了挨饿的自由而得以稳稳地获得了工人阶级的支持（这个工人阶级也许是西方世界最有技能、最勤劳和最守纪律的工人阶级）。但是得到他们支持的好处的不是他的幼稚浅薄的思想，也不是他的罪恶打算，而是最

267 最重要的事情：战争物资的生产。

第三帝国的司法

从1933年的最初几个星期，当那些当权的人开始进行大规模的任意逮捕、殴打和杀害时起，在民族社会主义统治下的德国就不再是一个法治的社会了。纳粹德国的司法界名人傲然宣称："希特勒就是法律！"戈林强调了这点，他在1934年7月12日对普鲁士的检察官们说："法律和元首的意志是一回事。"事实确实如此，这位独裁者说什么是法律，什么就是法律，在紧急的时候，如在血腥清洗时期，他本人就宣称他是德国人民的"最高法官"，有随意处死任何人的权力。关于这一点，从他在这个血腥事件后向国会发表的演说中，我们已经看到了。

在共和国时期，大多数法官，像多数新教牧师和大学教授一样，从心底里不喜欢魏玛政体，许多人认为，他们所做的判决，是为德意志共和国生活写下的最黑暗的一页，从而促成了它的覆亡。但是，至少在魏玛宪法下，法官们是独立的，只受法律的管辖，不会被任意撤职，而且至少在理论上有宪法第一百零九条限定他必须保障人人在法律面前一律平等。他们中间大部分人都同情民族社会主义，但是他们对于很快就在民族社会主义实际统治下所遭到的待遇，却几乎没有什么准备。1933年4月7日的《公务员法》适用于一切执法者，很快就不仅清除了司法界中的犹太人，而且还清除了那些被认为对纳粹主义的信仰有问题的人，或者如这项法律所规定的，"那些有迹象表明不再准备在一切时候为民族社会主义国家利益执言的人"。固然，由于这项法律而被清除的法官不算很多，但是他们受到了警告，知道了他们的职责所在。为了保证他们真正懂得，司法专员兼全国法律工作领袖汉斯·弗兰克博士在1936年告诉法律工作者说："民族社会主义思想，特别是像党纲和元首的一些演说中所解释的，是一切根本法律的基础。"弗兰克博士接着解释，他的意思是：

> 没有不合民族社会主义的法律的独立。你们在做出每一次决定时要想一想："如果元首处在我的地位会怎样决定？"对于每一项决

定，都要自问一下："这个决定是否符合德国人民的民族社会主义良心？"然后你们就会有一种极为坚实的基础，把这种基础同民族社会主义人民国家的一致性和你们对阿道夫·希特勒意志的不朽性质的认识结合起来，就会使你们在做出决定时具有第三帝国的权威，而且这是永远的。[17]

这似乎足够明白了，还有下一年（1937年1月26日）的一项新的《公务员法案》也是如此，这项法律规定要撤换一切"政治上不可靠"的官员，包括法官在内。此外，所有法官都被迫加入德国民族社会主义法律工作者联合会，在那里他们常常听到与弗兰克的谈话相似的讲演。 268

有些法官，不论他们过去多么反对共和国，对党的方针却响应得不够热烈。事实上，其中至少有少数人还企图根据法律来做判断。从纳粹的观点来说，其中最不好的例子之一，是德国的最高法院国家法院在1934年3月国会纵火案审判中因证据不足而开释了四个共产党被告中的三个。只有头脑糊涂的荷兰人范德卢贝由于招认了而被判定有罪。这事使希特勒和戈林大为冒火，于是不出一个月，在1934年4月24日，一向只有最高法院才能审理叛国案的权力，从这个庄严的机构手里转移给新的法院人民法庭（Volksgerichtshof）。人民法庭很快就变成了德国最可怕的法庭。它由两个专职法官和五个由纳粹党官员、党卫军和武装部队中选出的人组成，后者在表决时占有多数。对它的判决不得上诉，而且它的审讯通常是秘密举行的。但是，偶然为了宣传起见，在做比较轻的判决时，也邀请外国记者去旁听。

这样，作者本人曾于1935年到人民法庭去旁听过一个案件的审判。这次审判使我觉得倒像战地临时军法审判而不像民事法庭审判。审讯程序一天就结束了，差不多没有机会提出被告方面的证人（如果竟有人敢于为一个被控"叛国罪"的人辩护的话），辩护律师都是"合格的"纳粹党人，他们提出的论据则软弱得简直达到荒谬可笑的程度。看看只报道判决结果的报纸，你所得到的印象是，大多数不幸的被告（虽然不是在我旁听的那一天的被告）都是被判死刑的。没有公布过数字，虽然在1940年12月，人人畏之如虎的人民法庭庭长罗兰·弗莱斯勒说："只有4%的被告被处死刑。”他后来在战争期间因美国人的炸弹命中他正在进行审判的法庭而被炸死。

比凶险的人民法庭设立得更早的是特别法庭（Sondergericht），它从普通法院那里接管了政治罪行的案件，或者如1933年3月21日设立这种新法庭的法律所说的“阴险地攻击政府”的案件。特别法庭由三个法官组成，他们必须是可靠的党员，而没有陪审团。纳粹检察官有权选择把这种案件提交到普通法院去审还是提交到特别法庭去审，而他总是选择后者，其原因是显而易见的。这个法庭的辩护律师，像人民法庭的辩护律师一样，得由纳粹党官员认可。有时候即使他们已得到认可，他们的下场仍然很不幸。例如，胆敢代表在血腥清洗中被杀害的天主教行动组织领袖克劳泽纳博士
269 的寡妇控告国家对她造成损害的律师们，结果被送到萨克森豪森集中营去，一直关在那里，直到他们把控诉正式撤销时才放出来。

希特勒有权使刑事诉讼程序中止进行，有一个时期戈林也有权这样做。在纽伦堡文件[18]中发现有一个案件，是司法部长竭力主张对一个秘密警察高级官员和一批冲锋队员提出控告，因为他认为已有证据清楚地证明他们犯了对一个集中营的被拘禁者进行最骇人听闻的酷刑虐待的罪行。他把证据送交给希特勒，元首却命令停止起诉。戈林在开头也有这种权力。1934年4月，他曾制止了一件控告一个著名企业家的刑事诉讼。后来很快就传出来，这个被告送了戈林约300万马克。当时在柏林很著名的律师格哈德·F. 克拉默后来说：“不能确定是戈林讹诈了这位实业家呢，还是这位实业家贿赂了这位普鲁士总理。”[19]而已经确定的是戈林使这个案件作罢了。

另一方面，元首的代表鲁道夫·赫斯，受权对他认为被判处得太轻的被告采取“无情的措施”。法院对犯有攻击党、元首或者国家的罪行的人的各种审判都列成一份记录呈交给赫斯，他如果认为惩处得太轻就可以采取“无情的”措施。这通常是把受难者送到集中营去或者把他杀害。

有时候，必须说，特别法庭的法官确实表现出一种独立精神，甚至忠于法律，在这种情况下，或者是赫斯，或者是秘密警察，就来插手了。例如，我们已经看到，尼莫拉牧师被特别法庭开脱了他的主要罪名而只判处了短期监禁，而他在等候审讯时期已服满了这段短期徒刑，因此本来就可以回家了，秘密警察却在他离开法庭时把他架走而送到了一个集中营里去。

因为秘密警察，像希特勒一样，就是法律。它原来是戈林在1933年4月26日为普鲁士邦设立的，以代替普鲁士邦原来的政治警察IA处。他起初打算只把它称为秘密警察处（Geheimes Polizei Amt），但是这个名称的德文首字母缩写GPA发音跟俄文的GPU*太相似了。一个不出名的邮局职员奉命为这个新机构设计一种免费递送的邮票图样，他提议把它叫作Geheime Staatspolizei，即“秘密国家警察”，简称GESTAPO†，从而无意中创造了一个先是在德国后来又在国外令人谈虎色变的名称。

在开始时，秘密警察实际上还只不过是戈林用来逮捕和杀害反对政权者的一个私人恐怖工具。只是在1934年4月戈林任命希姆莱为普鲁士秘密警察的副首脑后，秘密警察才开始作为党卫军的一支力量而扩展起来。在
这个态度温和然而具有虐待狂倾向的养鸡场主出身的新首脑以及在党卫军 270
保安处（Sicherheitsdienst）处长莱因哈德·海德里希这个残忍成性[20]的青年人的天才领导下，它成了一个恶阎王，对每个德国人有着生杀予夺的权力。

早在1935年，普鲁士最高行政法院就在纳粹党的压力下裁决，秘密警察的命令和行动不必经司法复审。政府在1936年2月10日颁布的秘密警察根本法把这个秘密警察组织放在法律之上。法院绝对不得干涉它的活动。正如希姆莱在秘密警察中的得力助手之一维尔纳·贝斯特博士所解释的，“只要警察是在执行领导的意志，它的行动就是合法的”。[21]

任意逮捕和把受难者拘禁在集中营里的做法被披上了一件“合法”的外衣，名字就是“保护性看管”，所根据的是1933年2月28日的法律。我们前已谈到，这个法律停止实行宪法中保证公民自由的条款。但是这里的保护性看管并不是像在较为文明的国家里那样保护一个人使他不受到可能的伤害。它是用把他关在铁丝网后面的办法来处罚他。

在希特勒当权的头一年，第一批集中营就像雨后春笋似的建立起来了。到1933年年底，就有了大约五十个集中营。它们主要是由冲锋队设立的，先给它的受难者以一顿饱打，然后向他们的亲戚朋友勒索尽可能多的赎款。

---

* 俄语“国家政治保卫局”的缩写。——译者

† Gestapo一般音译有“盖世太保”“格杀打扑”“格施塔波”等。——译者

纳粹警察高官在万湖，从左至右为达吕格尔将军、党卫军组长卡尔·沃尔夫、党卫军帝国长官海因里希·希姆莱、警察中校博宁、空军元帅埃尔哈德·米尔希、党卫军保安处处长莱因哈德·海德里希、党卫军高级指挥官克吕格尔和党卫军指挥官冯·许茨。

这基本上是强敲硬诈。不过，有时候，被拘禁者却被杀害，通常是出于纯粹的虐待狂和残忍。在纽伦堡审讯时发现了四个这样的案件，它们是1933年春天发生在慕尼黑附近的达豪党卫军集中营里的。每个案件中，被拘禁者都遭到了残酷无情的杀害，一个是被笞死的，另一个是被勒死的。甚至慕尼黑的检察官都提出了抗议。

由于在1934年6月的血腥清洗后已不再存在对纳粹政权的反抗，所以许多德国人认为大批的“保护性看管”逮捕和把数以千计的人关在集中营里的做法会停止了。在1933年的圣诞节前夕，希特勒曾宣布释放集中营里27 000名被拘禁者，但是，戈林和希姆莱规避了他的命令，只有极少数人真正获释。后来，内政部长弗里克，这个唯命是从的官僚主义者，曾在1934年4月发出秘密命令，对大规模“保护性看管”逮捕加些限制和减少关到集中营里去的人数，企图使纳粹凶徒的胡作非为收敛一些，但是希姆莱说服了他放弃这事。这位党卫军头子比这位部长看得较为清楚，知道集中营的目的不仅是处罚纳粹政权的敌人，而且要摆在那里威吓人民，使他们根本不敢想反抗纳粹统治。

在罗姆遭到清洗后不久，希特勒把集中营交给党卫军控制，他们就以不愧为精锐部队的效率和冷酷无情来组织集中营了。守卫的责任专门交给骷髅队（Totenkopfverbaende），这个单位的成员是从最强悍的纳粹分子中召来的，服役十二年，在黑色军衣上佩着人所熟见的骷髅和骨头的肩章。最早的骷髅队队长和达豪集中营首任长官特奥多尔·艾克，被任命负责管理全部集中营。临时凑合的集中营关掉了，而更大的集中营却建立起来了。在战争发生前，它们还没有扩展到占领区里去的时候为止，主要的集中营是慕尼黑附近的达豪集中营，魏玛附近的布痕瓦尔德集中营，代替了柏林附近初期出过名的奥拉宁堡集中营的萨克森豪森集中营，专门拘禁妇女的梅克伦堡的拉文斯布吕克集中营，还有，在1938年占领了奥地利以后，林茨附近的毛特豪森集中营——这些名字，同以后在波兰设立的奥斯维辛、贝乌热茨和特雷布林卡一起，后来成为世界上大部分地方无人不知的名字。 271

在这些集中营里，在它们的末日慈悲地来到以前，千百万无辜的人被杀害，另有千百万人受到了简直令人无法想象的残忍的折磨和酷刑。但是在开头，在1930年代德国的纳粹集中营里的被拘禁者大概从没有超过2万到3万，后来由希姆莱的人员所发明和执行的许多恐怖措施当时也还无人知道。灭绝营、奴隶劳动营、把被拘禁者作为豚鼠供纳粹做“医药研究”的营房，都要等到战争发生后才出现。

但是早期的集中营也并不完全是人道的。我这里有一份达豪集中营第一任长官特奥多尔·艾克在1933年11月1日为达豪集中营拟订的条例的抄本，他在成为全部集中营的主管者后把这些条例在各集中营中推广施行。

> 第十一条　犯有下列罪行者以煽动者论处，一律绞死：凡……谈论政治，发表煽动言论，举行煽动集会，组织小集团，与人厮混盘桓；为了将暴行传闻供反对派宣传而收集集中营真假情报；接受、隐藏、传播、外递此类情报给外国客人等者。
>
> 第十二条　犯有下列罪行者以聚众闹事者论处，当场格杀或以后绞死：凡袭击守卫或党卫军人员，奉派值勤时拒绝服从或工作……或在途中或工作时大声咆哮、嚣叫、煽动或发表演说者。

1933年12月，达豪集中营长官特奥多尔·艾克在被拘禁者前训话。这些人将于当年的圣诞节获赦，他们身后的纳粹标语是："你什么都不是——你的人民才是一切。"

"凡是在信函或其他文件中有毁谤民族社会主义领袖、国家和政府言论……［或者］颂扬马克思主义领袖或旧民主党派自由主义领袖者"则予
272 以隔离禁闭两个星期或鞭笞二十五下，这种处罚算是较轻的。

同秘密警察相连的是保安处，它的首字母缩写是S. D.。这也是使所有德国人，后来又使占领区人民望而生畏的缩写。保安处原来是由希姆莱在1932年设立的一个党卫军的情报组织，并由他任命莱因哈德·海德里希来领导，此人后来以"刽子手海德里希"的外号闻名国际。保安处起初的任务是暗中监视党员和报告任何可疑的活动。在1934年它也成了秘密警察的情报单位，到了1938年，一项新法律赋予它在全国搞情报工作的任务。

海德里希以前是海军中的一个情报官员，在1931年26岁的时候因为不愿跟被他奸污的一个造船商的女儿结婚，被海军上将雷德尔撤职。在他的老练的领导下，保安处很快就在全国遍布罗网，雇用了约10万名兼职告密者，他们奉命窥察国内的每一个公民，只要发现有被认为是不利于纳粹统

治的最轻微的言论和活动，他们就报告上去。除非是笨蛋，没有人不首先看一看有没有隐藏的保安处录音器，或者有没有保安处特务在偷听，就贸然说一句可能被认为是“反纳粹”的话或者做这种事情。你的儿子，你的父亲，你的妻子，你的表亲，你的好友，你的上司，你的秘书，都可能是海德里希的组织的告密者；你绝不会知道的，所以如果你聪明的话，对于无论什么事情，无论什么人都不要以为是大概没有问题的。

保安处的专职密探在1930年代大概从未超过3 000人，他们大多数是从失意的青年知识分子中招来的，他们是找不到合适的职业或者在正常的社会中找不到着落的大学毕业生。因而，在这些专职密探中间，老是有着一种奇怪的卖弄才学的风气。他们对研究条顿族考古学、劣等种族头颅骨和主宰种族优生学这类不是他们本行的问题有着奇怪的兴趣。然而，一个外国观察家却很难接触到这些怪人，虽然海德里希本人，一个狂妄自大、冷若冰霜、残忍无情的人，倒偶尔可以在柏林的夜总会里看到，四周围坐着一些他的金头发的年轻凶徒。他们不愿引人注意，不仅是因为他们的工作性质所致，而且是因为，至少在1934年和1935年，他们中间有若干人曾因暗中监视罗姆和他的冲锋队党羽而被一个自称“为罗姆复仇者”的秘密集团所暗杀，这些暗杀者还把这个标签插在尸体上。

保安处的一个令人感兴趣的、虽然是次要的任务，是查明谁在希特勒的公民投票中投了“不同意”的票。在纽伦堡的无数文件中，有一份在科赫姆的保安处关于1938年4月10日的公民投票的秘密报告：

> 在卡佩尔投了“不同意”的票或废票的人的名单副本附后。这种控制是这样实施的：选举委员会的一些委员把全部选票都标上号码。在投票时列了一个选民名单，选票是按号码发出去的，因此后来有可 273
> 能……找出投了“不同意”票或者废票的人。号码是用脱脂乳写在选票背后的。
>
> 新教牧师阿尔弗雷德·沃尔弗斯所投的票也附上。[22]

1936年6月16日，一支全国范围的统一的警察队伍在德国历史上首次建立起来，希姆莱被任命为德国警察总监，负责领导，在此以前警察是由各邦分别设立的。这就等于把警察置于党卫军的手中，后者自从1934年镇压罗姆“反叛”后权力一直在迅速增加，党卫军已不仅是禁卫军，不仅是党的唯一武装部门，不仅是新德国的未来领袖们将从中选择的得宠精华，它现在还拥有了警察力量。第三帝国已变成一个警察国家，这是一切极权独裁政体的不可避免的发展。

第三帝国的政府

虽然魏玛共和国被摧毁了，但是魏玛宪法却从未被希特勒正式废除。说真的，而且说来也好笑，希特勒还以这个遭到他的轻视的共和国宪法作为他的统治的“合法性”的根据。数以千计的法令——第三帝国除此外没有别的——是明白地以兴登堡1933年2月28日根据宪法第四十八条所签署的“保护人民和国家”这个总统紧急法令作为根据的。我们记得，这位年迈的总统是在国会纵火案发生后第二天受了愚弄而签署这项法令的，当时希特勒竭力使他相信有发生共产党革命的严重危险。这项停止一切公民权利的法令，在整个第三帝国期间一直有效，使得元首能够以一种长期戒严令式的办法进行统治。

国会在1933年3月24日通过授权法，把它的立法职能交给了纳粹政府，这也是希特勒统治的“合乎宪法性”的第二个支柱。以后每过四年，一个橡皮图章似的国会就恭顺地再把这个法案延长四年，这位独裁者从来没有想到要取消这个一度民主的机构，因为只要使它不民主就行了。到战争发生时为止，它一共只举行过十二次会议，“制定”过四项法律*，没有进行过辩论或表决，而且除了希特勒发表的演说外，从未听过别的任何发言。

在1933年的头几个月以后，内阁中就不再有认真的讨论了，而在1934
274 年8月兴登堡去世以后，内阁就愈来愈不经常举行会议了，在1938年2月以后，内阁则从来没有再召开过会议。然而，内阁阁员个人却拥有很大权力，可以颁布法令，这些法令在经过元首的批准后就自动地变成了法律。或许是为了使张伯伦首相有个印象而在1938年大吹大擂地设立了秘密内阁

* 1934年1月30日的重建法以及1935年9月15日的三项反犹的纽伦堡法。

会议（Geheimer Kabinettsrat），实际上是空有其名。它从未举行过一次会议。德国国防会议（Reichsverteidigungsrat）是在这个政权的初期成立的，由希特勒担任主席，作为一个策划战争的机构，它一共才正式举行过两次会议，虽然它的某些工作委员会倒是极度活跃的。

许多内阁职能都交给了一些特设机构，诸如元首代表（先是赫斯，后是马丁·鲍曼）办公室，战争经济全权代表（沙赫特）办公室，行政全权代表（弗里克）办公室和四年计划代表（戈林）办公室。此外，还有所谓“最高政府机构”和“全国行政机构”等，其中许多都是袭用共和国的。在元首直接管辖下的全国政府执行机构，一共大约有四十二个。

德国各邦的议会和政府，我们已经知道，在纳粹政权的第一年统一全国时就取消了，邦已沦为省的性质，邦长由希特勒任命。地方自治原来是德国人在民主方面的唯一真正进步的地方，现在也被取消了。在1933年和1935年之间发布的一连串法律剥夺了各城市的地方自治权利，把它们置于全国内政部长的直接控制下。内政部长任命它们的市长——如果它们的人口在10万以上的话——并且根据领袖原则把它们改组过。人口不满10万的城市，由邦长任命它们的市长。至于柏林、汉堡和维也纳（在1938年奥地利被占领后），希特勒保留了任命它们的市长的权利。

希特勒自己有四个办公室，施行他的独裁权力：总统（虽然这个称号在1934年后停止存在了）府，总理（这个称号在1939年摒弃不用）府，党部，第四个叫元首府，后者是照料他的私人事务和执行特别任务的。

老实说，希特勒对于日常政府事务是感到厌烦的，在兴登堡去世而他已巩固了他的地位后，他就把大部分例行公事交给了他的助手们去处理。像戈林、戈培尔、希姆莱、莱伊和席拉赫这样的党员老同志，希特勒听任他们自由地去分割自己的权力范围——通常也是利益范围。沙赫特在起初可以自由地用他能想到的任何手段为不断增长的政府开支筹措款项。当这些人为了争权或分赃而发生冲突时，希特勒就出来干预。发生这些争执，他并不在乎。说实在话，他还常常促成这些争执，因为这有助于他的最高仲裁者的地位，而且可以防止他们联合起来反对他。因此，他对于下列三个人在外交方面互相竞争的丑态似乎觉得高兴，他们是外交部长牛赖特、 275
党的外交事务部首脑罗森贝格和里宾特洛甫，后者有自己的“里宾特洛甫办事处”来过问外交政策，三人互相倾轧，希特勒让他们互相敌对的职位继续存在，这样来保持他们的不和，直到最后，他选择了迟钝的里宾特洛甫担任外交部长和执行他在外交方面的命令。

这就是第三帝国的政府，它由一个庞大而臃肿的官僚系统自上至下按所谓领袖原则来管理，没有什么通常被认为是德国人所特有的效率，而是贪污盛行，内讧甚剧，党领袖们的胡乱干预只是加剧了这种混乱，党卫军和秘密警察的恐怖行为更使它办事无能。

在这一个乱哄哄的人堆顶上，站着那个奥地利前流浪汉，他现在已成了除斯大林以外世界上最有权力的独裁者。正如汉斯·弗兰克博士1936年春天在一个律师会议上所说的，“德国今天只有一个权威，这就是元首的权威”。[23]

希特勒以这种权威很快地摧毁了那些反对他的势力，把国家统一起来并且使它纳粹化，控制了全国的各种制度和文化，压制了个人自由，消灭了失业，使工商业的轮子隆隆转动起来。在当政仅仅三四年后，这是个不小的成就。现在，他转向了——事实上，他早就已经转向了——他一生中两个主要欲望：使德国的外交政策为战争和征服服务，创立一个能使他实现他的目标的强大的军事机器。

现在该来谈谈，这位领导着一个那么伟大而强有力的国家的异常人物，如何着手达到他的目的的事迹了，而这个事迹比现代史上的任何其他事迹
276 都有更多的文件足资佐证。

注　释

1. 利奥·施坦因：《我同尼莫拉在地狱中》，第80页。

2. 纽曼：《巨兽》，第109页。据他说，引文引自社会研究所的“反犹主义”研究计划，发表在1940年出版的《哲学和社会科学研究文集》中。

3. 劳施宁：《毁灭的声音》，第54页。

4. 斯蒂华·W. 赫尔曼：《我们要的是你们的灵魂》，第157—158页。赫尔曼在1936—1941年任柏林美国教堂牧师。

5. 原文收在赫尔曼《我们要的是你们的灵魂》第297—300页中，又刊在1942年1月3日的《纽约时报》上。

6. 1945年11月19日供词，见《纳粹的阴谋与侵略》，第5卷，第735—736页（纽伦堡文件

3016-PS)。

7. 驻在柏林的大多数外国记者都收集了这种妙文。我自己收集的后来遗失了。引语取材于菲利普·莱纳德所著《德国物理学》序言；华莱斯·杜埃尔著《希特勒统治下的人》；威廉·埃本施坦因著《纳粹国家》。

8. 威廉·勒普克：《德国问题的解决办法》，第61页。

9. 弗雷德里克·利尔格：《亵渎学术：德国大学的失败》，第170页。

10. 席拉赫祖籍美国是道格拉斯·M. 凯莱在其所著《纽伦堡监狱第22号牢房》中指出的，见该书第86—87页。凯莱是主要战犯受审期间曾在纽伦堡监狱中工作的一个美国精神病学家。

11.《德国法令公报》，1936年第1卷，第933页。《纳粹的阴谋与侵略》，第3卷，第972—973页曾加引用（纽伦堡文件1392-PS）。

12. 引自他的著作《德国战争军备经济史的基本事实》。《纳粹的阴谋与侵略》，第1卷，第350页曾加引用（纽伦堡文件2353-PS）。

13. 该部1934年9月30日报告，见《纳粹的阴谋与侵略》，第7卷，第306—309页（纽伦堡文件EC-128）。沙赫特1935年5月3日报告，见《纳粹的阴谋与侵略》，第3卷，第827—830页（纽伦堡文件1168-PS）。秘密德国国防法全文，见《纳粹的阴谋与侵略》，第4卷，第934—936页（纽伦堡文件2261-PS）。

14.《纳粹的阴谋与侵略》，第7卷，第474页（纽伦堡文件EC-419）。

15. 蒂森：《我为希特勒出资》，第XV卷，第157页。

16. 纽曼在《巨兽》中曾加以引用，第432页。

17. 埃本施坦因：《纳粹国家》，第84页。

18.《纳粹的阴谋与侵略》，第3卷，第568—572页（纽伦堡文件787，788-PS）。

19. 包蒙等人编：《第三帝国》，第630页。

20. 欧根·科冈的话。见他所著《党卫军国家——德国集中营制度》，英文版略有删节，题为《地狱的理论与实践》。这是迄今为止最精彩的关于纳粹集中营的研究。科冈在其中待了七年。

21.《纳粹的阴谋与侵略》，第2卷，第258页曾加引用（纽伦堡文件1852-PS）。

22.《纳粹的阴谋与侵略》，第8卷，第243—244页（纽伦堡文件R-142）。

23.《人民观察家报》，1936年5月20日。